本书为安徽省哲学社会科学规划重点项目"政府与市场协同创新网络研究"

（编号：AHSKZ2019D007），

安徽省省级质量工程项目"一流教材项目"

（编号：2018yljc058）的成果。

社会主义市场经济概论

（第二版）

周志太　翟文华　叶正茂　著

天津出版传媒集团

天津人民出版社

图书在版编目(ＣＩＰ)数据

社会主义市场经济概论:第二版 / 周志太, 翟文华, 叶正茂著. -- 天津 : 天津人民出版社, 2023.1

(经典教材教参系列)

ISBN 978-7-201-18917-8

Ⅰ.①社… Ⅱ.①周… ②翟… ③叶… Ⅲ.①中国经济—社会主义市场经济—概论 Ⅳ.①F123.9

中国版本图书馆 CIP 数据核字(2022)第 199105 号

社会主义市场经济概论:第二版
SHEHUIZHUYI SHICHANGJINGJI GAILUN:DIERBAN

出　　版	天津人民出版社
出 版 人	刘　庆
地　　址	天津市和平区西康路35号康岳大厦
邮政编码	300051
邮购电话	(022)23332469
电子信箱	reader@tjrmcbs.com
责任编辑	武建臣
封面设计	明轩文化·王　烨
印　　刷	天津新华印务有限公司
经　　销	新华书店
开　　本	710毫米×1000毫米　1/16
印　　张	25.75
插　　页	2
字　　数	450千字
版次印次	2023年1月第1版　2023年1月第1次印刷
定　　价	66.00元

前　言

　　为满足高校教学和广大干部群众学习经济理论的需要,在党的十九大和十九届三中、四中、五中全会精神,尤其是在六中全会和党的二十大精神的指导下,我们汲取近年来理论界关于市场经济理论的最新成果,结合学习体会,修订了这本《社会主义市场经济概论》。

　　习近平指出:"面对极其复杂的国内外经济形势,面对纷繁多样的经济现象,学习马克思主义政治经济学基本原理和方法论,有利于掌握科学的经济分析方法,认识经济运动过程,把握社会经济发展规律,提高驾驭社会主义市场经济能力,更好地回答我国经济发展的理论和实践问题。"[1]"要加强研究和探索,加强对规律性认识的总结,不断完善中国特色社会主义政治经济学理论体系,推进充分体现中国特色、中国风格、中国气派的经济学科建设。"[2]本书坚持运用马克思主义的立场、观点和方法,从经济史和经济思想史研究的结合上深化中国特色社会主义政治经济学研究。

一、习近平经济思想的地位、意义与问题意识

　　党的十八大以来,中国特色社会主义进入新时代,习近平立足国情,站在新的历史起点上,面对世界百年未有之大变局,从国家战略上高度关注、重视发展,适应全球化特点而又立足中国立场的巨大包容性,经过长期积累、认真探索,梳理展

---

①　《十八大以来重要文献选编》(下),中央文献出版社,2018 年,第 3 页。

②　习近平:《坚定信心增强定力 坚定不移推进供给侧结构性改革》,《人民日报》,2016 年 7 月 9 日。

示理论发展的新脉络,打造新范式,把实践经验上升为系统化的经济学说,科学分析、理性解答、精炼提升、高度概括经济发展实践的新规律,推进充分体现中国气派的经济学科建设,建立具有中国气派、中国风格、中国智慧的中国特色社会主义政治经济学理论体系,形成博大精深的习近平经济思想。实现了主体性与客体性、中国性与世界性、党性与人民性、权威性与治理性的诸种有机统一。[①]其融进科学发展观的新思想,体现先进生产力发展的新要求,具有经世致用、与时俱进的新特性,提出一系列重大论断、重大思想、重大战略、重大举措,极具原创性;提出涵盖中国特色社会主义经济发展的新制度、新战略;是驾驭和驱动经济发展的总体观点,凝结着党坚持和发展新时代中国特色社会主义的经验总结,丰富拓展了新时代中国特色社会主义经济思想的新内涵,对发展主体及依靠力量的准确定位、对经济系统的总体把握、对发展价值及功能的新认识,对新时代中国特色社会主义规律性认识的深化、拓展、升华,内容丰赡、系统完整,体现理论逻辑、实践逻辑、历史逻辑三者的集成统一,形成"一块整钢"的科学体系,具有重大的理论意义和实践价值,是加快经济发展、加快实现科技强国的战略对策和重要的理论指导;将马克思主义政治经济学推向新深度、新高度、新境界;是21世纪的马克思主义,马克思主义中国化的新飞跃,中国特色社会主义理论体系的新飞跃。[②]

马克思主义的鲜明特点,是从实际出发、解决实际问题,是理论创新的源和本。时代是思想之母,实践是理论之源,聆听时代声音,回应时代呼唤,才能推动理论创新。坚持以重大现实经济问题为导向,认真研究解决新时代重大而紧迫的问题,问题是创新的起点,也是创新的动力源。问题引发改革,又在不断解决问题中得以深化,从"问题意识"到"问题倒逼",是解决中国经济问题的科学方法,也是中国经济发展与改革的基本路径。面对新时代基本矛盾的变化,面对强国建设伟大实践中出现的新情况、新问题、新课题,要科学、全面和系统地研究、阐释新时代中国经济发展的新特征、新趋势,进一步分析阐释解决我国改革开放面对的新的重

---

① 王仕国、付高生:《习近平新时代中国特色社会主义思想与马克思主义中国化的新发展》,《求实》,2018年第4期。

② 韩庆祥:《新发展阶段如何深化习近平新时代中国特色社会主义思想研究》,《中共中央党校学报》,2021年第2期。

大问题,加强对推动经济持续健康发展的新思路、新目标的认识,以宽广的学术视野,在历史、理论、现实相结合上探索习近平经济思想研究的新路子,增强新的理论指导力和现实解释力,推进经济理论新时代化、大众化,也为创新和发展马克思主义政治经济学做出新贡献。

改革开放带来的经济新发展,成为中国经济学繁荣的肥沃土壤,中国经济学已走过引进吸收阶段,开始进入融合创新阶段。

二、文献综述与问题提出

关于习近平经济思想,多数文章从"生态文明""对外开放"等某一个方面进行论述,而全面、系统阐述的文章不多。这些文章普遍认为,习近平经济思想是马克思主义、毛泽东思想和中国特色社会主义理论体系的继承、创新和发展,思想深邃、见解独到、成果丰硕。其中,引用次数最多的研究领域是,关于习近平经济思想方法论的研究。洪银兴提出,对习近平经济思想要学理化,要从基本立场和时代性出发,在经济的发展、制度和运行三个层面予以论述。[1]刘伟从历史、理论和实践的逻辑阐述习近平新发展理念的重大意义。[2]

按逻辑主线划分,主要有如下主张:①"以人民为中心"以及"求解民生问题"主线;[3]②"新发展理念和七个坚持"[4]"持续健康发展"主线;③改革主线[5];④现代化主线[6]。本书赞同王宝珠、马艳的"以人民为中心"这一逻辑主线。但她们是基于马克思主义政治经济学研究方法得出这一结论;而本书则是基于社会主义基本经济规律,即发展靠"人民",发展的目的也是满足人民日益增长的美好生活需要。而"新发展理念"以及"现代化"仍然是手段。即使新发展理念包括"共享",甚至包括"共同富裕",都只是"满足人民需要"的重要组成部分。

---

① 洪银兴:《中国特色社会主义政治经济学发展的最新成果》,《中国社会科学》,2018年第9期。

② 刘伟:《新时代中国经济发展的逻辑》,《中国社会科学》,2018年第9期。

③ 王宝珠、马艳:《习近平经济思想的逻辑主线研究》,《人文杂志》,2022年第12期。

④ 韩保江、王佳宁:《习近平新时代中国特色社会主义经济思想的源流和主线》,《改革》,2018年第3期。

⑤ 肖潇:《习近平新时代中国特色社会主义经济思想的多维解读》,《当代世界与社会主义》,2018年第5期。

⑥ 任保平:《理解新时代的中国特色社会主义政治经济学》,《西北大学学报》(哲学社会科学版),2018年第3期。

关于习近平经济思想内容的研究,主要有:①拥有四大公理:一是以人民为中心;二是共同富裕;三是政府与市场协同;四是合作共赢。^①②拥有十大重要特征:历史方位论、民族复兴论、人民中心论、发展理念论、战略布局论、国家安全论(总体国家安全观)、强军战略论、国际战略论、深化改革论、强大政党论。^②其中,经济学方面,包括人民中心论、发展理念论、战略布局论和深化改革论。③拥有八个原创贡献。一是以新发展理念统筹经济发展全局;二是以稳中求进为工作总基调引领经济发展新常态;三是以推动高质量发展促进经济发展方式转变;四是以深化供给侧结构性改革为主线完善宏观调控体系;五是以改革创新为根本动力培育新动能;六是以满足人民日益增长的美好生活需要为根本目的;七是以建设现代化经济体系为战略目标推动社会主义现代化建设发展;八是以构建新发展格局为战略遵循。^③本书认为,这八个方面,存在两个问题,一是逻辑顺序不当,"满足人民需要"作为基本经济规律,应该放到第一位;"现代化经济体系"作为整体安排,放到第二位;二是内容安排不当,满足人民需要,只是"以人民为中心"的一个方面;供给侧结构性改革只是"改革创新"的一个方面;而现代化经济体系包括新发展理念——表现为"新发展格局"和"稳中求进"。

习近平经济思想的诸多创新如下:经济发展新时代,社会主要矛盾转化;重要的继承创新,新发展理念是对科学发展观的进一步丰富和发展。还有很多综合创新,发展阶段变化与发展方式转变相联系,深化改革与结构调整协同推进;由高速增长阶段转向高质量发展阶段。

党的二十大提出,"中国式现代化,是中国共产党领导的社会主义现代化,既有各国现代化的共同特征,更有基于自己国情的中国特色。"这是"人口规模巨大的现代化""全体人民共同富裕的现代化""物质文明和精神文明相协调的现代化""人与自然和谐共生的现代化""走和平发展道路的现代化"。^④这就确立了全面建成社会主义现代化强国的新道路和新方向。

① 杜黎明:《习近平新时代中国特色社会主义经济思想对邓小平社会主义本质论的继承和创新》,《江西社会科学》,2018年第4期。

② 韩庆祥:《习近平新时代中国特色社会主义思想的原创性贡献》,《中共中央党校学报》,2019年第3期。

③ 秦书生、王艳燕:《习近平经济思想的原创性贡献》,《经济社会体制比较》,2021年第4期。

④ 习近平:《高举中国特色社会主义伟大旗帜 为全面建设社会主义现代化国家而团结奋斗——在中国共产党第二十次全国代表大会上的报告》,人民出版社,2022年,第22、23页。

三、坚持抓住并破解新时代我国社会主要矛盾

习近平指出:"中国特色社会主义进入新时代,我国社会主要矛盾已经转化为人民日益增长的美好生活需要和不平衡不充分的发展之间的矛盾。"[1]这涉及生产力水平与社会需要之间的矛盾。人民美好生活需要满足的制约因素是发展的不平衡不充分,因此发展生产力的着力点是解决发展不平衡不充分的问题,即以科技进步提高发展的质量、效率和结构。社会主要矛盾→现代化经济体系→资源配置→发展方式的逻辑如下:①社会主要矛盾决定现代化经济体系;②高速增长达到一定程度,引起社会主要矛盾转化,导致由传统经济体系到现代化经济体系的内生转化,即四大转变:第一,社会主要矛盾的范围扩展和层次提升;第二,资源配置方式由政府主导转向市场主导,由简单方式(增长型政府)转向复杂方式(政府由管理为主转向服务为主,资源配置由计划为主转向市场机制起决定性作用);第三,产业体系由工业主导转向科技等服务业主导,由中低端产业主导转向中高端主导;第四,经济增长由高速增长转向可持续增长,由低质量发展转向高质量发展。

长期以来,经济学科似乎有一种分工:政治经济学的研究限定在生产关系上,经济运行问题的研究交给西方经济学,经济发展的研究交给发展经济学,这样,政治经济学就只剩下几个干巴巴的关于生产关系的原则性规定和教条。作为经世致用之学问,中国经济学尤其不能只分析经济制度,还必须研究市场经济运行的理论,包括微观分析关注效率,宏观分析则关注经济增长和宏观经济的高质量发展。

遵循生产力决定生产关系,经济制度决定经济体制的学理,包括三个层面:一是生产关系或经济制度层面,二是经济运行或资源配置层面,三是经济发展层面。研究的基本思路是以马克思主义为指导,借鉴西方经济学的合理成分,以高质量发展问题为导向和基本线索讲好中国故事:由指导起飞的经济学转向指导高质量发展的经济学,由脱贫的经济学转向富民的经济学,服务、推动中国社会主义强国建设的新实践。

---

[1]　习近平:《决胜全面建成小康社会　夺取新时代中国特色社会主义伟大胜利》,《求是》,2017 年第 21 期。

习近平经济思想,由主要对经济结构和生产关系的研究,提升到主要对经济运行和经济发展研究的重大飞跃。党的十八届五中全会首次提出创新、协调、绿色、开放、共享五大新发展理念。2015 年,习近平在中央经济工作会议上,以此为指导方针对改革与发展的"总基调"作了阐释。其中,以科技是第一生产力,打造引领经济与社会发展的强劲引擎;以发展的系统性和协同性,优化结构,实现总体发展的均衡性和协同性;以生态文明,促进人与生态环境和谐,注重经济发展与环境保护协同推进,把生态环境保护作为经济发展的基本前提,提出保护生态就是保护生产力,树立"绿水青山就是金山银山"的生态文明理念;以发展空间拓宽,建立更高水平的开放型经济,拓展互利共赢的国际空间;以共享发展,调整经济主体的利益关系,增进全民福祉。新发展理念是适应和应对经济新常态的政策举措的提炼和升华,在新发展理念的总引领下,构建新时代现代化经济体系,推动发展方式的转变,以此为基本方略,实施一系列战略布局、政策举措和制度创新。

四、坚持建设现代化经济体系

《中共中央关于党的百年奋斗重大成就和历史经验的决议》(以下简称《决议》)指出,"坚持稳中求进工作总基调,以推动高质量发展为主题,以深化供给侧结构性改革为主线,以改革创新为根本动力,以满足人民日益增长的美好生活需要为根本目的,统筹发展和安全,加快建设现代化经济体系"。其是由"社会经济活动各个环节、层面、领域的相互关系和内在联系构成的一个有机整体"[1]。刘伟概括了构建现代化经济体系应包括如下七个方面:创新引领、协同发展的产业体系;体现效率、促进公平的收入分配体系;城乡区域协同发展体系;资源节约、环境友好的绿色发展体系;多元平衡、安全高效的全面开放体系;充分发挥市场作用、更好发挥政府作用的经济体制;统一开放,竞争有序的市场体系。[2]但本书认为,充分发挥市场和政府两个积极作用的经济体制,包括"统一开放、竞争有序的市场体系"。以上六个方面是相互联系的统一体,需要统筹建设与推进。

现代化经济体系是多层次、全方位的,要以马克思主义为指导,与中国实际情

---

[1] 《中共中央关于制定国民经济和社会发展第十四个五年规划和二〇三五年远景目标的建议》,《人民日报》,2020 年 10 月 29 日。

[2] 刘伟:《新发展理念与现代化经济体系》,《政治经济学评论》,2018 年第 4 期。

况相结合,直面中国现实,解决中国问题,坚持新发展理念,深化经济体制改革,统筹规划、协同推进,全面建成现代化强国的战略安排,包括创新驱动发展、城乡区域协调发展、大力发展实体经济、乡村振兴、开放型经济五大战略协同推进,实现经济发展的效率提高、动力转变,为高质量发展提供坚实基础。这是实现我国"两个一百年"奋斗目标和中华民族伟大复兴中国梦的必由之路。

坚持发展为了人民的宗旨,以现代化为引领,促进经济结构转型升级,解决好发展不平衡不充分的问题。以经济转型发展的新布局、开放发展的新优势,谋求更大发展空间的新格局,落实"四个全面"战略布局,协同推进"五位一体"总体布局、经济社会、城乡发展一体化和"四化"发展,增强国家硬实力,注重提升国家软实力,增强发展的整体性。

现代化经济体系作为战略目标,推动社会主义现代化建设高质量发展,顺应我国社会主要矛盾变化的迫切要求,是提升我国综合国力和科技实力的必然选择,是我国实现高质量发展的必然要求,也是习近平经济思想的突出原创性贡献。

现代化经济体系包括关于所有制关系与分配关系的理论。《决议》指出,"社会主义初级阶段实行公有制为主体、多种所有制经济共同发展的基本经济制度和按劳分配为主体、多种分配方式并存的分配制度",以及市场经济体制。这分别从生产、分配和交换三个方面构成社会主义基本经济制度。把制度优势转化为国家经济治理效能,关键在于基本经济制度实现形式的完善。党的十九大提出,完善产权制度,以现代产权制度为核心建立现代企业制度;以产权流转做强做优国有资本和民营资本;国资管理转向管资本为主;农地制度实行所有权、承包权和经营权的三权分置。

在马克思关于生产与分配关系理论的基础上,坚持和完善由公有制决定的按劳分配为主体、与按生产要素分配制度并存,促进经济效率提高,更强调分配公平,逐步实现全民共同富裕的目标。分配制度的实现是各种生产要素参与收入分配的机制:劳动、资本、土地、知识、技术、管理数据等要素按投入、贡献、市场供求参与收入分配。党的十九届四中全会将其概括为 "市场评价贡献""贡献决定报酬"。①这是市场经济条件下分配的效率原则,应在此基础上研究按劳分配为主体、

① 《中共中央关于坚持和完善中国特色社会主义制度 推进国家治理体系和治理能力现代化若干重大问题的决定》,《人民日报》,2019 年 10 月 31 日。

各种生产要素参与收入分配中的实现问题。

五、坚持改革的系统性、整体性、协同性

习近平经济思想体系涵盖两大概念——微观经济基本概念:市场在资源配置中起决定性作用;宏观经济基本概念:新发展理念;"一大任务"——完善市场经济体制。紧紧围绕发展这个第一要务来部署改革,坚持顶层设计与基层探索协同推进改革,坚持以问题为导向深化改革。《决议》明确指出,"全面深化改革总目标是完善和发展中国特色社会主义制度、推进国家治理体系和治理能力现代化;……必须坚持和完善社会主义基本经济制度,使市场在资源配置中起决定性作用,更好发挥政府作用"。改革的实质是中国特色社会主义制度的自我完善和发展,是一场深刻而全面的社会与经济变革,既涉及生产力又涉及生产关系,既涉及经济基础又涉及上层建筑。

党的十九大报告提出,建立产权有效激励、要素自由流动、价格灵活反应、竞争公平有序、企业优胜劣汰的市场体制。党的十九届五中全会提出,"充分发挥市场在资源配置中的决定性作用,更好发挥政府作用,推动有效市场和有为政府更好结合。"党的十九届四中全会把市场经济提到"基本经济制度"的高度,"建设高标准市场体系",经济改革的"核心问题是处理好政府和市场"的关系;我国经济发展获得巨大成功的一个关键因素,是发挥政府与市场双重优势和协同优势,要发挥市场在资源配置中的决定性作用, 市场灵活配置资源和市场激励最为基本,又要更好发挥政府作用;既要坚持社会主义市场经济体制,又要坚持集中力量办大事的制度。继续在社会主义基本经济制度与市场经济体制的结合上下功夫,努力形成市场作用和政府作用有机统一、互补互动的格局,认真提炼政府与市场关系变迁的规律,深刻揭示中国经济发展的内在逻辑,进而破解这道经济学上的世界性难题,构建和完善新时代中国特色社会主义政治经济学体系。这是中国经济学说的一个重大理论创新。根据生产力发展的要求和现代化经济体系建设的需要,以完善产权制度和要素市场化配置为重点、完善社会主义市场经济体系,充分发挥市场在资源配置中的决定性作用,形成经济高质量发展的体制基础。

六、坚持解放和发展社会生产力,促进高质量发展

生产力和生产关系的分析是马克思主义政治经济学的范式。中国市场经济理论的研究对象要涵盖生产力。《共产党宣言》中明确提出,无产阶级夺取政权以后,要"尽可能快地增加生产力的总量"。[①]如果不关注生产力,会使政治经济学研究的范围和领域越来越窄,对中国经济的解释力及指导作用越来越小。如何研究生产力?邓小平提出社会主义本质论——解放生产力,发展生产力。[②]对生产力的研究应有两个层次:一是解放生产力,涉及的是促进生产力发展的生产关系调整和经济体制改革;二是发展生产力,涉及的是生产力各种要素的协同和配置机制。构建中国经济学体系,要建立解放、发展和保护生产力的系统化经济学说。

进入新时代,经济增长速度由高速转向中高速,经济发展方式由规模速度型粗放增长转向质量效率型集约增长,经济结构由增量扩能为主转向调整存量、做优增量并存的深度调整,经济发展动力正由传统增长点转向新的增长点。基于新常态和新发展格局的背景,立足大局,遵循规律,完善宏观调控,相机抉择、开准药方,把供给管理纳入宏观经济管理和调控体系,创新宏观经济管理理论,创造性地提出供给侧结构性改革理论,深化改革、推动经济高质量发展,坚持和完善"四化"同步发展和区域协调发展战略。以其为主线建设现代化经济体系,其既强调供给又关注需求,既突出发展社会生产力又注重完善生产关系,既着眼当前又立足长远,是一系列重大理论创新。

从"实现社会生产力水平总体跃升"的经济发展新常态,到"推动社会生产力水平整体改善"的供给侧结构性改革的系列论述,是习近平经济思想演进的"中国智慧"轨迹跃现。

《决议》指出:"坚持以高质量发展为主题、以供给侧结构性改革为主线、建设现代化经济体系、把握扩大内需战略基点,打好防范化解重大风险、精准脱贫、污染防治三大攻坚战等重大决策。"用改革的办法推进结构调整,推动核心科技进步、发展实体经济,增强供给结构对需求变化的适应性和灵活性,提高全要素生产

---

① 《马克思恩格斯选集》(第二卷),人民出版社,2012年,第20页。

② 《邓小平文选》(第三卷),人民出版社,1993年,第373页。

率。在注重需求管理、发挥国家发展规划的战略导向作用,健全财政、货币、产业、区域等经济政策协调机制,实现短期目标、中期目标、长期目标的有机统一;创新宏观调控方式,加强区间调控、定向调控、相机调控,主动引导市场预期,培育完整的内需体系,畅通国内经济大循环。这就超越局限于需求管理和短期调控的现代经济学宏观调控理论,为经济社会持续健康发展提供政策和环境保障。

"高质量发展"一词在党的十九大报告中首次提出,党的二十大进一步强调,其是以注重效益和价值为取向的新发展理念。只有经济高质量发展,社会主义生产关系才能巩固。中国特色社会主义政治经济学研究重点,是解决社会经济发展的不充分不平衡问题。其中,根本问题是由创新能力不足产生的关键核心技术供给不充分,由供给结构质量不高产生的有效供给不足。1988 年 9 月 5 日,邓小平在会见捷克斯洛伐克总统胡萨克时,正式提出"科学技术是第一生产力"的重要论断。[1]科技在生产力诸要素中居于首要的决定性地位,对社会经济的发展起着首位驱动作用。这是关于科技与经济社会良性互动与协调发展的科学论断,是马克思主义基本原理同社会发展实际相结合的产物,是对马克思主义科技学说和生产力理论的创造性发展,时代特征鲜明。这是中国特色社会主义理论的重要组成部分,是中国版发展经济学的重要理论成果,也为发展中国家提供具有重要借鉴意义的知识和理念,必将对世界产生巨大的影响。

提高供给质量,优化供给结构,主要是补科技短板,进而补农业、区域发展、生态环境三大短板,实现高质量发展。习近平强调,关键核心技术是国之重器,[2]买不来、要不来,只能通过自主创新掌握。自主创新,不是自己创新,而是开放创新,学习一切可能学到的长处,进而掌握更多的关键核心技术。

七、坚持以人民为中心,发展全程人民民主,推动人的全面发展、全民共同富裕

习近平经济思想具备科学性、人民性、实践性、开放性、发展性五个最基本特征。其中,人民性,是习近平治国理政思想的核心理念。"坚持以人民为中心的发展

---

① 《邓小平文选》(第三卷),人民出版社,1993 年,第 275 页。

② 习近平:《在中央财经委员会第二次会议重要讲话》,http://www.gov.cn/xinwen/2018-07/13/content_5306291.htm。

思想,这是马克思主义政治经济学的根本立场。"①

党的十八届五中全会创造性地提出"以人民为中心的发展思想"的科学命题。《决议》要求"必须坚持以人民为中心的发展思想,发展全过程人民民主,推动人的全面发展、全民共同富裕取得更为明显的实质性进展"。"必须坚持人民主体地位,坚持立党为公、执政为民,践行全心全意为人民服务的根本宗旨,把党的群众路线贯彻到治国理政全部活动之中。"②"为中国人民谋幸福,为中华民族谋复兴,是中国共产党人的初心和使命。"③中国共产党领导是新时代中国特色社会主义最本质特征和最大制度优势,这是坚持和发展新时代中国特色社会主义最重要的认识成果、最根本的规律总结。强调实现中国梦这一伟大梦想必须进行伟大斗争、建设伟大工程、推进伟大事业,强调中国梦与世界各国人民的美好梦想相通、互利共赢。

习近平经济思想的核心,"共同富裕是新时代中国特色社会主义的根本原则",是社会主义市场经济的价值追求和原则导向,是党的本质要求、社会主义的本质要求、根本原则和最终目标。以人民为中心,是习近平新时代中国特色社会主义思想的核心内容,理论渊源深厚,深刻彰显了马克思主义群众史观。从邓小平明确提出"共同富裕"思想到习近平提出"共享发展"理念,一以贯之地充分体现为人民这个马克思主义的根本立场。坚持和完善基本经济制度,夯实共同富裕的制度基础;坚持在发展中保障和改善民生,不断促进人的全面发展、全民共同富裕。需要分阶段逐步实现,在基本实现现代化阶段,重点研究如何使城乡区域发展差距和居民生活差距显著缩小,公共服务均等化基本实现;在全面建设现代化强国阶段,重点研究如何基本实现全民共同富裕。

坚持人民主体地位,坚持共同富裕方向,始终做到发展为了人民、发展依靠人民、发展成果由人民共享,维护人民根本利益,激发全民积极性、主动性、创造性,促进社会公平,增进民生福祉,不断实现人民对美好生活的向往。党始终把人民利益摆在至高无上的地位,大力实现全民共享、全面共享、渐进共享;坚持为人民谋幸福、为民族谋复兴、为世界谋大同,这是深刻理解和全面把握新时代中国特色社会主义思想的"金钥匙"。在发展生产力的基础上不断改善人民生活,促进共同富裕。这是中国社会主义市场经济理论的核心要义。通过协同扶贫、精准扶贫、精准

① 习近平:《在十八届中央政治局第二十八次集体学习时的讲话》,《人民日报》,2015 年 11 月 25 日。

②③ 习近平:《决胜全面建成小康社会 夺取新时代中国特色社会主义伟大胜利》,《求是》,2017 年第 21 期。

脱贫,彻底消灭绝对贫困、确保人民进入小康社会;努力实现共同富裕;促进起点公平、权利公平、机会公平,使发展成果更多更公平惠及全民。人民是推动发展的根本力量,实现好、维护好、发展好最广大人民根本利益是发展的根本目的,坚持在发展中保障和改善民生。这些思想,丰富和发展了对社会主义生产目的的认识,把发展目的提升到最大限度满足人民对美好生活的需要,致力于让人民在现代化强国建设和中华民族伟大复兴进程中有更多的获得感,为推动我国的经济发展提供强大动力。

八、坚持推动构建人类命运共同体建设

习近平在 2013 年 3 月出访俄罗斯期间, 首次提出构建人类命运共同体的倡议,党的十八大以来,习近平阐述新时代中国特色大国外交目标,描绘中国与世界互动的美好前景,宣告中国将开启推动打造国际新关系、开辟人类命运共同体的新征程。党的十八大以来,准确把握世界经济发展新趋势和国内改革与发展的新要求,坚持对外开放这一重大原则和基本国策,开创共赢主义新型大国外交时代,主动推进更高水平的对外开放。《决议》"明确中国特色大国外交要服务民族复兴、促进人类进步,推动建设新型国际关系,推动构建人类命运共同体"。习近平指出:"以对外开放的主动赢得经济发展的主动、赢得国际竞争的主动","善于统筹国内国际两个大局,利用好国际国内两个市场、两种资源,发展更高水平的开放型经济,参与全球经济治理,坚决维护我国的发展利益,防范各种风险,确保国家经济安全"。要"在更大范围、更宽领域、更深层次上全面提高开放型经济水平",并相继提出和推动人类命运共同体及"一带一路"等重大战略构想。打造国际合作新平台,构建人类命运共同体的实践平台,共同应对全球性挑战,推动经济全球化健康发展,为建立公正合理的国际秩序提供中国智慧、中国方案和中国贡献。中国承诺,践行共同、综合、合作、可持续的新安全观,秉持开放、融通、互利、共赢的合作观,树立平等、对话、互鉴、包容的文明观,强调中国始终做全球发展的贡献者,坚持奉行互利、共商、共建、共享、共赢的全球治理观和开放战略。构建广泛的利益共同体和命运共同体,支持开放、透明、包容、非歧视性的多边贸易体制,促进贸易投资自由化、便利化,努力推动世界经济强劲、可持续、平衡、包容增长;促进我国经济和世界经济协同发展。高水平开放,全面开放,双向开放、协同发展,引进来与走

出去协同推进,拓展经济发展空间;形成陆海、内外联动、东西双向互济的开放格局;公平开放,构建公平竞争的内外资发展环境;互利共赢开放,推动经济全球化朝着普惠方向发展;包容开放,探索求同存异、互利共生的国际发展合作新途径,打造以国内大循环为主体、国内国际双循环相互促进的新发展格局。这就丰富和发展了马克思主义经济全球化和新时代中国特色社会主义的对外开放理论,推动全球生产关系改善和生产力发展。

学习、宣传和贯彻习近平经济思想,要克服两种倾向。第一,先验论,由先验的理论出发求证先验的理论,只能形成脱离实际的教条,难以解释解决现实问题。第二,简单套用模型。市场经济理论研究不排斥模型分析方法,但不能简单套用模型解释问题,要以中国重大改革和发展问题为导向进行理论创新。

体系创新:"一大任务"——完善市场经济体制;"两大体系"——市场经济学与现代经济学;"三大主体"——市场、企业、政府;"两大概念"——微观经济学基本概念:资源配置方式,宏观经济学基本概念:高质量发展。

与时俱进,本书由初版十四章调整为十二章,具体调整如下。

第一,增加两章:①第一章"社会主义新时代的基本经济制度与基本经济规律",包括"新时代主要矛盾""以人民为中心",以本章内容为指导思想统领其他章节。②第八章"分配",包括按劳分配、按生产要素分配、共同富裕、效率与公平的内容。

第二,删去第五章"社会主义市场经济体制的发展"(第五章,括号内为初版排序,下同)。

第三,合并"市场经济的一般原理"(第二章)和"市场经济中的经济规律和运行机制"(第三章)为第三章"市场经济的一般原理"。

第四,压缩"社会主义市场经济中的效率与公平"(第十章)为一节,并入第八章;压缩第四章为一节,并入第三章。

第五,大范围改写第七章"社会主义经济发展方式"(第十一章),并更名为"高质量发展"。

第六,部分改写:①第十章对外开放(第十三章),增加"对外开放与人类命运共同体建设"一节;"对外开放的形式"一节,增加"双循环的性质、特征和实现路径"部分;增加"对外开放现代化"一节。②第十二章"社会主义生态文明经济",修改了该章引言,增加了第四节"碳中和的重大意义与实现路径"。③第六章"政府与市场"(第八章),增加"政府与市场的统一"的内容。④第二章"市场经济思想的发展演变",删去第四节、第五节。

此外,更新了大部分数据。

本书可作为社会主义市场经济、现代市场经济、当代中国经济等课程的教材。

信息技术,使教材形态由单一的纸质版转向纸版与网络数字融合的模式,由单一的线下转向线上线下的资源互融互补。为适应教学需要,本版对初版的习题进行修改,增加习题解答和学习指导,采用网络学习法——扫码即可获得(见封底二维码)。

本书配套学习课件,可联系 zhouzt@vip.163.com 获得。

本书由周志太(淮北师范大学经济与管理学院三级教授,吉林师范大学经济管理与法学学院特聘教授,撰写第二版序言、第一章、第二章、第六章、第七章、第九章、第十章、第十一章、第十二章),翟文华(吉林师范大学经济管理与法学学院副教授,撰写第三章、第四章、第五章、第八章),叶正茂(上海财经大学经济学院教授)共同修改完成。

在撰写本书的过程中,参考了有关论著,在此向有关学者一并表示感谢!

周志太

2022 年 11 月 11 日

学好社会主义政治经济学的一个好教材
（第一版序言）

2014 年 7 月 8 日，习近平总书记在中央经济形势专家座谈会上提出："各级党委和政府要学好用好政治经济学。"2015 年 11 月 23 日，中共中央政治局就马克思主义政治经济学基本原理和方法论进行第二十八次集体学习。习近平总书记在主持学习时强调，要立足我国国情和我国发展实践，揭示新特点、新规律，提炼和总结我国经济发展实践的规律性成果，把实践经验上升为系统化的经济学说，不断开拓当代中国马克思主义政治经济学新境界。

2015 年 12 月，中央经济工作会议强调，要坚持中国特色社会主义政治经济学的重大原则，坚持解放和发展社会生产力，坚持社会主义市场经济改革方向，使市场在资源配置中起决定性作用，是深化经济体制改革的主线。

总之，习近平总书记和以习近平同志为核心的党中央高度重视政治经济学。党的最高领导人和党中央在一年多的时间里三次阐述政治经济学的重要性，这在党的历史上也是很少见的。

周志太教授主编的《社会主义市场经济概论》教材，是在全面深化改革的新形势下，汲取近年来理论界关于社会主义市场经济理论的最新成果，伴随党的十八大尤其是五中全会之劲风而问世的。社会主义政治经济学理论体系的中国化建构，是一项前沿性的课题，它需要对已有研究成果作出专门化、系统化的学术梳理、理论整合和思想提升，应从科学化的要求出发，体现思想认知和实践导向的双重功用、本土学说与世界文明的空间交汇、传统文化与现代知识的时间承接、宏观样式与微观细部的框架安排。同时作为教材，本书吸取精华，沉淀经典，凝聚共识，以介绍主流观点为主，但在一些有争议的观点上不墨守一家之言，兼及其他观点，以开阔学生视野，做到介绍性与启发性的协同。

本书特色如下：

一是观点新颖，与时俱进。全书共十四章，增加了现有社会主义市场经济教材均没有的四章内容："社会主义市场经济思想的演变发展(第一章)""社会主义市场经济体制建立与基本框架(第五章)"。第一章内容，不但回顾了自魁奈、亚当·斯密以来的市场经济理论，而且还对马克思主义的社会主义市场经济理论进行了梳理概括，尤其是对新中国成立以来到党的十七大的社会主义市场经济理论发展进行了阐释；第五章内容，体现了历史与逻辑的统一，史论一致、史论结合；第十一章内容，在经济发展和转变发展方式的影响因素中，突出体制机制创新和科技创新，并将这两个重要内容分别作为两节来论述，即"经济改革推动经济发展方式转变""科技进步推动经济发展方式转变"；在"区域结构优化"部分，把"一带一路"作为一个方面的内容，也是对社会主义市场经济方面教材的内容创新。

二是结构新颖，经世致用。对以下两章的内容进行了重大调整："社会主义经济发展方式转变"(第十一章)取代一般教材的"经济增长与经济发展"；"市场经济全球化下的对外开放"(第十二章)，增加"社会主义市场经济条件下对外开放"和"对外开放新形式"两节内容，着重提出和分析中国企业走出去和在新的对外开放条件下，我国的经济安全的形势和对策问题；在该章中，关于引进外资的作用，把引进技术调整到首位，把调整产业结构放在中心地位，把"引进资金"删去；社会主义市场经济条件下的市场与政府一章(第八章)，增加"国家与市场统一"一节的内容。微观经济主体一章，增加"混合所有制"一节内容。

三是"本土资源"构成"中国特色"。①以社会主义经济观和科学发展观为思想支撑。社会主义经济观涵盖市场主体、市场结构、市场特征的要求，对中国社会主义市场经济制度建设和环境治理具有思想引领和行动指南的作用。科学发展观是统领中国经济社会发展全局的指导思想，它强调"以人为本""全面协调"的可持续发展理念，以"发展度""协调度""持续度"作为中国社会主义市场经济事业发展的指导思想和评价标准，与以往的"公平观""效益观""程序观"不同，它指明中国社会主义市场经济制度的价值取向，是对社会主义市场经济领域经济发展模式的中国解读；②以中国本土实践经验为特殊要素。中国社会主义事业建设是一场伟大的制度创新实践，与西方国家发展的模式、进程不同，社会主义市场经济事业建设在中国，具有不同于以往大国崛起的国际背景、时代情景和本土背景。这就导致"中国问题"的存在及其解决"中国路径"的特殊性。唯有归纳、挖掘本土实践所蕴含和凭借的发展观念、创新思想和法律意识,才能建构起属于我们的社会主义市场经济理论体系。

教材出版是精神文明建设国策和科教兴国战略的基础性工程建设。教科书的本土化或者中国化是一个沉甸甸的话题。鉴于新中国成立前我国大学教科书普遍采用外国课本,近代中国出版史上曾经出现了"教科书革命":"立国根本在乎教育,教育根本,实在教科书。教科书不革命,国基终无由巩固;教科书不革命,教育目的终不能达也。"(《中华书局宣言书》)蔡元培大声疾呼:"我国各学校(偏重高中以上)所应用的各项教科书,都应该使之中国化。再明白的讲,就是除开外国文学一项,其余各种科学都应该采用中国文做的教本。"[①]联想到现在许多出版社与高校争相出版和大量采用国外原版教材,排斥非英文教材,岂非怪事?由此而深深地感到中共中央开创马克思主义理论研究和建设工程其中包括大规模出版中国化教材这一战略决策的重大意义。应该践行以突出中国"本土资源""中国特色"和"前沿性"的本土化教材为主,适量采用原版国外教材为辅的正确方针。

是为序。

(作者系马克思主义理论研究和建设工程首席专家
中华外国经济学说研究会副会长
武汉大学经济思想史研究所所长)
颜鹏飞 2015 年 12 月 23 日于武昌珞珈山

---

① 《国化教科书问题》,《申报》,1931 年 4 月 27 日。

目　录

第一章　社会主义新时代的基本经济制度与基本经济规律

本章要点

新时代主要矛盾;社会主义初级阶段的基本经济制度;社会主义基本经济规律

第一节　中国社会主义市场经济体制与新时代主要矛盾

一、中国社会主义经济制度建立

（一）中国社会主义经济制度建立的背景

中国同其他所有后发展国家一样,不具有发达资本主义的生产力和生产方式这样的前提。这种特殊性主要表现在:

生产力十分落后,在社会主义制度刚刚建立的时候,传统的小生产(小农经济,小手工业)占主体,现代大工业少得可怜,集中反映生产力水平的劳动资料十分简单、落后,社会劳动生产率和人均国内生产总值都很低。

生产力和社会发展极不平衡,整个社会生产呈现典型的二元结构,而社会形态呈现多元化(由原始社会形态到初始的现代社会形态无一不有)。城市极少量的现代工业同城乡大量的小生产(特别是农业十分落后)并存,相对发达的城市经济同落后的传统小农经济并存,大片的西部地区还处在未开发的原始状态,东部和大城市已开始进入现代社会,而其他许多地区尚处于十分初级的发展阶段。

商品生产很不发达,社会产品的商品率很低。

资本主义生产方式不占支配地位。资本主义生产只在为数不多的工商业城市存在,而在许多小城镇存在规模不大的工商企业,劳动还只是在形式上隶属于资本。商品生产是资本主义生产的前提和基础,商品生产的不发达,决定资本主义生产方式只能在狭小的范围和较低的程度上存在。社会形态总体而言处在由封建社会向资本主义社会过渡的阶段。

总之,中国特色社会主义借以产生的母体,同马克思所说的科学社会主义借以产生的母体相比,差别巨大。大体来说,差整整一个资本主义独立发展的历史阶段。

中国特色社会主义产生的历史前提,决定它所要走的道路具有特殊性。中国特色社会主义的特殊性,不在于它所趋向的目标和最终所要达到的结果(它的目标和结果是共产主义的生产方式),它的特殊性主要在于趋向这一最终目标所要走的道路不是一般资本主义的发展道路,而是非一般资本主义的特殊发展道路。中国特色社会主义的实质就在于走一条非一般资本主义的发展道路,完成按一般规律本应由资产阶级及资本主义制度来完成的历史任务,实现国家经济和社会的现代化。中国特色社会主义趋向的目标是社会主义,它自身从一开始就包含着起主导作用和不断发展壮大的社会主义成分。只是在开始阶段和以后相当长的发展过程中,表现为一种同目标形态相比有质的区别的特殊形态。这种特殊形态同目标形态相比,具有明显的过渡性质和亦此亦彼的性质。这是因为由落后的半封建半殖民地社会到社会主义(共产社会)社会,需要经过一系列中间环节和过渡阶段,我国的新民主主义社会是指一个过渡阶段,社会主义初级阶段也是一个过渡阶段。在共产主义所要求的基本条件被创造出来之前,所经历的阶段都是过渡阶段。

总之,我国的社会主义不是脱胎于马克思、恩格斯当年所设想的那种已高度发展的资本主义社会,而是脱胎于生产力十分落后的半殖民地半封建社会。新中国只用七八年的时间就走完由新民主主义到社会主义的过渡时期。进入社会主义时,生产力发展水平远远落后于发达资本主义国家,这就决定了我国必须在社会主义条件下经历一个相对长的历史时期,去实现工业化和经济的社会化、市场化、现代化。这是一个不可逾越的社会主义初级阶段。其历史起点要求完成如下任务:由自然经济、半自然经济向商品经济、市场经济转变;由落后的农业国向先进的工业国转变;由传统的小生产向社会化大生产转变;由封闭的国家向开放的国家转变;由古老的文明向现代文明转变。

(二)中国社会主义经济制度的建立

社会主义经济制度是以公有制为基础的,生产资料公有制是社会主义经济制度区别于资本主义经济制度的最本质的特征,社会主义经济制度代替资本主义经济制度是公有制取代私有制,不同于一种私有制度取代另一种私有制度。以公有制为基础的社会主义经济制度的建立,是以无产阶级上升为统治阶级作为政治前提的。迄今为止,社会主义经济制度都是在无产阶级掌握国家政权后,利用国家政权的力量,通过改造私有制而建立起来的。

在马克思和恩格斯生前,社会主义仅仅是一门学说而不是一种现实的社会主义制度。伟大的马克思主义者列宁继承和发展了马克思主义,领导并取得俄国十月革命的胜利,建立世界上第一个社会主义国家——苏联。

社会主义经济制度的建立是一项十分复杂而艰巨的系统工程,需要经历一个过渡,即由资本主义向社会主义转变的时期——从无产阶级掌握政权起,直到生产资料私有制的社会主义改造基本完成为止;主要任务是改造资本主义私有制和小私有制,建立以公有制为基础的社会主义经济制度。由于取得无产阶级革命胜利的各国社会历史条件不同,经济、政治和文化状况各异,因而各国的过渡时期长短不一,对私有制度的改造途径也各有特点,但各国过渡时期的主要矛盾、基本经济特征和主要任务是相同的。在过渡时期,社会的主要矛盾是工人阶级同资产阶级的矛盾,社会的基本经济特征是多种经济成分并存,既有旧社会遗留下来的资本主义经济和小私有经济,又有新成长起来的社会主义性质的经济。

我国建立社会主义经济制度之前的过渡时期(1953—1956),对资本主义私有制的改造,根据旧中国资本主义经济中官僚资本与民族资本的不同特点,分别采取没收和赎买的方式,将这两部分生产资料转变为全民所有制;对城乡小私有制的改造,是在国家的帮助和指导下,坚持自愿互助原则,逐步引导城乡个体劳动者走上合作化道路,建立起劳动群众集体所有制。到1956年,全国绝大多数地区基本上完成对生产资料私有制的社会主义改造。这项工作虽有缺点和偏差,但在过渡时期,国家资本主义经济和合作经济的优越性明显。总之,党领导人民比较顺利地完成了这场深刻的社会变革,促进了国民经济的发展。

二、社会主义市场经济体制建立

(一)市场化改革的必然性

我国社会主义制度建立之后选择计划经济体制,是由当时的主客观条件所决定的。在客观上,我国生产力水平十分低下,国民经济基础尤其薄弱,现代工业几近空白,高度集中的计划经济体制能够迅速集中全国力量进行大规模经济建设。我国简单的经济结构、低下的科技水平、单纯的社会利益关系等,都成为我国选择计划经济体制的客观原因。同时,苏联模式是在特殊的历史环境中形成的,苏联计划经济体制下的巨大成就影响,对于推进苏联的国家工业化和取得反法西斯战争的胜利,对于第二次世界大战后的苏联国民经济的恢复和发展,发挥了巨大的积极作用,显示着社会主义发展的欣欣向荣。苏联成为世界上许多民族独立国家学习的榜样,而其负面影响在当时尚未充分显示出来。

在主观上,对马克思和恩格斯关于未来社会最一般的发展趋势所做的抽象理论分析,作了简单化教条主义的理解(这种理解许多是来自苏联)。如,把马克思主义经典作家关于一旦消灭私有制,商品生产就将被废除,全体生产者将按共同、合理的计划自觉地从事社会劳动的论述,当成可以立即付诸实施的现成方案。还有,“计划经济等于社会主义,市场经济等于资本主义”的观念,使人们在理论上普遍把计划经济看作是社会主义区别于资本主义重要的甚至是本质特征。可见,我国高度集权的计划经济体制,主要依靠行政手段实现资源的配置和对经济活动的管理,具有历史的选择和逻辑的必然。我国继承战时的供给制管理,其在被敌人分割封锁和小生产占绝对优势的根据地是行之有效的,搬到社会主义建设时期就不适宜。

计划经济体制对我国的社会经济发展曾经起过积极作用。新中国成立初期,国民经济基础极其薄弱,要求选择高度集中的计划经济体制,以集中有限的人力、物力和财力,开展以 156 个重大项目为中心的重点工业建设,并以此为依托建立起独立、初步完整的工业体系和国民经济体系,在某些方面甚至走在世界前列。这为后来中国特色社会主义在改革开放历史新时期的开创和发展奠定了坚实的基础。这对于在“冷战”条件下提高我国的综合国力和国际地位,起到了巨大的作用。

但是高度集中的计划经济体制,在长期运行中逐渐显露出许多弊端,包括:忽视商品生产、价值规律和市场的作用,条块分割,国家管的过多,政企职责不分,企业缺乏应有的自主权;分配过程平均主义严重,企业吃国家的"大锅饭",职工吃企业的"大锅饭",严重压抑企业和广大职工的积极性、主动性和创造性,使社会主义经济失去活力,阻碍经济发展。对这种高度集中的经济体制进行改革,势在必行。在 20 世纪五六十年代,计划经济体制的弊端已引起有识之士的注意,开始研究社会主义经济中计划经济与市场机制的关系。

以 1978 年党的十一届三中全会为起点,我国在社会主义经济体制改革的理论探索与实践过程中,始终坚持改革是社会主义制度的自我完善,并把是否有利于社会生产力的发展作为检验一切改革成败的最主要标准,这是我国进行现代化建设、发展市场经济和完善社会主义制度有机统一的根本前提和保证。

(二)社会主义市场经济体制建立

1978 年,改革开放伊始,邓小平多次指出:"对什么是社会主义、怎样建设社会主义的问题并没有完全搞清楚, 实践证明只搞计划经济会束缚生产力的发展,而学习资本主义国家先进的经营与管理方法,不等于走资本主义道路。"[1] 1979 年,邓小平指出:"市场经济和计划经济都只是组织经济活动的手段,社会主义应把计划经济和市场经济相结合,才能解放生产力,发展经济。"[2]根据邓小平的这一思想,理论上开始就提出发挥市场调节作用的问题,实践上则按照逐步弱化和缩小计划的功能、强化和扩大市场的功能这一改革思路而推进的。理论界将其称作市场取向的改革或市场化改革,分两步走:一是 1979—1984 年推行农村家庭联产承包责任制的改革,并对部分工业企业实行扩大自主权的改革。1992 年,邓小平在南方谈话中, 从理论上破除计划经济和市场经济是社会制度属性的陈旧观念,从根本上解除把计划经济和市场经济看作属于社会基本制度范畴的思想束缚,为党的十四大明确地确立"社会主义市场经济体制"这一改革目标奠定了坚实的理论基础。二是 1984—1992 年实行以城市为中心的全面体制改革,几乎涵盖生产关系的所有方面和上层建筑的部分层面。党的十三大提出社会主义有计划商品经济应是"计划与市场内在统一的体制""计划和市场的作用范围都是覆盖全社会的",

---

①　中共中央文献研究室编:《邓小平年谱(1975—1997)》(下),中央文献出版社,2004 年,第 1380 页。

②　《邓小平文选》(第二卷),人民出版社,1994 年,第 373 页。

后来又提出"计划经济与市场调节相结合";党的十四届三中全会指出"建立社会主义市场经济体制,是指要使市场在国家宏观调控下对资源配置起基础性作用"。

1992年,党的十四大确立我国经济体制改革的目标是建立社会主义市场经济体制。到20世纪末,我国社会主义市场经济体制的基本框架已初步形成,市场在资源配置中的基础性作用显著增强。整个经济运行机制和管理体制都以引进市场机制、扩大市场作用范围为主要内容进行改革。计划经济向市场经济体制的转变,经历市场化取向改革、总体配套改革、继续深化改革、体制完善、开始全面深化改革等几个阶段。

理论上经历了计划与市场从对立论、到主辅论,结合论,再到市场决定论。

这一时期的改革有两条主线和两大特征。一是调整所有制结构,从过去单一公有制经济结构逐渐改革成为以公有制为主体、多种所有制经济共同发展的所有制结构;二是进行体制改革和运行机制的转变,诸如计划体制、投资体制、财政体制、流通体制、价格体制、分配体制以及社会保障制度等方面,这就为实行社会主义市场运行机制准备体制基础。

改革的中心环节是价格体制改革,1984年,《关于经济体制改革的决定》明确提出"价格体系的改革是整个经济体制改革成败的关键",即有效地改变扭曲的比价关系,缩小国家统一定价的范围,扩大市场调节和形成价格的范围,建立少数重要商品和重要劳务价格由国家管理,其他大量商品和劳务价格由市场调节的制度;包括价格体系的调整、价格形成机制的转变、价格管理体制的改革等几个方面。价格改革包括,调高农副产品、部分基础工业品和部分运输业务的价格,到2017年,竞争领域和环节的价格基本放开;到2020年,市场决定价格体制基本完善,价格监督制度和执法体系基本建立,价格调控机制基本建立。

党的二十大提出,"加强改革顶层设计,敢于突进深水区,敢于啃硬骨头,敢于涉险滩,敢于面对新矛盾新挑战,冲破思想观念束缚,突破利益固化藩篱,坚决破除各方面体制机制弊端,各领域基础性制度框架基本建立,许多领域实现历史性变革、系统性重塑、整体性重构,新一轮党和国家机构改革全面完成,中国特色社会主义制度更加成熟更加定型,国家治理体系和治理能力现代化水平明显提高"[①]。这为全面深化改革提供坚实的制度供给、制度保障和政策设计。坚

① 习近平:《高举中国特色社会主义伟大旗帜 为全面建设社会主义现代化国家而团结奋斗——在中国共产党第二十次全国代表大会上的报告》,人民出版社,2022年,第9页。

持和完善基本经济制度,完善现代市场体系,转变政府职能,深化财税体制改革,健全城乡发展一体化的体制机制,构建开放型经济新体制。

经过40多年的改革,我国已初步建立起社会主义市场经济体制,但仍然存在限制市场主体活力、阻滞市场和价值规律充分发挥作用的诸多体制弊端,主要表现是:市场秩序不规范,以不正当手段谋取经济利益的现象广泛存在;生产要素市场发展滞后,要素闲置、资源过度消费和大量有效需求得不到满足并存;市场规则不统一,部门保护主义和地方保护主义大行其道;市场竞争不充分,阻碍着优胜劣汰和结构调整等;存在生态危机、收入差距过大、高房价、高药价等问题,政府调节的缺位、越位和错位是其主要原因之一。

三、新时代社会主要矛盾

党的十九大指出,"中国特色社会主义进入新时代","社会主要矛盾是人民日益增长的美好生活需要和不平衡不充分的发展之间的矛盾,必须坚持以人民为中心的发展思想,不断促进人的全面发展、全体人民共同富裕"。这一社会主要矛盾决定了新时代的主要任务是"在继续推动发展的基础上,着力解决好发展不平衡不充分问题,大力提升发展质量和效益,更好地满足人民在经济、政治、文化、社会、生态等方面日益增长的需要,更好地推动人的全面发展、社会全面进步"。

社会主要矛盾与社会基本矛盾的关系是:第一,两者的地位和功能不同,社会基本矛盾决定主要矛盾,主要矛盾对基本矛盾具有反向作用。社会基本矛盾产生诸多社会矛盾,包括社会主要矛盾——诸多社会矛盾中居支配地位的、起决定作用的矛盾,是基本矛盾的表现形式和衍生物。社会主要矛盾具有相对独立性,并非"单线式的简单决定与被决定之间的逻辑",并反向影响社会基本矛盾的运行状态。社会基本矛盾决定社会主义新时代基本国情,主要矛盾则是社会主义新时代基本国情呈现出诸多矛盾中的一个决定性和主导性矛盾。因此,基本矛盾中生产力与生产关系、经济基础与上层建筑之间的矛盾,反映出一个国家某个历史阶段的基本国情,而基本矛盾决定着主要矛盾确立及变化,历史阶段及基本国情决定着主要矛盾的内涵。同时,主要矛盾对基本矛盾具有反向作用。第二,两者的作用范围不同。社会基本矛盾作用于人类社会发展的整个过程。第三,两者在不同社会中有不同性质和表现形式。生产力与生产关系、经济基础与上层建筑之间的社会基本矛盾，是贯穿于人类社会发展整个过程的发展规律，但社会基本矛盾在不同社会具有不同的性质和表现形式。一是，社会基本矛盾在不同社会形态所表现的性质不同，在私有制社会基本矛盾的性质表现为对抗性，在社会主义社会则表现为非对抗性。二是，社会基本矛盾在不同社会形态所表现的形式不同。在社会主义社会，生产资料公有制为主体，生产关系回归其自然状态，表现为从私有制社会的阶级冲突回归为生产领域中人们需求与满足之间的矛盾，因此社会主义社会的基本矛盾主要表现为生产与消费、供给与需求之间的非对抗性矛盾。

社会主要矛盾，反映社会发展的整体水平和历史方位，聚焦国家的工作重心和社会发展的着力点。集中精力解决社会主要矛盾，才能在社会生活和社会变迁中把握社会矛盾的全局，有效解决其他社会矛盾。社会主义的本质特征是以人民为中心的基本原则和价值取向，维护最广大人民的根本利益。这在社会主义思想范畴体系中处于主导和支配地位，是社会主义思想的核心范畴，对其他所有范畴具有统领作用。社会主义经济发展的根本目的是为了人民，创造历史的根本力量也是人民。在共时性上，始终将民生问题视为社会主要矛盾的核心问题；在历时性上，准确把握不同社会形态、不同社会发展阶段与民生问题的差异性，抓住社会主要矛盾的特殊性，准确找到解决不同社会主要矛盾的钥匙。我国处于并将长期处于社会主义初级阶段，明确解决我国社会主要矛盾的基本途径是大力发展生产力。检验一切工作的成效，最终要看是否有利于发展社会主义社会的生产力，是否有利于增强社会主义国家的综合国力，是否有利于提高人民的生活水平。社会主要矛盾的重要性，在初级阶段体现在人类活动的两个根本方面：生产与消费。第一，在生产上，经过改革开放40多年的发展，我国社会生产力水平总体上显著提高，在很多方面进入世界前列。总体上，当前人民基本的温饱问题已解决，全面小康社会已建成，但新的矛盾出现了，社会主要矛盾的变化所折射出的不再是"发展不足"的问题，更多的是"发展起来后"面临的新问题，即在继续推动发展的基础上着力解决好发展不平衡、不充分的问题。第二，在消费或需求上，改革开放以来，生产力水平不断提高，人民生活水平不断提高，产生多方面、多样化、多层次的社会消费需求，即"人民日益增长的美好生活需要"。

社会主义社会，在生产力与生产关系、经济基础与上层建筑各个方面，每一个发展要素都按特定的方式组合排列，都具有明确的针对性，不同发展要素彼此形成一种互动耦合的关系，使新发展理念成为有内在统一性的结构整体。

习近平把社会基本矛盾作为一种整体来考察,把生产力和生产关系的矛盾运动与经济基础和上层建筑的矛盾运动相结合进行观察,提出如下重要论断:生产力是社会基本矛盾的主要方面、坚持发展仍然是解决我国所有问题的关键的重大战略;根据我国社会基本矛盾运动的新变化不断推进改革开放;以经济建设为中心和发挥经济体制改革的牵引作用而带动全面改革、推动我国生产关系与生产力、上层建筑与经济基础相适应。

1978 年 5 月开展的真理标准问题大讨论,把实践作为检验真理的唯一标准,同年,党的十一届三中全会抛弃"以阶级斗争为纲",把党和国家工作中心转移到经济建设上来。这是由社会主义初级阶段的主要矛盾决定的。社会主义社会的主要矛盾贯穿于社会主义初级阶段的各个方面和始终,从而也就决定必须把经济建设作为全党和全国工作的中心,各项工作都要服从服务于这个中心。尽快改变我国生产力发展不充分和发展不平衡状况,才能解决这个主要矛盾;牢牢把握社会主义初级阶段的主要矛盾和工作中心,才能真正解决社会主义初级阶段中的其他社会矛盾,促进中国特色的社会主义发展。

邓小平明确指出:"按历史唯物主义的观点来讲, 正确的政治领导的成果,归根结底要表现在社会生产力的发展上。"[1]习近平说:"人民对美好生活的向往,就是我们的奋斗的目标。"[2] 1984 年颁布的《中共中央关于经济体制改革的决定》提出:"社会主义的根本任务即发展社会生产力,即要使社会财富越来越多地涌现出来,不断地满足人民日益增长的物质和文化需要。社会主义要消灭贫穷,不能把贫穷当作社会主义。"新民主主义革命胜利和中华人民共和国建立,是靠马克思主义和中国具体实践相结合取得的。建设也要靠马克思主义和中国国情相结合,才能顺利前进。党的十一届三中全会以后,一系列改革开放的重大决策都是邓小平提出的,"社会主义的任务很多,但最根本一条即发展生产力"[3]。"社会主义的优越性归根到底要体现在它的生产力比资本主义发展更快一些、更高一些。"[4] 70 多年来,中国经济规模持续扩大,从一个积贫积弱的落后农业国,发展成为世界第一的制造大国,国民经济综合实力实现由弱到强、由小到大的历史性巨变,经济发展质

① 《邓小平文选》(第二卷),人民出版社,1993 年,第 123 页。

② 《习近平谈治国理政》(第一卷),外文出版社,2018 年,第 424 页。

③ 《邓小平文选》(第三卷),人民出版社,1993 年,第 137 页。

④ 同上,第 63 页。

量效益不断提升、经济结构不断优化,迈向经济强国的步伐不断加快。按不变价格计算,2018 年比 1952 年国内生产总值（GDP）增长 175 倍,年均增长 8.1%,其中1979—2018 年年均增长 9.4%,远高于同期世界经济 2.9%左右的增幅,对世界经济发展的年均贡献率为 18%左右。截至 2018 年,中国工业增加值占全球比重超过 28%,是德国、日本、美国的总和,年均生铁、原煤产量是相同人均 GDP 水平下美国、日本的十几倍,电子产品产值也是同期美国、日本的 3 倍以上,已形成雄厚的工业基础及工业资源储备。[①]外汇储备余额,稳定在 3 万亿美元以上,连续 14 年稳居世界第一。

2021 年 7 月 1 日,习近平在建党 100 周年庆祝大会上向全世界庄严宣告:中国已全面建成小康社会,中国人民摆脱了绝对贫困。

第二节　社会主义初级阶段的基本经济制度

一、社会主义初级阶段

中国处于并将长期处于社会主义初级阶段,对于中国这一基本国情的准确掌握,至关重要。马克思、恩格斯的经典设想是,社会主义经济制度是建立在社会生产力高度发达的经济基础上的。实践证明,脱离时代背景和现实条件,生搬硬套这些理论将会带来严重后果。无论是 20 世纪 20 年代的苏联,还是 20 世纪 50 年代的中国,均是由落后的农业国直接过渡到社会主义社会。不发达的社会生产力决定了必须有与之相适应的经济制度,才能快速发展生产力,实现广大人民共同富裕的最终目标。立足这一基本国情与自身实践,1981 年 6 月,党的十一届六中全会首次明确指出:"我国社会主义制度还是处于初级的阶段。"1997 年,党的十五大报告再次明确提出社会主义初级阶段基本经济制度这一概念。中国特色社会主义正是根据中国处于而且将长期处于社会主义初级阶段这一最基本的国情确立的。创造性地提出"社会主义初级阶段"的科学论断,这在马克思主义发展史上是一次重大理论创新,这是中国特色社会主义理论的基石。社会主义初级阶段是社

---

① 《北大经院学者"新冠疫情对经济影响"笔谈综述》,《经济科学》,2020 年第 2 期。

会主义的不发达阶段。在经济上,社会主义初级阶段是逐步摆脱不发达状况,实现工业化和经济社会化、市场化、现代化的历史阶段。社会主义初级阶段理论,既克服超越阶段的"左"的错误倾向,又抵制抛弃社会主义根本制度的右的错误倾向,是改革开放以来社会主义经济理论的重要发展。

党的二十大提出,"从现在起,中国共产党的中心任务就是团结带领全国各族人民全面建成社会主义现代化强国、实现第二个百年奋斗目标,以中国式现代化全面推进中华民族伟大复兴"[①]。《决议》指出:"党的十八大以来,中国特色社会主义进入新时代。党面临的主要任务是,实现第一个百年奋斗目标,开启实现第二个百年奋斗目标新征程,朝着实现中华民族伟大复兴的宏伟目标继续前进。以习近平同志为核心的党中央统筹把握中华民族伟大复兴战略全局和世界百年未有之大变局,强调中国特色社会主义新时代是承前启后、继往开来、在新的历史条件下继续夺取中国特色社会主义伟大胜利的时代,是决胜全面建成小康社会、进而全面建设社会主义现代化强国的时代,是全国各族人民团结奋斗、不断创造美好生活、逐步实现全体人民共同富裕的时代,是全体中华儿女勠力同心、奋力实现中华民族伟大复兴中国梦的时代,是我国不断为人类作出更大贡献的时代。"党的二十大宣告:"从二〇二〇年到二〇三五年基本实现社会主义现代化;从二〇三五年到本世纪中叶把我国建成富强民主文明和谐美丽的社会主义现代化强国。"[②]这"两步走战略",是国家强起来的时空次序的依次展开,又是国家由大变强、实现由量变到质变的必然趋势和要求,新时代社会主要矛盾的解决也将是一个长期的历史进程,要由全面建成小康社会到全面建设社会主义现代化国家的伟大实践中逐步得到解决。

二、中国特色社会主义基本经济制度

制度是指一系列规则,是对规律的反映和应用;治理则是制度的实践,是对规律的驾驭。制度环境对经济发展质量提升具有内在驱动、激励与保障作用,制度配

---

① 习近平:《高举中国特色社会主义伟大旗帜　为全面建设社会主义现代化国家而团结奋斗——在中国共产党第二十次全国代表大会上的报告》,人民出版社,2022年,第21页。

② 同上,第24页。

套是社会主义市场经济体制有序运行的基本保障。

经济制度是一定社会占统治地位的生产关系的总和,是生产关系的基本元素在制度层面的反映和转化,其实质是一定社会生产关系的制度化,核心是生产资料所有制性质及其决定的生产、交换、分配、消费的性质及关系,经济制度所体现的生产关系的主要内容包括生产资料所有制形式、劳动产品的分配方式以及与此相适应的生产过程中人与人之间的关系。基本经济制度是一个辩证统一的有机整体,既不能割裂开来,也不能简单并列。所有制性质决定分配性质,也决定市场经济性质,因此在基本经济制度中,所有制具有基础性地位。

经济基础决定上层建筑,而在经济基础的体系中,基本经济制度即生产资料所有制结构处于重要地位。因为生产资料是一个社会最基本的经济资源,谁控制生产资料,谁就控制包括生产、分配、交换以至消费等社会经济的各个环节,并由此成为这个社会政治的统治者和意识形态的主导者。因此,生产资料所有制构成一个社会经济制度的基础,也是决定社会基本性质和发展方向的根本因素。

党的十九届四中全会通过《中共中央关于坚持和完善中国特色社会主义制度推进国家治理体系和治理能力现代化若干重大问题的决定》,一项重大创新在于,对社会主义基本经济制度作出新的概括,即公有制为主体、多种所有制经济共同发展,按劳分配为主体、多种分配方式并存,社会主义市场经济体制是这三项制度的统一体。它是以公有制为主体、多种所有制经济共同发展的基本经济制度与市场发挥决定性作用的资源配置方式两者的有机统一。社会主义市场经济与所有制、分配制度构成相互支撑、相互促进、逻辑贯通、三位一体、有机衔接的社会主义经济制度体系。这是对社会主义基本经济制度内涵的重要发展和深化。关于社会主义市场经济,应充分认识到中国特色社会主义制度与市场经济有机结合还处在不断完善中,要研究探索公有制与市场经济有机结合的形式。另外,社会主义处于初级阶段,社会主义商品经济和市场经济的发展,是社会经济发展不可逾越的阶段。

一国的经济制度主要包括三个方面,以生产资料所有制为核心的基本经济制度、以资源调配方式为主的经济运行制度、以收入分配为主的激励与社会保障制度,三者相互联系、共同作用于经济活动中。在现代社会,无论是生产决定分配、交换和消费,还是分配、交换和消费反作用于生产,一般是通过市场经济作为载体来实现的。市场经济总是与一定的社会制度相结合。其存在于资本主义与社会主义两个阶段,在不同社会制度下有不同特征。当下,遵循现代市场经济的一般规律,又体现社会主义制度的独特优势。在经济制度体系中,社会主义基本经济制度具有基础性、决定性地位,决定着经济系统的根本性质、经济发展方向和发展方式,对经济制度和其他各领域制度建设发挥重要的作用;作为经济制度表现形式的经济体制,影响着经济发展的速度、质量和效率。

所有制关系决定分配关系,公有制为主体这一根本经济制度决定按劳分配为主体。坚持和发展中国特色社会主义制度,必须坚持和完善按劳分配原则,体现全社会尊重劳动、崇尚劳动,鼓励劳动创造,体现多劳多得、共建共享,防止贫富差距过大。坚持和完善按劳分配的主体地位,要探索在社会主义市场经济条件下按劳分配新的实现机制和实现形式。在社会主义市场经济中实行按劳分配,与马克思等经典作家设想的相比,更为曲折和复杂。

在社会主义市场经济中,分配与市场机制密切相关,具体的分配过程往往是价格、供求、竞争相互作用的结果。马克思主义政治经济学认为,关于分配的认识要区别两个不同层次的问题,即第一个层次是所有制性质决定分配性质。在资本主义市场经济中,资本所有者要以各种形式去分配剩余价值,而工人只能获得工资,资本家阶级和工人阶级之间在分配上客观存在不可跨越的鸿沟。第二个层次是由市场机制决定的具体分配方式。市场机制在发挥分配作用时具有复杂性、曲折性特点,导致分配结果的多样性和不确定性。资本主义市场经济的实践表明,即使资本家阶级之间也存在对剩余价值分配的不稳定性、不均衡性,即使工人阶级之间也存在获得收入的多元性。除了市场机制作用于分配关系外,政府利用行政权力进行再分配,还有其他组织的分配,如慈善性分配,等等。第一层次决定分配制度的性质,第二层次决定分配制度的复杂性,两个层次是辩证统一的关系。

社会主义市场经济中的分配关系,包括两个基本层次:①在所有制和分配制度上,社会主义初级阶段公有制为主体、多种所有制经济共同发展的基本经济制度和按劳分配为主体、多种分配方式并存的分配制度。②在运行机制上,由于在经济领域人们进行收入分配是通过市场机制来实现的,因此收入分配的实现形式、实现途径要复杂得多,如按要素分配。

生产资料所有制为何如此重要?在《资本论》第2卷中,马克思作了简要回答:"不论生产的社会的形式如何,劳动者和生产资料始终是生产的因素。但是,在彼此分离的情况下二者只在可能性上是生产因素。凡要进行生产,它们就必须相结合。

实行这种结合的特殊方式和方法,使社会结构区分为各个不同的经济时期。"①

在历史上,由原始社会到奴隶社会、封建社会和资本主义社会等形态的更替,都是以生产资料所有制的变革为基础的。资本主义,由自由资本主义到垄断资本主义,由私人垄断资本主义到国家垄断资本主义、再到国际垄断资本主义的演变,也是以生产资料所有制的具体形式和内部结构的变化为基础的。因此,马克思主义高度重视所有制问题,把所有制变革作为社会主义革命、建设和改革的关键环节。新中国成立后,建立了以公有制为基础的社会主义经济制度。这一根本变革,为当代中国的一切发展进步奠定了根本的政治前提和制度基础。但由于受极左思想的影响,长期以来脱离生产力发展的状况,以为越公越好、越纯越好,急于建立单一的公有制经济,形成过分单一的所有制结构和过分僵化的经济体制,严重束缚了生产力和社会主义商品经济的发展,代价很大。公有制为主体、多种所有制经济共同发展,是我国社会主义初级阶段的一项基本经济制度。这一制度的确立,是由我国社会主义性质和初级阶段的国情决定的:第一,社会主义国家,必须坚持公有制作为社会主义经济制度的基础;第二,处在社会主义初级阶段,必须在公有制为主体的条件下发展多种所有制经济;第三,一切符合"三个有利于"的所有制形式均可用来为社会主义服务。

在资本主义社会,存在大量的个体经济,还存在相当比重的国有经济,某些时期甚至还有奴隶主经济。为何还要称之为资本主义社会呢? 关键在于资产阶级私有制在整个社会的生产关系体系中占据主体地位。这是普照的光,决定、制约着其他经济成分的存在和发展。在社会主义初级阶段,有公有制经济,也有非公有制经济。但是我国是社会主义社会,因为公有制占主体地位,若让资本主义私有制占据主体地位,社会性质就会发生变化,社会主义社会就会转变成资本主义社会。

三、发展社会主义公有制经济

(一)公有制的特征

生产资料公有制并非是社会主义社会独有的现象,它在原始社会曾经是占统

---

① 《马克思恩格斯全集》(第24卷),人民出版社,1962年,第44页。

治地位的所有制形式，并将在共产主义社会的高级阶段获得更加充分的发展，但是社会主义生产资料公有制既不同于原始公有制，也不同于共产主义公有制。

原始社会的生产力极其低下，没有多少剩余产品，因此人们只能集体劳动，平均分配，这是原始的公有制。与原始的公有制不同，社会主义公有制是生产社会化高度发展的产物，其基本特征是：劳动者共同占有生产资料，并在此基础上形成新型的平等关系，这种关系排除任何私人对生产资料的占有并获得特殊的利益，生产的目的是为满足人们的共同需要，实现人的全面发展和共同富裕。在生产资料共同占有的基础上，社会产品的分配实行按劳分配或按需分配，人们共享社会创造的财富。社会主义公有制和共产主义高级阶段的公有制又有何区别呢？这两者最主要的区别在于：前者是以存在分工、劳动是谋生的手段为基础的，后者是以消灭分工、个人实现自由全面发展为基础的。由于存在分工，社会主义社会的劳动者就不能像在共产主义社会里那样，单纯以生产资料的共有者的身份与生产资料发生实际联系，还必须把劳动作为自己的谋生手段，以劳动者的身份实现与公共的生产资料的结合，以获得与自己付出的劳动相应的报酬。

在社会主义公有制中，生产资料虽然是社会成员共同所有的，但由于旧的分工存在，属于社会共同所有的生产资料是通过具有独立利益的个人和企业分别使用的，这就不可避免地使生产资料在占有关系上存在局部占有的性质。不同企业之间在经营管理方面具有明显的利益差别，决定了公有制内部的商品生产和商品交换的必然性。社会主义生产资料公有制的特点：

第一，社会调节。社会成员按集体意志统一支配和调节社会所属的生产资料，既是公有制的历史起点，又是公有制的必然结果。如同自发的秩序是资本主义经济运行的典型状态一样，社会主义公有制必然要以有计划满足社会的共同利益作为自己存在的历史根据。

第二，经济民主。生产资料公有制使劳动者在生产资料占有上形成平等的关系，在全社会范围内结成利益共同体，这首先需要一种民主化的管理制度，以保障共同利益的实现。没有这样一种民主的管理结构，社会就会滋生各种官僚主义和腐败现象，作为公共利益代表的各级管理者就有可能蜕化变质，公有制关系的要求就无法得到实现，公共利益就无法得到保证。毛泽东强调："劳动者有管理国家、管理军队、管理各种企业、管理文化教育的权利。实际上，这是社会主义制度下劳动者最大的权利,最根本的权利。"①

第三,国有企业在追求自身利益的同时必须满足社会的共同利益,承担一定的社会责任,接受全体人民的代表即国有资产监管部门的监督管理。否则,国有经济就会成为单纯追求个人利益和小集团利益的工具,成为私有制,公有制就会瓦解。

在国有经济中,必须坚持按劳分配原则,反对剥削,反对平均主义,只承认能力和贡献上的差别及其对收入分配的影响,而不承认生产资料占有上的差别及其对收入分配的影响。在市场经济条件下,劳动不能直接计算,按劳分配只能按经营收入分配,而经营收入多寡又受供求、竞争和价格波动多种因素的影响,按劳分配的实现与理想中的状态有很大的不同。

第四,剩余共享。对经济剩余的占有是生产资料所有权的基本职能,在私有制中,经济剩余归私人所有者占有,而在公有制经济中,经济剩余则归社会成员共同占有。具体来说,在公有制经济中,企业上缴国家的收入包括两个部分:一部分是一般的税收,另一部分则是公有资本收益,这是国家以所有者身份从企业获得的收益,是公有所有权在经济上的实现。这部分收入要用于满足社会的共同利益,如改善公共福利、保障和改善民生等。

(二)公有制为主体的含义

第一,公有制为主体的含义,主要体现在:一是公有资产在社会总资产中占优势;二是国有经济控制国民经济命脉,对经济发展起主导作用。对这两个方面进行具体分析,公有资产在社会总资产中占优势。生产资料有两种形态,即物质和价值的形态。物质形态表现为矿藏、土地、厂房、机器设备、原材料等物质要素,价值形态则表现为以货币形式存在的各种资产。由于物质形态的生产资料在不同的企业和部门千差万别,难以加总计算,因而以生产资料公有制为主体通常是用公有资产在社会总资产中占优势来表示的。公有资产有狭义和广义之分。狭义的公有资产是指以保值增值为主要目的而投资于各种行业的资产,包括国有经营性资产、集体经营性资产以及混合所有制经营性资产中的国有成分和集体成分。而广义的公有资产,除公有经营性资产外,还包括投资于行政、国防、公益事业等形成的公有非经营性资产,以及具有开发和使用价值的能带来收益的公有资源性资产。

---

① 《毛泽东文集》(第八卷),人民出版社,1999年,第129页。

　　第二,公有制经济的范围。其不仅包括国有经济和集体经济,还包括混合所有制经济中的国有成分和集体成分;不仅包括生产领域的国有经济,还包括流通、金融、文教等领域的公有制经济;包括属于中央管理的公有制经济,还包括地方政府所有的公有制经济。还应包括许多新型的公有制形式,如各种新型的农村合作制等。

　　(1)"公有资产在社会总资产中占优势"。广义的公有资产是指一切国有资产。从社会主义生产关系的本质看,狭义公有资产即经营性资产更为重要。进入经营过程的生产资料或资产,才能纳入社会的再生产体系,形成一定的经济关系,对社会经济的运动过程产生影响。而非经营性资产和资源性资产则不具有这样的经济作用。另外,还有一些公有制生产资料,如农村集体所有制的土地,其中许多部分虽然没有进入经营过程,转化为经营性资产,却进入直接生产过程,并构成农村社会主义生产关系的重要基础。显然,如何准确估算公有资产的数量和质量,是一个比较复杂的问题。

　　(2)国有经济控制国民经济命脉,对经济发展起主导作用。国有经济对经济发展起主导作用是生产资料公有制的必然要求,是社会主义生产关系的客观规律。这是因为,建立公有制的目的即要克服生产社会化与生产资料资本主义私人占有之间的基本矛盾,由国家按社会的需要计划组织生产,满足社会成员的共同利益,实现人的全面发展和社会的共同富裕。在社会主义初级阶段,由于存在多种所有制经济特别是众多的非公有制经济,公有制经济存在的范围是比较有限的。在这种条件下,只有国有经济控制国民经济命脉,对经济发展起主导作用,发挥国有经济的控制力、影响力和带动力,才能保证经济制度的社会主义性质,保证经济发展的社会主义方向,支撑、引导和带动社会经济的发展,保障经济持续健康发展。

　　(3)公有制为主体的时空特点。在时间上,公有制为主体是从长期趋势看的,在不同的历史阶段,依据生产力发展的不同情况以及经济结构的变化、国家发展战略等因素,公有资产的比重也应有所变化,有时多一些,有时少一些。因此,不能脱离长期的历史趋势机械地看待公有资产的比重。在空间上,公有资产占优势是就全国而言的,有的地方、有的产业可以有所差别。党的十五届四中全会确定的国有经济需要控制的行业和领域主要包括:涉及国家安全、自然垄断的、提供重要公共产品和服务的行业,以及支柱产业和高新技术产业中的重要骨干企业。其他行业领域,可以通过资产重组和结构调整,提高国有经济的整体素质。

　　第三,公有制主体地位的保障实施。社会主义初级阶段的基本经济制度虽已写入宪法,成为指导我国经济改革发展的根本准则和最高依据,但是在市场经济条件下,所有制结构的变动在很大程度上取决于市场机制的作用,受到市场竞争、全球化、资本流动等因素的影响,必然处于动态变化之中。在这样的条件下,若缺乏有效的体制机制和法律措施的保障,基本经济制度的实现就可能落空。这就需要建立和完善基本经济制度的保障机制,确立基本经济制度的调控主体,落实基本经济制度的各项法律和政策,促进各种所有制经济的共同发展,保障公有制经济的主体地位。

第四,公有制生产关系的特征。人们对所有制的分析,主要是从所有权的法律归属的角度进行的,这种分析是必要的,但是不全面。按马克思主义政治经济学的观点,生产资料所有制在本质上是一种经济关系、经济过程和行为规范,脱离这些关系、过程和行为的抽象的所有权,只不过是一种形而上学或"法学的幻想"。

在历史上,所有权是以不同的方式、在完全不同的社会关系中发展起来的。因此,给资产阶级的所有权下定义不外是把资产阶级生产的全部社会关系描述一番。把所有权作为一种独立的关系、一种特殊的范畴、一种抽象的和永恒的观念来下定义,这只能是形而上学或"法学的幻想"。正确认识和实现公有制的本质特征不能仅仅停留在所有权的归属上,而必须弄清公有制生产关系的内涵和实现公有制生产关系的要求,即前面提出的社会调节、经济民主、按劳分配和剩余共享等。

(三)坚持公有制的主体地位

社会主义是以公有制为基础的,因此坚持社会主义就必须以公有制为主体。这样的回答并没有抓住问题的关键。按历史唯物主义的观点,生产力决定生产关系,一种社会制度是否合理,不能由这种制度自己加以证明,而必须把能否促进生产力的发展作为判断的标准。

强调不同所有制企业之间的关系是一种平等竞争的关系,为何还要强调公有制的主体地位呢,还要强调不同所有制之间区分主次关系呢?其实,公有制的主体地位与不同所有制之间的平等竞争是不同层次的问题,并不矛盾。在市场经济中,不同所有制的企业都要接受价值规律的调节、服从等价交换的原则,因此它们之间的关系是平等竞争的。

同时,任何社会,都存在多种经济成分,而且不同经济成分的地位和作用是不一样的。马克思指出,在一切社会形式中,总有一种一定的生产决定其他一切生产,因而它的关系也决定其他一切关系的地位和影响。这是一种普照的光,它掩盖一切其他色彩,改变着它们的特点。这是一种特殊的以太,它决定着其中显露出来的一切存在的比重。

坚持公有制为主体、促进非公有制经济发展统一于高质量发展和实现社会主义基本经济规律的进程中,这两者相辅相成、相得益彰,而不是相互排斥、相互抵消。坚持辩证法、两点论,不会因为坚持公有制的主体地位而影响非公有制经济的发展,也不会因为发展非公有制经济而影响公有制的主体地位。各种所有制经济在市场竞争中不但发挥各自优势,而且发挥相互促进、共同发展的协同优势。

有人认为,公有制和私有制都是手段,只有发展生产力才是目的,因此是否以公有制为主体并不重要,可有可无。这种观点貌似有理,实际上是片面的。其割裂生产力与生产关系的辩证联系,把公有制与生产力的发展不恰当地对立起来。科学社会主义坚持用生产资料公有制代替私有制,并非基于公平正义的道德考虑,而是因为资本主义私有制阻碍社会化大生产的发展,只有建立生产资料公有制才能克服资本主义私有制的弊端,适应生产力发展的要求,更好地解放和发展生产力。生产力的发展本身还有一个为谁的问题:是为少数剥削者的利益,还是为广大劳动者的利益,从这个角度来看,实行何种所有制是极为重要的。在社会主义初级阶段中,基本经济制度必须坚持以公有制为主体,主要原因如下:

第一,这是社会主义经济制度的根本特征。如前所述,生产资料所有制是一个社会经济制度的基础,它决定着一个社会的基本性质和发展方向,决定着人们在生产过程中的地位和相互关系以及分配和交换的性质。没有公有制作为经济基础就不会有社会主义的经济制度,也不会有社会主义的上层建筑。

第二,这是解放和发展生产力的根本要求。生产社会化与生产资料资本主义私人占有之间的矛盾,是导致资本主义经济贫富两极分化、经济危机、阶级对立等一切弊病的总根源。解决这些弊病要求在生产资料公有制的基础上,对整个社会生产和经济发展进行有计划的合理调控,以推动生产力更快地发展,生产资料公有制是实现这种有计划调控的制度基础。

第三,这是实现共同富裕的根本前提。马克思主义认为,生产决定分配,不同的所有制关系决定不同的收入分配制度,只有在生产资料社会占有的基础上才能形成以按劳分配为主体的公平分配关系,对收入分配的源头即生产条件的占有环节进行有效调节,使全体人民共享改革与发展的成果。

第四,这是建设社会主义和谐社会的根本条件。在公有制经济内部,生产资料的所有权归社会占有而不是归任何个人占有,这就有利于从根本上消除资本与劳动的阶级对立和对抗性的社会矛盾,有利于维护社会的公平正义,有利于实现社会整体利益与局部利益、长远利益与当前利益、公共利益与个人利益的有机统一,为构建社会主义和谐社会创造有利条件。

第五,这是全球化条件下实现自主发展的根本保障。坚持公有制的主体地位和发挥国有经济的主导作用,有利于国家大力实施自主创新的战略,建设创新型国家,提高国家的竞争力,保持国家对关键行业和领域的控制力,维护国家的经济安全,把坚持独立自主同积极参与经济全球化相结合。

第六,这是社会主义政治制度的根本经济基础。人民当家作主是社会主义民主政治的本质。这种民主制度只有在社会的财富特别是生产资料占有相对公平的基础上才能产生。若生产资料特别是关系国民经济命脉的战略性资源被私有化,被少数私人和私有利益集团垄断占有,那么就难以形成社会主义民主政治,而只能形成垄断资本占主导地位的资产阶级民主政治。经济基础决定上层建筑,坚持以公有制为基础,是一个重大经济问题,也是一个关系国家前途命运的重大政治问题。坚持和发展中国特色社会主义制度,推进国家治理体系和治理能力现代化,发展社会主义市场经济、社会主义民主政治、社会主义先进文化、社会主义和谐社会、社会主义生态文明,都离不开基本经济制度这个重要支柱。

(四)鼓励、支持和引导非公有制经济发展

发展社会主义基本经济制度,要充分尊重和维护各种经济主体在社会主义市场经济中的地位,完善多种经济形式的制度体系。包括个体、私营等形式在内的非公有制经济,是社会主义市场经济的重要组成部分。2018 年 11 月 1 日,习近平主持召开民营企业座谈会时再次强调:"在全面建成小康社会、进而全面建设社会主义现代化国家的新征程中,中国民营经济只能壮大、不能弱化,不仅不能'离场',而且要走向更加广阔的舞台。"[1]其实,随着人民对美好生活需要的日益增长,生产的个性化、多样化范围的不断扩大,社会化大生产并非过去想象的那样不断发展和持续地排挤小生产。发展非公有制经济,适应我国生产力的发展要求,有利于繁

---

① 习近平:《在民营企业座谈会上的讲话》,《人民日报》,2018 年 11 月 2 日。

荣经济、增加财政收入、扩大就业、改善人民生活、优化经济结构、增强市场经济的活力，对全面建设小康社会和高质量发展具有重大的战略意义。民营经济贡献50%以上的税收，60%以上的国内生产总值，75%以上的技术创新，2018年城镇非公有制经济就业人员占比达83.65%，为3.74亿人。

四、发展国有经济

我国宪法第七条明确指出："国有经济，即社会主义全民所有制经济，是国民经济中的主导力量。"发展和壮大国有经济、控制国民经济命脉，对于发挥社会主义制度的优越性，促进生产力发展，具有关键作用。集体经济是公有制经济的重要组成部分，可以体现共同富裕原则，可以广泛吸收社会分散资金，缓解就业压力，增加公共积累和国家税收。国有企业集中国家意志和国家力量，是国民经济发展的中坚力量，是推动国家工业化和现代化进程的重要力量，在吸纳就业、实现国家富强、维护社会稳定、缩小贫富差距，实现政府干预市场、弥补市场失灵等方面做出巨大贡献。在今后的历史时期中，国有经济要承担如下使命：一般国家在市场经济中国有经济的使命，发展中国家在经济赶超时期国有经济的使命，转轨国家在转轨时期国有经济的使命。

国有资本要实现其功能定位和使命要求的"做优目标"。推动国有经济的战略性调整，将以前分布于产能过剩的重化工领域的国有资本，调整到高端和战略性新兴产业，国有资本投资运营要服务于国家战略目标，更多投向关系国民经济命脉的重要行业和关键领域以及公益性行业，社会经济发展的瓶颈领域，保护生态环境、支持科技进步、保障国家安全，重点提供公共服务、发展重要前瞻性战略性产业、优化国有经济布局。大幅度提升国有经济的整体实力和经济效率，增强"国有经济竞争力、创新力、控制力、影响力、抗风险能力"，做强做优做大国有资本。以管资本为主加强国有资产监管，国有资本投资运营公司通过国有资本布局的增减，进退自如地调整国有经济布局，向具有核心竞争力的优势企业集中，国有资本可以发挥杠杆作用，引导社会资本共同投资。

目前，国有经济发展基本实现了"做大"的目标，但还没有很好地实现"做优"

的目标,呈现出"大而不优"的国有经济格局。[①] 2000 年以来,国有经济部门资产规模稳步提高,国有工业企业规模不断扩大,相对于私企而言,以不到 1/10 的企业数量,资产规模则接近于私企资产规模的 2 倍。这是与我国快速工业化进程、投资驱动高速增长、粗放的经济发展方式相适应的,一直以来,我国国有经济发展方式是以投资驱动的规模扩张为主导的。在经济高速增长的大环境下,企业面临众多的发展机会,模仿型排浪式消费需求和大规模的基础设施投资需求使得"跨越式发展"成为多数企业追求、且可以实现的发展战略目标。国有资本总体上处于产业链的上游,这种产业链条位置在一定程度上保证国有企业掌握一定的资源而获得垄断利润,也表明国有企业发展更多的是依靠资源要素驱动。

国有企业战略性重组,要根据改革的系统性和协同性,从全国经济改革一盘棋出发,从整体经济高质量发展视角考虑,不仅国有资本的自身要做强做优做大,而且要有利于建设市场公平竞争环境、解决垄断问题,而并非简单地进行同行业公司的合并。从产业组织结构调整来看,在基于行业特性推进中央企业的并购重组时,不仅考虑规模经济和市场集中度,还要考虑产业组织的形态,最终形成兼有规模经济和竞争效率的市场结构。

国有经济布局优化和结构调整时应注意如下问题。首先,与供给侧结构性改革协同。选择市场竞争程度较高、产业集中度较低、产能过剩问题突出的行业,包括资源类、钢铁、汽车、装备制造等行业,进行企业并购重组、减少国有企业数量,扩大国有企业规模,突破地方或部门势力造成的市场割据局面,促进形成全国统一市场,有效提高产业集中度、优化产能配置和促进过剩产能消化。其次,在自然垄断性领域,区分自然垄断的网络环节和可竞争的非网络环节性质,根据行业特点整体规划、分步实施,通过国有企业重组、可竞争性业务的分拆和强化产业管制等"多管齐下"的政策手段,推动可竞争性市场结构构建和公平竞争制度建设,使垄断性行业的国有经济成为社会主义市场经济体制更具活力的组成部分。

国有企业规模较大、创新资源较丰富、创新成本较低,是国家创新系统的主力军,是国家核心技术的主要供给者。在技术创新方面发挥模范带头作用,将更多的资源集中于重大创新项目,通过整合创新资源,形成创新辐射源,培育重大共性技

---

①　国企不仅总资产等绩效相对指标逐年下降,重要的是作为国家自主创新的主力军,其研发投入水平和专利产出水平尚不及私营 500 强企业(包括京东等 212 个商业性、房地产公司),详见周志太、卢浩:《"国民进"的实情及其破解》,《海派经济学》,2019 年第 2 期。

术平台和寻求突破重大核心技术以及战略性新兴产业的先导技术，发挥其在高质量发展和创新型国家建设的引领作用。

建立以管资本为主的国有资产监管体制，有效发挥国有资本投资、运营公司的功能作用，强化国有企业的市场主体地位，促进国有资产保值增值。通过行政性重组和依托资本市场的并购重组相结合的手段，改建或新建国有资本投资运营公司，将分散于众多行业、各个企业的国有资产产权归为国有资本投资运营公司持有。

中央企业和地方企业的布局重点是不同的，前者布局重点服务于实现国家战略意图和全国性公共服务，而后者布局重点应服务于地方城市公共服务、城市基础设施建设等领域。

五、按劳分配为主体、多种分配方式并存

按劳分配为主体、多种分配方式并存，是重要的制度优势。党的十九届四中全会首次把多种经济形式及与此相适应的按要素贡献分配所得的制度，作为现阶段社会主义基本经济制度内涵，对参与到经济发展进程中做出贡献的生产要素的认识也逐步深化和完善。凸显分配制度对推动高质量发展的重要意义。明晰企业家等人力资本在经济中的贡献，借助资本市场的股权和期权建立合理的人力资本定价机制，调动各方面的积极性，更好地顺应经济活动转向知识化、专业化、数字化的大趋势，大力发展知识经济、数字经济。

按劳动贡献取得收入的分配制度，与人们在生产、交换、消费上形成的平等关系相适应。坚持和完善按劳分配原则，强调劳动对取得收入报酬的重要性，使收入水平与劳动者的贡献联系起来。鼓励劳动、最大限度激发活力，提高效率、勤劳致富，促进高质量发展。强调劳动致富的道德高尚性，从根本上坚守马克思主义的劳动价值论，有助于扭转我国劳动报酬在初次分配中占比较低的态势，有助于调动人民参与社会主义经济建设的积极性和创造性。确保人民群众共享改革发展成果，逐步实现共同富裕。承认物质利益原则和合理的收入分配差距，允许和鼓励资本、土地、知识、技术、管理等其他生产要素参与分配，实现个人利益与社会利益、局部利益与共同利益、短期利益与长远利益的统一，推动经济强劲、可持续、包容性增长。

所有制多元化，分配方式必然是多元的。分配制度及交换制度与所有制关系一起纳入社会主义基本经济制度内涵，反映了我国通过改革开放的实践，对社

会主义基本经济制度认识的深化。

强调按劳分配为主体、多种分配方式并存，从初次分配、再分配和第三次分配三个方面，对完善社会主义分配制度提出明确要求。一是强调市场机制在初次分配中的主要作用，健全生产要素由市场评价贡献、按贡献决定报酬的机制。二是强调按各生产要素对国民收入贡献的大小进行分配，坚持多劳多得，着重保护劳动所得，增加劳动者特别是一线劳动者劳动收入，提高劳动报酬在初次分配中的比重。三是首次将"数据"增列为生产要素，体现了现代经济发展的新特征、新趋势，体现了收入分配制度尊重知识、尊重人才、尊重创新的导向。

强调按劳分配制度的主体地位及劳动在社会主义分配中的重要性，完善按贡献进行分配的体制机制，突出以人民为中心、实现共同富裕的总体分配目标，强调再分配与第三次分配的重要作用和功能，强调收入分配与城乡、地区、产业的发展平衡相结合，推进收入分配秩序的治理与完善，将收入获取建立在公平竞争和要素贡献的基础上，健全和优化初次分配体制、再分配体制、第三次分配体制。

贯彻物质利益原则，合理拉开收入差距，坚持效率为先，破除平均主义的分配制度，发挥按劳分配在调动人们的劳动积极性、主动性、创造性的作用，健全劳动、资本、土地、知识、技术、管理、数据等生产要素由市场评价贡献、按贡献决定报酬的机制；效率为先、兼顾公平，适当提高劳动报酬占初次分配中的比重和居民收入占国民收入中的比重，完善最低工资制度、就业制度、社会保障制度，健全让全体人民共享改革发展成果的机制并动态优化，让一切创造财富的源泉充分涌流，促进共同富裕。在有效劳动的认定形式上，遵循价值规律的市场实现形式，完善按贡献决定分配的机制，体现多劳多得，形成鼓励创新创造的收入分配机制；在劳动认定形式上，充分认识企业家的经营管理是一种高度复杂的劳动，由此获得的收入也是劳动收入，有利于形成提高管理水平和经营效率的收入分配机制。

六、社会主义市场经济体制

党的十四大确定经济体制改革的目标是建立社会主义市场经济体制，社会主义市场经济体制在发展实践中得到不断完善。党的十八届三中全会提出，要让市场在资源配置中起决定性作用，对推进社会主义市场经济改革做出全面系统部署。党的十九届四中全会指出,中国特色社会主义制度是在长期实践探索中形成的科学制度体系,充分发挥根本制度和基本制度的巨大优势。建立高标准市场体系,社会主义市场经济是经济制度一般和经济体制特殊的统一。基于社会主义制度和市场经济有机结合,形成社会主义市场经济理论,是我国经济学的重大贡献。这极大地促进了社会生产力的发展。新中国成立70多年来、特别是改革开放40多年来取得的经济快速发展奇迹和社会长期稳定奇迹,有力地证明了社会主义基本经济制度的科学性、优越性。为高质量发展提供坚实的制度保障,充分展现党在新时代不断推进国家治理体系与治理能力现代化所做出的伟大创新,向中国特色社会主义制度更加成熟、更加定型迈出了重要而坚实的一步,将为实现"两个一百年"奋斗目标、实现中华民族伟大复兴的中国梦做出积极贡献。

(一)社会主义市场经济发展的两大关系

社会主义市场经济发展有两大关系:一是政府与市场的关系,二是公有制与市场经济的关系。前者属于资源配置方式或经济运行机制的问题,后者属于所有制或基本经济制度的问题,前者为表层关系,后者为深层关系。这两个问题相互联系、又相互区别,共同构成社会主义市场经济的有机整体。

逻辑与历史是一致的。社会主义市场经济在理论和实践上的发展即是围绕上述两个方面、两条主线展开的,并经历由表及里、由浅入深的过程。20世纪60至80年代东欧经济学派提出许多改革理论,如兰格的试错模式、布鲁斯的分权模式、奥塔·锡克的宏观收入计划协调下的自由市场模式、科尔内的宏观间接控制下的自由市场模式,都是围绕社会主义经济中计划和市场的关系展开的。但是随着理论和实践的发展,人们逐步认识到,对于构建完整的市场经济来说,仅仅关注计划和市场的关系是远远不够的,关键问题在于,公有制能否与市场经济结合的问题?科尔内等人发现,以完全竞争的市场为基础的改革方案,若不能认真考虑传统国有制形式能否容纳这些改革措施的问题,那就只能是一种天真的幻想。

计划与市场的关系是最初关注的焦点问题。1978年党的十一届三中全会提出"重视价值规律的作用"。党的十二大提出"计划经济为主、市场调节为辅"。1984年党的十二届三中全会通过《中共中央关于经济体制改革的决定》提出"有计划的商品经济"。增强企业的活力,特别是增强全民所有制大中型企业的活力,是以城市为重点的整个经济体制改革的中心环节,"要使企业真正成为相对独立的经济实体,成为自主经营、自负盈亏的社会主义商品生产者和经营者"。"按所有权经营权分离的原则, 搞活全民所有制企业","围绕转变企业经营机制这个中心环节",建立起有计划商品经济新体制的基本框架。党的十三届四中全会提出"建立适应社会主义有计划商品经济发展的、计划经济与市场调节相结合的经济体制和运行机制"。

公有制与商品经济及市场经济的结合问题是社会主义市场经济的另一条主线,特别是随着国有企业改革被确立为经济体制改革的中心环节,公有制的体制、机制和实现形式的改革日益受到重视。党的十四大报告提出,我国经济体制改革的目标是建立社会主义市场经济体制,并从基本制度和资源配置两个方面对社会主义市场经济的本质特征进行概括。基本制度是"社会主义市场经济体制是同社会主义基本制度结合在一起的"。在资源配置方式上,《决议》指出,"明确必须坚持和完善社会主义基本经济制度,使市场在资源配置中起决定性作用,更好发挥政府作用"①。这样,社会主义市场经济的两个方面和两条主线即计划与市场的关系和公有制与市场经济的结合问题都被作为社会主义市场经济的本质特征而明确地提出。

以公有制为主体、多种所有制经济共同发展的基本经济制度是中国特色社会主义制度的重要支柱,也是社会主义市场经济体制的根基。习近平深刻地指出,坚持社会主义市场经济改革方向,坚持辩证法、两点论,继续在社会主义基本制度与市场经济的结合上下功夫,发挥两方面的优势。这充分体现了社会主义市场经济的两个方面、两条主线辩证关系的本质。

应该强调,社会主义市场经济在如下两个方面的地位和作用是不一样的,如前所述,计划与市场或政府与市场的关系属于资源配置方式或经济运行机制的问题,公有制与市场经济的兼容或结合,则属于所有制或基本经济制度的问题。科学揭示社会主义市场经济的本质和发展规律,必须深入研究公有制与市场经济的关系。

(二)公有制与市场经济的结合是社会主义市场经济的核心

社会主义市场经济是否完善取决于公有制与市场经济的结合情况。因为:①社会主义经济制度的基础是生产资料公有制, 因此离开公有制与市场经济的结

---

①　《中共中央关于党的百年奋斗重大成就和历史经验的决议》,《人民日报》,2021 年 11 月 17 日。

合,就难以发展社会主义市场经济;②社会主义初级阶段,存在多种性质的商品交换。其中,作为基本经济制度主体的公有制与市场经济能否结合及如何结合,在很大程度上决定着社会主义市场经济的性质、特点及其发展方向;③中国的经济体制改革的成就巨大,但改革的任务还没有完成,还存在诸多矛盾和问题,归根结底还在于公有制与市场经济的结合不成熟、不完善。

在实践上,社会主义市场经济最根本的特点和成功的经验就在于社会主义基本制度与市场经济的有机结合,特别是公有制与市场经济的有机结合,既要发挥市场机制信息灵敏、激励有效、调节灵活等优点,增强经济发展的活力,又要发挥社会主义公有制经济的以人为本、统筹兼顾、独立自主、共享共建等制度优势,克服资本主义市场经济固有的盲目性、自发性和滞后性,以及经济危机等深刻的缺陷和弊病;要坚持社会主义经济制度的公有制、按劳分配、计划调节、共同富裕、全面发展等基本原则,又要适应市场经济的要求,发展多种所有制经济、实行多种分配方式,强化个人利益,鼓励自由竞争。把这两种相互对立的因素有机结合,在相互冲突、相互改造、相互制约中实现有机结合,是中国经济体制改革的核心问题。"两个相互矛盾方面的共存、斗争以及融合成为一个新范畴,即辩证运动。"

(三)公有制与市场经济的对立统一

公有制与市场经济的关系,追根溯源,要回到社会主义公有制经济中商品关系存在的原因和特点上来。马克思恩格斯认为,社会一旦占有生产资料,商品生产就将消除。上述推论就公有制的一般属性来说是合乎逻辑的。在公有制下,生产资料归全体劳动者共同所有,人们在生产资料的占有上处于完全平等的地位,任何个人或集团都不能凭借对生产资料的所有权而获得特殊的利益,满足人民群众的需要成为社会生产的唯一目的,这样的生产关系自然难以产生出等价交换的商品关系。但是若从社会主义公有制的特殊结构出发考察问题,就会得出不同的结论。如前所说,在社会主义全民所有制中,生产资料虽然是社会成员共同所有并由国家代表社会行使所有权,但属于社会共同所有的生产资料只能通过每一具体劳动者的联合即企业来分别使用,企业具有独立的经营权,不同企业在生产资料的使用上具有各自不同效益决定的不同经济利益,它们之间也是商品等价交换关系。

公有制企业的这种特性只是一种局部的商品性,与私有制下生产者之间的完整意义的商品交换有本质区别,主要体现在,生产资料公有制是一个宏观概念而不是微观概念,国有企业的生产具有直接社会性,这种直接社会性虽然不像马克思所设想的那样,可以通过直接的计划调节加以实现,但并没有因为实行社会主义市场经济体制而不复存在。

第一,公有制企业生产要追求私人利益,还要满足社会的共同利益,不会只追求企业微观效率即利润的最大化,还要承担重要的社会责任,如保障民生需求、维护经济安全、实施宏观调控、推动关键核心技术进步。

第二,公有制企业管理不完全是企业内部的事情,还具有明显的公共性。作为公共所有权的代表,在一定限度,国务院国有资产监督管理委员会享有对企业投资、分配、人事等重大决策的决定权,社会各相关利益主体也对企业经营活动享有监督权,以保证社会利益不被企业集团利益所压倒。

第三,公有制企业分配,经济剩余不归任何个人和集团所有,属于社会所有、社会共享。国家除以公共权力的身份向企业征税之外,还要以所有者的身份向国有企业收取资本收益。

第四,公有制及在此基础上产生的国民经济有计划按比例发展的规律,要求国家作为生产资料公共所有权和社会公共利益的总代表,在全社会范围内按社会需要有计划地调控社会再生产过程,从社会根本的和长远的利益出发合理地配置社会的资源。

第五,实现共同富裕,国家要加大对收入再分配的调节力度,包括完善税收、社会保障制度、增加公共支出、加大转移支付力度等手段的再分配调节机制,以便对市场分配的结果进行二次调节,维护社会公平正义,解决好收入差距问题,使发展成果更多更公平地惠及全体人民,实现社会成员的共同富裕。

总之,社会主义公有制经济具有商品性与非商品性的二重属性,由此得出结论:公有制与市场经济是"对立统一"有机结合的关系,是社会主义市场经济的精髓。商品性与非商品性这两个方面都是公有制的内在属性,都是社会主义公有制的本质要求。要遵循市场经济的规律,又要体现公有制的要求;要发挥市场经济的长处,又要彰显社会主义制度的优越性。

传统的社会主义理论只看到公有制与市场经济之间对立的一面,而没有看到公有制与市场经济相容的一面,从而严重排斥商品货币关系的发展和市场的作用,束缚社会主义经济的活力。在改革开放和发展社会主义市场经济的过程中,一些人则往往只看到公有制与市场经济相容的一面,而忽视公有制与市场经济之间存在的矛盾和冲突,有意无意地削弱和淡化社会主义制度特殊的目标和要求。只有深刻把握公有制与市场经济的关系,在对立统一中实现有机结合的内在逻辑,才能深刻理解社会主义市场经济的精髓。

(四)社会主义市场经济的制度优势

社会主义市场经济是对资本主义市场经济的扬弃,既体现市场经济的普遍原则,又体现社会主义制度的基本特征,使社会主义制度的优越性和市场经济的长处都得到更好发挥,社会主义市场经济具有超越资本主义市场经济的新特点和新优势。

社会主义市场经济是以实现人的全面发展和社会成员的共同富裕为目的的。资本主义经济的基本规律是剩余价值规律,在这一规律支配下,生产力得到巨大发展,却导致阶级对立、贫富分化、经济危机和生产的无政府状态等严重的弊端。在社会主义社会,随着生产资料公有制建立和阶级对立的消失,全体成员成为生产资料的共同主人,形成互助合作的经济关系,生产力发展不再是少数人剥削大多数人的手段,而是满足社会成员需要的物质条件,是为实现人的全面发展和社会共同富裕,为消除资本主义市场经济的严重弊端,创造客观条件。

在社会主义市场经济中,由于存在多种所有制经济,国有企业是独立的商品生产者。因此,从微观经济的角度看,无论是私有制企业还是公有制企业,都要追求利润最大化,从而使资本主义市场经济的一些弊端:如贫富分化、经济危机也会在一定范围内和一定程度上出现。但是从全社会的层面来看,由于公有制和按劳分配的主体地位,由于社会主义国家的宏观调控,生产发展或资源配置的目的不是利润的最大化,而是实现社会主义的生产目的。

社会主义市场经济是以公有制为基础的,公有制与市场经济的结合使市场经济自身的盲目性、自发性和滞后性在体制上得到遏制,为市场经济发展开辟更加广阔的前景。通过在公有制企业中建立和谐的社会主义劳动关系,兼顾国家、集体、个人以及各方面的利益,提高市场经济的和谐性。通过提供公共产品、投资基础设施、保障国计民生,把经济发展同社会发展目标紧密结合,以便提高经济的质量与效益,实现效率与公平的有机统一。

社会主义市场经济的特点和优势还来自多种所有制经济的共同发展。通过建立和完善现代企业制度,公有制企业以市场主体的身份平等参与市场竞争,有利于增强公有制经济的活力、竞争力,发挥社会主义制度的优越性,引导、促进和带动非公有制经济的发展。需要强调的是,我国的公有制企业除少数由国家独资经营外,绝大多数实现股份制,国有资本、集体资本和非公有资本等参股的混合所有制经济业已形成。各种所有制经济在社会主义市场经济中相互竞争、各展所长、共同发展,为我国的经济发展注入了强大持久的推动力。

按劳分配,把每个劳动者的劳动和报酬直接联系起来,从而使每个劳动者从物质利益上关心自己的劳动成果;强调多劳多得、少劳少得,实现劳动平等和报酬平等,有利于调动广大劳动者的积极性和创造性,为消除两极分化、消灭剥削、实现共同富裕创造条件,有利于实现社会分配的公平与公正。

在社会主义市场经济条件下,允许资本、知识、技术、信息、管理、土地等自然资源、生产要素按贡献参与分配,有利于调动各经济主体的积极性,让一切劳动、知识、技术、管理和资本的活力竞相迸发,让一切创造社会财富的源泉充分涌流,使各种资源都得到充分有效的利用。允许多种分配方式并存,是由当前我国的所有制结构决定的,是适合社会主义初级阶段生产力发展水平和发展要求的,是有利于促进生产力发展的。

社会主义市场经济,要充分运用国家调控与市场调节两种手段,实现经济高质量发展。由自由放任向国家干预转变,是资本主义市场经济发展中的普遍现象。国家干预的背景是,随着生产社会化的发展和市场经济规模的扩大,资本主义市场经济出现市场失灵、经济危机、贫富分化等严重的经济问题和社会问题,不利于资本主义的稳定和发展。但是由于根本制度的原因,资本主义的国家干预只能在一定程度上缓解这些问题,而不能从根本上解决这些问题。

社会主义市场经济中的国家调控与资本主义的国家干预有着本质区别,它强调市场的调节作用,又重视国家调控的主导作用,反映了现代市场经济的一般特点,又体现社会主义制度的独特优势,强调有效市场,又强调有为政府。这主要表现在:第一,国家是市场规则的制定者和宏观经济的调节者,也是全民所有的生产资料所有权和社会公共利益的总代表,能够集中更多资源、调控经济运行。第二,国家调控的目标要维护市场秩序,为市场机制运行创造稳定的宏观条件,更要强调实施符合最广大人民根本利益要求的经济发展战略,引导国民经济沿着正确的方向发展。第三,国家调控的手段既有财政政策、货币政策,还有把经济社会发展的需要与社会财力、物力合理地相结合,突出计划规划、统筹协调、市场监管、国有资产管理、产业政策等作用。第四,国家要实现共同富裕,不能单凭市场力量,也要发挥政府对财富分配的调控作用,最大限度地维护社会公平正义,促进社会和谐。第五,国家调控的模式既要短期的总量调节,还要把当前与长远、总量与结构、供给与需求、中央与地方、市场调节与国家调控有机结合,有力彰显社会主义市场经济宏观调控的独特优势。

总之,中国社会主义市场经济,是世界上最大的发展中国家探索形成的一种新经济体制,不同于美国完全市场化的经济体制,也不同于欧洲高福利、高税收的经济体制,更不同于其他发展中国家和新兴工业化国家的经济体制。社会主义市场经济是当代中国的一大发明,对当今试图摆脱贫困、实现经济发展的广大发展中国家选择发展道路具有重要的启示和借鉴意义。中国社会主义市场经济发展的历史还不长,但已展示出极大的优越性和强大的活力。随着这一经济体制的不断发展和完善,必将对人类文明的发展做出更大贡献。

第三节　社会主义基本经济规律

一、概　述

邓小平指出:"社会主义的本质,是解放生产力,发展生产力,消灭剥削,消除两极分化,最终达到共同富裕。"[1]社会主义制度具有科学性和优越性,改革开放以来社会生产力水平的显著提升,基本上化解了人民日益增长的物质文化需要同落后的社会生产之间的矛盾。社会主义经济制度的内容反映出其内部存在多种性质的生产关系,有代表社会主义方向的公有制为基础的生产关系,也有大量以剩余价值为生产目的的私营经济,还有建立在私有制或准私有制基础上的小商品经济。社会主义经济作为统一的有机整体,能够把并存的各种所有制经济,统一到社会主义的生产目的上面,满足人民对美好生活的需求。

人类的需要是多方面、不断发展的,有生存需要,也有享受和发展的需要;有吃穿住行等物质方面的需要,也有文化、艺术、教育等精神方面的需要。这些不断

---

[1] 《邓小平文选》(第三卷),人民出版社,1993 年,第 272 页。

发展的需要,在生产力发展的基础上才能得到满足。首先,经济是通过生产满足人类需要的活动总和,而生产力则是通过社会生产满足人类需要的能力。经济运行发展包括生产、分配、交换、消费四个主要环节。其中,生产居于支配地位,生产决定着消费的对象、方式、质量和水平,决定着分配的对象和分配的方式,决定着交换的性质以及深度、广度和方式。其次,科技进步,经济发展,劳动生产率的提高,社会分工的深化和扩展,生产结构的多样化、复杂化和高级化,人们生活质量和生活水平的提高,文化、教育、艺术等非生产活动的发展等,都是生产力发展的具体表现。最后,人的发展与生产力的发展是一致的,生产力的发展本质上是人类能力的发展,是人类适应自然、征服自然、改造自然能力的不断提高。因此,马克思说:"整个世界历史不外是人通过人的劳动而诞生的过程。"[1]在这个意义上,马克思将个人的全面自由发展当作共产主义社会的根本目标。因此,社会主义的根本任务是发展生产力,建立起社会主义生产关系后,必须用极大的努力来发展生产力,才能建立起社会主义的物质基础。只有社会主义物质基础建立起来,社会主义生产关系才能更加巩固和发展。列宁精辟地指出:"劳动生产率,归根到底是使新社会制度取得胜利的最重要最主要的东西。"[2]社会主义向共产主义过渡,最根本的条件也是生产力高度发达,才能使人们奴隶般地服从分工以及使脑力劳动和体力劳动的对立消失,使劳动不再是谋生的手段,而是成为生活第一需要;使个人全面发展,实现"各尽所能,按需分配"。马克思指出,随着生产力的发展,知识作为直接的生产力发生作用,社会生活越来越受到智力的控制和改造,科技日益成为直接的生产力。

二、社会主义生产目的

在人类社会的再生产中,生产是起点,消费是终点。生产是消费的手段,消费是生产的最终目的,这是人类经济活动的一般规律。但是在不同的社会制度中,社会的生产目的又是各不相同的。马克思说:"说到生产,总是指在一定社会发展阶

① 《1844年经济学哲学手稿》,人民出版社,2014年,第89页。
② 《列宁选集》(第四卷),人民出版社,2012年,第16页。

段上的生产。"①这种生产总是在一定的经济关系中,在一定的生产资料所有制基础上进行。资本主义生产的目的是最大限度地追求剩余价值,这是支配资本主义生产、分配、交换和消费的基本规律,是推动资本主义经济发展、促进资本主义基本矛盾不断深化的根本动力。

在社会主义社会,生产的目的是满足人民日益增长的美好生活需要,实现人的全面发展和社会的共同富裕。这是支配社会主义发展的根本目的、基本经济规律和推动社会主义经济发展的根本动力,也是社会主义的根本经济制度。

人民是高质量发展的践行者和受益者,发展的逻辑起点和生产目的也是人民群众对于美好生活的需求。经过40多年的改革开放,不断解放、发展和推动生产力,生产出更多更好的物质和精神产品,使我国社会生产力、综合国力、人民生活水平实现历史性跨越,满足人民日益增长的美好生活需要。

人的全面发展与经济社会发展是互为前提的。经济社会发展可以为人的全面发展提供条件,而人的全面发展则意味着物质文化财富的创造日益增多,反过来又会推动经济社会发展,形成经济社会发展与人的全面发展之间的良性互动。习近平强调:"人民对美好生活的向往,就是我们的奋斗目标。"②马克思恩格斯预测,共产主义社会是以每个人全面而自由发展为基本原则的社会形式。坚持执政为民的价值取向,在相信人民群众、依靠人民群众的基础上,把广大人民的根本利益作为一切工作的出发点和落脚点,把实现好、维护好、发展好最广大人民的根本利益作为奋斗的最高目标;以人民为中心,发展为了人民,发展依靠人民,发展成果由人民共享。将满足人民不断增长的多方面需求和促进人的全面发展作为制定发展战略和规划、衡量社会进步的标尺和最高目标。深入了解民情,充分反映民意,广泛集中民智,努力使各项方针政策更好地增进人民群众的根本利益;权为民所用、情为民所系、利为民所谋,为人民群众诚心诚意办实事,尽心尽力解难事,坚持不懈做好事,都要落实在人民群众生活质量的提高上。

进入新时代,人民的需要与时俱进,对美好生活的向往更加强烈。美好生活需要,是一个动态概念,其产生、发展与满足是一个由简单到复杂、由低级到高级、由单一到丰富的自然历史过程,是对传统物质文化需要的积极扬弃,是人民需要范

---

① 《马克思恩格斯全集》(第46卷上),人民出版社,1979年,第22页。

② 《习近平谈治国理政》(第一卷),外文出版社,2018年,第424页。

疇的自我完善与自我发展,包括所有个人生活富足、精神富有、体魄强健。随着生产力发展、居民收入和财富增加、生活需要必然会由单一上升为多样、逐渐丰富。物质富裕是美好生活需要的基础,精神生活是对物质文化需要更高层次、更多领域的拓展。保障和改善民生,满足人民不同层次、不同结构、不同种类的需求,包括更好的教育、更可靠的社会保障、更高水平的医疗卫生、更满意的收入,更稳定的工作、更舒适的居住条件、更优美的环境、更丰富的精神文化生活,不断提高人民幸福感、获得感,切实维护好人民群众的根本利益、共同利益和长远利益。

高质量发展,即在经济全球化和新的技术革命环境下,以市场体制完善,促进科技创新,实现工业经济向数字经济转变,产业结构转型升级,以供给创造有效需求,以新技术焕发传统经济活力,实现产品质量高和生态质量高、经济效益好。高质量发展包括三方面内容:经济高质量发展、生态高质量发展和社会高质量发展,这三者之间是互相联系、不可分割的。高质量发展是"质"与"量"的高度统一,人民需求结构和层次发生深刻的变化,对物质文化生活提出更高要求,是内容扩展,也是质量提升。人民的需求正在由对物质文化"量"的提升转变为对美好生活"质"的需求。以前要解决"有没有"的问题,现在则要解决"好不好""优不优"的问题,由注重"量"转向对"质"的需求,提升整个供给体系质量,实现由低水平供需平衡向高水平供需平衡的跃升。

社会主义生产目的体现社会主义生产关系的根本特征,体现社会主义经济的基本规律。但在不同的历史阶段和经济体制下,这一规律具有不同的实现形式。马克思设想,以消灭私有制和商品生产为前提,社会主义生产的目的是通过有计划地组织生产、直接满足人们的需要。而社会主义市场经济则是以多种所有制经济共同发展和价值规律的调节作用为前提的,无论是非公有制企业还是公有制企业,都要追求利润。那么这是否意味着社会主义生产目的就不发挥作用呢?我国市场经济是建立在公有制和按劳分配的主体地位基础上的社会主义市场经济,企业微观逐利行为和价值规律调节作用要受社会主义国家调控的引导和制约,因此从全社会的层面来看,社会主义市场经济中生产发展的目的已不是利润的最大化,而是最大限度地满足人民的美好生活需要,实现人的全面发展和社会的共同富裕。

三、以人民为中心的发展思想

党的十八届三中全会首次提出以人民为中心的发展思想,强调把人民的幸福作为生产的目的和归属,不断满足广大人民日益增长、不断升级和个性化的物质文化和生态环境需要。社会主义社会经济发展包括:大力解放和发展生产力,不断提高劳动生产率,创造更多的社会财富;不断满足人民日益增长的美好生活需要。即手段与目的,前者是生产力发展的要求,后者是社会主义制度的要求。这两者有机结合,才能充分体现社会主义经济发展的本质特征。习近平指出:坚持以人民为中心的发展思想,这是马克思主义政治经济学的根本立场。增进人民福祉、促进人的全面发展、朝着共同富裕的方向稳步前进,作为经济发展的出发点和落脚点,部署经济工作、制定经济政策、推动经济发展都要牢牢坚持这个根本立场。社会主义与资本主义的区别表现在许多方面,如所有制、分配制度、国家的作用、政治制度等,这些区别表现在生产目的方面,即以人民为中心还是以资本为中心,是为少数人的利益,还是为大多数人的利益,这是两种截然不同的发展道路和发展思想。

以人民为中心的发展思想和共享理念,不是抽象、空洞的,要体现在社会主义经济社会发展的各个环节,落实到具体的行动之中。必须看到,在社会主义市场经济条件下,实现共享发展的理念固然离不开发挥市场机制在资源配置中的决定性作用,但是市场经济是以个体之间的等价交换为基础、以个人利益为动力,以自发性为调节方式,自发的市场经济必然导致财富两极分化。因此,必须在充分发挥市场机制的作用的同时,更好地发挥国家调控的作用,更好地体现人民的主体地位,更好地发挥社会主义制度的优越性。紧紧抓住经济建设这个中心不动摇,大力发展社会生产力,提高经济发展质量和效益,生产出更多更好的物质和精神产品,不断满足人民日益增长的美好生活需要。

社会主义的重要特征是生产力发展和共同富裕,两者是生产与分配的有机统一,即把做大"蛋糕"与分好"蛋糕"统一起来。由邓小平明确提出的"共同富裕"思想到习近平提出的"共享发展"理念,成为我国高质量发展的根本目的。以人民为中心的发展思想,关键在于共享发展理念,即全民共享、全面共享、共建共享、渐进共享四个方面的内容构成有机统一整体。其内涵如下:一是全民共享。人人享有、各得其所,不是少数人共享、一部分人共享。二是全面共享。共享国家经济、政治、文化、社会、生态各方面的建设成果，全面保障人民在各方面的合法权益。三是共建共享。充分发扬民主，广泛汇聚民智，最大限度激发民力，形成人人参与、人人尽力、人人都有成就感的生动局面。四是渐进共享。共享发展将历经一个由低级到高级、由不均衡到均衡的过程，即使达到很高的水平也会有差别。

新时代，更高质量、更有效率、更可持续的发展只是手段，满足人民日益增长的美好生活需要才是目的。保证人民平等参与发展，使发展成果更多更公平地惠及全体人民，国家富强、民族振兴的根本落脚点，是满足人民的美好生活的需要。民生决定民心，民心聚集民力，是相互联系、相互促进的逻辑整体，体现社会主义生产目的和手段的辩证统一。

高质量发展具有整体性、系统性与协同性，这是各国现代化发展的普遍规律。社会主义市场经济，涵盖计划和市场的互补互动作用，在市场决定资源配置和更好发挥政府作用的经济运行机制中，有效的政府调节市场，有序竞争的市场引导企业，有为政府与有效市场协同推进，有效市场为主要手段，共同促进高质量发展。发挥市场作用，政府要在资源配置中发挥导向性作用，限制直至消除市场的自发性、盲目性带来的经济波动，促进重大经济结构协调和生产力布局优化，保持总供给和总需求的平衡，保持经济高质量发展。这体现了社会主义经济制度和市场经济有机结合所产生的显著优势。这要求转换增长动力、转变发展方式、调整和优化产业及产业内部结构，促进工业化和信息化融合，补齐农村、落后地区的短板，加快社会友好型和生态友好型社会的发展，建设富强民主文明和谐美丽的社会主义现代化强国。

第四节　社会主义经济实践与理论关系

一、中国经济学的发展

中国经济学的重要任务，是在理论上阐明中国特色社会主义运行、发展的客观规律，确立理论自信。改革开放和建设中国特色社会主义的伟大实践，提出一系列新的课题，这是中国经济学茁壮成长的肥沃土壤。以习近平新时代中国特色社会主义思想为指导进行的理论创新，把马克思主义经济学推向一个新的发展阶段。构建社会主义市场经济体制是一场史无前例的、全面的制度创新,包括改革开放中所有制结构改革、经济体制结构优化、经济组织创新等,都属于完善社会主义生产关系的内容。实现这一伟大的历史变革需要进行深入彻底的理论创新。

马克思主义政治经济学是在生产力与生产关系、生产关系与上层建筑的相互关系中,来揭示各种社会形态的生产关系特别是资本主义生产关系运动的一般规律的。中国经济学的基础是马克思主义政治经济学的基本原理、基本观点和基本方法,分析当代资本主义和社会主义发展过程中的新问题、新现象;在理论联系实际、理论指导实践中,发展马克思主义经济学,构建中国经济学的新体系。

中国经济学是兼收并蓄、不断发展、开放的动态体系。改革开放以来,与时俱进、扩大开放,引进和吸收现代西方经济学的许多概念、理论范式和分析工具,增强经济学对社会现象和中国改革发展中的实际问题的阐释力,推动中国经济学的进步。因为资源短缺及其有效配置是任何社会都会遇到和解决的问题,经济福利最大也是任何社会所要追求的目标。在对待西方经济学的问题上,既要看到马克思主义经济学与西方经济学是两种对立的理论体系,又要从西方经济学中吸收合理成分和精华来发展马克思主义经济学,构筑中国经济学的理论大厦。马克思主义经济学本身即在批判和吸收资产阶级经济学的基础上形成的,要引进和借鉴西方经济学,分析、解决中国的实际问题。中国的经济学研究需要构建自己的理论体系,即以中国的经济发展实践和历史文化为依托、为基础,是对中国经济发展实践一般规律的总结和概括,是现代经济学的基本原理和研究方法在中国的运用、发展以及在此基础上的创新,思想的不断创新是中国经济学发展的核心动力。对西方经济学的引进和借鉴,主要是将其用来解释和解决中国的具体问题。中国经济学的任务是立足本国社会主义实践,提出自己独特的问题,做出自己的解释,解决这些问题,相应形成自己的理论,使中国经济学不但"面对现实世界",而且"学以致用"。

中国经济学要在坚持历史唯物主义的基本方法和科学抽象法,对经济现象进行理论分析(定性分析)的前提下,充分重视现代经济学的定量分析,把定性分析与定量分析相结合。用数学和其他有用的分析方法充实经济学分析的"工具箱"。

二、学习社会主义市场经济理论的意义

习近平强调:"学好用好政治经济学,自觉认识和更好遵循经济发展规律,不断推进改革开放,提高领导经济社会发展的能力和水平,提高经济社会发展质量和效益。"①社会主义市场经济理论是马克思主义政治经济学在当代实践中理论的新发展,也是习近平新时代中国特色社会主义思想的重要组成部分。

社会主义市场经济理论以社会主义市场经济建设过程中提出的重大理论和实践问题为主攻方向,研究关于市场经济的一般理论,社会主义的基本经济制度和社会主义初级阶段的经济关系,社会主义市场经济的性质、特征和运行规律,社会主义市场经济的微观基础、市场结构和宏观运行,经济组织、宏观经济政策、经济增长与发展等问题。为社会主义实践中出现的经济现象提供经济解释,为党和国家制定方针政策以及市场经济中的企业和其他各类经济主体的经济决策提供理论依据和方法指导。学习这些理论,有利于自觉投身社会主义经济建设和社会主义市场经济改革,并有成效地工作。

社会主义市场经济理论是马克思主义政治经济学的基础理论,也是财经类各专业的共同的基础理论课程。学好社会主义市场经济理论,有助于学好财经类各门专业课。社会主义市场经济理论坚持和运用辩证唯物主义和历史唯物主义的立场、观点和方法,学习它有助于树立正确的世界观,掌握科学的方法论,提高观察和分析经济问题的能力,提高逻辑思维能力和创新思维能力。

本章小结

中国特色社会主义新时代的主要矛盾,决定中国特色社会主义基本经济制度。社会主义生产资料公有制是基本经济制度的基础,生产资料公有制与市场经济的结合是基本经济制度的重要内容。新时代的主要矛盾决定社会主义基本经济规律,即以人民为中心。

---

① 习近平:《更好认识和遵循经济发展规律推动我国经济持续健康发展》,《人民日报》,2014年7月9日。

关键词

主要矛盾　生产资料公有制　社会主义市场经济　以人民为中心　高质量
发展

思考题

1.中国特色社会主义新时代的主要矛盾,主要矛盾与基本矛盾的关系是什么?

2.简述新时代中国特色社会主义基本经济制度。

3.社会主义生产资料公有制的特点是什么?

4.简述生产资料公有制与市场经济的结合。

5.社会主义的基本经济规律是什么?

6.论述以人民为中心的观点。

7.简述高质量发展。

第二章　市场经济思想的发展演变

本章要点

斯密的经济自由主义;李斯特生产力论;凯恩斯的有效需求理论

市场经济已有几百年的历史,随着市场经济的产生和发展,市场经济思想也经历了一个不断演进的发展过程。

第一节　古典自由主义的市场经济思想

一、"自然秩序"与市场经济

"自然秩序"思想是法国重农学派所提出来的,即在社会经济活动中存在着一个不以人的意志为转移的客观规律。重农学派产生于 18 世纪中叶,是法国资产阶级大革命前夕的资产阶级古典政治经济学,是法国资本主义成长阶段的一个重要经济学流派。17 世纪末 18 世纪初法国资本主义处于萌芽状态,农业在国民经济中占有较大比重,封建生产方式在法国仍然占着统治地位。路易十四推行重商主义的经济政策,致使法国农业极度衰败。这时,法国的一些思想家开始批判重商主义经济政策,试图寻求新的经济出路,重农学派由此产生。重农学派先驱是皮埃尔·布阿吉尔贝尔(1646—1714),创始人和主要代表人物是弗朗斯瓦·魁奈(1694—1774),安·罗伯尔·雅克·杜尔阁(1727—1781)。

布阿吉尔贝尔认为,社会经济活动及其发展有自身的规律性,人们的经济活动只能按自然规律进行,否则,"大自然就会对违抗者施加惩罚"[①]。他提出,自由竞争即按自然规律办事,必须反对重商主义的国家干预经济政策;法国经济衰退、经济比例失调的原因,是推行重商主义的国家干预经济政策的结果。取消政府干预,实行充分的自由竞争,经济活动才会趋于平衡和协调。[②]这一思想为后来的魁奈继承和发展,并形成自然秩序学说。

自然秩序学说是重农学派整个经济学说的基础。其形成主要是受到18世纪法国启蒙思想家的影响,对自然秩序做出富有哲理性的解释。他们认为"自然秩序"是与人类的意志和愿望所决定的主观的东西相对立的永恒不变的存在,是上帝为人类的幸福和利益制定下来的。人类社会的"人为秩序"要以自然秩序为基础,自然秩序又必须由人为秩序来体现。自然秩序不强制人类遵守,但人们若违反自然秩序,则会因其违反程度的不同而受到相应的惩罚。他们认为,无论在自然界还是人类社会都存在着不以人的意志为转移的客观规律,即"自然秩序"。根据"自然秩序"来组织政府、制定政策,社会就会处于健康状态,人类就能享受最大的幸福。反之,若违反"自然秩序",社会就会处于疾病状态,人类就会遭殃吃苦。他们认为,18世纪的法国要把"自然秩序"的思想灌输到人民中去,使不自然的状态恢复到自然状态,使病态社会恢复到健康的社会。

自然秩序在经济上的主要表现是:个人享有财产所得的权利,从事劳动的权利,以及享有不妨碍他人的自由、追求自身利益的自由,政府除保障生产、财产与契约之外,不得干涉个人的经济事务。为此,他们批判法国重商主义的经济政策,反对国家干预经济;认为任何人为的秩序只能导致社会的不和谐,主张经济自由放任。这一经济思想在西方经济学说中占有重要地位,成为后来亚当·斯密及古典自由主义经济学的基本观点。

二、"看不见的手"与市场经济理论的确立

"看不见的手"是由一代经济学大师、英国著名的资产阶级经济学家亚当·斯密于1776年在其经济学巨著《国民财富的性质和原因的研究》(简称《国富论》)一

---

① ［法］布阿吉尔贝尔:《谷物论——论财富、货币和赋税的性质》,何纯武译,商务印书馆,1979年,第69页。

② 同上,第100页。

书中提出的,它深刻地揭示了市场经济中的发展动力,形象地描绘市场经济的运作原理。"看不见的手"构建市场经济理论的基本框架,为后来人们评论市场经济时所广泛引证。

第二章

市场经济的理论和实践始于18世纪下半叶,作为配置有限资源的一种模式,曾魔幻般地推动实行市场经济国家的生产力飞速发展,它所创造的生产力比过去一切时代所创造的生产力的总和还要多。市场经济理论产生于市场经济并指导市场经济发展,是人类社会的宝贵财富。经济自由主义是市场经济理论的核心内容,是由亚当·斯密在《国富论》建立的一整套后来称之为"市场经济"的理论体系,成为摧毁封建制度进而建立起文明社会的锐利思想武器,至今仍为坚持"生产力标准"的人们所津津乐道。

亚当·斯密生活的年代,英国工场手工业迅速发展并处于产业革命的前夕。对新兴资产阶级来说,当时最迫切的任务即清除封建残余和重商主义的影响,保证资本主义的顺利发展。亚当·斯密的经济思想正是适应时代的需要而产生的。他在《国富论》中论证资本主义制度比封建制度更能促进生产力的发展和国民财富的增加,这是因为市场经济可以更好地利用人们追求自身利益的本性,在增进自身利益的同时,也会不自觉地增进社会的利益。

亚当·斯密认为经济活动存在客观规律,顺应这些规律任其自由发展,将有利于生产发展和国民财富增长。他说:"一切特惠或限制的制度,一经完全废除,最明白最单纯的自然自由制度就会树立起来。每一个人,在他不违反正义和法律时,都应听其完全自由,让他采用自己的方法,追求自己的利益,以其劳动及资本和任何其它人或其它阶级相竞争。"①

亚当·斯密研究经济问题的出发点是人的本性——利己主义,每个人的行动都受他的利己心所支配、交往,都是为了使自己得到好处,帮助别人实际上是要别人帮助自己;每个人按利己心去追求个人利益,但是每一个为自己打算的人,不能不顾其他利己者的利益,自然而然地产生相互和共同的利益。这样,每个人越是追求自己的利益,越会增进整个社会的利益,推动社会进步,最后达到社会各阶级普遍富裕的地步。他说:那些投资产业的人,"他追求自己的利益,往往使他能比在真

---

① ［英］亚当·斯密:《国民财富的性质和原因的研究》(下卷),郭大力、王亚南译,商务印书馆,1974年,第252页。

正出于本意的情况下更有效地促进社会的利益"①。又说："各个人都不断地努力为他自己所能支配的资本找到最有利的用途。固然,他所考虑的不是社会利益,而是他自身的利益,但他对自身利益的研究自然会或毋宁说必然会引导他选定最有利于社会的用途。"②还说："在这场合,象其他许多场合一样,他受着一只看不见的手的指导,去尽力达到一个非他本意想要达到的目的。"③

斯密认为,满足人类利己本性的最好途径即实现经济自由。这样,资本就会得到最有利的使用,能使资源合理配置,社会福利最大增进。他说："一种事业若对社会有益,就应任其自由,广其竞争。竞争愈自由,愈普遍,那事业亦就愈有利于社会。"④他反对国家干预经济,提倡自由放任。他认为,资本投在哪种产业最有利,当事人比政治家的判断清楚得多。政治家企图指导私人如何运用他们的资本,不仅是自找烦恼,而且超越了本分。

斯密的基本观点是,社会经济生活有其客观的发展规律,任何人为的干预都是不合理的。他认为,一切市场活动当事者的经营决策,都只能由那只"看不见的手"来安排和调节。这只"看不见的手",实际上即价值规律、市场机制。

斯密的经济自由思想,同重农学派的"自然秩序"思想是相似的,他们都承认经济发展是有规律的。不同的是,重农学派认为"自然秩序"是上帝安排的,只有"开明君主"才能指导人们去实现"自然秩序"。而斯密是从人类利己本性出发引出经济自由思想,从"经济人"观念出发,对经济自由主义做了系统的论述。

斯密还认为,增加国民财富,必须提高劳动生产率,这依赖于劳动分工和社会分工的发展,而社会分工的拓展则总是受到市场交换活动范围的影响,只有不断扩大市场活动的领域和交换行为的自由度,才能充分容纳各种专业化技术,提高分工的社会化程度。

①③　[英]亚当·斯密:《国民财富的性质和原因的研究》(下卷),郭大力、王亚南译,商务印书馆,1974年,第27页。

②　同上,第25页。

④　[英]亚当·斯密:《国民财富的性质和原因的研究》(上卷),郭大力、王亚南译,商务印书馆,1972年,第303页。

三、供求平衡和萨伊定律

让·巴蒂斯特·萨伊(1767—1832)是 18 世纪法国资产阶级庸俗政治经济学的代表人物之一。他的市场经济思想是斯密"无形之手"理论的继续。作为资产阶级代理人,他从理论上说明资本主义条件下的市场经济是完美无缺的。他反对国家干预,主张发挥市场机制的自动调节作用。对市场调节的青睐是通过他的消费理论即"萨伊定律"来表现的。

萨伊的消费论,即销售论的基本思想可归结为一个简单公式:产品和产品相交换,货币只起媒介作用,供给会自行创造需求,供求是均衡的。因此,整个社会不会发生全面过剩的经济危机,即"萨伊定律"。萨伊否认资本主义社会再生产的矛盾,否认资本主义具有发生普遍的生产过剩危机的可能性。因此,萨伊反对国家干预经济。他从货币是商品流通手段这个观点出发,认为"货币只不过是媒介而已"。因此,商品出卖、也是对另一种商品的购买过程。"在以产品换钱、钱换产品的两道交换过程中,货币只一瞬间起作用。当交易最后结束时,将发觉交易总是以一种货物交换另一种货物。"[1]"一种产物一经产出,从那时刻起就给价值与它相等的其他产品开辟了销路。"[2]一种产品在出卖时换成货币,但紧接着就要购买其他的产品,卖即买,买即卖,生产本身会给产品创造需求,供给会给自己创造需求,所以生产和消费总是平衡的,不会发生普遍的生产过剩的经济危机。即使个别商品会出现过剩,也是因为"由于某些货物生产过少,别的货物才形成过剩"[3]。他认为这种情况可以用扩大生产的办法来解决。个别商品供求失调,可通过自由竞争自动调节。

萨伊从供给会自行创造需求这个"理论"出发,得出四个结论:在一切社会,生产者越多、产品越多样化,产品便销得越快、越多和越广泛;每一个人都和全体的共同繁荣有利害关系。一个企业办得成功,就可帮助别的企业也达到成功;购买输入外国货物决不至于损害本国的产业和生产,因为购买外国人的东西,以本国产品付价,就显然在外贸过程中给本国产品开辟销路;仅仅鼓励消费并无益于商业,

---

①② [法]萨伊:《政治经济学新概论》,陈福生、陈振骅译,商务印书馆,1963 年,第 144 页。

③ 同上,第 145 页。

因为困难不在于刺激消费的欲望,而在于供给消费的手段,而只有生产能供给这些手段。这四个结论证明:资本主义制度下不存在生产和消费的矛盾,资本主义可以永远无冲突地、无危机地发展下去。

四、马歇尔均衡价格论

阿弗里德·马歇尔(1842—1924)是19世纪末20世纪初最著名的资产阶级经济学家,其理论体系在西方经济学界,尤其是在英国居支配地位约半个世纪。在经济学说史上,他对自由竞争时期资产阶级经济学进行总结,对后来资产阶级经济学的发展影响深远,奠定现代微观经济学的基础。资产阶级经济学家认为,马歇尔发展和更新英国古典经济理论,马歇尔被称为"新古典学派"的创始人和主要代表。马歇尔的经济学说继承了亚当·斯密的经济自由主义传统,同时又在分析方法和理论体系方面前进一大步,因而以他为首的剑桥学派被称为新古典学派。马歇尔首次把物理学中的均衡概念和正反作用力的相关分析直接用到市场交易活动的研究上来,创立了以市场均衡为基础的理论体系。

马歇尔在《经济学原理》一书中提出均衡价格论,认为市场价格是由市场上的供给和需求双方力量均衡来决定的。这是他的经济理论体系的基础和核心,也是现代西方微观经济学的基本内容。市场的供给和需求表现为两种相反力量,价格即由供求双方力量的相互冲击和相互制约最终形成均衡而决定。一句话,供求双方力量要达到均势的价格即均衡价格。

马歇尔把他的供求双方力量达到均衡决定价格的观点,比作一把剪刀的两个刀刃,两个刀刃共同起作用,两个刀刃的交叉点决定价格。在不同时间内,供求双方作用又有所不同,马歇尔又把均衡价格分为以下三类:

第一类,暂时价格(如几天),时间短,生产、供给不会有大的变动,需求对价格的决定起主要作用。

第二类,短期价格(如几个月),供求双方起着同等重要的作用。

第三类,长期价格(一年以上),供给起主要作用。从长期来看,需求变动不大、较平稳,而机器、设备、劳动和经营等生产要素的供给价格(生产成本)变动较大,影响价格。

总之,不论是暂时、短期、长期的价格,都是由供求两方面的均衡来决定价格的,只不过在不同时间起主要作用一方有所不同罢了。

供求均衡决定价格,这两者又是由什么决定?马歇尔把供求论同边际生产费用论、边际效用论相结合,认为边际效用决定需求变动规律,边际生产费用决定供给变动规律,边际生产费用、边际效用二者通过供求共同决定价格。

马歇尔把已有的经济理论加以整理成为一个系统体系,成为近代西方微观经济学的集大成者。他运用边际效用论说明需求价格的决定和需求变动规律。需求通常指消费者在一定价格条件下对商品的需要,是由物品的效用引起的,效用是需求的原动力,但效用是买者对物品的主观评价,这种主观愿望和估价无法直接衡量。可以用货币来间接衡量,用价格来表示,用购买者(为满足他的愿望)愿意支付的价格来间接衡量。购买者对于一定商品愿意支付的价格即需求价格,而需求价格又是由这一定量商品对买者的边际效用决定的。

边际效用一般是随着商品量的增加而递减的,从而需求价格也是随着商品量的增加而递减的,商品数量越多,买者所愿意支付的价格就越低。这样,马歇尔就把边际效用递减规律转化为边际需求价格递减规律,并由此得出他需求的一般规律,即需求的数量随着价格的下跌而增大,并随着价格的上涨而减少。

供给即在某一时间内,生产者在一定价格条件下,愿意并可能出售的商品。

马歇尔同样用货币来衡量供给,提出"供给价格"。供给价格即生产者(卖主)为提供一定量商品所愿意接受的价格。其决定于生产这一定量商品所付出的边际生产成本。

马歇尔认为,生产成本分两类,实际生产成本和货币生产成本。前者包括两方面的内容,一类是各种形式的劳动,包括体力劳动和脑力劳动,包括工人的劳动和企业家的劳动;另一类是各种形式的资本:工具、货币、土地(投资对象)。

马歇尔认为, 供给价格是由生产一定量商品所付出的边际生产成本决定的,生产成本变动的规律即供给价格变动的规律。由于生产技术、原料价格、工资、固定资本的磨损和折旧、全部资本的利息和保险费等因素的作用,使得生产成本降低或提高,从而影响供给价格的变动。随着产量的增加,供给价格可以增加,也可以减少,甚至交替增减。一般来说,比较典型的情况是供给价格高则供给多,价格低则供给少,即供给的一般规律。

在需求价格和供给价格分析的基础上,马歇尔得出均衡价格的概念:"当供求均衡时,一个单位时间内所生产的商品量可以叫做均衡产量,它的售价可以叫做均衡价格。"①均衡价格即需求价格(买者愿付的)和供给价格(卖者愿接受的)相一致时的价格。即这种商品的市场需求曲线和市场供给曲线相交时的价格。这一均衡是通过供求双方的相互冲击和制约而达成的。若某一产量使需求价格高于供给价格,卖主就会增产;而供给量增加又趋向于压低需求价格,降低供给价格,使二者趋于一致。反之,某一产量使需求价格低于供给价格,卖主就会减产;这又提高供给价格,提高需求价格,使二者趋于一致。当需求价格和供给价格相等时,产量不增不减而均衡,这个产量即均衡产量,其售价是均衡价格。

马歇尔认为,在现实的经济生活中出现非均衡状况,是由于市场竞争不充分而引起的,只要市场竞争是充分自由的,均衡价格就一定能实现,市场均衡也一定会形成。

马歇尔的均衡价格论,在某些方面更接近于市场事实。对于今天研究市场运行、市场供求规律并提出相应的对策,参考价值很大。

第二节　国家干预条件下的市场经济思想

一、李斯特的经济思想

弗里德里希·李斯特(Friedrich List,1789—1846)是 19 世纪上半叶德国著名的经济学家和社会活动家,代表作《政治经济学的国民体系》,以促进国内市场的形成和德国统一,促进德国资本主义工商业发展为中心思想;由国家经济学说、生产力理论、经济发展阶段论、国家干预论构成的理论体系。

19 世纪初,英法两国已实现或初步实现工业化,率先完成产业革命的任务,确立世界经济强国的地位。两国经济的巨大成就,为西方各国所羡慕和仿效。斯密所倡导的自由放任的经济思想被视为金科玉律,为许多欧洲国家所信奉和遵循。19 世纪初,德国还是一个封建农奴制度占统治地位的落后农业国。到 1815 年,德意志全境仍然分裂为 38 个小邦,各邦之间经济封锁,阻碍商品经济发展,而对外却没有统一的保护关税制度,英国廉价的工业品像潮水般地涌进德国,严重地打

---

① ［英]马歇尔:《经济学原理》(下卷),陈良璧译,商务印书馆,1965 年,第 37 页。

击着德国的民族经济。面对英法等国的激烈竞争和国内诸多矛盾,摆脱经济落后、步入先进国家的行列,要求产生一种具有民族特点的、关于落后国家赶上先进国家的经济思想,探索德国民族经济发展的特殊道路。

李斯特强烈反对古典政治经济学,认为古典经济学的最大缺陷,是忽视经济发展的民族性;并强调指出,由于各个国家和民族经济发展的道路不同,具体国情不同,经济发展水平不同,并不存在普遍规律。他倡导应以国家经济学(或称国民经济学)来代替古典经济学派的"世界主义经济学"。他说:"世界主义经济学产生时所依据的假定是,世界上一切国家所组成的只是一个社会,而且是生存在持久和平局势之下的。"[1]然而"这个学派却没有考虑各国的性质以及它们各自的特有利益和情况"[2],"它犯的严重错误是,以单纯的世界主义原则为依据,来衡量不同国家的情况"[3]。而国家经济学则是"某一国家,处于世界目前形势以及它自己的特有国际关系下,怎样来维持并改进它的经济状况"[4]。他认为,经济落后的国家,要迅速赶上先进国家,信奉古典经济学派关于自由贸易的理论,是万万行不通的。他回顾历史、面对现实,对经济落后国家如何实现经济发展进行较为系统的理论探索,分析德国经济发展的有利条件和不利因素,研究国际经济交往对民族经济发展的影响,提出旨在使德国迅速赶上英法等经济强国的理论观点和政策主张。

(一)发挥国家经济职能作用,实行保护关税的政策

李斯特认为,国家干预经济生活并对私人企业加以调节和限制,发挥国家的经济职能作用,是一国经济发展的重要因素。他猛烈抨击古典经济学派忽视国家调节经济、过分推崇自由竞争的观点,"国家权力对个人照顾得越少,个人生产就越能够发展"的说法是完全错误的,"野蛮国家就应是世界上生产力最高、最富裕的国家,因为就对个人听其自然、国家权力作用若有若无的情况来说,再没有能比得上野蛮国家的"[5]。但历史恰恰相反,越是发展,国家在立法和行政干预等方面的工作就越是不可缺少。国家应对商业活动做必要调整,发展交通运输业,建立良好的金融体系,搞好国民教育,以协调整个经济发展。但是李斯特主张国家干预,发

①④ 〔德〕李斯特:《政治经济学的国民体系》,陈万煦译,商务印书馆,1983 年,第 109 页。

② 同上,第 112 页。

③ 同上,第 113 页。

⑤ 同上,第 150 页。

挥其经济职能作用,并非要绝对地限制个人自由,而是要使个人利益同社会利益趋于一致。他说:"只要同社会利益无所抵触,一般来说,个人自由是好事;同样的道理,个人事业只有在与国家福利相一致的这个限度上,才能说在行动上可以不受限制。但若个人的企图或活动不能达到这种境地,或甚至对国家可能有害,私人事业在这个限度上就当然需要国家整个力量的帮助,为它自己的利益,也应服从法律的约束。"①

李斯特认为必须运用国家力量,实行保护关税的政策,才能使落后的德国迅速发展资本主义经济。英法古典政治经济学认为,每个国家都应生产那些生产费用较低的商品,然后再向其他国家购买自己所需要的其他商品,这形成合理的国际分工,每个国家都能得到好处。国际自由贸易理论明显代表着英法资产阶级利益。产业革命后,英法两国生产力迅速提高,大量廉价工业品需要向国外倾销,这样,代表英法资产阶级利益的古典经济学派自然要极力倡导国际自由贸易。然而实行国际自由贸易,对于技术比较落后、经济上还处于资本主义萌芽时期的德国来说,是极为不利的。因此,他极力反对古典经济学派的自由贸易理论。根据当时的世界形势和德国事实,他认为当有些国家的工业发展已取得长足的进步,落后国家要想赶上它且没有保护政策做后盾,那是难以实现的。"在与先进工业国家进行完全自由竞争的制度下,一个在工业上落后的国家,即使极端有资格发展工业,若没有保护关税,就决不能使自己的工业力量获得充分发展,也不能争得圆满无缺的独立自主地位。"②相反,"若一个国家在天然条件上、文化程度上有资格建立自己的工业,那么有持续的、有力的保护制度以后,工业的每一部门就必然会欣欣向荣,有利可图"③。为此,他考察了英国经济史。"查理一世时代,由于采取保护和鼓励措施,英国的呢绒加工技术达到高度完善境地,从此国外比较精细的毛织品就几乎不再输入英国。"④"在伊丽莎白统治下,金属制品与皮革制品,还有许多别的工业品"一概禁入,以保护本国民族工业的发展。英国人实施保护关税,工业在很短时间内才得到较快发展。他指出:"每一个欧洲大陆国家都是这个岛国的老师,它的每一种工业技术都是向这些国家模仿得来的,它学会以后就把这些工业

---

① [德]李斯特:《政治经济学的国民体系》,陈万煦译,商务印书馆,1983 年,第 151 页。

② 同上,第 267 页。

③ 同上,第 270 页。

④ 同上,第 38 页。

建立在自己的国土上,然后在关税制度下加以保护,促使它们发展。"①他特别提醒,在经济上跃居领先地位的国家,要扔掉自己曾经使用过的梯子——保护关税政策,以阻止落后国家赶上他们,获得较多的经济利益。他深有感触地说,先进国家"最聪明的办法莫过于把它爬上高枝上所用的梯子扔掉,然后向别的国家苦口宣传自由贸易的好处"②。

李斯特认为,保护关税政策是一个国家在其经济发展的特定阶段上所应采取的措施。他认为各国经济发展必须要经历:原始未开化、畜牧、农业、农工业、农工商业五个时期。那些处于原始未开化时期、畜牧时期和农业时期,即处于经济发展第一阶段的国家,应实行自由贸易政策,以便用剩余农产品换取外国工业品,促进本国经济发展,加速向高一级发展阶段转化;处于农工业时期的国家,其工业尚在初级发展阶段,且具备促使工业成长的各种条件,但已有一些率先进入农工商业时期的国家占领国际市场,其工业制成品物美价廉,具有较强的竞争力。这时,必须实行保护关税的政策,以避免与先进工业国的竞争,让自己的工业占领国内市场并不断发展壮大;当一个国家进入农工商业时期,就必须逐步恢复自由贸易政策。已拥有工业化优势地位的国家,要防止自己的工商业退化,唯一有效的办法是让本国产业在国际市场上与他国进行完全的自由竞争。

当时,德国处于农工业时期,必须实行保护关税的政策。但他并不主张闭关锁国,排斥与他国的经济技术交流。他认为,保护关税并不等于限制所有进口品;只是重点保护轻工业,因为当时德国的轻工业特别是纺织工业面对英国的竞争而受到严重威胁。而对一切复杂机器则应免税或只征收极轻的进口税。他说:"在某种意义上说来,机器工业是工业的工业,对国外机器输入征收关税,实际上即限制国内工业的发展。"③他认为:"只有以促进和保护国内工业力量为目的时,才有理由采取保护措施。"④他还主张对奢侈品要课以重税,增加国库收入,对农产品和工业原料的输入则应减免税收,促进德国工业发展。

---

① [德]李斯特:《政治经济学的国民体系》,陈万煦译,商务印书馆,1983 年,第 40 页。
② 同上,第 307 页。
③ 同上,第 265 页。
④ 同上,第 261 页。

第二章

（二）重视生产力发展，增加国民财富

李斯特认为，经济落后的国家，必须重视生产力发展。他指出，衡量一个国家是否富强、经济是否发展的根本标志，不在于其是否拥有大量的物质财富，而在于其是否拥有增加国民财富的生产力。"因为生产力是树之本，可以由此产生财富的果实，因为结果子的树比果实本身价值更大。"①他批驳古典经济学派只研究价值理论，而忽视对生产力理论的分析。他认为生产力是产生财富的原因，而交换价值则是财富本身，二者对于国家经济发展的意义有很大的不同。他说："一个人可以据有财富，那即交换价值；但是他若没有那份生产力，可以产生大于他所消费的价值，他将越过越穷。一个人也许很穷，但是他若据有那份生产力，可以产生大于他所消费的有价值产品，他就会富裕起来。"他举例说，有两个地主，两家财富数量相等，各有五个儿子。前一位家长将他的积蓄存储生息，叫他的儿子从事普通劳动；而后一位家长则将积蓄用来培养他的儿子，其中两个教育成为有技术、有知识的人，其余三个儿子各按照他们自己的兴趣学习一种职业。前一位家长是按价值理论行事的，后一位家长行动的依据则是生产力理论。在这两位家长临终时，单就交换价值而言，前者可能比后者要富裕得多，但前者由于儿子们没有什么本领，收入越来越少，日子越过越穷。而后者在文化知识和才能上得到各种不同的培养且一代一代地传下去，获得财富的能力不断增长，日子越过越富。于是他得出结论："财富的生产力比之财富本身，不晓得要重要多少倍；它不但可以使已有的和已增加的财富获得保障，而且可以使已消失的财富获得补偿。个人如此，拿整个国家来说，更加是如此。"②他以历史来说明生产力对财富增长的重要意义。他指出，德国过去每一个世纪都受到内灾外战的摧残，但是它总能保持住大部分的生产力，因此每次受到打击之后，总是能很快地恢复到一定程度的繁荣。

李斯特认为，一国的外贸不能只是在价值理论下以商人看法为准绳，即决不可单纯地以任何特定时期所得到的一些物质利益为依据。考虑这个问题，不能忽视与国家将来的生存、发展有决定关系的因素。自由贸易，向别国购买廉价商品，表面合算，但会使工业生产力不能发展，德国将处于落后和从属于他国的地位。而

---

① [德]李斯特：《政治经济学的国民体系》，陈万煦译，商务印书馆，1983 年，第 47 页。

② 同上，第 118 页。

采取保护关税政策,刚开始时工业品价格较高,但经过一定时期,国家建成充分发展的工业以后,由于国内生产成本较低,价格甚至会降到比进口的商品更低。因此,"保护关税若使价值有所牺牲的话,它却使生产力增长,足以抵偿损失而有余"①。在此,他比较客观地看到发展本国社会生产力的重要意义。

(三)建立自己的民族工业体系,确定合理的国民经济结构

李斯特提出,发展生产力就必须建立一个独立的民族工业体系。他说:"一个国家没有工业,只经营农业,就等于一个人在物质生产中少一只膀子","一个国家只有农产品同国外交换工业品,就等于一个人只有一只膀子,还有一只膀子是借助于外人的。借助于外人的那只膀子也许很有用,但总不及自己有两只膀子的好,因为外人之心是难以捉摸的"②。他以美国为例,在获得独立之前,英国人不允许美国从事任何工业。美国独立后,应实行怎样的经济政策? 若依古典学派的理论,美国是应经营农业的。"但是在美国方面,健全的常识与对国家需要的直觉认识,胜过对理论主张的信从。"③ "美国人终于认识到一个真理,作为一个大国,决不能只顾眼前物质利益的享受;文化和力量是比单纯的物质财富更加重要、更加有益的资产,只有建立自己的工业,才能取得并保持这些资产。"④正是由于美国采取保护政策,发展民族工业,才使它在很短的时间里便步入先进国家的行列。

李斯特提出,国民经济结构要较为合理:"一国之中重要的工作划分是精神工作与物质工作之间的划分"⑤,而"物质生产中重要的划分与重要的生产力协作是农业与工业之间的划分与协作"。"每一个个人、每一个生产部门、以至整个国家的生产力所依靠的是彼此处于适当关系中的一切个人的努力。把这种关系叫做生产力的平衡或协调"⑥。若一个国家仅有农业和少量工业,它可以利用天然力量增加财富,但这终究是很有限的。当工业国输出工业品而又不愿意接受农业国的农产品时,这个农业国的农业生产力就会出现"残缺"状态。当一个农业国逐步演变为工业国后,所增加的人口大部分可以转移到工业,剩余农产品,部分用来换取工业

① [德]李斯特:《政治经济学的国民体系》,陈万煦译,商务印书馆,1983 年,第 128 页。
②⑥ 同上,第 141 页。
③ 同上,第 92 页。
④ 同上,第 94 页。
⑤ 同上,第 140 页。

品、机器和工具。这样，生产力增长将是无止境的。他得出结论："凡是一个国家，既培养在它领域以内工业的一切部门，使工业达到高度完善阶段，又拥有广大疆土和充分发展的农业，使它工业人口在生活必需品和原料方面需要，绝大部分可以由本国供应，那么它就拥有最高的生产力，因而也即最富裕。"①在考察英国工业史后，他提出"任何某一种工业的成功总不是孤立的，总是与许多别的工业的成就相辅相依的"②。他强调发展生产力，还研究产业布局问题。"工业和农业彼此靠得越近，则工农业之间交流的量越大，在各种产品交流过程中受到种种事故的阻碍也越少。"③

（四）引进国外的资本和先进科技，注重本国科技人才的培养

考察欧美各国经济兴衰史，李斯特悟出一个道理，即生产力发展特别是工业生产力的发展，总是与先进科技密切联系的。他主张从国外吸收先进科技，用专利政策保护科技的发明和创造。获得财富"最便捷的一条路却莫过于发明和发现"④。他回顾英国曾利用别国的愚昧无知和专制暴政来发展其科技的历史。"技术和商业是会从这一个城市转移到另一个城市，从这一个国家转移到另一个国家的。它们在本土上受到迫害、压制，就会逃到别的城市、别的国家，在那里寻求自由、安全和支持。"⑤对德国来说，不能守株待兔，等待别国由于政策失误而坐收渔利，最明智、最聪明的办法是创造有利条件，吸引外国资本和先进科技，学习他国的管理经验，为使德国的机器工业尽快发展，必须想办法"培养出大批有能力的技术教师和有实际经验的技工"⑥。这是他的远见卓识。

（五）变革旧的生产关系，增强商品经济观念

发展德国的生产力，必须改变农业十分落后的状况，而要改变这一状况又必须改革原有的生产关系。这是李斯特在分析阻碍德国生产力发展的因素时所阐述

①　[德]李斯特：《政治经济学的国民体系》，陈万煦译，商务印书馆，1983 年，第 135 页。
②　同上，第 40 页。
③　同上，第 138 页。
④　同上，第 175 页。
⑤　同上，第 100 页。
⑥　同上，第 356 页。

的一个理论观点。

李斯特认为,落后国家的农业劳动生产率非常低,除了缺乏工业支持外,重要原因是存在不适应发展经济的封建土地所有制。其中,地主支配自身收入形式只是豢养大批奴仆。农奴认为劳动是惩罚,偷懒是收益。这完全是封建制度造成的。而一旦在自由劳动——资本主义生产关系下,他们就会争取改进,激起进取精神。因此,必须把农民从封建枷锁下解放出来,使用新机器,新的耕作技术,生产更多的与工业相交换的商品,以促进农业发展。

(六)发展国民教育,提高人的素质

李斯特的生产力概念,包括"物质资本"和"精神资本";体力劳动是生产力,脑力劳动、管理、组织等也都是生产力。生产力发展是社会制度进步、科学发现、智力培养、生产方法改进等因素和现代人类的精神资本带来的。生产力发展,取决于人们对千百年来累积起来精神资本的利用。教育是生产劳动,教育支出是以放弃现期消费为代价来增加社会未来的生产能力,以促进未来财富无限增长。"必须牺牲眼前利益,使将来利益获得保障。"[1]至于什么是生产劳动和什么是非生产劳动这一理论问题,他并没有做出科学解释。

李斯特认为落后国家缺少质量较高的智力型劳动力,要想使人力资源得到更好的开发,就必须发展国民教育,提高人的素质。他主张"一国的最大部分消耗,是应用于后一代的教育,应用于国家未来生产力的促进和培养"[2]。

总之,李斯特从当时德国的国情出发,敢于向权威挑战,提出许多不同于古典经济学但有着较强适用性的经济理论和政策主张,切中时弊,讲求实效,为人类经济学宝库增添新的内容。他一生为德国社会的进步奔走呼号,所提出的符合时代需要的经济思想却一再受挫,但在他去世后不久最终为德国人所认识和接受,遂使德国民族工业获得巨大的发展,很快就由落后国家转变为先进国家。诚然,他的经济学说还有着历史和阶级的局限性,他所提出的某些论点也经不起推敲。如生产力概念较为杂乱;对社会发展阶段和社会结构的分析缺乏阶级性;过分强调"民族利益",等等。

---

[1]　[德]李斯特:《政治经济学的国民体系》,陈万煦译,商务印书馆,1983 年,第 128 页。

[2]　同上,第 123 页。

李斯特和斯密一样，作为资产阶级经济学家，对阻碍生产发展的封建残余势力痛心疾首，对自由竞争的资本主义制度倍加推崇。李斯特虽极力反对古典经济学派的自由贸易思想，但对一国之内的自由竞争则是完全肯定的。他认为自由与生产事业二者相辅相成。"不论在哪里，若工商业有发展，即可断定，在那个地方自由的获得已为期不远"；同样，"若自由的旗帜已在那里飘扬，也即可断定，那里的生产事业迟早将获得发展"。①这种观点明显表现出与斯密经济思想的某些一致性。必须看到，李斯特对古典经济学派的自由贸易及国际分工理论，并非采取完全否定的态度。他极力反对的是由英法等国专门生产工业制成品而落后国家专门生产农产品及工业原料的国际分工，而对于由自然条件所形成的国际分工则是加以肯定的。他提醒人们，"有些产品由于自然条件的限制，不宜在国内生产，若依照国际分工原则（即说，通过国外贸易）向国外采购时，质量既好，价格也低，对于这类物品要想采用国内分工原则，试图由本国来供应，那即一件愚不可及的事"②。可见，他的研究比较务实，研究经济问题的出发点是十分明确的，以发展本国的生产力为标准。

李斯特经济理论是重商主义的复活。这是误解。他们虽都曾主张实行保护关税政策，但二者差别很大。首先，重商主义把金银视为财富的唯一形态，财富的唯一源泉是外贸。李斯特则是通过发展本国的工业而使财富增加，认为财富来自生产领域。其次，重商主义把保护关税政策绝对化，李斯特则提出保护关税政策要随客观经济条件的变动而变动。最后，重商主义对由于自然条件而形成的国际分工毫无认识，李斯特则提出各国应发挥自然条件优势，然后进行交换，这对双方都是有益的。鉴于这些区别，李斯特在《政治经济学的国民体系》一书的自序中写道："在我的理论中对于那个倍受责难的重商主义体系只是采纳其中有价值的部分，它的谬误之处则一概摒弃；即关于所采取的那些有价值部分，采取时的依据也与重商主义学派完全不同，是以历史与事物本质为依据的。"③

李斯特的经济思想，产生于19世纪初德国资本主义生产方式尚未成熟，民族生产力落后于英、法等先进国家的历史背景下。他的关于研究各民族经济发展道

---

① ［德］李斯特：《政治经济学的国民体系》，陈万煦译，商务印书馆，1983年，第9页。

② 同上，第142页。

③ 同上，第8页。

路、关于经济自由和国家干预的辩证思想等,对于德国摆脱落后迅速进入发达国家的行列发挥了推动作用,对于其他发展中国家如何实现经济起飞、跻身世界强国之列,具有一定的借鉴意义。

二、凯恩斯的国家干预经济理论

(一)凯恩斯革命

20 世纪初,占统治地位的经济理论是以马歇尔为代表的新古典经济学。这种学说从"萨伊定律"出发,认为"供给会自行创造需求",买和卖是平衡的,自由竞争的资本主义经济可以通过市场价格机制的自动调节使资源得到优化配置,从而实现充分就业均衡。它把产品的实现和充分就业看成是资本主义经济的必然趋势和经常状态,而把危机和失业看成是一种局部或偶然的现象。该理论的政策体现,是主张自由放任,反对国家干预经济。1929—1933 年,爆发世界历史上最深刻、最持久、最广泛和破坏性最大的经济危机,沉重打击了资本主义,产生了严重的制度危机。暴露出古典自由主义经济学的破绽,垄断资产阶级迫切需要一种新的理论来解释产生经济危机和失业的原因,并提出解救的对策方案。

凯恩斯的经济理论应运而生。1936 年,约翰·梅纳德·凯恩斯(1883—1946)出版代表作《就业、利息和货币通论》(简称《通论》)对传统经济理论与政策提出全面的挑战和批判,建立一个以国家干预为中心,以医治资本主义经济危机与失业为目标的完整的理论体系,对国家垄断资本主义的发展做理论上的说明,为西方国家制定经济政策提供理论依据。

凯恩斯主义是为适应资本主义经济发展的需要,为解救资本主义经济危机而产生的一种资产阶级经济学说,开创了资产阶级经济学发展的新阶段。西方经济学家对其评价很高,认为凯恩斯主义是经济思想革命——"凯恩斯革命",同哥白尼在天文学、达尔文在生物学、爱因斯坦在物理学上的贡献相提并论,认为他是"资本主义的救星"。

《通论》一发表,就受到垄断资产阶级的赞赏,并在西方经济学界引起极大轰动。凯恩斯革命,主要是他提出了一套与传统经济学不同的理论观点、政策主张和研究方法:用"有效需求"理论否定"萨伊定律",公开承认资本主义会不可避免地发生经济危机和失业。其认为,传统经济理论以"萨伊定律"为前提,提出"充分就业均衡"和资本主义"无危机"论,是不符合资本主义现实和一般情况的,只是一种特例。资本主义的经常状态是"小于充分就业均衡",是由"有效需求不足"造成的。"有效需求不足"包括"消费不足"和"投资不足",是由"三大基本心理规律"的作用引起的。这样,凯恩斯就放弃并批判新古典经济学关于资本主义社会永远能实现充分就业的论断,承认资本主义社会必然存在失业,用一种新的理论来解释资本主义所存在的问题。

凯恩斯反对自由放任,主张国家干预经济。在现代资本主义社会,市场机制已不能充分发挥自动调节经济的作用,自由放任的政策也已行不通。需要国家对经济实行全面干预和调节,摒弃传统的收支平衡的财政政策,实行扩张性的财政、金融政策,以增加投资,刺激消费,扩大有效需求,解决资本主义危机和失业问题,实现"可调节的资本主义"。

凯恩斯面对 20 世纪 30 年代西方国家整个国民经济崩溃的局面,认识到必须从总体上研究国民经济,才能解决这些问题。传统经济学主要采用个量分析即微观分析方法,主要研究微观资源的合理配置问题。他放弃个量分析而代之以总量分析方法,试图从总体来研究资源配置问题,研究总就业量、总产量、国民收入的决定及其变动,找出解决资本主义面临的各种问题的总体办法,创立现代宏观经济学。

凯恩斯革命公开承认资本主义社会存在经济危机和失业,主张从需求的角度来研究资本主义经济问题,这是对传统经济学的一个突破,它从一个侧面比较真实地反映资本主义社会的问题所在。凯恩斯创立现代宏观经济学,发展国家干预和调节经济的理论,对于宏观分析和管理国民经济,发挥国家对国民经济的调节作用,无疑具有一定的参考价值。

(二)凯恩斯的"一般(就业)理论"

凯恩斯把自己的经济理论称为"一般理论",是普遍适用的,而传统经济学是特殊理论,"只适用于一种特例,而不适用于通常之情形"。

凯恩斯经济理论的核心是就业理论,解释了失业的原因,力求减少失业。他攻击传统经济学的就业理论。传统就业理论认为,任何生产所形成的收入,不是用于消费,即用于投资。那么不论产量如何增加,总供给和总需求会趋于相等,生产过剩不会发生。只要资本家扩大生产,最终将会实现充分就业。若有个别商品,由于比例失调而发生暂时性的生产过剩,也会由于自由竞争的自动调节作用而趋于消失。

传统就业理论还认为,只要工人所要求的实际工资不超过劳动的边际生产力,则资本家就会增雇工人,扩大生产即可增加他的利润。由于增产不会过剩,所以只要工人对于实际工资的要求不超过劳动的边际生产力,那么他就总会为资本家所雇佣而不致失业。因此,这种理论的结论是:只要让自由竞争在劳动市场上充分发挥作用,货币工资就会由于竞争而下跌,并且必然下跌到所有愿意工作的人都能就业时为止,这样就会达到充分就业。

传统就业理论包括"摩擦性失业"和"自愿失业"。"摩擦性失业"即因季节性原因或技术原因而引起的工人暂时失业。如,季节性停工、原料缺乏、机器设备发生故障、技术变革、对未来估计错误等情况而引起的停工,致使工人从一个产业或一个地区改就他业或转到另一地区就业,中间需要隔若干时间等,都会引起"摩擦性失业"。"自愿失业"即工人不愿按现行工资和现行工作条件就业。如,由于工会与资本家进行集体议价达不成协议,或由于其他原因,使工人不愿按现行工资或现行工作条件就业,因而产生失业。

传统就业理论是以"萨伊定律"为依据的,即把供给创造需求、供给必然等于需求作为理论的前提。"萨伊定律"否定一般生产过剩的可能性,也否定总需求不足的可能性。凯恩斯反对"萨伊定律"和以"萨伊定律"为依据的传统就业理论。这种理论不符合资本主义的现实。他承认在资本主义社会中除"摩擦性失业"和"自愿失业"外,还存在"非自愿失业"。"非自愿失业"是指工人要求工作甚至在低于现行货币工资水平的情况下也愿意工作,但还是找不到工作。他认为,"非自愿失业"消失,即充分就业。

凯恩斯认为,资本主义社会之所以存在"非自愿失业",根源在于"有效需求"不足。因此,要想实现充分就业,就必须解决"有效需求不足"的问题。

凯恩斯的就业理论是以他的"有效需求原理"为基础的。他认为,一个国家的总就业量,决定于"有效需求",失业是指"有效需求"不足的结果。因此要增加就业量,就必须扩大"有效需求",消除"非自愿失业"就必须解决"有效需求"不足的问题。"有效需求",即资本主义社会经济体系的总需求,即整个资本主义社会商品总供给价格与总需求价格达到均衡状态时的总需求。商品的供给价格,即企业家预期在经营生产时付出的生产要素的成本,加上他所预计的最低利润。社会上各个企业提供的商品供给价格的总和,即总供给价格。其等于社会上全体企业预期付出的生产要素的总成本,加上他们所预计的最低的总利润。商品的需求价格,即资本家预期社会对他的商品所愿意支付的价格。总需求价格即全体资本家预期社会对他们的商品所愿意支付的总价格,即预期的总卖价。凯恩斯认为总供给价格与总需求价格之间关系的变动,决定社会的总就业量。当总需求价格大于总供给价格时,企业家们就要扩大生产,增雇工人,社会总就业量就会增加。反之,当总需求价格小于总供给价格时,企业家就要缩减生产,减雇工人,从而社会总就业量也随之减少。当总需求价格与总供给价格均衡时,企业家则既不扩大生产、增雇工人,也不缩小生产、减雇工人。这时资本主义社会的总产量和总就业量,就确定下来了。凯恩斯认为处于这种状态时的总需求,即"有效需求"。

凯恩斯认为,资本主义社会存在"非自愿失业",原因是社会上的"有效需求"不足。由于现代社会里总需求价格和总供给价格相等时所决定的社会总就业量,比"充分就业"时的就业量要低,并非充分就业时的社会总就业量,因而是"小于充分就业均衡"。

凯恩斯提出"有效需求原理",因为"有效需求"不足,资本主义社会处于"小于充分就业均衡"。他认为,这是由于"三个基本心理因素"或"三大基本心理规律"的作用。他认为总需求是由消费需求与投资需求所构成的。维持一定量的总需求,社会就得维持一定量的消费需求和投资需求。消费取决于当前收入量、消费倾向和边际消费倾向,而消费倾向的强弱又取决于平均消费倾向和边际消费倾向的高低;投资决定于利率和资本边际效率,而利率又取决于灵活偏好和货币的供应量;灵活偏好取决于交易动机、谨慎动机和投机动机,资本边际效率取决于预期收益和边际资本的供给价格。可见,在其他条件既定的情况下,有效需求最终取决于边际消费倾向、资本边际效率、货币数量和灵活偏好。

凯恩斯认为,若消费需求和投资需求不足,会造成总需求不足,从而引起"非自愿失业"。所以,"有效需求"不足的原因在于消费需求不足和投资需求不足。他认为,"心理上的消费倾向"使消费的增长落后于收入的增长,因而引起消费需求不足;"心理上对资产未来收益之预期"和"心理上的灵活偏好"使预期利润率下降,因而引起投资需求不足。

凯恩斯用三个"基本心理规律"来说明有效需求不足,并用来解释资本主义社会产生经济危机和失业的原因。他不是用资本主义的基本矛盾来说明资本主义社会产生经济危机和失业的根源，反映他的阶级属性。但是他的有效需求理论在一定程度上反映了资本主义社会的现实矛盾。对于人们认识和研究当代资本主义提供了一定的事实和材料，有助于人们进行分析和做出结论。他运用总量分析方法，分析影响有效需求的各种因素，对于研究现代社会化生产的商品市场、货币市场和劳动力市场中的供求平衡，搞好宏观经济调控，是具有一定参考价值的。凯恩斯关于国家管理经济的政策主张，确实使资本主义延年益寿。

（三）凯恩斯"反危机"的政策主张

凯恩斯承认失业与资本主义有"不解之缘"，但这是可以解决的。他认为，单凭市场自动调节难以医治资本主义失业症，唯一的办法是国家干预。他的政策的立足点是，"自由放任"的经济政策已失效，加强政府干预，调节经济运行，才能避免资本主义制度毁灭。政府干预经济、减少失业和消除经济危机，凯恩斯认为主要有四个途径：

（1）增加公共投资，实行赤字财政。凯恩斯认为，扩大有效需求，解决失业与经济危机，必须增加投资，刺激消费。但由于三大基本心理规律的作用，私人投资和消费是难以扩大的；发挥政府的作用，才能扩大投资与消费："我的结论是：不能把决定当前投资量之职责放在私人手中。""我希望国家多负起直接投资之责。"[1]他认为应打破保持国家预算平衡的传统观点，实行赤字财政政策。既能直接扩大投资与消费，弥补私人投资与消费之不足，又能间接刺激私人投资与消费的扩大。但他认为，若政府一面扩大支出，一面又增加收入来保持预算平衡，那么增加支出所带来的投资和消费的扩大，又会被增加政府收入所带来的私人投资与消费的减少所抵消，这就收不到扩大有效需求的实效。因此，只有"举债支出"，才能扩大投资，增加有效需求，解决经济危机与失业问题。他还极力主张改变人们对浪费和节俭的传统观念，在现代社会中增加消费有利于产品销售、克服萧条、减少失业。

（2）凯恩斯认为，在经济萧条阶段，要增加货币发行，扩大信贷规模，"适度"通货膨胀以降低利率，提高资本边际效率和消费倾向，扩大有效需求。"适度"通货膨胀，刺激私人投资和消费，实现充分就业。

---

① ［英］凯恩斯：《就业、利息和货币通论》，徐毓枬译，商务印书馆，1977 年，第 194 页。

（3）凯恩斯承认市场经济具有一个显著的缺点，即财富与收入的分配太不平均。他认为消费不足，是由于收入分配不均的趋向所造成的。因为若把国民收入的较大部分给那些需要已得到充分满足的人，他们只会把收入的一小部分用于消费，而把大部分储蓄起来，结果就造成商品滞销和失业增长。"收入均等化"，即把国民收入的大部分交给低收入家庭，他们就会把收入大量花掉，这样便提高消费支出，扩大社会需求总量。他主张用增收累进税的办法，来缩小收入分配不均的幅度，以增加消费和提高就业水平。

（4）凯恩斯认为一个国家扩大商品输出、保持外贸顺差，还有资本输出，可以增加社会需求，增加国民收入，从而提供更多的就业机会。他认为，这是由于政府扩大贸易顺差，带来黄金进口，利息降低，从而刺激国内投资活动。增加资本输出，既增加黄金进口，又可以导致出口贸易增加，使国内经济活跃起来，促进国民收入增长。

凯恩斯的经济理论和政策主张，在一定程度上反映了资本主义经济的现实，反映了资本主义社会化大生产所存在的问题和矛盾，也反映了市场经济和社会化大生产所存在的共性问题，他解决生产过剩问题的对策也是切实可行的，是可以借鉴和利用的。

凯恩斯为拯救资本主义制度，提出的一套以有效需求和国家干预为核心的理论观点和政策主张，比较客观地反映了资本主义的现实状况。该理论一经提出便受到西方社会的重视，并在战后成为西方各国制定经济政策的依据。推行凯恩斯主义在一定程度上缓解了资本主义的矛盾，因而对资本主义的发展，确实起到了积极作用。凯恩斯也因此被称为"资本主义的救星"和"战后繁荣之父"。但是到20世纪60年代末70年代初，西方国家的经济发展大多陷入"滞胀"的困境，产生新的社会和经济问题。他的理论观点和政策主张受到怀疑，新自由主义经济学乘机而起。在各种经济学派对凯恩斯主义进行发难时，他的追随者们为维护凯恩斯主义的"正统"地位，对凯恩斯的理论和政策进行修补和发展，力图使之完善化和具体化。于是，又出现"新凯恩斯主义"。

新凯恩斯主义既坚持传统，认为政府干预优于自由放任，又吸收货币主义、新古典主义的有用成果和分析框架，尤其是在长期分析方面，来修补凯恩斯主义。还接受利益最大化原则，着重从微观层面上来解释失业和经济波动等宏观经济现象；着重寻找价格和工资黏性的微观基础，把凯恩斯主义的失业和非均衡理论建立在一系列微观分析基础上。"新凯恩斯主义者接受三分之二的新古典的世界观:即货币主义(至少就长期而言)和理性预期。"

新凯恩斯主义与新古典综合不同。他们从市场缺陷出发,力图通过考察在这些缺陷条件下的最优化行为,来解释价格和工资黏性以及它们与失业和经济波动的关系。他们是综合凯恩斯的宏观理论和马歇尔的"古典"微观理论,强调在达到或接近充分就业后"古典"理论有效,财政政策和货币政策同样重要、同样有效。

新凯恩斯主义的这种"新综合",使得当代西方经济学两大主流学派之间的对立和界限日益模糊。他们和凯恩斯主义所研究的主题都是"失业原因和小于充分就业均衡的原因"。新凯恩斯主义虽是从价格和工资黏性上寻找失业和非充分就业均衡的原因,但他们常常从制度和历史中寻找价格和工资黏性的原因。凯恩斯主义假定供给不变,着重从需求的角度分析和解释经济波动的原因,而新凯恩斯主义则主要从供给角度来解释。如资本供给限额论,资本供给有两个来源:发行新股和银行贷款,都受到逆向选择和道德风险的限制,制约资本增加,前者称为产权限额论,后者称为信贷限额论。前者认为,发行新股,导致市场对企业的估价逐渐降低,使决策者认识到继续发行新股是不明智的。后者认为,银行利率低,使资金供不应求,以致银行配给信贷。这两种方法的局限,使资本供给减少,经济陷入衰退,以致市场不能出清。这是经济危机的一个重要原因。[①]

第三节　新自由主义的市场经济思想

同古典自由主义相比,新自由主义并非笼统地反对国家干预经济,而是主张国家要适当地干预经济。新自由主义强调自由竞争的理论观点和政策主张,把经济自由和必要的国家干预相结合的经济理论。由于在理论观点和政策主张上的大同小异而分为不同的派别,其中影响比较大的有西德新自由主义、货币主义和供给学派。

---

① 关于新凯恩斯主义,详见周志太:《外国经济学说史》(第三版),中国科技大学出版社,2021年。

一、西德新自由主义的"社会市场经济"理论

西德新自由主义的理论奠基人是瓦尔特·欧肯(W.Euckeb),主要代表人物路德维希·艾哈德(L.Erhard)是西德新自由主义理论体系的创立者之一,又是这一经济理论的实施者。1948—1966 年,他任联邦德国经济部长、副总理、总理等职,始终不渝地推行西德新自由主义的经济政策,一度被誉为"西德经济奇迹之父"。

西德新自由主义经济学说的主要内容是"社会市场经济"理论。西德新自由主义者把历史上存在的各种经济制度都看作是"理念经济典型"的具体体现。他们认为,"理念经济典型"有两种,一种是"自由市场经济",或"交换经济"或"竞争经济";另一种是"中央管理经济",或"计划经济"或"命令经济"。前者由价格机制来调节经济,优点在于资源的合理配置和经济生活的和谐;后者则是通过政府计划和行政命令调节经济,由于排斥市场价格机制的调节,因而会造成僵化、不协调和效率低的社会经济后果。他们认为"自由市场经济"优越于"中央管理经济",但这两种"理念经济典型"在任何时候、任何地方都难以单一地存在,某一国家、某一时期的具体经济制度,都是这两种"理念经济典型"的特定组合。西德应寻求一种以"自由市场经济"为基础的两种"理念经济典型"的最好结合方式,即"社会市场经济"。战后西德经济的迅速恢复和发展,确实与"社会市场经济"理论的实施有一定的关系。西德新自由主义的经济思想包括:

(一)强调竞争对经济发展的重要作用

竞争,才能使市场日趋活跃,才能使每一个人都有机会发挥自己的创业精神和能力,提高社会的劳动生产率,降低成本和价格,提高产品的质量,使生产者和消费者都获得好处。总之,竞争是一个使社会经济得以发展的强有力的杠杆,是通向繁荣之路。

创造有利于竞争的市场环境,应清除一切妨碍和限制竞争的因素,诸如物价管制、卡特尔市场垄断、行会壁垒、实物配给制、特殊利益集团,等等。为每一个成员提供参与竞争的机会,以施展个人的才能、智力及其他本领。他们反对"福利国家"的观点。艾哈德认为"福利国家"不过是一种"现代幻想","福利国家"与竞争、冒险、优胜劣汰以及创业精神不相容,长此下去势必使人们产生依赖心理,丧失奋

发进取的精神,从而阻碍经济的发展。艾哈德还强烈地反对国家推行强制保险的方案,这种做法会使人们滋生懒惰和不思进取的思想。社会没有必要为每一个人都开一份保险单,社会的责任只在于救济和帮助那些鳏寡孤独者,以及那些并非因为自身过错而失去劳动能力的人。在艾哈德主管西德经济工作期间,为私人的资本积累提供更多劳动岗位,采取各种优惠税收、间接减少所得税。旨在鼓励私人企业投资和一般劳动者有更高的劳动热情,"加班加点所得的报酬实际上是免税的,这鼓励人们创造更多的劳动成果,而折旧率较高以及将没有分红的利润用于企业投资可以享受较优厚的税率,这在最初阶段对企业自筹资金是非常必要的"[1]。正是由于战后西德选择以竞争为核心的"社会市场经济",使西德经济在很短的时间里就得到迅速的恢复和发展,经济结构更趋于合理化,居民生活水平有明显提高。

西德战后复兴时期经济政策的总设计师路德维希·艾哈德在《来自竞争的繁荣》一书中,强调国内竞争和国际竞争的不可分割性,反对贸易保护主义。他认为让企业面临国际对手的挑战会使国内竞争更趋强化,为此他采取降低进出口关税、货币自由兑换、简化行政手续等措施,使西德战后的外贸得到较快发展。这一决策是明智的。因为尽管西德在二战中生产力遭到巨大破坏,但西德工业已度过幼年期,有着一定的管理经验和大量的技术人才,不必采取保护关税政策。通过外贸为其工业产品开辟市场,为其工业生产提供原料燃料。通过外贸获得恢复和发展生产必不可少的机器设备,利用国际地域分工同他国交换自己所需要的一些消费品,以满足居民的日常生活需要。

(二)经济自由是竞争得以进行的前提

西德新自由主义者认为,自由与竞争是不能分割的,只有当社会的每一个成员都具有充分的经济自由,竞争才会具有可靠的保证。在"社会市场经济"中每个社会成员都应有多方面的自由,诸如财产、选择职业、企业投资和经营、个人消费、贸易、货币兑换、迁徙,商品交换价格、工资由雇主与雇员自行协商等自由。艾哈德认为,"生产者的自由竞争,消费者的自由选购,以及个性的自由发展等原则,比任何形式的国家指导或国家管制,更能保证经济与社会进步"[2]。他认为西德的经济

---

① [联邦德国]卡尔·哈达赫:《二十世纪德国经济史·联邦德国》,杨绪译,商务印书馆,1984年,第150页。
② 张维平、伍晓鹰:《经济自由主义思潮的对话》,生活·读书·新知三联书店,1989年,第49页。

繁荣,原因是实行经济自由,并在经济自由的基础上互相竞争,运用人类的创造性和主动性,即可释放出巨大的生产能量。战后西德经济恢复和发展的事实,证明实行经济自由在一定程度上使经济发展较快,并没有出现混乱。如,放开物价,物价比较稳定;政府不包就业,初始时失业增多,但由于企业裁减冗员,效率提高,经济迅速发展,就业增加。

（三）主张适度的国家干预,反对自由放任

欧肯认为,国家适度干预是不可缺少的。经济活动的参与者都想追求垄断与特权,那种不加限制的自由放任必定会使经济大权高度集中在垄断企业和寡头政治家手中,其结果是危害自由竞争,妨碍资源合理配置,价格机制也将失去其功效。在"社会市场经济"中,政府并不直接干预经济生活,只是运用那些有利于"社会市场经济"发展的手段,为自由竞争的顺利实行创造较好的条件和适宜的环境。新自由主义与古典自由主义的区别,就在于前者提出,社会经济协调运行,国家要采取一些有效措施,保障自由竞争的顺利进行,诸如限制垄断、实施稳定的货币政策等;国家还应兴建经营私人企业不愿经营或无力经营的基础设施和社会事业。罗勃凯举例,社会市场经济如同足球比赛,每一个私人企业都是运动员,政府作为裁判,不是直接参加比赛,也不必告诉运动员如何比赛,而是维护秩序,保证比赛正常进行。可见,"社会市场经济"推崇在私人企业基础上的自由竞争,并不赞成自由放任的经济政策,主张国家适度干预经济。在艾哈德主管经济工作期间,西德采取了一系列调节经济以保护竞争的措施,如 1957 年制定并实施《反对限制竞争法》,以防止垄断,1961 年制定对外经济法,使外贸有法可依等。这些措施对于西德经济的发展确实起到了一定作用。战后西德政府用于教育和科研的经费在其财政支出中一直占较大比重,在建造住宅、恢复农业和交通运输业等方面也采取了相应的措施,这都为西德经济的发展创造了条件。

（四）稳定通货是经济发展的一个重要因素

西德新自由主义主张通货稳定。艾哈德认为,滥发纸币,从老百姓手中搜刮大量财产,既不道德,也使政府失信,导致人心不稳,私人储蓄意愿和储蓄率下降,影响投资。他认为只要政府控制货币与信贷发行,就能稳定币值,为自由竞争创造条件。他还认为放开物价与稳定物价是并行不悖的,放开物价为自由竞争创造条件,自由竞争导致经济繁荣、物价稳定。实践证明,在经济繁荣同时又保持住物价基本稳定是完全可以做到的。

　　新自由主义流行,是因为这一流派并不笼统地反对国家干预经济。到20世纪中叶,完全依靠市场机制来调节经济而不采取任何国家干预措施是难以想象的。他们主张,主要通过市场力量自行调节经济生活,限制而不放弃国家干预。这既受到中小企业主的欢迎,也为垄断资产阶级所接受,一定程度上适合当时西德经济发展的需要。因此,新自由主义经济学在西德盛行并至今不衰,就连战后很长一段时间信奉凯恩斯主义的美、英等发达资本主义国家也从西德新自由主义经济学受到启示,纷纷放弃国家过度干预经济的政策。这说明,以市场机制为基础并辅以必要的国家干预的经济理论,是资本主义国家调整生产关系以适应生产力发展的结果,今后很长时期它还将在西方经济学领域占据重要的地位。

二、货币主义的经济思想

　　米尔顿·弗里德曼(1912—2006)是货币主义创始人和主要代表人物,货币主义是20世纪五六十年代兴起的与凯恩斯主义相对立的一个经济学流派。

　　货币主义是典型的自由主义经济学,是斯密的经济自由主义在现代社会的继续。其理论基石是利己主义,自由是非常可贵的,应保证让每个人都拥有选择职业、运用资源、保护私有财产和使用收入方面的自由,都自由地追求个人利益,通过市场机制的调节,最终会增进公共利益;经济自由是政治自由的前提。

　　货币主义反对凯恩斯主义用财政政策来干预经济,强调货币政策的极端重要性。但是这种货币政策不同于凯恩斯主义通过影响利息率来调节总需求的货币政策,而是要调节货币供应量,强调货币量供应变动是物价总水平和经济发生变动的根本因素。这就否定了供求关系和劳动生产率等变化引起的物价变化。

　　弗里德曼认为,当货币量增长速度大大超过生产的增长速度时,通货膨胀就会发生,货币量增长速度越快,通货膨胀率就越高。因此,通货膨胀始终是由货币量增长速度大大超过生产的增长速度而产生的一种货币现象。为防止通货膨胀的发生,实现经济稳定增长,就必须实行"单一规则"的货币政策,即货币供应量的增长率要与经济增长率相适应。

三、供给学派的经济思想

供给学派的代表是哈佛大学经济学教授费尔德斯坦和南加利福尼亚大学经济学教授拉弗,其和货币主义一样,于 20 世 70 年代在美国兴起,也是在批判凯恩斯主义的过程中产生和发展起来的。20 世纪 70 年代以来,各主要资本主义国家频繁发生经济危机,还出现通货膨胀和失业率上升的并发症——"滞胀"。在凯恩斯主义的需求管理方案失灵的情况下,出现了一个强调供给方面,反对国家过多干预经济的"供给学派"。

供给学派基于、并试图复活"萨伊定律",反对凯恩斯主义的需求管理。他们认为,当前资本主义世界所面临的"滞胀",完全是推行需求管理政策造成的恶果,而病症的根源即凯恩斯主义。所以,必须放弃凯恩斯主义的需求管理理论,恢复萨伊定律。

供给学派否认资本主义经济内部存在不稳定性,认为 1929—1933 年的世界经济大危机不是需求不足所造成的,而是当时西方各国政府推行贸易保护主义的政策,如关税壁垒战、大幅度增税、大量减少货币供应量、故意毁坏农产品等,造成经济下降并阻碍经济复苏。他们还认为,政府增支或减税难以直接增加总需求和总产量。刺激需求的办法必定会造成严重后果,因为需求增加使储蓄减少、利率上升、投资下降,最终导致经济增长速度放慢。

供给学派坚信萨伊定律,认为供给会自行创造需求。只要国家不干预私人经济活动,让市场机制充分发挥作用,就不会发生经济危机。主张经济学应研究如何促进和扩大生产,强调刺激供给。他们认为,经济活动的基本单位是个人和企业,他们对政府征税、规章条例、政府支出、货币措施等刺激因素会做出灵活反应。税率高低是刺激经济主体进行活动的重要因素。税收专家拉弗认为,高税率并不一定会产生高税收,有时反而会使税收减少。过高税率会影响人们扩大投资和劳动积极性,减少税基。厂商最关心的不是利润总额,而是除去各种纳税和政府限制所造成的费用以后的纯利润。作为经济活动主体的企业和个人,能否具有工作和投资的积极性,主要考虑的是参加经济活动增加净收入多少。

基于上述经济理论,供给学派提出解决资本主义国家"滞胀"问题的如下政策:

政策核心是减税。经济发展速度放慢,是因为投资不足,而投资不足又是储蓄率太低所造成的。若降低税率,特别是降低边际税率,即可刺激人们的工作积极性,增加收入,使个人扩大储蓄,使企业扩大投资,提高劳动生产率,增加商品和劳务。生产发展、税源增加,税基扩大,税收总额随总产量的增加而增加,可消灭赤字并抑制通货膨胀。

减少政府开支,反对政府按高税率征税,特别反对社会福利泛滥的行为,实现预算平衡。政府开支过大,造成财政赤字、债台高筑,减少私人投资的资金、抑制生产,造成通货膨胀。政府只是实施救济老年贫困、赤贫等必要的福利行为,不给每一个人都开出一份保险单。社会福利过多影响人们工作的积极性,滋长穷人的依赖心理,不但不能减贫反而会加重和扩大贫困。主张尽量削减社会福利支出,包括降低保险津贴和福利救济金。

减少政府管制,实行自由经营。二战以后,美国政府制定许多关于价格、工资、生产安全、环境卫生、贸易等方面的法令条例,并成立相应的机构以监督实施。这些法令、条例加大生产成本和非生产性开支,加重企业负担,使企业减少更新设备的投资,影响生产增长,削弱商品在国际市场的竞争力,造成生产的停滞或下降,也加剧了通货膨胀。为此,供给学派主张撤销限制价格和最低工资的法令,放宽关于环境污染、生产安全、商品检验等标准,以减轻负担,充分发挥企业家的创造性和冒险精神,促进生产增长。

稳定货币供应,恢复金本位制。那时美国的货币和信用制度,无法控制货币供应量的增长。因为,银行、个人和企业都在创造各种各样的货币信用凭证来充当货币,连货币数量指标的定义都无法规定,更不用说进行控制。他们还指出,美联储往往是任意地确定货币增长率目标,有时是在政治压力下来管理货币的。因此,供给学派坚持主张恢复金本位制,这使联邦储备委员会控制货币数量时有所依据,限制其任意确定货币供给的增长率。恢复金本位制,才能消除人们对物价看涨的心理,恢复对美元的信心;才能使物价稳定,利息率下降,刺激储蓄和投资,避免通货膨胀,促进经济增长,使美国的经济走出"滞胀"。

供给经济学是里根政府经济纲领的理论根据,1981年里根就任美国总统,他的施政纲领反映了传统的自由主义经济思想和现代货币主义的要求。因此,西方经济学界把供给经济学称为"里根经济学"——主要包括减税、削减政府开支、稳定货币政策;取消或放宽政府对企业的各种限制,刺激供给。供给学派否认资本主义的基本矛盾和产生经济危机的必然性,但他们的某些理论观点和政策主张是可作为参考和借鉴的。

本章小结

从重农学派的"自然秩序"、斯密的经济自由主义到李斯特欠发达国家的政府干预,再到凯恩斯的发达国家的政府干预,这是一个否定之否定、由低级向高级阶段的辩证发展过程。

关键词

看不见的手　供求平衡　萨伊定律　均衡价格　边际效用递减规律　有效需求　非自愿失业　货币主义　重农学派　凯恩斯革命

思考题

1.论述斯密的经济自由主义。

2.简述马歇尔的市场供求理论。

3.简述萨伊定律。

4.论述李斯特的国家干预理论。

5.论述凯恩斯的国家干预理论。

第三章　市场经济的一般原理

本章要点

市场经济的性质、特征，市场经济规律和运行机制

　　在近现代史上，有古典的市场经济，也有现代的市场经济；有资本主义的市场经济，还有社会主义的市场经济，不管何种形式的市场经济，其经济运行的一般原理都是一致的。

第一节　市场经济的一般含义

一、市场经济概念

　　市场是商品和劳务交换的场所和一切交易关系的总和。市场是商品生产和交换不断发展的产物，存在商品生产和商品交换，就必然存在市场。列宁说："哪里有社会分工和商品生产，哪里就有'市场'。"[①]在马克思主义经典作家中，列宁最先使用"市场经济"这一范畴。1906 年他在《土地问题和争取自由的斗争》中说："只要还存在着市场经济，只要还保持着货币权力和资本力量，世界上任何法律都无法消灭不平等和剥削。"[②]列宁最早提出市场经济与计划经济概念，将二者作为对立的社会制度。资产阶级经济学家较早使用市场经济这一概念的是奥地利的米塞斯，他在 1920 年发表《社会主义经济制度中的经济计算》一文中，否认社会主义集

---

　　①　《列宁全集》(第 1 卷)，人民出版社，1955 年，第 83 页。
　　②　《列宁全集》(第 17 卷)，人民出版社，1959 年，第 407 页。

中计划实行经济计算的可能性,认为社会主义是合理经济的抛弃,难以发挥市场和价格的功能。市场是资本主义社会制度的核心和本质,因此市场经济成了社会主义的对立物,成了资本主义的同义语。到现在,许多西方学者仍持这种观点,如《现代日本经济事典》中写道:私有财产制度是市场经济制度中最具有代表性的制度,①并认为市场经济制度有三个基本原则:私有财产制度神圣不可侵犯;契约自由原则;自我负责的原则。

(一)市场经济是一种资源配置方式

20 世纪 50 年代后期南斯拉夫进行经济体制改革和 20 世纪 60 年代末 70 年代初东欧一些国家进行经济体制改革,引入市场机制,社会主义市场经济的概念被运用。比较经济学者认为,社会主义市场经济,即"一种经济体制,在这种经济体制中市场的调控体系同生产资料的社会主义所有制和通过计划或合作协议对市场的强有力调节结合在一起"。

市场是一种经济制度,但并非强调以私有制为基础,而是"有关资源配置和生产的决策是以价格为基础的,而价格则是生产者、消费者、工人和生产要素之间自愿交换产生的"。显然,市场经济既存在于资本主义又存在于社会主义,把市场经济作为资本主义的同义语显然不合逻辑,人们对市场经济的理解逐步深化,赋予它另一重含义:配置资源的方式。

(二)市场经济是市场机制配置资源占统治地位的商品经济

市场经济是生产力发展的必然结果。有商品交换就有市场,而市场扩大又反过来促进商品生产和商品交换。在简单商品经济阶段,商品生产和商品交换只是在自然经济的夹缝中生存,当商品生产和商品交换扩展到全社会范围内,从而以市场为纽带在一国国内形成广泛的社会分工与经济联系,市场就会在全社会经济中起着调节生产与交换、供给与需求的作用,简单商品经济就逐步发展为社会化商品经济,即市场经济,包括资本主义市场经济和社会主义市场经济。市场经济在其发展过程中,根据是否有政府宏观调控,也分为两个阶段:古典市场经济和现代市场经济。其分水岭是 1929—1933 年资本主义世界的经济危机之后,凯恩斯主义

---

① 《现代日本经济事典》,日本总研出版公司,1982 年。

理论的出现,资本主义国家纷纷开始实施宏观调控,标志着现代市场经济的产生。现代市场经济是以发达的市场机制作为资源配置手段、有宏观调控机制的经济。

（三）市场经济是一种经济体制或经济体制模式

市场经济是中性的,作为一种适应生产力发展到一定阶段的经济形式,资本主义可以发展市场经济,社会主义也可以发展市场经济,由于所有制基础不同,所以往往使二者在发展目标、目的、后果等方面呈现出制度特征的一些不同特点。当将市场经济作为一种体制模式去理解、研究时,要注意其一般性,以便能够更好地从中找出为我所用的适应社会化大生产发展的一般规律,又要注意其特殊性,以便更好地从实际出发,建立起适合我国国情的、适应社会主义市场经济发展的经济体制。

二、商品经济与市场经济的辩证统一关系

（一）商品经济与市场经济是同一经济现象不可分割的两个层面

社会分工是商品经济的基础。马克思主义认为,在商品经济条件下,商品价值的实现、资本的循环和周转、社会再生产(社会总产品的实现)的进行,都是市场机制在发挥作用。以交换为目的的商品生产,决定在其经济活动中发生的经济联系,又决定经济运行必然要采取市场调节的形式,由市场来配置用以生产商品的资源,是市场经济。所以,商品经济这个概念侧重反映劳动产品的商品性质和商品的等价交换性质,市场经济这个概念则反映商品经济的运行形式。与此相关的商品经济反映的经济关系大都采取潜在的形态,属于抽象本质的层次,如具体劳动转化为抽象劳动,个别劳动转化为社会必要劳动等;市场经济反映的经济关系大都采取现象形态,更接近经济运行的具体层次,如供求双方如何通过竞争形成价格,以及价格涨落对供求、对生产和消费的调节过程和资源配置过程。因此,商品经济和市场经济只是从不同层面、不同角度来描绘、概括和说明同一事物。

（二）在对应关系上,商品经济和市场经济分属于两个不同性质的经济序列

一个是劳动交换的序列:人类社会有三种交换形式,他们的时序是自然经济→

商品经济→产品经济。另一个是社会经济活动的调节序列：人类社会有三种经济调节方式，它们的时序性是：习惯或本能的调节→市场调节→计划调节。自然经济的社会属性是劳动的非社会性，即劳动只是个别的，不需要转化为社会劳动。在自然经济中，由于劳动的非社会性，决定资源不具有社会性。自然经济通过其内部相互封闭的各个经济单元按习惯和本能的方式即可实行自给自足。在商品经济和产品经济中，由于劳动的社会性，资源需要在全社会配置，但劳动的不同社会性决定资源的配置方式不同。在商品经济中，劳动属于间接的社会性，它决定资源配置采取间接分配社会劳动的方式，即把个别劳动通过迂回曲折的形式转换为社会劳动，这就需要著名的价值插手其间，使市场在资源配置中起决定作用。在产品经济中，劳动是直接社会性的，它决定资源配置采取直接分配社会劳动的形式，即把个别劳动直接当作社会劳动分配，从资源配置和社会经济运行形式上来说，是计划经济。可见，劳动的非社会性和社会性的状况决定劳动交换形式以及与之相适应的经济运行形式。由此得出结论：作为劳动交换形式的商品经济决定资源配置方式的市场经济，它们分属不同的经济序列。

（三）在范围上，市场经济比商品经济更宽些

商品是用来交换的劳动产品，具有使用价值和价值两个因素，而价值实现必须通过市场。从这一点看，市场经济和商品经济的范围是相同的。随着商品经济的发展，本身不是劳动产品，没有价值的东西，如未经劳动加工的土地、商誉等（量和质，量上的背离体现为价格围绕价值上下波动，质上的背离体现为价格可以完全不是价值的货币表现）；或如企业资产的"纸的复本"股票、债券等，能够带来一定的收入，有价格，可以买卖，从而构成市场经济的一部分。从这一点来看，市场经济的范畴比商品经济更宽泛一些。

综上所述，商品经济与市场经济是内容与形式、相互推动的关系。区别在于，前者是后者存在和发展的基础，没有商品经济就没有市场经济。前者通过后者表现出来，后者是前者发展的客观要求。

三、市场经济的一般特征

市场经济作为配置资源、调节经济的有效手段，是建立在社会化大生产基础

上的商品经济发展的客观需要。这是市场经济的本质，是区别于计划经济的明显标志。其本身并不带有不同社会制度的性质，可以存在于资本主义制度之中，也可以存在于社会主义制度之中。不同社会制度中的市场经济，其运行的规则、形式、手段和方法等是相似的。作为市场经济的一般特征，集中表现在能使市场经济正常运行的基本要求上。

（1）利益主体多元化。市场经济存在多种利益主体，决定了经济生活中存在大量交换和激烈竞争。他们都拥有自身的利益，国家利益并非在任何时候都同企业或个人的利益相一致。

资源配置市场化。市场是合理配置社会资源、优化生产要素组合的无形之手。市场机制是推动生产要素流动和促进资源优化配置的基本运行机制，一切经济活动都直接或间接地处于市场关系中。在市场机制充分发挥作用的条件下，通过市场上各种商品的供求和价格的变动引起资源在部门间以及部门内部各个企业间进行流动，实现资源的优化配置和经济结构合理。价格由市场供求形成，其反映产品及其资源的稀缺程度，社会资源配置的调整与变动要按市场价格的变化来进行。在市场竞争中，资源由效益低的部门流向效益高的部门，这使原来效益高的部门增产，价格趋于下降，资源短缺的现象得以缓解；同时，原有效益低的部门由于资源流出而减产，资源浪费的现象得到解决。在市场竞争中，资源也必然会在同一部门内部由效益较差的企业流向效益较好的企业，这是经济不断发展的客观要求。

（2）企业行为自主化。企业（包括国有企业）作为市场主体，要参与市场竞争，应有独立进行商品生产和经营的全部权力和独立经济利益。这样企业才能真正走向市场，展开竞争。企业自觉面向市场，根据市场信号，行使主体的权利，调整生产经营战略，以获取最大利润为第一目标，在商品和货币的交换关系中，实现企业自己独立的经济利益。

（3）生产要素商品化。在市场经济条件下，一般消费品和生产资料是商品，各种生产要素也是商品。生产资料作为商品，明确企业产权收益与市场风险的关系，企业根据市场信号来购进或转移生产资料，根据资产收益的市场行情考虑扩大生产资料增加收入或减少生产资料来避免损失。企业占有的生产资料作为商品可以转让或出卖、抵债，使生产资料转移到经济效益高的部门和企业里，为推动社会生产力发展发挥更大的作用。各种生产要素都成为商品，这是由市场配置资源的客观要求决定的。

（4）市场体系完善化。市场是一个完整体系。提高市场运行效率和降低交易成本，要有消费资料市场和生产资料市场，还要有各类生产要素市场，如金融、房地产、劳动力、技术和信息等市场，使之成为一个完整的市场体系，通过各类市场作用来调节各种生产要素的投入和转移，它们相互作用使市场机制形成合力，带来整个社会资源优化和整体效益提高。

（5）交易过程规范化。所有市场交易主体的地位和机会都是平等的。不享有任何行政、宗法的特权，也不依权利、地位形成某种等级差别。市场主体的竞争所依据的只是建立在价值规律基础上的成本与效率原则，凭借的是各自的经营实力和比较利益。他们在机会均等、公平交易准则的约束下积极参与市场竞争。

（6）市场管理法治化。维护市场秩序，必须通过必要的法治和监督体系来规范和约束企业与政府的行为。为防止垄断现象的出现要制定相应的反垄断法。对那些亏损严重的企业，在资不抵债的情况下，实施企业破产法。所有市场主体都要守法，政府要依法管理各类经济活动，管理工作人员违法，也要追究其责任。整个市场经济运行完全是建立在法治的基础上，市场的有序性是由科学健全的法治提供保证的。

四、现代市场经济的特征

从抽象层次上考察现代市场经济的特征，其参照系是原始市场经济与古典市场经济。在抽象层次上，现代市场经济的主要特征是建立在发达生产力水平的基础上，社会化程度高，需要国家进行宏观调控。现代市场经济具有如下特征：

以信息技术与高度自动化为特征的发达生产力为物质基础，不是机器生产力，更不是手工生产力。这比机器为主体的生产力水平更高。在信息化与高度自动化的生产力水平基础上，物质产品更加丰富，人们的生活更加丰富，生活的质量更高。

生产社会化程度高。在现代市场经济下，物质资料社会化，而且生产主体与生产组织过程都是社会化，表现在：①生产资料社会化。由古典市场经济时期的单个私人经济向现代市场经济下的集团经济和国有经济发展。具有代表性的不再是生产资料的某一资本家私人所有制，而是集团所有制和国家所有制等形式的社会化所有制。②生产主体社会化。具有代表性的生产主体不再是单个的人或单个的工厂，而是由许多工厂组成的公司和总厂，继而出现的是集团公司等巨型生产组织。

③生产组织社会化。生产过程不是无组织的个人行为,而是一系列有组织的社会行为。与此相适应,生产上出现系统的社会化组织机构和管理机构。

层次性。研究社会主义现代市场经济特征,要有层次观念。在研究中国社会主义现代市场经济的特征之前,必须运用从一般到具体的方法,研究现代市场经济的一般特征及社会主义市场经济的特征,由研究社会主义现代市场经济的一般特征转变为研究具有中国特色社会主义现代市场经济的特征。把原始市场经济与古典市场经济作为参照系,市场经济可分为社会主义现代市场经济与资本主义现代市场经济,把资本主义现代市场经济作为参照系,探讨社会主义现代市场经济特征;若从不同的国度来考察,把其他主要国家的现代市场经济作为参照系,探讨中国特色的社会主义市场经济特征。

现代市场经济是以技术劳动为主体、为本位的经济形式。古典市场经济是以体力劳动为主体、为本位的。在现代市场经济条件下,生产力以自动化、数字化为主导、高度发达,生产方法十分先进。与此相适宜,生产劳动的含义发生新变化,不仅有形的物质资料生产劳动创造价值,而且无形的生产劳动也创造价值。创造价值的劳动形式多样化,如有形的物质资料生产劳动,无形的技术活动、咨询等都创造价值。

随着生产力发展,技术劳动创造价值所占比重越来越大。因此,需要完善宏观调控政策。现代市场经济使计划调节与市场调节融为一体,为国家进行宏观调控提供条件。现代市场经济下的市场不是古典市场经济下的自由市场,而是有调控的计划市场;计划也不是古典市场经济下凌驾于市场之上的计划,更不是产品经济条件下的那种无市场的经济,而是计划的市场与市场的计划有机结合、融为一体。其计划是在市场中引进计划,而市场是具有宏观调控的市场,实现国家宏观调控,因而现代市场经济是国家宏观调控下的市场经济。

市场体系完善。由单纯的物质资料和劳动力市场发展为物质资料市场与非物质资料市场相结合的多个市场。如,生产资料市场、消费资料市场、资本市场、劳动力市场、房地产市场、土地市场、技术市场等有形市场,也有咨询市场等无形市场。在现代市场经济下,不断完善生产要素市场体系。这些市场及其市场子系统相互渗透,形成以商品市场为主体,各种市场有机结合在一起的庞大市场体系。

市场机制健全。由单纯价值规律自发调节发展为价值规律、有计划按比例规律等多种规律共同调节的市场体制。各种调控政策、调控手段在现代计划市场上综合运用、有机结合,形成现代市场经济统一的调节机制。

流通手段电子化、信用化。古典市场经济的流通手段是货币,信用只是流通的辅助性手段,现代市场经济的流通手段多样化,并形成流通手段体系。而电子化、信用化则是这一体系的主体。现金货币在流通中逐渐减少,而电子货币、信用货币代替货币在流通中起着重要的作用。大宗交换不需要现金,只有小额交换才需要现金。电子货币、信用货币成为流通的主要手段之一,而现金却逐渐成为流通的辅助手段,起着"拾遗补缺"的作用。

在现代市场经济条件下,商品的内涵和外延都在扩大。在外延上,有形劳动产品是商品,无形的技术软件、劳务、咨询、信息等也是商品,可以买卖。随着现代科技的发展,后者的比重日益增大。在内涵上,商品价值不只是凝结(物化)在物质商品上的人类抽象劳动,而且有些不能凝结(物化)人类抽象劳动的非实物性产品也可以有价值。如信息不能凝结或物化人类抽象劳动,但也有价值。因此,价值的内涵也在发生变化。

文明程度高于古典市场经济。随着生产力发展、社会物质财富丰富和社会文明程度提高,由古典市场经济时期的对抗性非协调经济向平等性的协调经济发展。在古典市场经济下,生产的目的只是为了利润;在现代市场经济条件下,生产者除了追求利润,还在一定程度上考虑社会问题,能较好地处理效率与公平的关系。

产业体系完善,产业结构合理。在现代市场经济下,与生产力水平提高、生产方法改进相适应,生产领域向广度与深度拓展,三次产业协调发展。因此,产业结构合理,产业体系完善,社会生产的比例适当,生产与消费比例协调。

注重宏观经济效益和社会效益。其一,现代市场经济是社会化和高级化的市场经济,注重宏观经济效益。在现代经济下,商品的成本价格包括企业内部的直接消耗,也包括企业外部的间接消耗。如,治理环境污染的费用计入成本价格之中,以便在产品销售后回收该部分用于治理环境污染问题,使环境得到较大改善。这就能够较好地处理企业微观经济效益与社会宏观经济效益的关系。其二,在经济发展中注意社会问题,考虑经济发展速度和效益,注意社会安定和发展,使经济效益与社会效益相协调。

国际性强。现代市场经济是一个更加开放的国际市场经济体系,表现在生产、竞争、市场、科技、投资和劳动力流动各方面国际化。这为各国经济相互联系、相互协作提供了客观基础,形成一整套用于指导各国经济行为的国际经济惯例,加速了各国经济世界化进程。

五、社会主义市场经济是现代市场经济

邓小平首创"社会主义市场经济"范畴,1979年,他指出:"说市场经济只存在于资本主义,只有资本主义的市场经济,这肯定是不正确的。社会主义为什么不可以搞市场经济,这个不能说是资本主义。"[①]

(一)社会主义市场经济的含义

社会主义市场经济,是与社会主义基本制度结合在一起的市场经济。其包含市场经济的一般属性和社会主义制度的特殊属性。重要的是把握社会主义市场经济在现代条件下表现出来的阶段性的一般属性和特殊社会属性,进而综合理解这两者之间的有机联系。

从社会主义市场经济的直接基础即基本经济制度来看,不再是单一公有制一统天下意义上的基本经济制度,而是以公有制为主体、多种所有制经济共同发展的基本经济制度;从居于主导地位公有制来看,不再是在内部排斥商品货币关系的传统公有制,而是能够和市场经济兼容、具有多种实现形式的现代公有制。同时,以按劳分配为主体、多种分配方式并存,效率优先、兼顾公平,以逐步实现共同富裕为指向的分配制度,具有兼顾当前和长远利益、局部和整体利益,综合运用计划和市场手段特点的宏观调控体系等,使得社会主义市场经济具备不同于资本主义市场经济,也不同于传统计划经济的现代特征。社会主义市场经济即同社会主义基本制度结合在一起的现代市场经济。这有利于防止否定我国市场经济具有社会主义特征的"右"的倾向,也有利于防止固守传统公有制模式的"左"的倾向。

(二)社会主义市场经济是现代市场经济

现代市场经济的特性:发达的市场机制作为资源配置机制;现代企业制度作为各类市场主体的典型代表;包括要素市场和产品市场、并不断发展各种产权交

---

① 《邓小平文选》(第二卷),人民出版社,1994年,第236页。

易乃至把自然生态环境也卷入交易的现代市场体系；反映价值规律要求和供求关系变化的价格体系；宏观调控体系发达，国家对市场经济有意识、有目的、有计划的控制和引导，是现代市场经济得以存在和发展的必要前提，也是现代市场经济的一个重要特点；既不姓资也不姓社。

社会主义市场经济是以公有制为基础、在国家宏观调控下发挥市场在资源配置中的决定性作用的现代市场经济。其中，国家宏观调控比一般西方市场经济国家范围更广、力度更大。这是由于市场失灵存在，也是由社会主义经济制度的性质和特殊国情决定的。

社会主义本质的客观要求。社会主义市场经济是以公有制为主体、为基础的，国家作为社会利益的总代表，要对市场竞争制度、经济运行总量和结构，以及市场分配的结果和社会发展过程进行强有力的干预，还要代表全社会的总体利益自觉地调节国家与企业、地区之间、城与乡、公有制与非公有制、按劳分配与非按劳分配各种复杂的经济利益关系，保证在一部分人、一部分地区先富起来的基础上，逐步实现共同富裕的目标，这是社会主义经济本质的客观要求。

高质量发展的要求。在人口众多的发展中国家实行市场经济，面临经济结构不断变动和优化，面临巨大的通货膨胀压力和由于分配不公引发社会冲突的可能性。这就要求国家运用各种调节手段，促进经济结构的优化升级，消除经济发展过程中的不利因素，维持社会稳定，提高国际竞争力。

经济体制转轨的要求。社会主义市场经济是由传统计划经济转轨而来的，是一场史无前例的社会大试验，没有成功的经验可资借鉴。要求国家对体制转轨秩序调节以保持转轨过程的有序性，在社会主义市场经济体制确立以后，还会遇到各种新的问题，其中最主要的是公有制与市场经济兼容的问题，这也需要国家自始至终对市场运行的基础、过程及结果进行有力的干预和调节。在一定意义上，这是社会主义市场经济中所特有的，不是在短期内就能解决的。

第二节　市场经济的产生和发展

一、市场经济的产生

在逻辑上,市场经济是自然经济发展的必然结果。自然经济随着人类社会的产生而产生以后,经历原始社会漫长的发展时期(大约 200 万—300 万年),到奴隶社会才取得典型、完备的形态。它随着生产力的发展而不断发展,为不同性质的社会服务,经历奴隶社会、封建社会、资本主义社会和社会主义社会,市场经济取代自然经济而占统治地位。但是自然经济并没有消亡,而是居于从属地位,成为市场经济的补充形式。即使在资本主义和社会主义社会的经济生活中,自然经济仍然存在,甚至在一些国家还大量存在。

自然经济的自给性,决定它排斥社会分工和市场交换,没有或很少发展对外经济交往。在此基础上形成自然经济闭关自守、画地为牢、墨守成规轻视新技术新产品的发明创造不求进取的弊端,阻碍生产工具的改进和技术进步,窒息生产专业化和社会化的发展,不利于社会生产力的发展。在本质上,自然经济是束缚社会生产力发展的经济形式。它的生命力是极为有限的,只能适应于生产力低下和社会分工不发达的状况,当生产力水平有一定程度的提高以后,它必然会被高级的经济形式——市场经济所代替。

市场经济代替自然经济,因为市场经济比自然经济具有无比的优越性,是适应生产力发展的较好经济形式,其优越性表现在:①通过价值规律等商品货币关系和市场竞争压力的推动,代替世代相袭的古老秩序,从而刺激生产者不断采用新技术、新方法,推动全社会的技术进步,促进各个生产者和经济单位改善经营管理,以低廉的成本生产出更优质的商品,提高劳动生产率;②提供更加丰富多样的使用价值,以更好地满足人们多方面的需要;③通过市场机制配置资源,按比例分配社会总劳动,实现生产要素的优化组合和产业结构、产业结构合理化,减少自然资源的浪费,减少生产的消耗,提高宏观和微观经济效益;④通过日益发展的国内和国际市场,不断扩大经济发展和社会化程度,使不同国家和地区的经济连为一体,形成普遍的社会物质交换、生产和消费上的全面依赖,割断各种自然、血缘或各种强制的依赖关系,打破交换的狭隘性、孤立性和封闭性,冲破自然经济的封闭割据状态;⑤通过交换,互通有无、调剂余缺,使物品由无用到有用;由效用较小到效用较大。交换促进分工,分工具有提高劳动生产率的作用。

市场经济取代自然经济是人类社会发展的自然历史过程,是不以人的意志为转移的客观规律。在历史上,随着生产力的缓慢发展,社会分工逐渐发展起来,在自然经济的夹缝中产生它的对立面——市场经济。市场经济是以社会分工为基础的,它具有自然经济没有的优点,即开放型、动态型、自主型和高度社会化的经济形式,培养生产者的效益观念、价值观念、市场观念和竞争观念。因此,它具有强大的生命力,在奴隶社会和封建社会,尽管统治阶级采取种种措施,制定种种政策来限制它、消灭它,但它冲破这些政策的限制和小生产观念的束缚,顽强地发展起来,由小到大,由弱到强,并促成自然经济的解体。在封建社会末期到资本主义初期,它最终取代自然经济而占据统治地位。

市场经济是生产力发展的必然产物,是一个历史范畴。其是在社会生产力发展到一定历史阶段上产生的,也将随着生产力发展到一定的高度而消亡。

在人类社会产生以后的漫长岁月里,分工是纯粹自然产生的,只存在于男女两性之间,人们在氏族组织的狭小范围内共同生产,共同消费,根本不存在商品交换现象。到原始社会后期,随着社会生产力水平的提高,发生第一次社会分工,游牧部落从农业部落中分离出来,专门从事畜牧业,随之出现超过自身消费需要的肉、乳等产品和皮、毛为原料的纺织物,使商品交换成为可能。起初的商品交换是在原始共同体之间通过各种的氏族首领来进行的,到原始社会末期,随着生产力水平的提高,出现第二次社会大分工,手工业和农业相分离。与此相适应,便出现直接以交换为目的的生产,即商品生产,随之而来的是贸易,不仅有部落内部和边界的贸易,而且还有海外贸易。当人类进入奴隶社会以后,随着生产力水平又一次提高,便出现第三次社会大分工,出现一个不从事生产而专门从事商品交换的阶级——商人。于是商品交换成为经常的事情,但只是自然经济的补充形式。

市场经济的产生有两个条件:一是社会分工,二是物品所有者之间存在着"彼此当作外人看待的关系"。社会分工是市场经济存在的一般条件,它提供商品交换的必要性;物品所有者之间存在着彼此当作外人看待的关系,是市场经济存在的充分条件,它提供商品交换的必然性,也提供商品交换的可能性。

社会分工促进生产力的发展,从而增加剩余产品,为交换提供最一般的物质条件;有社会分工,才出现生产的单一化与需求多样化之间的矛盾,而解决这一矛盾的唯一办法,是生产者以市场为媒介,通过让渡自己多余的产品来取得对自己有用的别人的产品,以便互通有无,满足需要。这就为市场经济的产生提供了必要条件。

物品所有者之间存在着彼此当作外人看待的关系,当物品所有者相互之间当作外人看待时,就有"这为我有,那为你有"的观念。这时物品归不同的人或经济单位占用,就不能无偿的占用别人的产品,只能是"以此易彼,即用自己的产品来交换别人的产品。这就需要通过交换互通有无,产生商品交换的必要性"。而且只有当物品所有者互相当作外人看待时,它们才能彼此承认对方是产品的所有者,它们对自己的物品才有处置的权利,交换才能成为"双方共同一致的意志行为",才会有市场经济存在的可能性。

我国社会主义市场经济存在的必然性:多种所有制经济共同发展,还存在着共同利益与个别利益以及个别利益之间的对立,不同所有制经济之间以及国家所有制经济内部都还存在交换关系;即使国有企业之间、国有经济单位之间,仍然存在物质利益的差别。随着社会化生产深入发展,而这必然同时意味着分工社会化与交换社会化的不断深化与扩大。分工与交换的社会化必然要求社会经济运行的市场化。社会化和市场化,实际是同一问题的两个方面,只是前者侧重于生产者和企业等经济主体社会联系的发展和扩大,后者则侧重于它们的活动即产品生产和交换的社会化。而且它们又是相互促进的:社会化要求和推动市场化;而市场化又通过竞争机制,优胜劣汰,促进社会化的发展和深化。

二、市场经济的发展

市场经济的具体形态随着生产力水平的提高而不断发生变化,它的发展已经历三个阶段,呈现以下三种递进的具体形态:

(一)原始市场经济或初始市场经济

这是以手工生产力为基础,以家庭占有生产资料为特征,在自然经济夹缝中存在,并作为自然经济补充形式的一种市场经济。这是最早的一种市场经济,可称为市场经济的初始阶段。其典型形式是奴隶社会与封建社会的市场经济。在原始社会末期、奴隶社会和封建社会,虽然在不同的国度、地区和不同的历史阶段,市场经济曾有过较大规模的发展,但总的来说,在这些社会形态中,自给自足的自然经济占统治地位,市场经济只居于从属地位,在整个社会的资源配置中,市场只起到辅助性的作用。存在于这些社会中的市场经济,基本上是规模狭小的、不发达的原始市场经济。必须指出,原始市场经济不是指某种具体形式的市场经济,而是关于原始社会末期的市场经济、奴隶社会的市场经济和封建社会市场经济的总称。

原始市场经济的主要特征是:生产资料高度分散,基本上是以个体私有制为基础的;社会分工与生产力不发达,建立在以手工业劳动为特征的生产力水平之上;商品生产者的目的是为卖而买,商品价值是为使用价值服务的;产品的商品率极低,在全部社会财富中只有很小的一部分成为商品;虽有竞争,但很不充分,其特点是带有行会的性质,具有封建垄断性和自然经济的狭隘性;只有部分产品市场,而且规模和交换数量都很小,没有形成全国统一的市场;生产过程中的劳动职能与管理职能还没有分工,生产者既是劳动者又是管理者;劳动者占有和支配全部劳动产品,基本上不存在剥削与被剥削的关系;是一种低级的市场经济,价值规律发挥作用的程度和范围都很小;是人类历史上出现得最早的市场经济,因而主要存在于资本主义生产方式确立之前的社会形态中;只是自然经济的补充形式,其在历史上没有成为一种独立的经济形式。

(二)古典市场经济或自由市场经济

这是以机器生产力为基础,以单个厂商占有生产资料为特征,政府采取不干预的市场经济形式。其典型经济形式是资本主义自由竞争时期的市场经济。这是整个社会经济空前大发展的历史阶段, 也是市场经济逐渐发育和完善的重要阶段。其主要特征如下:

首先,生产资料分散在单个厂商手里,企业之间的联合只是极个别的情况,总体上,生产主体是众多的独立企业。与此相适应,市场竞争的主体是单个企业,买卖双方的对立一般是单个企业的对立。

其次,以机器生产力为主体,生产能量充分释放,生产规模空前扩大,以工业革命以及相应的生产技术为基础。马克思在《共产党宣言》中说,资产阶级利用市场经济力量在不到一百年的时间内创造的生产力,"比过去一切时代创造的全部

第三章

生产力还要多,还要大",①这实际上是指古典市场经济对生产力的推进作用。生产的目的是为交换,为卖而买,追求价值和剩余价值是唯一的动机。商品的使用价值成为价值的奴仆,居于从属地位。

再次,产品的商品率很高、商品化充分发展。所有物质产品成为商品、实行交换,劳动力成为商品,通过市场交换。因此,商品成为最普遍、最常见的现象。

最后,资本主义生产方式占统治地位,资产阶级国家采取不干预经济生活的自由放任政策,使市场经济的发展受到限制最少,存在比较公平的外部竞争环境。当时流行的最具有代表性的口号是:自由放任,自由竞争,自由贸易,整个社会生产为"看不见的手支配"。②正是从这个意义上,把古典市场经济称为自由放任市场经济或自由竞争市场经济,这是古典市场经济的最大特征。

在古典市场经济条件下,形成了国内统一市场和国际市场,这时的市场是完全竞争市场,其主体是众多的中小企业,商品及其生产要素的价格完全是由市场竞争自发形成,市场决定具有至高无上的权力。其是继原始市场经济之后的一种市场经济,发展水平较高,价值规律发生作用的范围扩大、程度提高,成为占统治地位的经济形式,自然经济成了它的补充形式。一切生产经营活动都以市场为核心,市场支配一切、指挥一切。

在资本主义制度下,劳动者与生产资料相分离,"劳动报酬"只是劳动产品的一部分。一日劳动力的价值与一日劳动创造的价值不同,前者数量上小于后者,存在剥削关系。

在生产过程中的劳动职能和管理职能分工,使得管理阶层出现。

在市场经济有一定程度的发展、又不十分发达的情况下,计划和计划调节还没有产生,国家采取自由放任的经济管理方法,决策高度分散化,一切经济活动均由市场力量来自发调节,这个时期的市场经济称为纯粹市场经济或古典市场经济、自由市场经济。

(三)现代市场经济

随着生产力的发展,早期自由市场经济发展为高级现代市场经济。基于经济

---

① 《马克思恩格斯选集》(第一卷),人民出版社,1972 年,第 256 页。

② [英]亚当·斯密:《国民财富的性质和原因的研究》(下卷),郭大力、王亚南译,商务印书馆,1974年,第 27 页。

运行方式,有两种不同的市场经济:一种是纯粹市场经济,完全由市场力量来自发调节;另一种是有调控的市场经济,即计划调节与市场调节有机结合、融为一体的市场经济。这种市场经济虽以市场调节为主,但并不排斥计划调节。纯粹市场经济是 20 世纪之前的古典市场经济,它所采取的调节方式和运行方式是市场和市场机制。有计划的或宏观调控的市场经济是高级、新型的现代市场经济,其调节方式和运行方式是计划机制和市场机制有机结合的方式。

现代市场经济是建立在现代科技的基础上,以生产资料高度集中为特征,采取宏观调控的市场经济是市场经济发展的高级阶段。与历史上出现的其他形式的市场经济不同,其具有如下特殊含义:

在时间上,20 世纪初期萌芽、形成于两次世界大战期间,成熟于 20 世纪 50 年代初期,大力发展于 20 世纪 60 年代以后,随着生产力的发展和资本主义国家宏观调控而出现的市场经济。其成熟标志是:由国家干预经济向国家系统地调控经济迈进;生产主体集团化、公司化;生产资料高度社会化;个人收入分配方式多层次化、多样化。

在空间上,它是超越一国的范围,建立在社会化大生产基础上的国际市场经济。任何国家的市场经济都难以游离于国际市场经济体系之外,必须遵守国际准则。与此相适应,人们在经济活动中逐渐形成和制定各个国家共同遵守的一些国际准则。

在内容上,它是新兴的市场经济,在运行主体、运行机制、调控手段等方面具有自己的特征,有别于马克思《资本论》中所论述的 19 世纪的古典市场经济。

在层次上,它是高度社会化和市场化的、高级市场经济或"现代市场经济",把一切经济活动都纳入市场体系中,各个生产要素都与市场相联系。其已经历原始市场经济与古典市场经济两个发展阶段。

在运行方式上,主要采取宏观调控。当今的市场经济都是受国家宏观调控的,采取计划调节,这是同以往各种市场经济的最大区别。能够反映这种区别的市场经济被称为"现代市场经济"。从这个意义上来看,现代市场经济即计划型的市场经济。

在现代市场经济下,市场不是脱离计划独立存在的,在市场中产生一种计划因素,通过人们自觉运用,发展为计划调节。市场调节与计划调节融为一体,共同调节着市场经济运行。当今世界上并不存在完全不受国家干预的、纯粹由市场力量来自发调节的市场经济。无论是资本主义经济还是社会主义经济,无论是分权式国家的经济还是集权式国家的经济,既不存在纯粹的、凌驾于市场之上的计划调节,也不存在脱离计划的"纯粹的市场调节"。"计划调节与市场调节是有机结合的,其调节机制是计划与市场一体化的调节机制。"当然,计划调节机制与市场调节机制的作用并非同样重要、应以市场调节为主。

纯粹的自由市场经济是产生于 20 世纪前的自由竞争资本主义时期,是一个历史范畴,曾经存在并发挥过积极作用。随着经济的发展,它已被历史淘汰。在当代经济生活中,不再发展自由市场经济,而是要采取宏观调控的现代市场经济,或称之为计划市场经济。

第三节　市场经济规律

经济规律是经济现象和经济过程内在、本质、必然的联系,体现经济运行的必然趋势。经济规律具有客观性,是不以人的意志为转移的。经济规律是在一定的客观经济条件下产生的,并随着客观经济条件的变化而变化。当某种经济条件消失以后在此基础上产生的经济规律就会退出历史舞台,在新的经济条件基础上又会产生新的经济规律。在经济生活中人们必须尊重经济规律,按它的要求办事,若违背客观经济规律,就会受到经济规律的惩罚并给经济工作造成损失。在经济建设过程中人们能够发现、认识和运用经济规律,实现经济活动和社会活动的目的,从而获取一定的经济利益。

在市场经济条件下,存在许多经济规律,其中主要的有价值规律、供求规律、竞争规律、货币流通规律、平均利润率规律等。

一、价值规律

价值规律是商品生产和商品交换的规律,只要存在商品生产和商品交换,价值规律就必然存在并发生作用。当然,各个历史时期生产关系性质不同,商品经济性质不同,价值规律作用的形式、特点和后果也不同,但是它的基本内容和客观要求是一致的。

(一)价值规律的基本内容

价值规律的基本内容和客观要求是:商品的价值量是由生产商品的社会必要劳动时间决定,商品交换必须以价值量为基础,实行等价交换。它反映的是商品价值决定和价值实现的一般规律。社会必要劳动时间具有相互联系的双重含义:单位商品的价值量取决于生产单位商品的社会必要劳动时间;社会生产某种商品消耗的总劳动时间与社会需要这种商品应使用的必要劳动时间相适应。社会必要劳动时间与总劳动时间这两种含义是统一不可分割的,某个商品的价值量决定于生产该商品的社会必要劳动时间,是以这种商品符合社会需要,生产这种商品的劳动属于社会总劳动的必要部分为前提的。只有当某种商品总量适应社会需要时,投入该种商品生产的劳动耗费才会得到社会承认,才是社会必要劳动,若某种商品总量超过社会的需要,其超过部分中的每个商品的劳动耗费,即使是符合社会正常生产条件下的平均耗费水平,这部分劳动也不能被社会所承认。

商品的价值是由社会必要劳动时间决定的,符合商品生产者和经营者的经济利益,也符合社会生产发展的客观要求。因为,价值是由生产者生产商品时耗费的抽象人类劳动形成的,是商品生产者经济利益的集中体现。生产者生产商品之后,能否补偿自己的生产耗费,补偿之后能否盈利,全都维系在商品价值及其真实表现上。但是商品生产者和经营者的生产和经营条件是千差万别的,他们生产商品耗费的个别劳动时间也各不一样,由社会必要劳动时间决定价值,并按价值卖出商品,才能督促每个商品生产者和经营者不断地改进技术,改善经营管理,提高劳动生产率,促进社会生产力的发展。因此,价值规律是体现生产者平等经济利益关系的规律,它反映着商品经济内在、本质、必然的联系。

(二)价值规律的实现形式

价值规律要求交换的商品价值量相等,即每个商品的价格与价值相一致。但在实际经济生活中,商品的价格与价值相一致只是偶然现象。因为价格虽然要以价值为基础,但还要受其他一些因素的影响,主要是受商品供求关系的影响。当某种商品在市场上供给量不能满足需求量,即供不应求时,商品购买者为获得商品,必然竞相购买,价格就会涨到价值以上。反之,当某种商品的供给量超过需求量,即供过于求时,商品销售者必然竞相出售,价格就会跌到价值以下。在分散的以私有制为基础的商品经济中,生产是盲目进行的,因而商品的供给与需求经常存在着不平衡,价格与价值也就经常不一致。

除了供求关系,还有三个方面、七个因素决定价格水平:①与价格正相关的因素:货币供应量;价格预期;税收;利息率。②价格政策,高于价值、限制消费的政策,如烟酒;低于价值、鼓励消费的政策,如火车票。③与价格负相关的因素:劳动生产率水平。

商品的价格与价值经常不一致,并不意味着违背价值规律更不表明价值规律失效。因为从孤立的一次商品交换来看,商品价格可能高于或低于价值,但从商品交换的总体来看,即从较长时期来看,价格上涨部分和下跌部分可以相互抵销,因而一定时期内商品的平均价格与价值是相等的,价格与价值是趋于一致的。从价格变动来看,商品价格无论怎样波动,都是以各自的价值为基础而变动的。如一辆自行车的价格不管怎样波动,它的价格总是低于一辆汽车,原因就在于自行车的价值低于汽车的价值。

在商品交换中,由于受供求关系等因素的影响,商品价格会围绕价值上下波动。但是价格的上下波动,不是无限地上涨也不是无限的下跌。因为,商品价格归根到底要受价值制约。价格围绕价值上下波动,不仅不是对价值规律的否定,反而正是价值规律作用的表现形式。

(三)价值规律在商品经济中的作用

价值规律作为商品经济的基本规律,在一切商品经济社会中都发挥着重要作用,主要有以下三方面:

第一, 自发地调节生产要素在社会各生产部门之间按比例分配。"看不见的手"调节社会生产要素不断由盈利低的流向盈利高的部门,自动地调节商品的生产和流通,使国民经济大体上按比例向前发展。生产要素的这种调节作用,是通过竞争和价格的波动及与此相联系的供求关系变化而实现的。价格涨落直接关系到商品生产者的利益。供不应求的商品,价格高于价值,生产者由此而能获得更多的经济利益,会有更多的生产要素投入这种生产部门中去,这一部门的生产就会扩大;相反,供过于求的商品,价格会低于价值,生产者由此获利减少,甚至赔本,会有部分生产要素由这一部门转移到有利可图的生产部门中,这一部门的生产就会缩小。

第二，促进商品生产者不断改进技术，提高劳动生产率，促进社会生产力发展。价值规律要求商品价值量由社会必要劳动时间决定，并按价值进行等价交换，那么生产条件好、技术水平、经营管理水平和劳动生产率均高的企业用较少的活劳动和物化劳动消耗、生产较多的产品，生产商品的个别劳动时间低于社会必要劳动时间，生产商品的个别价值低于社会价值。但是在市场上，商品仍会按价值出售，他们会得到更多盈利。反之，生产条件差、技术与管理水平低、劳动生产率也低的企业，投入多、产出少，生产商品的个别劳动时间高于社会必要劳动时间，按价值出卖商品，他们不仅不能得到盈利，甚至要赔本、破产。因此，商品生产者为追求更多的经济利益和在竞争中取胜，就要采用先进技术，改进生产方法，改善经营管理，提高劳动熟练程度，提高劳动生产率。在价值规律支配下的这种竞争，促进社会生产力发展。

第三，商品生产者优胜劣汰。由于各个生产者和经营者的生产条件、技术水平、经营管理水平等都有不同，甚至是差异较大。那些资金雄厚、生产技术设备好、经营管理水平和劳动生产率高的生产经营者，处于有利的地位，盈利更多，能够不断地扩大自己的生产规模和经营范围，在竞争中获得较快的发展。而资金短缺、生产技术设备差、经营管理水平和劳动生产率低的企业，在竞争中处于不利的地位，有的甚至破产。可见，在价值规律的作用下，在激烈的市场竞争中，必然是优胜劣汰，这是商品经济的一般规律。

优胜劣汰，在不同生产关系下会产生不同后果。在以私有制为基础的简单商品经济下，优胜劣汰必然造成小商品生产者的两极分化，促进资本主义生产关系的产生。在社会主义商品经济中，商品生产者之间的优胜劣汰作用，迫使每个商品生产者努力提高劳动生产率，改进生产技术，促进生产发展，更好地满足人民日益增长的美好生活需要。当然，优胜劣汰也会带来企业破产、部分工人失业等社会问题，要建立健全社会保障制度来加以解决。

二、供求规律

供求规律是反映市场上商品供给与需求之间以及二者同商品价格之间相互关系的客观趋势。在市场经济中，供求规律反映价格与供求关系的内在联系。一方面，若某种商品的供过于求，生产这些商品的劳动中有一部分就不被社会承认，这些商品必然要按低于实际所耗费劳动的市场价值的价格出售,价格较低。若某种商品供不应求,必然要以高于其市场价值的价格出售,价格较高。价格又反过来影响供与求。需求和价格按相反方向变动,价格下降需求就增加,价格提高需求就减少;供给和价格按照相同的方向变动,价格上涨则供给增加,价格下降则供给减少。

供求平衡是偶然的。由于供与求及两者关系都在不断变化,供给不是太多,就是太少,供与求不平衡是经常的,才能形成供求与价格相互作用与联系的运动过程。当供求不一致时,价格就会偏离价值,似乎是供求关系决定市场价格。事实上,市场价格始终是以市场价值为中心而运动变化的。供求关系无论怎样变化,市场价格变动都是不能脱离市场价值的。根本上,是市场价值变动决定市场价格变动。供求关系变动引起市场价格变动,只是决定市场价格与市场价值的偏离程度。从某一时期整体来看,供求总是一致的,不过这种一致只是作为变动的平均,并只是作为它们矛盾不断运动的结果。因而平衡是由不平衡的不断运动过程而逐渐形成的。从偏离到一个方向引起另一个方向相反的偏离,是通过供求机制实现的。可见,供求机制是供求双方矛盾运动的平衡机制,也是供求规律作用的实现形式。

三、竞争规律

竞争规律即竞争与供求、价格等方面的有机联系。竞争是商品经济的必然产物,是市场经济的核心内容。

在市场经济下,不同利益主体为了各自的经济利益必然会展开激烈竞争。竞争作为市场经济的内在属性和固有规律,存在于资本主义市场经济之中,也存在于社会主义市场经济之中。竞争形式主要有商品生产者之间、商品购买者之间、商品生产者和购买者之间的各种竞争及部门间竞争。竞争通过各个经济主体追求自身经济利益的内在要求转化为一种外在的强制或压力制约着每一个经济主体。

生产商品不是为满足自身需要,而是为了把它卖出去,实现商品价值。商品价值不是由个别劳动时间决定的,而是由社会必要劳动时间决定的。在市场上,各个商品生产者都要按社会必要劳动时间决定的社会价值出售商品。但在现实中,由于生产条件和其他情况不同,各个商品生产者所耗费的个别劳动时间和所形成的个别价值是不同的。在竞争的外在压力下,卖方及生产经营者总是力图降低个别劳动消耗、以低于社会劳动消耗,从而占领更大的市场份额。商品生产者为了把商品的个别价值实现为社会价值,追求自身经济利益,必然发生激烈竞争。竞争的压力会把社会商品量需求,即有货币购买力的社会商品购买量供给市场,并迫使生产者削减超过有支付能力需求的商品供给。

购买者之间及消费者之间的竞争主要体现在对那些短缺商品的购买上。在卖方市场(供不应求,对卖方有利)条件下,消费者竞相购买商品,导致价格上涨。在购买者之间的竞争中,竞争的压力会使购买者把提供给市场的商品量吸收掉,并能使供不应求的商品供给量增加。

商品生产者与购买者之间的竞争一般是在供求大体均衡时而展开的。一种商品生产出来后,其生产者必须把它们投入市场参加交换。在交换中,生产者力图把自己有限的商品换得更多价值,而购买者却力图用自己有限的货币换得更多商品,这就必然产生竞争。

市场经济下除部门内的竞争外,还有部门之间的竞争,即不同部门的企业为争夺更有利的投资场所和更高的利润率而展开的,这种竞争的结果,使不同部门的利润趋于平均化。

竞争规律的主要作用即优胜劣汰,奖勤罚懒,以增强人们的进取之心,使经济主体产生强大动力,同时也存在强大的外在压力,这就能够促进生产力不断向前发展。

四、货币流通规律

货币流通规律指流通中所需货币量的规律。作为流通手段的货币量,取决于三个基本因素:待出售的商品数量、商品价格、货币流通速度。前二个因素的乘积即商品价格总额。价格总额与货币数量成正比,与货币流通速度成反比。若商品价格总额不变,货币流通速度越快,所需要的货币量就越少,反之就越多。若货币流通速度不变,商品价格总额越大,流通中需要的货币量就越多,反之就越少。将上述关系列成分式,即:

$$\text{流通中所需要的货币量} = \frac{\text{待实现的商品价格总额}}{\text{同一单位货币的平均流通速度(次数)}}$$

纸币流通规律是纸币的流通量决定于它所代替的流通中所需要的金属货币

量的规律。这说明,若流通中的纸币量相当于所需要的金属货币量时,纸币的名义价值就同它所代表的金属货币价值一致;若超过所需要的金属货币量时,单位纸币所代表的金属货币量就会减少,纸币就贬值,出现通货膨胀。可见,纸币流通规律是在货币流通规律的基础上产生和发生作用的。这一规律适用于一切存在商品货币关系的社会。

五、平均利润率规律

平均利润率即投入不同生产部门的等量资本取得等量利润的规律。在市场经济条件下,由于各部门间的竞争,最终导致平均利润率的形成,使投入各个部门的资本大体上获得相等的利润,即平均利润,一定量资本根据平均利润率获得的利润。当然,不能认为平均利润是利润的绝对平均,它只是一种大致的平均,是一种处于不断变动中的平均趋势。

随着平均利润率形成,利润转化为平均利润。平均利润率是社会中各个生产部门不同的利润率,通过部门之间的竞争趋于平均化形成的。投入不同生产部门的资本,由于资本的有机构成不同、资本周转速度不同,等量资本推动不等量的劳动,占有不等量的剩余劳动,形成水平不等的利润率;资本有机构成低的部门,利润率较高,资本有机构成高的部门,利润率则较低。投资者为追逐更多的利润,总是设法把资本由利润率较低的部门转移到利润率较高的部门。原来利润率较高的部门,由于大量资本涌入,生产大大增加,产品供应逐步超过需求,价格逐渐下降,利润率随之降低;而原来利润率较低的部门,由于投资减少,生产逐渐缩减,商品供应逐渐不能满足需求,引起价格上涨,利润率随之上升。这种部门之间的竞争,资本转移和价格涨落,使得各个生产部门不同的利润率趋于平均,形成平均利润率。平均利润率的形成是市场经济的一种内在趋势。

第四节 市场经济运行机制

在市场经济条件下,多种经济机制在发挥作用,它们是经济规律发挥作用的具体形式。市场机制主要包括价格机制、供求机制和竞争机制等,是市场经济运行中最主要的调节机制,是市场内部固有的各要素之间相互促进与制约的有序运行过程。市场机制作用的发挥，对于社会主义市场经济的健康发展，对于优化资源配置和提高效率，都具有十分重要的意义。

一、市场机制

在市场经济条件下，拥有各种生产要素的市场主体在市场信号的刺激下也会产生各种相应的调节功能，从而自发地使资源得到合理配置并促使效率不断提高。

市场机制，即市场价格与供求关系等市场要素相互联系与制约的关系，使资源配置合理和效率不断提高的经济运行过程。市场要素主要包括价格、供求和竞争等，其中价格是核心要素。当事人为经济利益在市场要素相互作用与制约中参与经济活动，市场要素反过来调节各种当事人的经济行为，市场上供与求的变动影响价格变动，价格变动反过来影响市场供求。

市场机制是市场经济的重要机制，是价值规律作用的基本实现形式。市场机制主要包括价格机制、供求机制和竞争机制等。

（一）市场机制的功能

作为价值规律实现形式的市场机制，通过市场各种要素互相适应、制约、协调等作用，自动调节着市场经济条件下生产、分配、交换和消费的过程，调节资源配置、收入分配、交换比例、消费状态和人们各自的经济行为，决定着社会用有限的资源生产什么、生产多少、以什么方式生产以及为谁生产，最终调节着社会生产的基本比例关系。市场机制自动调节生产经营活动，实现市场上供给与需求的平衡，以满足社会需要。价格高低直接影响商品生产者的经济利益，调节他们的经济行为，形成激烈的市场竞争。市场竞争迫使商品生产者把生产要素由获利较少的部门转移到获利较多的部门，重新调整市场供求关系。

（二）作为市场经济的重要的调节机制，市场机制的特点

客观性，作用来自内在的某种机理，而并非是由外部力量所造成的。市场机制是市场经济所固有的东西，是不以人的主观意志为转移的。如在市场经济条件下，商品生产者必定会千方百计地聘用能人、降低成本、改进技术；消费者在价格一定

的条件下必定会选择质量上乘的商品;某种商品的价格上升,必定会使该种商品的供给增加。

自发性,市场各要素的变化有其内在的因果关系,无须外力干预和推动。如当掌握某种技能的人才在市场上备受青睐、收入可观时,会有更多的学校加速培养这种人才,也会有更多的人愿意学习和掌握这种技能。这种自发性根源于当事人对自身经济利益的追求。

关联性,任何一个市场要素变化都会引起其他要素的连锁反应。供求变化必然会引起价格的涨跌;而价格升降会引起利润增减;利润增减必定会引起投资变化,即社会资源流动,引起某些产品数量的增减;产品增减又引起供求关系变化,这是一系列连锁反应。

制约性,各个经济主体为了自身利益一定苦心经营、严格管理。投资者为了日后更多消费,必定会减少眼前消费或节俭,进入生产则精打细算、夜以继日。否则就难以成功。

动态性,市场供求平衡是通过无限多的短期不平衡来实现的。市场机制的作用是通过价格信号调节供求以实现平衡,但这种平衡只能是一种趋势,而不是一种常态。总体平衡必然要通过不间断的不平衡来实现。

(三)市场机制的实现条件

市场主体,企业是具有独立经济利益的商品生产者和经营者,有多方面的自主权。市场机制调节对象主要是企业生产经营行为。这样,在经济利益刺激下,按市场供求决定的价格信号,企业不断调整自己的生产经营行为。

市场体系完善。市场机制作为由各种市场因素相互联系、相互制约的一个有机体系,它的作用发挥必须要有一个完善的市场体系。市场机制调节着消费品供求,更重要的是调节生产要素供求,要建立消费品市场和生产要素市场,形成一个完整的市场体系。

价格信号灵敏。市场价格信号是市场供求的指示器,灵敏及时地反映了市场供求状况,商品生产者总是根据市场价格信号来调整自己的经济行为,从而引起供求的变化,使有限的社会资源得到优化配置。若市场价格信号失真,不能灵敏地反映市场供求关系的变化,市场机制就不能发挥其应有的作用,资源优化配置也就成为一句空话。

二、价格机制

价格机制,即在竞争过程中价格与供求相互联系、相互制约的运行机制。这是市场机制中最敏感、最有效的调节机制。价格机制包括价格决定机制、价格形成机制和价格调节机制。价格决定机制,即商品价值是商品价格的基础,价格高低取决于商品本身价值量的大小。价格形成机制即商品的市场价格是在市场供求关系的矛盾运动中形成的。价格调节机制即商品价格升降必然会引起供求关系变化。价格机制是市场机制的核心,它能够通过价格变动调节供求、引导生产、影响消费行为。市场的导向作用主要是通过价格机制来实现的。价格变动,会引起商品供求关系变化;而供求关系变化,又反过来引起价格变动。在市场领域最大限度地发挥市场调节的作用,宏观调控与市场调节结合,给市场主体准确预期。价格机制作为市场机制的核心,可以调节市场经济运行的功能,包括如下方面:

(1)改进技术,促进社会生产力发展。对同行来说,竞争是实力的较量。为了在市场上获得较大的占有率和销售额,必须降低价格,以廉价赢得顾客。商品生产者降低价格,必须降低商品成本,加强经营管理,改进技术,提高劳动生产率,推动社会生产力发展。

(2)提供投资方向,调整生产规模。某种商品价格下降,使企业盈利减少或无利可图,在价格信号引导下将投资转移到盈利较多的部门中去。某种商品价格上升,说明这种商品的社会需求增大,生产者就会扩大生产以获得更多经济利益。可见,价格机制调节社会资源有效配置,调节生产要素在社会各部门之间的分配,使社会生产按一定的比例向前发展。

(3)提供需求导向。价格对消费者来说,是改变需求方向和需求规模的信息。价格水平升降,影响消费者的购买力,调节消费者的需求结构和规模。由于某些商品之间具有替代性,一种商品价格上涨,一些消费者就会转而去购买价格较低的替代品,满足自己相同的需要,这样就能调节市场的需求方向和需求结构。

(4)提供宏观调控信息。价格升降影响生产者和消费者的经济行为,成为国家宏观调控的基本依据。对于那些依靠市场机制难以实现供求平衡的能源、生活用品等,国家可以依据市场价格的信号,通过政府行为加以调节,逐步实现供求的大体平衡,避免价格的较大波动。

价格机制功能和作用的充分发挥,必须具备如下条件:

企业具有独立的经济利益,依法成为自主经营、自负盈亏、自我发展、自我约束的商品生产者和经营者,才能对市场价格信号做出灵敏的反映,适时地调整自身经济行为,使市场机制的作用得到正常发挥。

市场体系完善。形成一个完整的市场体系,既有一般的商品市场,又有各种生产要素市场,市场才能提供准确的价格信号,价格机制的作用才能得到正常发挥。

物价基本稳定,是价格机制发挥作用的重要条件。而通货膨胀率较高使价格信号失真,造成生产者和消费者对市场的错误判断,影响市场机制发挥作用。

三、供求机制

供求机制,在竞争过程中,供求决定价格,价格又具有调节和平衡供求的自行调节机能。供求机制是市场经济运行的重要机制,是供求规律在市场运动中发挥作用的具体形式。供求机制和价格机制是密不可分的,二者在同一过程中发挥作用。

供求机制包括供求决定价格机制和价格调节供求机制。①供求决定价格机制的运作机理是:价格是商品价值的货币表现,价格以价值为基础。竞争形成的市场价格也要以价值为基础,但市场价格是由供求关系直接决定的。供过于求,价格下跌,形成买方市场。供不应求,价格上升,形成卖方市场。②价格调节供求机制运作机理是:供不应求的商品,价格相对较高,生产企业可获得更多利润。这时,生产该种商品的企业就会扩大生产,以增加该商品的供给;同时,其他部门的企业也会将生产要素转移投入该商品的生产经营活动中,导致该种商品的供给增加。此时该商品价格较高将会导致该商品的需求量减少。这样,在现有价格水平上,该商品供给量相对增加,而需求量则相对减少,最终达到供求相对均衡。供过于求的商品,价格必然下跌,而价格下跌则会导致市场供给量的减少。此时该种商品较低的价格将会导致消费者对该商品的需求量增加。这样,在现有价格水平上,该商品的市场供给量相对减少,而需求量则相对增加,最终达到供求的相对平衡。

供求机制的运行具有如下功能:

调节价格升降。在市场经济中,若某种商品的供给超过社会需要,生产这些商品的社会劳动时间中有一部分不会被社会承认,这些商品必然要按低于价值的价格出售。若某种商品的供给不能满足社会需要,那么这些商品的价格就会上升。供求关系变动、决定价格波动的状况。因此,供求机制良性运行的结果,必然使市场价格趋于合理。

优化资源配置。供求机制可及时为生产行为提供信号、指示方向,并通过其他市场机制相互作用,实现社会资源的有效配置。在市场经济条件下,商品生产者要根据市场供求关系的变化不断调整生产规模和经营策略,才能获得更多利润。商品生产者在追求利润的过程中自然地满足社会需求,也实现社会资源的优化配置。

调节需求总量和需求结构。供求机制可及时为消费行为提供信号、指导消费,并通过其他市场机制相互作用,调节某种商品的需求量乃至社会需求总量并实现需求结构合理。当收入水平不断提高,不同收入水平的消费者对各类商品有不同的消费需求。当某商品短缺、价格上涨时,高收入者往往不会减少对该种商品的需求,中等和低收入者则会退出或推迟对该商品的需求。这不但调节社会对该种商品的需求量,也能够实现需求结构的合理化。

供求机制发挥作用,需要如下市场条件:

价格信号准确。供求关系的变化是由价格变化引起的,若价格信号失真,不能反映真正的市场供求,供求机制也就失去它应有的功能和作用。

市场体系完善。在市场经济条件下,要有一般的商品市场,还要有各种各样的生产要素市场。因为某种商品市场供给的增减,往往意味着生产该商品的部门所使用的生产要素的进出量也要发生变化。若没有生产要素市场,生产要素不能自由流动,供求机制调节资源配置的作用就难以得到发挥。

竞争自由充分。若某种商品的市场供给被某一或几个企业所控制,其他企业不能参与竞争,那么这种商品的价格就不是供求机制所决定的,商品价格升降只能调节需求而不能调节供给。我国目前的电信行业就处于这种状况。因此,供求机制以及市场中的其他机制作用的发挥,必须以自由充分的市场竞争为基础。

四、竞争机制

竞争机制即竞争与供求关系、价格变动、生产要素流动等市场活动之间的有机联系。竞争机制是市场经济运行的关键机制,是竞争规律的实现形式。竞争机制是市场机制得以形成的基础。离开竞争机制,就不能形成市场机制,以及价格机制、供求机制等,也就谈不上市场经济的运行方式。竞争的主要手段,在同一生产部门内主要是价格竞争,以较低廉的价格战胜对手;资源在不同部门之间的流动中实现优化配置。

在商品经济条件下的竞争,包括买者与卖者的竞争、买者之间的竞争和卖者之间的竞争。竞争的主要手段,在同一生产部门内主要是价格竞争,以较低廉的价格战胜对手;在部门之间主要是资金的流入或流出的竞争,资金由利润率低的部门流向利润率高的部门。竞争的内容包括争夺销售市场、资金、先进技术、人才等。同时,竞争机制的作用不是孤立的,它同价格机制、供求机制等结合在一起共同发生作用。

竞争机制对市场经济运行和经济发展起着极为重要的作用。

竞争是价格机制、供求机制等市场机制充分发挥作用的保证,它使价格机制在市场机制中发挥核心作用,也使供求机制成为现实运动,没有竞争机制的作用,其他市场机制的功能就难以发挥。

竞争促进企业加强经营管理,改进生产技术,提高劳动生产率,增强企业活力,提供更优质的商品和服务。竞争促进生产要素流动,使有限资源实现优化配置。部门内部的竞争促使生产要素向劳动生产率高、经济效益好的企业流动;部门之间的竞争,促使生产要素向短缺的生产部门转移。这样,通过竞争调节生产要素流动,实现资源的优化配置。

市场竞争机制作用的结果,不断导致少数经济效益差的商品生产者被淘汰,促进整个社会生产力的不断提高。

竞争机制的作用充分发挥,必须具备如下条件:

企业成为商品生产者和经营者,这是竞争机制展开的先决条件。企业在竞争中获得相应的经济利益,这是竞争充分展开的动力,竞争的实质是经济利益的竞争。若企业不能在竞争中获得相应的经济利益,就必然失去参与竞争的主动性和积极性。发挥竞争这个市场机制的作用,必须保证企业在竞争中所获得的经济利益不受侵犯。

竞争机制充分发挥作用,要求消除垄断现象,创造良好经济环境。竞争机制充分发挥作用,要建立开放、完善的市场体系,为竞争作用的充分发挥提供广阔的活动场所和领域。作为市场机制的重要组成部分,竞争发挥作用的程度是由市场完善程度决定的。

第五节　市场类型

市场是一个非常复杂的范畴,由各种各样的市场,构成一个市场体系。还可以根据供求双方力量对比的状况和竞争的激烈程度,划分为不同的市场类型。市场经济在其运行过程中,必须有一整套的市场规则来加以引导和规范,否则市场将是混乱无序的。根据市场主体在某一种市场中数量的多少和竞争的激烈程度,可以把市场划分为四种类型:即完全竞争市场、完全垄断市场、垄断竞争市场和寡头垄断市场。市场类型的分类是由多种因素所决定的,主要有如下因素:

(1)产品质量差异大小。产品质量差异越小,竞争程度越激烈;差异越大,竞争程度越弱。竞争的对立面是垄断,垄断产生于产品差异。而质量无差异的产品,市场主体无法凭借自己的产品控制市场价格和销售量,因而参与竞争的市场主体也就越多。

(2)价格决定形式不同。若产品价格升降是由供求关系决定的,其竞争的程度就高;若价格升降在一定程度上是由企业或政府制定,这样的市场竞争程度就低。

(3)资本有机构成高低。若生产商品需要投入的资本量较大,资本有机构成高,筹集资本的难度就大,进入该市场的主体数量就少,其市场竞争的程度提高;反之则相反。

(4)市场信息是否畅通。诸如供求关系、产品质量、更新换代等信息非常畅通,那么竞争程度就高;反之市场信息闭塞,市场竞争程度就低、越容易形成垄断。

(5)资源流动性不同。生产者不易进入的市场,各方面的限制较多,诸如规模经济、科技含量、政府经营等,都会使竞争程度降低。反之,生产者容易进入的市场,竞争程度就高。

一、完全竞争市场

完全竞争市场又称纯粹竞争市场,即一种竞争完全不受任何阻碍和干扰的市场。其特征如下:市场上有众多的买者和卖者。卖者数量多,每个卖者在市场上占有份额很小,个别卖者销售量变化难以影响市场价格;同时,由于买者数量多,众多买方中的任何一个也无法以自己的需求量变化影响市场价格。

企业生产的产品完全相同,无法以自己的产品特点形成垄断。对消费者来说,只要价格相同,买哪家企业生产的产品是无关紧要的。这样卖者之间就能够进行完全平等的竞争。

生产要素自由流动,可以不受任何限制地自由进出市场,由一个部门转到另一个部门。

市场信息是充分而又畅通的。消费者能够充分了解市场价格、性能特征和供给状况;生产者能够充分了解生产资料价格、产成品价格及生产技术状况。

农产品市场是最接近以上条件的,一般把农产品市场称作完全竞争的市场。在完全竞争市场上,价格由供求竞争决定,个别卖者和个别买者都只是这一价格的接受者。在市场给定的价格下,市场对个别卖者产品的需求是无限的,对个别买者产品的供给也是无限的。

完全竞争市场是最理想的市场类型。在这种市场下,价格可以充分发挥其调节作用。从整个社会来看,总供给与总需求相等,能够实现资源最优配置。

完全竞争市场并不完美。如:无质量差别的产品使消费者失去选择自由;较小的生产规模使生产者无力进行重大的技术突破。当然,在现实中,完全竞争的情况是极少的,因为竞争必然导致垄断形成。

二、完全垄断市场

完全垄断市场又称独占市场,完全由一家企业控制生产和销售,可操纵价格,即高于竞争价格。在该市场上,某种产品只有一个供给者,没有任何竞争对手。垄断企业作为价格的制定者,每多售出一单位的产品都将导致价格下降,这会使它通过限制产量来控制价格,把价格保持在较高水平上,以获取最大利润。完全垄断市场产生的主要原因有:政府强制或特许,借助政权力量对铁路、电信、邮政、电业等公用事业垄断;再如政府特许某一企业对烟草专卖的垄断,等等。

规模经济使某些行业成为"自然垄断"行业,即一家厂商经营时,成本最低。如电力、铁路、天然气公司,投资建设的固定成本非常高,且如销量达不到一定数量,就不会获得利润,如两家以上厂商经营,会相应增加成倍的固定成本。只有在供给规模不断扩大,其生产效益才会不断提高,否则,若由若干生产者提供这种产品,就使每个厂家都出现亏损。

一个企业若控制某种产品生产所需要的原材料供应,即对某些特殊资源形成独占,容易形成完全垄断。某种商品的市场需求量很小,只要有一家企业进行生产就可满足全社会的需要,这样的企业往往容易形成独家经营。一个企业可能因为对某种商品的生产拥有专利权,使其他生产者(卖者)无法进入这一市场,该企业就形成独家垄断。

完全垄断市场可能对社会经济有害。因为垄断价格高于竞争价格,购买同样的商品,消费者会比在竞争市场上支出更多;由于完全垄断市场不能使生产者在最佳规模上进行生产,因而会引起资源浪费;厂商凭借垄断权力长期得到超额利润,即分配不公。

垄断并非都是有害的。熊彼特认为,完全垄断有利于科技创新。有些企业的完全垄断,尤其是政府对某些公用事业的垄断,不以追求垄断利润为目的。这些公用事业往往投资大、周期长且利润低,但它又是经济发展和人民生活所必需的,由政府垄断经营会产生外部效益而给全社会带来好处。当然,政府垄断或行政垄断会产生官僚主义和效率低下等弊端,需要相应的规制来应对。

完全竞争市场和完全垄断市场是市场中的极端类型。经济中更常见的是由垄断与竞争不同程度组合而成的市场类型,即垄断竞争市场和寡头垄断市场。

三、垄断竞争市场

垄断竞争市场是一种存在垄断又存在竞争、不是完全竞争又不是完全垄断的市场结构。垄断竞争市场形成的原因有:某种商品和服务在市场上存在较多的供给厂商,但没有一个厂商在该种商品的生产或服务上占有明显优势,因而相互之间存在着竞争。竞争的原因如下:厂商进入或退出市场的障碍较小;交易双方容易获得较多的市场信息;产品同质。而产品差别即同类产品在性能、质量、外观、包装、商标或销售条件等方面的不同,由于产品之间存在差别,不同产品就能够以自己的特色在一部分消费者中形成垄断地位。

垄断竞争市场与完全竞争市场的区别是:前者的商品价格要高于完全竞争市场上的商品价格;垄断竞争条件下企业对生产设备的利用程度不如完全竞争市场下那样充分。

垄断竞争市场的优点是:对于消费者,由于产品存在差别,不同特色的产品可以满足不同消费者的不同需要;对于生产者,由于短期超额利润的诱惑,能够促使他们进行技术创新。因为在完全垄断条件下,由于缺乏竞争对手的威胁,没有进行重大技术创新的动力;而在完全竞争条件下,缺乏足以保障技术创新收益的垄断,也不容易产生重大的技术创新。

垄断竞争市场的弊端是:对于消费者,他们买到称心如意的商品需付出较高的价格。对于生产者,不能充分利用企业的生产设备,造成资源浪费。

四、寡头垄断市场

寡头垄断市场即由少数几家厂商所垄断的。其中,只有少数企业生产同一种产品,每家厂商的产量都占有相当大的份额,从而每一厂商对整个行业的价格都有举足轻重的影响。但是每家厂商在做出价格与产量的决策时,既要考虑到本身的成本与收益情况,还要考虑到该决策对市场的影响以及其他厂商可能做出的反应。因为这些企业相互依存。

寡头垄断市场形成的原因是:新企业加入存在较大障碍。如巨额资金的投入、自然资源和技术获取非常困难等。由于规模经济的作用,某些产品的产量只有达到一定规模后平均成本才会下降,生产才会有利可图,这使该行业企业的数量很少。寡头们本身采取种种排他性措施,阻碍其他企业的进入。政府对这些寡头给予扶植与支持。

寡头垄断市场上商品的价格,不是由市场供求关系决定的,而是寡头们通过协定或默契所制定的价格,即寡头定价。最常见的一种寡头定价制度是“价格领袖制”,由某一行业中一个或几个最大的厂商或最有影响的厂商先制定价格,其余寡头追随其后确定各自的价格。价格一经确定,大家必须共同遵守。但是各寡头的实力总是有差别且总是变化的。所以,又存在着各寡头从本身利益出发,力图谋取最大个别利润的动机。这种动机会使各寡头间难于达成实质性价格或产量协议,他们有时在达成协议后又暗中违反协议或变相违反协议。因此,在寡头垄断市场上仍然存在一定程度的竞争。

寡头垄断市场的好处是:实现规模经济,价格较稳定,便于政府对行业的管理;有利于科技进步。寡头竞争为技术创新提供动力,它们雄厚的实力可以为技术创新提供巨额资金。

寡头垄断市场的主要弊病是:寡头间的价格协议会抬高价格,损害消费者利益;市场进入的障碍限制竞争,不利于资源自由流动和优化配置。

第六节 市场规则与管理

社会主义市场经济的有序运行,要有与之配套、行之有效的市场规则,否则,市场经济必然是混乱无序的。建立一套市场规则并进行管理,是市场经济健康发展的重要保证之一。

一、市场规则与管理的必要性

市场活动规范有序。在社会主义市场经济中,参与者必须按一定社会的规范和准则行事,不能只顾自身利益而自行其是甚至随便损害他人的利益。市场主体要讲究商业信誉、遵守商业道德、履行经济合同、信守交易规则、维护交易秩序,贯彻机会均等、实行公平竞争。这才能合理配置资源,促进生产力发展。

市场规则系统完整。运行有序,要求建立健全系统的市场规则。正像各种体育比赛一样,要使比赛顺利进行并达到比赛的目的,就必须制定一套合理的、大家共同遵守的严格的比赛规则。否则,比赛场就会逐渐变成武斗场。

市场规则是所有市场活动参与者都必须遵守的行为规范。市场规则,包括以公约、契约等形式规定下的市场管理规则,使各市场主体经济行为合理化、有序化、契约化;也包括人们应遵守的市场道德与法律,即调整人们行为的社会规范。这是市场运行过程的内在要求,是人们在长期的市场实践中逐步探索和总结的客观经济规律的反映。市场经济的有效运行,离不开国家的法治与道德。不同的是,道德准则是依靠人们内心的信念、传统的文化习俗和社会舆论来维持的,调整人们相互之间及个人与社会之间的行为规范。而法律则是由国家制定或认可并强制执行的,调整人们相互之间及个人与社会之间的行为规范。

市场经济是法治经济。建立社会主义市场经济是对传统的计划经济的一种否定,并非否定依法治理经济,并不意味市场主体的行为可以不受国家任何法律的限制。相反,要制定和完善国家法治,这是创造和维持正常市场秩序的基本保证。市场关系毕竟是利害攸关的,人们追求自身利益是无可非议的。但是再激烈的市场竞争,也要遵循一定的规则,要有一定的规章制度来保证市场健康发展,也要有一定的道德准则调节人们的经济行为。否则,市场竞争就会变成互为仇敌、相互掠夺的活动,社会经济的秩序就会大乱。因此,人们在追求自身利益时,不得损害别人的利益。市场经济的正常运行需要一定的道德准则维护,更需要通过国家意志制定人们共同遵守的市场规则。市场规则是维持市场秩序的基本保证。但是有了市场规则不等于自然而然地产生良好秩序,市场规则发挥作用还有赖于政府管理,尤其是有关的法律法规和条例等,它不会自动地发生效力。

市场管理是教育、引导,甚至强制市场活动的参与者遵守市场的规章制度、道德准则与法律制度,以维护良好的市场秩序。包括:向市场活动参与者宣传和灌输市场的各项制度规定、道德准则与有关法律;赞颂、弘扬遵纪守法、具有良好道德风尚的行为;批评、谴责那些缺少职业道德的市场行为;检查并惩处各种损害、破坏市场秩序的犯法行为。因此,市场管理是全社会的事情。

总之,建立有效有序运行的社会主义市场经济,必须建立健全市场规则,并教育、引导和强制市场主体遵守市场规则,规范人们的经济行为,树立良好的市场道德观念。

二、市场规则与管理的基本内容

市场规则包括法律法规,即国家依据市场运行规律的要求,为保证市场有序运行而制定的所有主体都必须遵守的各种法律、法规、契约、公约等市场运行准则,用以约束和规范市场主体的行为,使市场有序化、规范化、制度化。市场规则可分为市场的进出、竞争、交易和仲裁各方面的规则。

(一)市场进出规则

市场进出规则,即市场主体和客体进入或退出市场的法律规范和行为准则。哪些市场主体或商品可以进入或退出市场,市场规则是明确的。市场进出规则具有规范和净化市场的作用。发展市场经济,应尽可能减少进出市场的限制,扩大市场进出自由度,以便形成一个有效竞争的市场,促进社会生产力发展。不过,若让生产经营者完全自由、毫无限制地进出市场,如让不具备一定资格者、缺乏市场责任能力和责任心的企业进入市场,或允许生产经营者随便退出正进行的市场交易,离开尚未完成的交易等,那就可能给他人带来损失,使市场秩序混乱,甚至导致逃避债务、逃避应承担的责任,造成市场风险,引发市场危机,破坏社会经济秩序。进入市场的经济主体主要是各类企业。凡不合法,不具备这些条件的企业,未经市场管理专门机构审核批准的生产经营单位,均不得进入市场活动。

生产经营者退出市场。市场的联系性,即交易牵涉多方利益,退出市场的行为会影响他方、多方的利益,甚至会影响市场行情,引起市场波动。因而,对退出市场的行为要制定规则。关于退出市场,我国《企业法》规定有三种情况:经营违法;政府主管部门基于生产经营状况或优化资源配置,在改革、改造、改组中,将一些国有企业吊销或解散;企业破产终止,或因不履行合同等原因而终止。企业终止经营退出市场,按规定保护其财产,依法清理债权债务,并报工商管理机关核准,办理注销登记。我国企业退出市场,一般称作"关、停、并、转"。关,即企业关门终止经营;停,即停业整顿,暂时中止经营;并,即企业间重新确定隶属关系,合并、兼并而形成新的企业,其中被并的企业终止经营;转,即企业转产、转型或转移经营场所,转移隶属关系,其中有的继续经营,有的退出经营。

(二)市场竞争规则

市场竞争规则,即国家依法确立的维护各市场主体之间平等交换、公平竞争的规则。市场竞争规则是市场规则中的核心部分,是为了保证市场竞争的公平性,使各市场主体处于同一起跑线上,实现公平竞争。其根本任务和目标在于消除各种特权和垄断行为,为所有的市场主体进行公平竞争提供一个平等环境,保证市场竞争机制作用的充分发挥。

市场与竞争是密不可分的,竞争是市场经济的核心内容。有市场,就必然存在程度不同的竞争。有市场竞争才能创造出高效率,但无序竞争或无规则的竞争,不但不能产生高效率反而会造成经济生活的混乱。为保证市场竞争的秩序良好,政府必须制定实施一套市场竞争的规则,主要内容包括:自愿、公平、诚实、守信等。

自愿即买卖自由、等价交换。在现实中,任何一个购买者或消费者,都有自愿购买和自由选择商品或服务的权利。在交易过程中,不得强买强卖。强买强卖的行为侵犯消费者的合法权利,也破坏公平竞争。自愿交易是起码要求,从人类最初的简单交换,到现代的市场交易,自愿都是人们交换的基本前提,是交易的本质特征。若交易不是或不能做到自愿,而是强买强卖,那就不是真正的市场交易。与市场交易的自愿性形成鲜明对照的是各种形式的封建剥削或超经济的强制性。交易,没有超经济强制,市场才能发育发展起来。

公平即机会均等、公平竞争。即各种各样的经济主体都有机会参与市场活动，公平竞争。机会均等、公平竞争是市场有序运行的重要保证，保障不同市场主体平等获取生产要素，推动要素配置依据市场规则、市场价格、市场竞争实现效益最大化和效率最优化。

诚实即在市场交易中双方以诚相待，保质保量、不能掺杂使假、缺斤少两，不得欺诈。事实告诉人们，诚信企业，信誉良好，成功的可能性更大。

守信即遵守诺言。在现代市场经济中，守信是一个企业的无形资产。相反若一个企业丧失信誉，必然声名狼藉，也就失去生命力。

(三)市场交易规则

市场交易规则，即市场主体进行交易活动所必须遵循的行为准则。这是保证市场交易活动有序进行的一个重要规则。有市场，必然就有商品交易。建立在现代科技基础上的交易不一定都有固定场所，通常把交易关系称作市场关系。为规范市场秩序，必须正确规定交易的行为方式。市场交易的历史说明，对市场主体或交易主体的行为方式，应有三个方面的规则与管理，即自愿交易、信守合同和对消费者负责。市场交易的互利性，决定交易是自愿的。

经济合同是维护市场秩序的重要因素。在交易中、订立经济合同，是当事人为实现一定目的，经过协商一致，依法确立各自权利、义务关系与违约责任的行为。合同履行情况则体现出各方当事人的道德信誉。随着科技、经济与社会的发展，人们的交易关系日益复杂，交易行为变化多端，越来越需要以合同形式，预先规定交易各方的责任、权利、义务及违约应负的责任。我国《经济合同法》明确规定："经济合同依法成立，即具有法律效力，当事人必须全面履行合同规定的义务，任何一方不得擅自变更或解除合同。"

保护消费者的合法权益，是交易规则的重要内容。在现代市场经济中，一切生产经营都是为消费者服务的，对消费者负责是一切生产经营的活力之源。制定完善的对消费者负责的交易规则，并加强管理，是市场经济的客观要求。我国在2020年颁布的《产品质量法》(修订版)和2019年修正的《消费者权益保护法》规范了企业的生产销售行为，规定了消费者依法享有的权利。这些强制性法律条文的出台及实施，对维护消费者正当权益，培养良好的市场交易秩序，促进社会主义市场经济的健康发展，发挥着重要作用。

（四）市场仲裁规则

市场仲裁规则是对市场发生的各种矛盾和纠纷，按一定准则和规范进行裁决。仲裁即争议双方或多方当事人在争议发生前或争议发生后达成协议，自愿将争议提请仲裁机构做出具有法律约束力的裁决以解决双方或多方当事人之间发生的争议。体现公平原则，对矛盾双方要一视同仁，不能偏袒或歧视任何一方。随着经济发展，公民、法人等经济组织在生产、交换、分配、消费各个方面的联系和经济往来日益增多，会发生各种各样的民事经济纠纷及涉外经济纠纷。要建立起解决这些纠纷的机构和渠道，制定解决这些纠纷的规则。

仲裁与解决争议的其他方式不同，特征如下：通过仲裁解决争议必须是当事人自愿的；当事人可以充分运用思想自治的原则，自愿协议选择仲裁机构和仲裁地点等；仲裁范围必须是当事人之间发生的依法可以仲裁的事项；仲裁解决与法院判决具有同等法律效力。

仲裁作为解决民事经济争议的方式，对于保护当事人合法权利，增强法治观念，推动经济发展，发挥着重要作用。其及时有效地解决民事经济争议，保护当事人的合法权利；增强当事人的法治观念，维护社会经济秩序；推动国民经济的发展和对外经济工作的开展。

三、市场组织

市场规则作用的发挥，离不开市场组织，市场组织包括市场的流通组织、管理组织和调节组织三个部分。主要是政府依据规则进行管理。

市场流通组织即经营各种商品流通的组织机构，如商场、交易中心、集市、批发机构、各类交易所等。按市场流通的物质承担者来划分，市场流通组织包括商品流通、资金流通、劳动力流通和技术流通等各种组织。社会主义市场经济要发展和完善市场流通组织，并使之布局合理，以保证市场流通顺畅。

市场管理组织是市场的管理和组织系统。其主要由三类市场管理机构组成。国家设置的专门从事市场管理活动的机构，如财政、税收、审计、银行、物价等机构；市场流通的技术管理机构，如计量、测试、质量监察、环境保护等机构；我国管理市场的专门机构是国家市场监督管理总局。还有非营利组织，如消费者协会、职业介绍所等社会组织。

市场调节组织是国家对市场的计划调节系统。国家对市场进行计划调节有两种方式:一是随机性计划调节,当市场运行紊乱时,国家运用行政手段进行有效干预,以消除运行紊乱现象;二是自觉性计划调节,国家依据经济发展预期目标,事前对市场运行进行调节。当然,市场调节组织对市场进行调节的行为必须程序化、规范化、科学化和制度化。

本章小结

社会主义市场经济是公有制为基础、市场发挥配置资源的决定性作用,政府发挥主导性作用的市场经济。其中,经济规律是通过市场机制发挥作用并实现其功能的。市场经济具有不同类型,需要不同规则进行规范和调整。

关键词

市场经济 商品经济 自然经济 古典市场经济 现代市场经济 社会主义市场经济 经济规律 价值规律 供求规律 竞争规律 货币流通规律 平均利润规律 市场机制 价格机制 供求机制 竞争机制 完全竞争市场 完全垄断市场 垄断竞争市场 寡头垄断市场 市场流通组织 市场竞争规则 市场组织

思考题

1.简述市场经济与商品经济的关系。

2.简述市场经济的一般特征,现代市场经济的特征,以及市场是如何配置资源的。

3.我国实行社会主义市场经济的必然性与必要性是什么?

4.论述价值规律的基本内容与作用。

5.市场中的运行机制有哪些? 论述市场机制的功能与特点,以及如何充分发挥他们的作用。

6.简析完全竞争市场的特征,它的满足条件有哪些?

7.垄断竞争市场的优点与缺点是什么,其与完全竞争市场有什么异同点?

8.简析寡头垄断产生的原因及其优缺点。

第四章　市场体系

本章要点

市场体系的一般构成；市场体系的特征和作用

市场体系是市场经济运行中资源配置的调节器，是社会主义市场经济体制的重要组成部分，必须建立一个统一、开放、竞争、有序的市场体系。

第一节　市场体系的内容和作用

一、市场体系的基本内容与构成

市场体系，通常是由具有各种不同功能的各类市场所构成的有机整体。它包括消费品和生产资料等商品市场，还包括金融市场、劳动力市场、技术市场、信息市场以及房地产市场等生产要素市场。

市场体系在市场经济中具有非常重要的地位和作用。因为整个市场经济的活动，都是以市场为中心来组织和安排的。生产必须面向市场，针对市场需求进行生产；分配必须面向市场，通过市场机制使之趋向合理化；消费必须面向市场，在市场上买到商品或劳务使之得到满足。可见，单靠一个市场是无法使市场经济的功能得到充分发挥的，必须建立一个完整、高效的市场体系，才能使资源得到优化配置，不断提高劳动生产率。

市场是商品交换关系扩大的产物。随着生产力的逐步提高和社会的不断进步，商品交换关系也出现多种多样的形式，进而使市场全面发展，形成比较完整的市场体系。

市场体系的构成,从不同角度、不同标志对市场进行分类。按交易对象或客体划分,可分为商品市场、金融市场、劳动力市场、房地产市场、技术市场和信息市场等。各个市场还可细分,如商品市场又可分为消费品市场、生产资料市场和服务市场。按商品流通的空间地域进行划分,有城市市场、农村市场、地区市场、全国市场和国际市场。

市场体系的三大支柱包括商品市场、金融市场、劳动力市场。商品市场由消费品市场和生产资料市场所构成,在市场体系中处于基础地位。在某种意义上,其他各种市场都是为商品市场服务的。生产要素市场包括生产资料市场、技术市场、信息市场、房地产市场和人才市场等。金融市场(有时也称资本市场)在市场体系中占有重要地位。在现代经济中,货币是一切资源的一般代表形式,资源分配,首先表现为资金分配。劳动力是最能动的生产要素,劳动力市场是劳动力资源交易和分配的场所,对效率提高有着至关重要的作用。

二、市场体系的特征和作用

市场体系内部各类市场之间存在着相互制约、相互依赖、相互促进的关系。

(一)市场体系的一般特征

统一性。市场体系中的各类市场是一个整体,不应存在行政分割和封闭状态。若出现部门或地区对市场的分割,就会缩小市场规模,限制资源自由流动,就会大大降低市场效率。

开放性。市场体系中的各类市场要对国内开放,也要对国外开放。把国内市场与国际市场联系起来,尽可能地参与国际分工与国际竞争,并按国际市场提供的价格信号来配置资源。现代市场经济不是一国的经济,而是远远超过国家的界限,形成世界性市场体系。

完备性。市场体系是由各类专业市场组成的完整系统。各类专业市场均有其特殊功能,它们相互依存、相互制约,共同作用于社会经济生活,其中任何一个部分或环节的脱节,都可能引起整个社会经济活动的阻滞和混乱。

规范性。市场经济是法治经济。各类市场都应有相应的法律规范、各种规章制度和条例,以及与国际市场惯例相衔接的市场规则,还应做到有法必依、违法必究。

动态性。市场体系是一个不断发育和逐渐完善的动态过程。在内涵上,市场体系在不断完善;在外延上,市场体系在不断扩大。随着生产力的发展,单一商品市场必然会发展为多元化商品市场,区域市场必然会发展为统一市场,国内市场必然发展到国际市场。在劳动力市场的基础上出现人才市场,同商品市场相对应的还有文化旅游市场等。

（二）社会主义市场体系的特征

社会主义市场体系具有市场体系的一般特征,又具有体现社会制度的社会主义市场体系的本质特征。

以公有制为主体、多种所有制经济共同发展。公有制经济主体和非公有制经济主体都是市场主体,多种所有制经济参与市场经济活动,必然会出现多种经营方式并存的局面,可自营代理,也可自产自销,可批零兼营,也可以驻场经销。

发展生产力和满足人民美好生活需要。在社会主义制度下,流通过程一般不再表现为资本的运动过程,而是体现劳动者内部相互之间的交换关系,并力求实现资源的优化配置。可见,社会主义市场体系能够促进生产力发展,并逐步改善人民的生活。

市场机制在资源配置方面仍然发挥决定性作用。政府实施宏观调控,仅限于处理那些市场无法做好,但对社会而言又不可或缺的事务,包括大体上供求平衡,弥补市场失灵。

（三）市场体系的作用

合理配置资源。在市场经济运行中,根据供求关系、价格的导向作用以及竞争机制,可以把有限的资源配置到效益较好的部门和企业中去,实现社会资源的有效配置和充分利用。

完成交易行为。各个经济主体在市场上通过供求、价格、竞争等机制的联系和相互作用,完成各类商品或劳务的交易活动,使各方面的需要得到满足。

实现商品价值。各类商品或劳务,要想实现自身价值,必须接受市场的检验,才能在市场上顺利交易,表明创造它们的劳动得到社会的承认,其内含的价值也得到了实现。

反馈经济信息。通过供求、价格、竞争等经济信息的传导和反馈,可以使企业或个人了解各类市场的市场行情,合理安排生产和消费。企业根据市场经济信息,不断改进生产方法,运用新技术和新工艺,改善企业管理,提高产品质量,从而提高企业自身的效益和社会效益。政府则可根据各类市场经济信息,制定经济政策和远景规划,从而对社会经济生活进行有效的调节和控制。

第二节　商品市场与服务市场

一、商品市场的结构和作用

商品市场是商品交换的场所。其结构,按商品交换对象划分,有消费品市场、生产资料市场和服务市场;按商品交换方式划分,有零售市场和批发市场;按商品交换的时间和市场交易的方式划分,有现货市场和期货市场。

商品市场的主要作用是:为商品交换的实现提供条件;为商品价值的评估提供客观标准,其是评价产品优劣和企业绩效的公平度量衡;成为调节商品供求的自动机制,供求关系决定价格,反过来又调节着供求,使其大体上保持平衡。

二、消费品市场

消费品市场是以生活资料形态为主的商品进行交换的场所。其与人们的衣、食、住、行等日常生活息息相关,是市场体系中重要的市场之一。消费品市场是消费品生产在数量、质量和品种规格上是否符合社会需要的检验器和校正器,是反映城乡人民多种多样的物质和精神需要变化和发展的晴雨表。发展消费品市场,对于满足人民美好生活需要,保障社会再生产的顺利进行意义重大。

消费品市场又可分为农业消费品市场和工业消费品市场。

农业消费品市场是各种农副产品流通的场所,它在满足全国人民对农产品的需要方面发挥着重要作用。农产品,尤其是粮食的供求状况是关系到人民生活和国家安定的重要问题。此外,农产品市场在满足对工业生产性消费方面也起着重要作用。

工业消费品即满足人们消费需要的工业商品,也称最终产品。工业消费品市场涉及人们的衣、食、住、行等各个方面。为了适应人们消费需求的多样性,适应不同的消费档次和消费心理变化,工业消费品具有显著的地域性、民族性、时令性、选择性和多变性。

改革开放以来,我国率先放开消费品市场,其得到迅速的发育与发展。随着城乡人民收入的增加,极大地刺激了消费品生产,逐渐形成高、中、低档消费品并存的消费品市场结构,出现了多种经济成分、多种经营方式、多种流通渠道相互竞争、共同发展充满活力的流通新格局。随着经济体制改革深入,消费品生产的指令性计划逐渐取消,消费品自由交换的数量和种类不断增多,交换的区域和范围逐渐扩大,出现了许多较大的集贸市场和消费品批发市场。

三、生产资料市场

生产资料即除了供人类直接消费的生活资料以外的生产性物质资料的总称。生产资料的范围极其广泛,包括各种机器设备、建筑材料、辅助设备、运输工具、原材料、燃料、各种辅助材料、半成品以及零部件等。

生产资料市场即生产资料的流通场所,是市场体系中的重要组成部分。其特点如下:交换基本上是在生产企业之间进行的,其流通广度比消费资料要小,但与企业生产却是密切相关;生产资料的需求弹性小,但需求量大,可以大批量成交;需求相对稳定,因此交易活动易于规范化、系列化、通用化。

承认生产资料是商品,是一个重大的理论突破。改革开放以来,我国的生产资料市场有了较快的发展。国家计划分配的比重逐步缩小,通过市场流通的比重越来越大;生产资料的流通渠道和方式越来越多;多层次的市场组织形式形成。随着国家统配物资的种类和比重逐渐缩减,生产资料流通中的横向联合和协作也有较大发展。此后,物资贸易中心的商品辐射、信息交流和多种服务的功能在不断完善和加强,大型物资贸易中心正在逐步形成重要生产资料的批发市场。总的来看,我国的生产资料市场已初具规模,不同形式、不同层次的专业性和综合性生产资料市场正在形成。

第四章

四、服务市场

服务市场是劳动者运用服务设施、设备、工具等生产资料按消费者的需求而提供各种形式的劳务,以满足消费者需要。服务市场交换的客体是各种服务商品。

在服务市场上,劳动者提供服务,消费者享用服务,生产和消费是由供求双方同时、结合进行的,大多数情况下不涉及产品转移。服务市场的发育水平是与社会经济发展水平相适应。服务商品是复杂多样的,包括有形商品和无形商品、物质商品和精神商品;生活必需品和高档奢侈品。由于服务市场涉及文化教育、医疗卫生等公用事业,因此在服务市场中市场机制的调节作用还要受到一定的限制。

服务市场在我国已初步形成,但不规范。目前服务市场的范围不大,为居民生活服务的行业、为生产和流通服务的行业有限,服务水平不高。服务市场发展,对于扩大商品市场、完善市场体系、优化产业结构起着重要作用。

随着我国经济的发展和人民生活水平的日益提高,必须大力发展服务市场。

五、期货市场

期货交易即商品交易所实施的代表一定数量的某一特定商品的期货合同交易。期货交易的对象不是商品实体,而是标准化的商品合约。在期货市场中,大部分交易并不涉及商品实体的交换,在期货合同到期之前,都以对冲(与原来持有的合同相反的买卖)形式履行义务。只有未实行对冲(也称平仓)的交易者才真正买入或卖出实物商品,这种实物交割只占期货交易量的 2%左右。

期货市场的特点是:期货交易必须在交易所内进行,我国期货交易所采取会员制的组织形式,只有交易所会员才能在期货交易所内进行期货交易。期货交易的目的不是为了获得实物商品和实现商品价值,而是一部分人为了回避价格风险,进行套期保值,另一部分人则为了通过低买高卖来获取利润。期货交易所的会员数量(席位)是有限制的,不是会员的客户可以委托期货经纪公司代理期货交易,支付代理佣金。期货交易双方不发生直接联系,双方的结算、实物交割、保证金管理和市场风险管理等,均由交易所所属的结算机构或独立的结算所来进行。期货市场是在现货市场的基础上发展起来的,又弥补了现货市场的不足。期货市场具有两大核心功能,即套期保值和价格发现。

　　套期保值或风险管理,是期货市场的初始功能,能够实现企业稳定的经营。在这两大功能的基础上,期货市场还衍生出资源配置功能。回避价格风险,生产经营者在期货市场上通过套期保值业务来回避现货交易中由于价格波动带来的风险。由于在期货市场上合约的多次转让,使买卖双方原来所承担的价格风险平均分散到参与交易的各个交易者身上,减少价格波动的幅度和交易者承担的风险。

　　价格发现。在市场经济条件下,价格是根据市场供求状况决定的。期货交易市场内有来自多方面的信息,反映了供求双方的意愿,标准化合约的转让使市场的流动性增强,严格的交易规则保证了市场上的公平竞争。为企业根据价格趋势和市场需求组织生产创造条件,有利于生产的科学性和计划性。因此,期货市场形成真实的反映供求状况变化的期货价格,同时还能为现货市场提供参考价格。

　　调节供求和稳定价格。在期货市场上交易的都是要求在未来一定时间内履约的期货合同,因此它能在一个生产周期开始之前,就使商品的买卖双方根据期货价格预期商品的未来供求状况,指导商品的生产与需求,起到调节供求和稳定价格的作用。

　　国外期货市场是在自由资本主义的基础上自发形成的,源自实体经济的迫切需求。我国期货市场是在政府的直接推动下建立起来的,[①]经历了三个阶段:第一,初创和发展阶段(1988—2001)。1990年10月12日,郑州粮食批发市场经国务院批准后正式建立,该市场以现货交易为基础,引入期货机制,标志着我国第一个商品期货市场正式成立。在期货市场建立初期,作为一种"舶来品",双边交易、每日无负债结算、保证金制度等,都是非常新鲜的概念。1993年11月,国务院颁布《关于制止期货市场盲目发展的通知》,期货交易所由50多家精简合并为3家,即大连商品交易所(DCE)、郑州商品交易所(CZCE)和上海期货交易所(SHFE),期货品种缩减为12个。在前后两轮清理整顿之后,中国期货市场逐步走入正轨。2000年12月,中国期货业协会正式成立,为中国期货市场的规范发展奠定组织基础。

　　第二,规范发展阶段(2001—2010)。2007年,国务院再次颁布《期货交易管理条例》。至此,包括中国证监会、地方派出机构、期货交易所、中国期货业协会和中国期货保证金监控中心(后改为中国期货市场监控中心)在内,具有中国特色的

"五位一体"的期货市场监管体系正式形成。中国期货市场走向法治化和规范化，监管体制和法规体系不断完善。

第三，全面发展阶段(2011年至今)。2001年12月，中国正式加入世界贸易组织(WTO)，期货市场进入全面发展阶段。由商品期货到金融期货，由期货到期权，由场内交易到场外交易，由境内市场到境外市场，中国期货市场进入全面发展阶段。截至2020年5月12日，我国3家商品期货交易所和1家金融期货交易所已批准上市品种80个(含1个正在筹建中的碳排放期货)。2010—2019年，我国商品期货成交量已连续10年位居全球期货市场首位。党的十八大以来，历年中央一号文件对期货市场都有重要阐述。党的十九大更是明确指出，建立现代化的经济体系，其中重要的是大宗商品期货市场。在已上市的15个场内期权品种中，有商品期权，也有金融期权；有期货期权，也有现货期权；还有在证券交易所上市的交易型开放式指数基金(Exchange Traded Funds,ETF)期权。

我国期货市场发展的经验如下：坚持市场化导向，以服务实体经济需求为导向；监管机制不断创新，交易规则不断创新。期货市场国际化为我国战略资源在全球配置保驾护航。中国已是多种战略资源的最大消费国和最大进口国，截至2019年底，原油、大豆、铁矿石对外依存度分别达70.8%、84.02%、84.58%。这为中国构建全球大宗商品定价中心创造了重要条件。2000年以后，国际有色金属市场逐步形成伦敦、纽约、上海三足鼎立的格局，上海价格(SHFE)在全球有色金属市场上的定价话语权逐步增强。

期货市场具有高风险、高收益性，它要求有严密的组织、健全的规章制度和规范的交易行为。因此，一方面应充分肯定和利用期货市场对于分散风险、稳定价格等方面的功能和作用，另一方面又应谨慎行事，稳妥地推进期货市场的发育和发展。

此外，批发市场是适应商品生产者大批量销售和零售商购买小批量商品的要求而产生的，其使商品更方便、更迅速、更节约地从生产领域进入消费领域。批发市场有三个特点：与生产厂家和零售商交换，不与普通消费者交换；从事大宗商品的交易；往往只经营少数几种商品。批发市场与零售网点的合理布局，应通过市场竞争来确定。随着商品交换的发展，从零售交易中逐渐分化出批发交易，形成零售和批发两种不同交换方式的市场。

第三节　金融市场

金融市场是商品经济发展的必然产物。商品经济的迅速发展,促进了信用制度的形成和发展。随着商品经济的发展和社会的进步,融通资金的要求无论在数量上还是在种类方式上越来越多,这就促使金融工具不断创新,金融交易活动日益扩大,金融市场也就不断发展和完善起来。可见,金融市场是商品经济发展的产物,与商品经济紧密相连,它不是资本主义制度特有的范畴,而是商品经济的一般要求。所以,只要商品经济存在,金融市场就有存在和发展的客观必然性。

一、金融市场的含义和结构

金融市场是实现货币借贷和资金融通,办理各种票据和有价证券交易关系的总称。其有广义和狭义之分。广义的金融市场是泛指一切金融性交易,包括金融机构与客户之间、金融机构之间、客户之间所有的以资金商品为交易对象的金融活动,如存款、贷款、信托、保险、租赁、票据抵押和贴现、股票债券买卖等全部金融性业务。狭义的金融市场则限定在票据和有价证券为交易对象的融资范围之内。通常所说的金融市场,主要是指狭义的金融市场。

金融市场作为一个完整的市场,是由许多功能不同的具体市场构成的。按不同的划分标准可以有不同的分类法。按证券的新旧可分为发行市场(一级市场)和流通市场(二级市场);按交割时间可分为现货市场和期货市场;按地理范围可分为地方性金融市场、全国性金融市场和国际性金融市场;如按融资期限和融资对象相结合的方法,金融市场可分为短期资金市场(也称货币市场)、长期资金市场(也称资本市场);外汇市场和黄金市场。目前,在我国的金融市场中,除黄金市场以外的其他几类市场已初步发育起来。

二、金融市场的功能和作用

金融市场是市场体系中不可缺少的重要内容,是生产要素市场之一,对整个国民经济的发展有着巨大的作用。

（1）为资金所有者提供多种投资渠道，为资金不足者提供多种可选择的筹资方式。在现实中，资金所有者在为闲置资金寻求出路时，要求兼顾其安全性、流动性和盈利性，而资金需求者在筹集资金时，要求在降低成本的同时，满足自己在数量上和时间上的需要。因此要使资金所有者和资金需求者实现满意的结合，需要为双方创造一个理想的场所。金融市场具有多种融资形式，可供资金供求双方进行选择。

（2）便于资金灵活转换，促进资金融通。金融市场上多种形式的金融交易，形成纵横交错的融资活动。这种融资活动可以实现资金的三种转换：一是长期资金和短期资金的转换；二是大额资金和小额资金的转换；三是不同区域间资金的转换。如股票、债券的发行将流动的短期资金转换为相对固定的长期资金；有价证券转让出售能将长期投资转换成为现金；票据贴现能使将来收入转换成为现期收入，等等。这些方式的相互转换能够迅速地调剂不同资金供求，促进资金融通。

（3）合理引导资金的流向流量，提高资金的使用效益。金融市场通过利率上下波动和人们投资取得收益的差异，引导资金流向利润率较高的部门和企业。即通过金融市场的调节，资金会流向那些经营管理好、产品畅销并有发展前途的经济单位，从而有利于提高投资效益，促使资金在各地区、各部门、各单位的合理流动，实现社会资源的优化配置。

（4）便于中央银行宏观调控。有了金融市场，中央银行的宏观调控就多了一条灵活渠道。中央银行可以通过公开市场的活动，买进或卖出有价证券，实现对货币供应量的调节，还可以通过调整再贴现率和商业银行法定存款准备率等手段，影响信贷总规模，使中央银行的宏观调控能力大大增强。

三、短期资金市场

短期资金市场是指融资期限在一年之内的全部资金交易的总称。其主要功能是调节短期资金供求关系，特点如下：①期限短。最短的融资期限只有半天，最长的不超过一年，大多在3—6个月之间。②交易目的是为了解决短期资金周转的需要。短期资金市场上的资金供给主要是暂时性闲置资金，资金去向一般用于弥补流动资金的临时不足。③短期资金市场上使用的金融工具有着较强的"货币性"。短期资金市场上资金交易所使用的金融工具期限短、流动性强、价格平稳、风险较小,随时可以在市场上转换成现金,这就使它接近于货币。因此,有人把短期资金市场上使用的金融工具称为"准货币",也有人把短期资金市场称为货币市场。短期资金市场主要有拆借市场、票据市场、大额定期存款单市场和短期债券市场。

(一)拆借市场

拆借市场是指银行和非银行金融机构同业之间短期性的资金借贷活动。银行同业之间为了相互支持对方业务的正常开展,并使多余的资金产生短期收益,便产生银行同业之间的资金拆借交易。这种交易活动一般没有固定场所,主要是通过网络电讯手段成交。期限按日计算,有1日、2日、5日不等,一般不超过一个月,期限最短的甚至只有半日。资金的需求者要支付利息,利息按日计算,称作拆息,拆息率根据市场资金供求状况来确定。

随着金融市场管理体制的不断改革,我国的拆借市场便逐步形成。1985年,我国的信贷计划管理开始实行"统一计划、划分资金、实贷实存、相互融通"体制,允许和鼓励银行之间相互融通资金。其核心是把中央银行与专业银行、专业银行之间、专业银行内部下级银行与上级银行之间资金供应关系改为资金借贷关系,并允许各专业银行之间可以充分运用信贷资金的"时间差"和"空间差"相互调剂余缺,这种办法直接促进了同业拆借市场的兴起。此后,逐步形成不同层次、不同规模的拆借市场,建立以中心城市为依托,跨地区、跨系统的资金融通网络。

(二)票据市场

票据市场包括票据承兑市场和票据贴现市场。票据承兑市场是将商业票据合法化,也是票据流通转让的基础。票据贴现市场是对未到期的商业票据进行贴现,为客户提供短期资金融通。贴现市场包括贴现、再贴现和转贴现。贴现是指客户持未到期的商业票据向商业银行(或办理贴现业务的其他金融机构)兑取现款以获得短期融资的行为。再贴现是指商业银行将其收进的未到期的商业票据向中央银行再办理贴现的融资行为,也称重贴现。转贴现是指商业银行将贴现收进的未到期的商业票据向其他商业银行或贴现机构进行贴现的融资行为。贴现、再贴现和转贴现的主要区别在于:贴现反映了企业与商业银行之间的信用关系,贴现使企业之间发生的商业信用改变为商业银行向企业提供的信用,直接扩大货币供应量;再贴现反映了中央银行与商业银行之间,通过办理再贴现,增加货币的投放

第四章

量,使商业银行的信贷规模扩大;转贴现作为商业银行之间短期借款的一种方式,只是将信贷资金在银行体系内部各商业银行之间转移,而不会影响整个社会的货币供应量。

票据贴现市场的贴现、再贴现、转贴现,形式上是银行或贴现机构买进未到期的商业票据,实质是债权转移;从表面来看是商业票据的转让与再转让,实际上是资金买卖。

(三)大额定期存款单市场

大额定期存款单市场是一种买卖银行发行的可转让大额定期存款单的活动场所。在金融市场上允许大额定期存款单的买卖和转让,使它能够集中活期存款和定期存款的优点。对于银行来说其是定期存款,可作为相对稳定的资金用于期限较长的放款;对于存款人来说它既有较高的利息收入,又能在需要时通过出售或转让而迅速变为现金,是一种理想的金融工具。

我国目前向个人发行的大额定期存款单,期限为 1 个月、3 个月、6 个月、9 个月、12 个月五种,面额以 500 元为起点,大于 500 元的,必须是 500 元的整倍数。向单位发行的,面额以 5 万元为起点,大于 5 万元的,必须是 5 万元的整倍数。

(四)短期债券市场

短期债券市场是指期限在一年内的有价证券发行和流通场所。主要金融工具为短期国库券及其他短期债券。我国目前短期债券流通市场(二级市场)主要是国库券的交易活动。

国债转让可通过贴现或买卖方式来进行。国债因具有信誉好、期限短、利率高等优点,是短期资金市场中最受欢迎的金融工具之一,在流通市场上,能够迅速地变成现金。国债市场非常活跃,不仅是投资者的理想场所,还是政府调节货币流通量的重要场所。

四、长期资金市场

长期资金市场是指融资期限在一年以上的资金交易场所。由于长期资金市场的主要功能在于资金用于长期投资,也被称为资本市场。其特点如下:融资期限长，至少一年以上，最长可达数十年以上；融资目的为了满足长期投资的需要；资金借贷量较大；作为交易工具的有价证券与短期金融工具相比较，其收益较高但流动性较差，且具有一定风险。

长期资金市场的金融工具主要是股票和债券，因此长期资金市场也被称为证券市场。证券交易活动由发行市场（一级市场）和流通市场（二级市场）所构成。发行市场是将新证券第一次销售给投资者的场所；流通市场是指将已发行的证券进行转让的场所。证券交易组织形式主要有柜台交易和证券交易所两种。证券交易所是高度组织化的证券流通市场。柜台交易是由证券商在其营业所自营或代客买卖。

（一）债券市场

债券市场是指债券发行和流通的场所。目前我国债券的种类有政府债券、金融债券和企业债券三种。在债券市场中，资金使用期限不超过一年的被视为短期资金市场，资金使用期限在一年以上的被视为长期资金市场。

国债是国家直接以债务人的身份出现，采取有借有还的信用方式筹集资金，一般由财政部发行，各金融机构承销。金融债券是由各专业银行统一筹集用于专门用途的投资，期限有长有短，利率比普通存款利率要高。企业债券是企业为了解决短期资金需要和技术改造需要而筹集资金的方式。企业债券由金融机构代理发行，中央银行对企业债券的发行规模要有所限制，各个企业不得自行其是、任意发行。

（二）股票市场

股票市场是各种股票交易的场所，是证券市场中的一个重要组成部分，由发行市场和交易市场组成。股票发行市场是新发行的股票交易场所。这使资金不足的企业通过发行股票筹集到所需资金，又为资金多余者提供投资机会并争取获得收益。股票交易市场是为已发行的股票提供交易场所，既使股票持有者在需要现金时将股票及时脱手，又为新的投资者提供投资机会。

股票的交易方式主要有现货交易、期货交易、信用交易三种。现货交易是买卖双方达成协议后立即或在二三天内双方办理交割，卖者得到现款，买者购入股票。期货交易是股票买卖双方成交之后，不立即办理交割，而是在将来某个时候根据协议办理交割的交易方式。信用交易是购买股票,只需支付部分货款,其余由交易所经纪人垫支,股票购买者在还款时需支付一定量的利息。

五、外汇市场

外汇市场是进行外汇交易的场所,属于国际金融市场的范畴。1982 年深圳特区获批成立外汇调剂中心,1986 年底将外汇调剂价格基本放开,初步形成外汇市场。随着金融体制改革,外汇市场的交易额不断增加,外汇市场不断地发育和成长。

外汇市场的作用,主要是实现本国货币与外国货币的兑换,以实现国际间经济往来的货币支付和清算。通过外汇市场活动,可为进出口贸易提供方便和信用。

按交易方式不同,可分为有形市场和开放的无形市场。前者指外汇买卖双方在专门设立的外汇交易所中当面交易;后者指无固定场所,买卖双方通过微信、电话、电传等方式进行的交易。

外汇市场的核心是汇率,是各种交易活动的结果,又是外汇交易的指示信号,也表现各种货币"价格"变化的趋势。汇率又称汇价,是指两个国家货币之间的兑换比率,或是用一个国家货币表示的另一个国家货币的价格。以本国货币来表示外国货币价格的标价方式,被称为直接标价法,如 100 美元(外币)=640 元人民币(本币)。目前,我国及世界上绝大多数国家采用的是这一标价方法。以外国货币来表示本国货币价格的标价方式,被称为间接标价法,如英国伦敦外汇市场上的外汇汇率是 1 英镑(本币)=1.4346 美元(外币)。目前,只有英美等少数国家采用间接标价法。

六、黄金市场

黄金市场是黄金买卖和金币兑换的交易场所。在当代各国的信用货币制度下,黄金虽已退出货币流通领域,但由于历史原因和它的稀缺性,黄金在经济生活中仍占有重要的地位。在现实中,黄金是国际贸易和国际间经济往来的最后支付手段,也是重要的价值贮藏手段,还是工业生产、珍贵艺术品的重要原料。因此,黄金买卖既是国家调节国际储备资产的重要手段,也是居民调整个人财富储藏形式的一种方式。

在黄金市场中,卖方有:生产黄金的,拥有黄金而要抛售的集团和个人,为解决外汇短缺和支付困难的各国中央银行,预测金价下跌而做"空头"的投机商等;买方有:以黄金为原料的生产单位,为增加官方储备的各国中央银行,为保值投资的购买者,预测黄金价格上涨而做"多头"的投机商等。伦敦、纽约、苏黎世、中国香港被称为世界四大黄金市场。

黄金市场的交易也分为现货交易和期货交易两种。改革开放以前,黄金市场主要以现货交易为主。改革开放以后,黄金的期货交易得到迅速发展。

第四节　劳动力市场

劳动力市场是指劳动力流动和交流的场所。其运用市场机制来调节劳动力的供求关系,推动人才合理流动,实现劳动力资源的合理配置。劳动力市场上流通的是人的劳动能力,包括体力和智力两个方面。

我国在计划经济体制下的统包统配就业制度,排斥人力资源的市场配置,个人没有选择职业的自由,企业没有选择职工的自由,使劳动力成为供需弹性最低的生产要素,导致人力资源的严重浪费。建立劳动力市场,即要让市场配置劳动力资源,让劳动者和企业都有自由选择的权力,实现全社会范围内劳动力的合理流动。

一、劳动力市场的特点、运行机制和作用

劳动力市场主要有以下特点:其他生产要素市场供求双方的关系一般只发生在市场交换中,而劳动力供求双方的关系则一直延伸到整个生产过程中。劳动力的需求方在取得劳动力的支配权后,仍然要通过劳动力的供给方来使用其劳动能力,在整个生产中都存在劳动力供求双方的关系问题。其他要素市场需求方一旦取得所有权,即可任意处置。而劳动者在进入生产过程中,需求方只能按约定条款使用劳动者的劳动能力,不能任意支配或处置劳动者。即使劳动者在暂时脱离生产过程时,仍然要保障其基本生活。劳动力供给方可以为提高劳动力的价格或改善劳动条件同劳动力需求方进行谈判,供求双方在生产中都有维护自身合法权益

的权利和履行各自义务的责任。

劳动力市场机制,主要表现在三个方面:①价格机制。劳动力市场价格即薪酬,是评价劳动力质量与劳动能力及劳动效果高低的测量指标,也是自发调节人力资源在不同地区、行业和岗位之间配置的经济杠杆。②优胜劣汰的竞争机制。劳动者与用人单位双向选择的优胜劣汰机制,成为劳动者努力向上,不断促使自己适应社会和工作岗位需要的"激发器",又促进人力资源与物质资源的有效配置。③劳动力供求平衡的调节器。劳动力市场的运作是一个不断由供求不平衡—平衡—新的不平衡—新的平衡的动态过程,这种动态的变动,才使人力资源在不同地区、不同行业和岗位中得以合理配置。在市场经济体制下,劳动力供求关系是由市场机制决定的。在供给上,随着工资增加,劳动力供给也会随之增加;反之,随着工资下降,劳动力的供给也相应减少。在需求上,用工数量取决于每增加一位劳动力可能给企业带来的收入。当这种可能收入大于每增雇一个劳动力所需成本支出时,企业才会增雇劳动力。

在各种生产要素中,劳动力是最主要的生产要素。在整个市场体系中,劳动力市场是首要的要素市场。劳动力市场的作用如下:

优化配置劳动力资源。劳动力流动是社会化大生产和市场经济发展的客观要求,劳动力市场为劳动力供需双方相互选择提供场所,促进劳动力的合理流动以及形成合理的劳动力结构,使社会劳动力资源得到充分利用。

提高劳动者素质和企业素质。从整个社会来说,劳动力市场有利于形成一种平等条件下进行竞争的局面。随着社会分工不断发展,生产技术不断革新,对劳动者的要求越来越高,劳动者为了在竞争中站住脚,不得不千方百计地提高自身素质。同时,作为企业,为了在竞争中不致被淘汰,也要想方设法不断提高自身的管理水平。

优化产业结构。由于生产技术、劳动生产率和社会需求等因素的变动,产业结构处于变动调整之中,劳动力的需求结构处在变化之中。劳动力市场可以适时地调节劳动力余缺,有利于产业结构转型升级。

促进城市化、工业化的发展。我国大量的农业剩余劳动力游离、流向新兴城镇和非农产业。劳动力市场的建立有助于农村剩余劳动力的转移和满足城镇和非农产业对劳动力的需求。

二、我国劳动力市场的现状和问题

在经济体制改革中,适应农村剩余劳动力向非农产业的转移,劳动力在城乡之间的流动,以及劳动力在地区之间的转移,劳动力市场开始逐步形成。

我国劳动力市场的整体状况,目前仍然处于发育的初期,各地区、各行业之间的发展还很不平衡。表现为劳动力市场的发育程度,不同所有制的企业有所不同;不同的经济区域有所不同,沿海市场发育程度高于内地,中部地区又高于西部;从城乡发展来看,农村市场机制的活力大于城市。同时,新旧体制转轨时的一些摩擦也给劳动力流动带来一些障碍,劳动人事部门是负责劳动力市场管理的行政机构,但管理职能的转变相对落后,在很大程度上保存着计划经济体制下的管理方式。

我国劳动力市场的主要问题如下:劳动力流动受到政策、体制因素的制约,限制劳动力市场的发育;国有企业和事业单位用工自主权仍然没有得到完全落实;社会保障体系不完善限制劳动力自由流动;劳动力市场管理体制和管理法规不健全、不完善。

第五节 其他生产要素市场

生产要素市场是社会主义市场体系结构中的基本构成部分,它的发育程度反映着整个市场体系的完备程度。生产要素市场除了生产资料市场、金融市场和劳动力市场外,还包括技术市场、信息市场和房地产市场等。

一、技术市场

技术市场是指买卖技术成果的场所,技术交易关系的总和。

现代社会分工日益精细,导致科技部门从原有的生产部门分离出来,形成新的社会经济部门。建立和完善技术市场,使技术商品实现其价值,为企业技术转让提供条件,使科技劳动者的劳动在价值上得到补偿,从物质利益上鼓励人们向科技进军。科技市场具有满足社会生产需要、加速科技成果向社会生产力转化的功能。

技术市场上流通的是技术商品。技术市场的存在,是因为技术成果具有商品属性。技术产品是智力劳动的产品,具有一般商品的属性。首先,技术具有有用性或使用价值,其使用价值以技术、技巧等形式表现出来。其次,技术产品无论以何种形态出现,都凝结着一般人类劳动,具有价值,其价值远远大于一般商品的价值。技术市场交换的技术成果,都是知识形态的商品,其与一般商品市场具有不同的特点:

交易方式多样化。技术商品是知识商品,一般表现为信息状态。而信息是通过一定的载体来储存、传递和表现的。由于载体不同,交易方式也不同。软载体的技术交易,即专利、技术诀窍、产品设计的技术交易,属于知识产权转让,采用许可证协议的交易方式。活载体的技术交易,即存在于人的大脑里的知识交易,主要是通过技术咨询、技术服务、技术培训等方式进行。硬载体的技术交易,通过样品、样机等实物作为技术载体的交易,类似于一般商品交易,但又不完全相同,对复杂的新技术交易,一般总是以多种交易方式综合进行的。

市场价格难以确定。技术商品的使用价值和价值是难以确定的。从使用价值来看,技术商品即使是有偿转让,但往往是由于种种原因难以在生产中实际应用或全部转化为生产力,它的效用是不确定的。在价值上,由于技术商品的生产具有强烈的探索性和非重复性,不存在不同技术商品的劳动进行比较的可能,也不存在同一技术商品的劳动进行比较的可能。因此,其价值难以用社会必要劳动时间来衡量,技术商品的市场价格也就具有难以确定性的特点,只能借助技术商品使用后获得的经济效益进行间接评价。

卖方处于垄断地位。新颖性是技术商品必备的特性,表现为一定地域内和一定时间范围内的独一无二的存在。为保证技术商品生产者的利益,在一定时期内,技术商品要有垄断权,它不允许别人重复生产以前已取得的技术成果。在正常条件下,每一种技术商品都应有独立性。所以,技术市场上同一技术商品的卖方是单一的,不存在卖方之间的竞争。而同一技术商品买方有多个,存在买方之间的竞争。这样,技术市场基本是卖方垄断市场。

技术买卖不同于一般商品交换。从商品转移来看,一般商品买卖时,所有权连同使用权同时转移,卖方失去商品,买方得到商品。而技术商品买卖时,由于技术商品是一种知识,买卖成交后卖方并没有因此而失掉这种知识的所有权,技术商品的所有者决不会因为商品的出售而失去该项技术。同一技术商品即可同时一再转让出售,直到所有人都掌握这种知识而失去作为商品的价值。这种买卖关系的不彻底性,决定着技术贸易必须建立在有关法律的保护下才能顺利进行,使技术商品买卖双方的利益得到合理的保护。

技术市场是科技转入生产过程的桥梁,是促进科学研究的动力。因此,要大力培育技术市场,使其尽快适应社会主义市场经济体制的要求和发展生产力的要求。

二、信息市场

信息市场是指信息交换的场所。信息是指人们对客观世界的认识。信息对于科技进步和经济发展的意义越来越重要。随着因特网、电子计算机、通信卫星等的推广运用,信息业发展突飞猛进,世界已进入信息时代。

信息市场交换的商品是信息,信息的使用价值最终表现为通过信息的使用,可以提高企业的经济效益,其效益远远大于信息自身的价值。信息商品不是固定的物质形态的商品,同一信息可以同时为多种部门、多个企业服务,信息产业是一种知识密集型产业。它的生产需要大量的知识和技术,消耗大量的劳动。按信息商品的种类可分为经济信息市场、科技信息市场、综合信息市场等;按信息商品流通方式可分为单向对应型信息市场、网络咨询型信息市场、大众传播型信息市场、通讯型信息市场等;按信息市场的存在方式可分为固定型信息市场、流动型信息市场、临时型信息市场等。

信息是一种特殊商品,信息市场特点如下:①时效性强。在市场经济条件下,信息的早晚快慢,对于企业是至关重要的。②交易重复。由于信息商品的交易不让渡所有权,同一信息产品可在其有效的时间内在信息市场上多次买卖。③交易价格多变。人为的因素对信息生产和收集费用起了很大作用,因而效用相同的信息,由于供给者不同而包含的社会劳动差别很大。所以,信息价格变化较大,具有很大的弹性。④交易方式多样。信息商品作为一种特殊的知识产品,可转化为物质。信息必须通过物质手段作为载体来储存、传递和表现,由于载体不同,传递方式不同,使得信息交易方式多样。⑤交易效果可变。信息商品不同于一般商品,其使用价值是间接的,它只有作为要素参与到生产过程并使之物化才能产生效用。⑥同样的信息,由于生产规模和使用次数的差别,会产生不同的效用。

信息市场的信息包括消费者需求、物价运动方向、供求关系、现有和潜在竞争对手的分析、社会风尚、自然资源丰富程度、劳动力的数量和质量等。现代社会是信息社会,商品生产者和经营者如离开信息,就无法在激烈的市场经济中站稳脚跟,必须利用信息市场所提供的各种信息,不断地调整自己的经营方向,合理利用资源,以取得更佳的经济效益。

三、房地产市场

房地产市场是指房地产商品交换关系的总和。房地产市场由房产市场和地产市场两个市场组成,是社会主义市场体系中的重要组成部分。房地产由房产和地产两个部分组成,无论是作为消费资料还是作为生产资料,房屋都是商品。房屋可分为住宅、生产经营用房和非生产经营用房。房产市场交换的物质对象是房屋;地产市场交换的物质对象是土地。

地产市场是土地使用权交易关系的总和。土地是国有的,土地市场仅仅是土地使用权的流通,而不是所有权的让渡。同时,土地使用权流转也是有期限的。我国宪法规定,土地属于国家所有,任何组织或个人不得侵占、买卖或非法转让土地,土地的所有权是不能转移的,但土地作为生产要素,土地使用权可以依照法律的规定转让、进入市场流通。地产市场是土地使用权交易市场。地产市场上进行交易的,只是土地在一定期限内的使用权,而不是所有权。由于土地所有权始终掌握在代表国家的各级政府手中,所以地产市场实际上是由政府控制的垄断市场。

房地产市场主要有以下几种:①房屋互换、房地产信托代办、新房出售和旧房出租等活动。②土地一级市场。由国家采取公开拍卖、招标、协议等方式将土地使用权出售或划拨给开发者和使用者。③房地产开发市场是指房地产经营者为了获得可交换的房地产所从事的各种开发活动的总和。④涉外房地产市场。我方出资开发的工业厂房、民用设施租赁或卖给外商使用;土地批租给外商,外商开发土地并按合同要求进行建设和经营。

发展房地产市场,既满足生产经营的需要,有利于生产发展;又促进住有所居,满足人民群众的生活需要,解决城镇居民住房难的问题;提高房地产资源的利用率,物尽其用;优化居民的消费结构;优化产业结构和生产力布局。为此,必须大力培育房地产市场。

本章小结

市场体系具有统一性、开放性、完备性、规范性和动态性。商品市场、金融市场、劳动力市场是市场体系中的最基本内容，是市场体系的三大支柱。商品市场在市场体系中处于基础地位。劳动力市场则是最能动的生产要素。

关键词

市场体系　消费品市场　生产资料市场　服务市场　批发市场　期货市场
金融市场　短期资金市场　票据市场　长期资金市场　拆借市场　股票市场
劳动力市场　技术市场　信息市场　房地产市场

思考题

1.市场体系的一般特征是什么？
2.市场体系的作用如何？
3.金融市场的作用如何？
4.劳动力市场的作用如何？

第四章

第五章　企　业

本章要点

现代企业制度；公司治理结构；混合所有制

第一节　概　述

微观经济运行是指企业在法律、政策和市场机制各种因素的约束下追求自身利益的经济过程。要求具有完善的市场体系、市场机制和市场主体，重塑国有企业产权制度、转变企业经营机制，使国有企业成为商品生产者。2015 年，习近平在全国国有企业党的建设工作会议上提出"推进国有企业改革，要有利于国有资本保值增值，有利于提高国有经济竞争力，有利于放大国有资本功能"。"三个有利于"是衡量国有企业改革成败的标准。

一、企业成为市场经济主体的条件

（一）企业成为市场经济主体内部条件

企业是指独立从事市场活动、以利润最大化为经营目标的经济单位，是发起、实施商品生产和交换活动的实际承担者。企业的一般特性是：具有独立法人产权，可以自由支配、使用和处理归自己所经营的财产，并承担财产经营的风险和责任；具有独立经济利益的商品生产者和经营者；商品和劳务的供给者、生产要素的需求者。在社会主义市场经济条件下，按所有制划分可分成三类：公有制企业、非公有制企业和混合所有制企业。企业成为市场经济主体的条件是：面向市场，自主经营,割断企业与政府直接的行政依附关系;产权关系明晰;利润最大化是追求目标,企业与其职工的经济利益与经济效益挂钩。

改革开放前,国有企业产权关系不清,表现如下:以产品经济为基础,不存在商品货币关系,整个社会被看作是一个大工厂。企业没有自己的财产,对企业亏损概不负责,盈利全部上缴;企业内部与外部利益关系模糊,职工吃企业大锅饭,企业吃国家大锅饭,只有收入攀比,没有生产经营的竞争;优胜劣汰被优劣共存取代,导致产业结构优化和生产要素优化组合的目标始终难以实现。国有企业类似车间甚至班组,全部经济活动由国家安排,包括投资、生产、销售及分配,企业不能独立对其行为承担责任,也不考虑财产增值与否;更新改造不能及时而有效地进行,致使许多工厂设备陈旧、效率低下。全民资产所有者虚置,国家虽是全民资产所有者,但找不到一个明确的国有资产代表或管理机构,造成国有资产无人负责、无法负责。总之,国企产权明晰是经济体制改革的关键。

国有企业改革的基本要求是实行现代企业制度,实现产权明晰,实行企业资产最终所有权同企业法人财产权分开,企业不但负有限责任,而且有充分的自主权。国有企业要转换经营机制,经营机制是指决定企业经营行为的各种内在因素及其相互关系的总称,即企业生产和交换活动赖以存在的经济关系,包括动力、决策、自我调节和自我发展、自我约束机制。

动力机制(激励机制)是微观单位的动力源泉,由物质利益和精神激励构成。物质利益包括财产关系(拥有财产和实际支配财产)和非财产关系(工资、奖金、福利等)。精神激励包括正向激励(荣誉、称号、地位、事业成就感等)和负向激励(风险承担、责任处分等)。

决策机制是指企业对经营目标、发展规划和运行措施等做出抉择的机制。企业一般以市场的需求和价格为导向确定生产方向、生产规模、经营方式,包括搞新产品开发、跨行业调整经营、一业为主多种经营、多业并举等。

自我调节机制是指企业内部结构、生产和服务及公共关系调节等调节机制。按市场变化设置部门、配备适当人员,合理安排生产活动,强化内部管理,充分利用人、财、物,降低成本,以销定产,开发新产品,扩大市场占有率,这一切要求企业自我调节机制灵敏。

自我发展机制是指企业具有创新(研发新产品、新工艺、新原料、新生产经营方式)的内在动力和能力的机制。

自我约束机制是根据企业内部条件和外部环境，自觉约束自己行动的机制，包括预算约束、收入分配约束、道德约束等机制。

(二)企业成为市场经济主体及规范运行的外部环境

市场信号有序。企业生产经营、投资、用工方向和规模等均由价格、利率、工资等市场信号引导。企业规范运行，要求市场信号有序，包括：市场信号应是在价值规律、供求规律和竞争规律综合作用下形成的。资金灵活融通、周转迅速；劳动力合理流动、适时更替；生产条件及时更新，技术交流和推广便捷；产品自由流通。价格、利率、工资和供求的市场信号有序联动、共同作用。政府信息咨询机构和决策机构通过各种信息媒介和经济杠杆提供及时、准确的信息，使企业能尽快了解各种生产要素的稀缺程度和市场供求状况，把握宏观经济运行状况和中长期经济态势。

政府行为规范，市场体制机制完善，政府保护企业产权及相关合法权益，保证各种所有制企业依法使用生产要素、公开公平公正地参与市场竞争。

市场环境良好。不存在人为的价格控制或价格操纵，价格大幅度波动得到抑制，垄断被限制在少数公共产品和特殊行业的范围内，工资、利率、汇率由市场竞争形成，企业自由进出市场，适度买方市场格局成为常态，竞争中卖者难以向买者转嫁损失。

二、企业生产经营目标和经营决策

(一)企业生产经营目标是利润最大化

利润最大化是指在产量既定条件下实现成本最小；或在成本既定条件下达到产量最大，使有限资源或有限生产要素投入的产出最大。利润最大化作为生产目的，促进微观层次的资源有效配置，为宏观层次的资源有效、合理配置创造条件。

利润最大化，促进社会资源优化配置，有利于财政收入增加、企业资产增值、积累增加和发展、职工福利改善和个人收入增长。亏损意味着浪费社会资源，要重新配置或重组流动、转产再配置。在市场竞争和产业结构高度化的过程中，竞争力弱的企业被竞争力强的取代，优胜劣汰是市场竞争法则，是经济活力的源泉。

(二)企业生产经营决策的两个要求

1.生产规模最佳

这是总利润达到最大时的产量水平,其衡量标准是比较边际成本与边际收益,两者相等时总利润最大。边际成本是指增加一个单位产量所花费的成本(其中包括机会成本),随着产量增加,边际成本先下降,后上升,其上升速度逐渐加快;边际收益是指增加一个单位产量所增加的收益,即新增收益或新增销售收入。若边际收益大于边际成本,表明每多生产一个单位产品所增加的收益大于生产该单位产品所消耗的成本,这时还有潜在利润没有得到,增产有利,必须增产,其结果是该种产品供给增加,在需求不变时,价格下降,边际收益减少,边际成本增加,直至两者相等时,企业不再增产;若边际收益小于边际成本,表明每多生产一个单位产品所增加收益小于生产该单位产品所消耗的成本,这时生产该种产品是亏损的,应减产,供给减少。当需求不变时,价格上升、边际收益增加、边际成本下降,直至两者相等时,企业不再减产;只有当边际收益与边际成本相等时,企业把该赚到的利润都赚到,这时边际产品的经济利润虽然为零(会计利润大于零),但总利润达到最大,不会增产,也不会减产,此时产量水平即最佳生产规模。

2.生产成本最低的要素投入组合

产量既定,成本最小的生产要素投入组合是实现利润最大化的条件,要做两种比较:

比较机会成本。当企业把一定资源用于生产某种产品时所放弃生产其他产品时可能获得的最大收益。显然,企业会选择机会成本较低的投资项目。考虑到机会成本情况,经济利润为零并不意味着企业投入没有得到回报。

比较各个生产要素的边际产量。在其他生产要素投入不变时,追加一个单位某一生产要素所增产量。一般而言,边际产量会逐渐减小。生产要素最优投入量是指边际成本等于产品价格时的数量。若在生产中投入两种以上可以相互替代的生产要素,那么在决定要素组合时,必须比较不同生产要素的边际产量。在产量一定时,每增加或减少一种生产要素投入量就必须减少或增加另一种生产要素投入量;比较各种要素价格,在生产中,企业会选择那些价格相对低廉而边际产量相对高的生产要素。生产要素投入调整只有在使不同生产要素边际产量与其价格之比相等时,才会形成最小成本的生产要素组合,实现利润最大化。

第五章

假设使用的生产要素是劳动和资本,分别用 L 与 K 代表;劳动边际产量为 MPL,价格为 PL,购买量为 QL,资本边际产量为 MPK,价格为 PK,购买量为 QK;成本为 C,生产要素最佳投入组合公式为:

PL·QL+PK·QK=C   MPL/PL=MPK/PK

规模经济是指生产规模变动,引起收益变动的情况。企业生产规模扩大与收益变动之间存在内在联系:在生产的第一阶段,生产规模扩大幅度小于产量增长幅度,规模收益递增,这是规模经济;第二阶段,生产规模扩大幅度等于产量增加幅度,即规模收益不变;第三阶段,生产规模扩大幅度大于产量增加幅度,即规模收益递减,这是规模不经济。任何一个厂商或企业,都有一个适度规模问题。适度规模的原则是,使规模收益递增,而不能使规模收益递减,至少应使得规模收益不变。规模小于适度规模,企业应扩大生产规模。规模大于适度规模,企业应将企业进行分解或缩小生产规模。

第二节　现代企业制度

一、股份制的性质、特征、作用与依据

(一)股份制的性质与特征

股份制亦称"股份经济",是指以入股方式把分散、属于不同人所有的生产要素集中起来,统一经营,自负盈亏,按股分红的一种经济组织形式,是企业财产所有制的一种形式。其特征是由多个所有者共同出资组建公司制企业;实行有限责任;企业法人财产权与股东法律所有权并存。公司治理结构能够解决所有权与经营权分离带来的"代理"问题。

(二)股份制的积极作用

第一,适应社会化大生产;第二,促进政企分开,增强企业活力;第三,提高产权配置效率;第四,法人治理结构有利于企业实行科学管理和加强社会监督。

(三)传统的国家所有制形式进行股份制改革的理论依据

第一,生产资料的所有权与经营权"两权分离"的理论,所有权与经营权是可以适当分离的;第二,在"两权分离"的基础上界定产权关系;第三,公有制可以有多种实现形式。

二、现代企业制度适应市场化、现代化、国际化

(一)企业制度

企业制度是以产权制度为核心的企业组织结构制度,反映的是财产关系以及由财产关系决定的企业组织关系与责任关系,包含如下内容:

企业财产关系和产权制度。主要是投资人的出资方式、财产占有状况、权益实现规则、资产支配权行使,以及资产支配权同出资者所有权之间关系。各类企业因产权结构、产权制度不同而不同。

企业组织结构,是指出资者、财产支配者、经营者与生产者之间制约制衡的组织关系。

企业财产责任及决策责任的相关规则。因出资者及资产经营者、生产者产权关系的不同而决定的不同责任规则。由以上这些根本制度所决定的企业不同行为与市场环境之间的互动关系,及由此而产生的主要企业行为特征。

(二)由古典企业制度到现代企业制度

企业是从事生产经营活动的营利性经济组织。按财产组织形式以及与之相关的法律形式,可把企业制度划分为古典企业制度和现代企业制度。前者不是指历史上存在过、现在已不复存在的企业制度,而是指古已有之、现在依然存在的企业制度。后者也不是指现存的所有企业制度,而是指只有在现代市场经济中才有的股份制。

古典企业制度包括业主制和合伙制两种形式。

业主制是由业主个人所有和经营的独资企业,是古典企业的典型形式。其基本特征是:第一,法律上是自然人企业,企业不是法人因而不是民事主体,业主个

人才是民事主体;第二,企业财产与个人财产合一,收入全部归个人所有,个人对企业债务承担无限责任,当企业资不抵债时,业主以全部财产(含家庭财产)承担连带责任;第三,业主直接经营管理企业。业主制企业的优点是:所有权和经营权统一,决策及时有效,适应市场能力强;权利和责任统一,利润激励作用强烈,企业活力强;财产约束硬化,业主无法转嫁风险。业主制的局限性有:一是企业规模受到个人财力和信用的限制。在微观上,当企业应通过扩大经营规模而赢利更多时,但受个人实力限制而难以实现;在宏观上,则是其不再能适应生产社会化对技术进步和生产经营扩大的要求。二是企业发展还受到业主个人能力和寿命限制。

股份制产生于15—16世纪新大陆发现和开辟通往远东的新航线,在西欧出现了远洋国际贸易。这种贸易投资巨大,占用资金时间长,风险巨大。于是便产生了最初的股份制,由多个投资人共同出资,共担风险来经营这种殖民贸易。不过,在以后的数百年中,还很难界定这种企业制度究竟是合伙制还是股份制。直到19世纪后半期,在第二次工业革命期间,铁路兴建、重工业发展才催生了真正意义的股份制企业。

合伙制企业是为克服业主制企业的上述缺陷而发展起来的,是由两个以上自然人共同出资、共同经营,并分享利润和分担亏损责任的古典企业制度。产生的原因主要有:业主为扩大企业规模、为发挥各个业主的各自优势,业主继承人不愿因明晰产权而使企业解体,又要明晰各个继承人之间产权关系而组建家族式合伙企业等。合伙制企业与业主制企业的特征基本一致,都是自然人企业,企业不是民事主体,合伙人才是民事主体;企业财产与合伙人个人财产连为一体,合伙人共同对企业债务承担无限责任;合伙人共同经营企业。它与业主制企业的不同之处在于,企业由合伙人共同控制和经营;每个合伙人都对企业债务负有连带责任。合伙制企业虽然在资本来源、信用范围和程度、出资人分工合作等方面较业主制企业前进一大步,但其发展仍受到资本量小、企业规模的局限。正是为克服这些缺陷,在漫长的历史演进中,逐步产生现代企业制度。

合伙制企业可以视为是业主制企业向股份制企业过渡的一种形式。虽然其在一定程度上克服了业主制企业资金和信用有限的缺陷,但也存在一系列问题:

一是法律上民事主体不明晰。当企业出现民事纠纷时,单个合伙人会推卸个人责任,出现债务追偿困难问题。于是产生了不再由自然人承担民事责任,而由法律虚拟出一种人格,即法人制度的必要性。法人制度一旦确立,当需要企业承担责任时,人们不再向各个合伙人索债,可以直接用企业资产抵债。

二是经营管理上,当企业规模扩大后,合伙制共同经营便会与企业科层组织要求集中统一领导的原则发生矛盾,这一矛盾要求企业所有权与经营权分离。

三是无限责任制面临突出的矛盾:一方面企业规模扩大的要求与合伙人退出经营管理的矛盾;另一方面不直接经营企业的合伙人仍然要用全部财产为企业承担连带责任。因此,这种制度成为企业规模扩大的障碍,因为不是经营的负责合伙人也要承担无限责任,巨大的投资风险使人们不愿意投资企业。只有降低风险,才有可能吸引新的出资人,有限责任制正是在这种背景下,通过众多产权主体自发交易被逐步摸索出来。

现代企业制度产生以后,合伙制企业制度的许多功能被股份制所替代,合伙制企业制度现在只在少数特殊行业中实行。

国有企业在计划经济体制下,实际是古典企业制度的一种特例。在这种企业制度下,政府既是独资所有者,又是经营者,要为企业经营承担无限责任等。与市场经济条件下古典企业制度的不同之处主要在于,所有者不是私人,而是政府。

公司制概念与股份制概念有联系又有区别。公司制强调现代企业制度的法律形式,而股份制则强调现代企业制度的经济形式。公司制企业虽然源于股份制经济,但在后来的发展中,许多国家法律允许注册独资公司,这些独资公司虽然必须按公司制企业方式运作,但它们不是股份制企业。在我国,公司制企业包括股份有限公司(可分为上市公司和非上市公司)和有限责任公司两种基本形式。2013年12月28日修订的《公司法》允许在有限责任公司下设立"一人公司"。这种独资公司是公司制企业,却不是股份制公司。

我国股份制企业仅有股份有限公司和有限责任公司两种法律形式,两者有共同点又有区别,共同点是:①都实行出资人所有权与企业法人所有权分离制度。出资人只掌握财产终极所有权,主要是任免主要经营者、参与企业重大决策和利润分配决策;企业法人实际支配公司财产,负责日常生产经营活动。②都实行有限责任制,即股东以其出资额为限对公司负债承担责任。都有类似的公司治理结构,设有股东会、董事会、监事会、经理、工会。二者的主要区别为:①股东法定人数不同。有限责任公司要求人数较少;股份有限公司法定人数较多,特别是上市公司要求人数最多,通常有最低人数限制。②法定最低注册资本量不同:有限责任公司根据行业不同,要求数量最低为10万到50万元,股份有限公司最低为500万元;上市公司要求最高。③筹资和股票转让方式不同。有限责任公司只能在内部定向筹资,股票转让须得到 1/2 以上股东同意;非上市股份有限公司可向社会筹资并自由转让股票,上市公司则可通过证券交易所筹资和自由买卖股票。④财务制度不同。有限责任公司财务相对保密,非上市股份有限公司财务相对公开,上市公司财务透明度最高,定期向社会公布财务状况。总之,股份有限公司筹资能力强于有限责任公司,股票买卖自由度大,更具有社会性。为保证股东尤其是小股东的权益,股份有限公司尤其是上市公司设立的门槛也比有限责任公司高。

(三)现代企业制度的五个基本特征

现代企业制度的特征:在法律上取得法人资格,具有独立民事主体地位;企业原始资本权与法人财产权分离,企业在法人财产权基础上自主经营、自负盈亏;所有者与经营者分离,实际控制权由职业经理控制,他们可以不是企业所有者;出资人对企业债务承担有限责任。现代企业制度成为现代市场经济中占主导地位的企业形式。

1.产权制度

现代企业制度与古典企业制度(业主制、合伙制)的区别主要有:在现代企业制度中,通过股份制实现资本多元化,来源大大扩展;企业财产所有权与企业资产实际控制权相分离;企业所有权最终由出资人控制,而资产实际控制权和企业生产经营权通常掌握在具有专门知识的职业经理人手里。而在古典企业制度中,所有权与经营权合一,都控制在单个业主或多个合伙人手中。

现代企业制度两权分离,保障出资人利益和对企业经营权的最终约束,可以打消出资人的顾虑,愿意投资以满足现代大企业对巨额资本的需要;生产经营权赋予职业经理,又能适应社会化大生产对企业经营管理的要求。这种企业制度能够调动货币资本和人力资本两个方面的积极性,使它成为现代市场经济中占主导地位的企业形式。

2.法人制度和法人财产制度

法人是指按法定程序组建,具有一定的组织机构,拥有自己的财产,独立承担民事责任的组织。原来由自然人承担民事责任制度不能适应经济和社会发展,而法人制度是随着社会分工发展和财产组织复杂化形成的。

企业法人与非企业法人的根本区别是是否以营利为目的。法人企业与自然人企业对称,二者的区别在于企业究竟是实行现代企业制度还是实行古典企业制度。

是否具有法人资格是现代企业制度与古典企业制度的又一重大区别。在古典企业制度下,不存在法人。而公司制企业是法人企业,是独立民事主体。法人企业具有组织、财产和人身三大特征。组织特征是指企业依法成立,有自己的名称和场所,设有固定组织机构和必要职能部门,并作为一个整体从事生产经营活动;财产特征是指企业必须拥有自己能够支配和控制的财产,这是企业从事生产经营活动的基础,又是企业独立承担民事责任的前提条件;人身特征是指企业具有法律虚拟独立人格,其是一种人格化经济组织。

法人财产制度或法人财产权是法人企业的经济基础,即出资人将自己财产的一部分产权让渡给企业法人,企业法人可在法人财产基础上自主经营、自负盈亏,并独立承担民事责任的一种财产制度。法人财产虽然产生于出资人财产,但一旦投资人把自己的资本投入企业,它便与其他人投入企业的财产一并形成一种新的财产关系,出资人不再能像对待个人财产那样任意支配和处置这部分财产。在股份制企业中,投资人不能退股,出资人也不能直接、随意地干预企业生产经营活动,其干预行为必须符合一定法定程序和出资人共同制定规则。这种制度使企业可以在法人财产基础上自主经营、自负盈亏,出资人不再能随意干预企业,只能在法律允许和出资人共同协议基础上来影响企业。同时,股东不能退股的规定保证法人财产的完整性、连续性和稳定性。企业寿命不再受出资人自然寿命和个人偏好的变化影响,一旦出资人把自己的资本投入企业,这部分资本就成为企业可以无限期使用的财产,永久性地固化为社会化使用的资本,出资人只能通过股权转让的方式收回自己的资本;企业生命只受生产经营状况影响,只要企业经营有方,企业生命就能不断延续,能够满足社会化生产对企业发展的需要。这种财产制度也为发挥作为非出资人的职业经营者的才能提供更广阔的活动空间。股东享有法律所有权,可以获得股息、红利等持有性收入,可以获得买卖差价的收入;拥有企业的一定经营权。

3.有限责任制

有限责任制是指企业以其法人财产为限承担责任,出资人无须以自己其他财产为企业债务承担连带责任。这是现代企业制度或法人财产制度的又一基本特征。当企业破产或解散时,债权人对债务追索只能是企业法人财产,或者说出资人损失以投入企业财产为最高限度,出资人的其他财产无须承担连带清偿义务。无限责任制是有限责任制的对称，即出资人以全部财产为其投入某一企业的资本，负连带清偿责任。

有限责任制的产生是人类在经济制度的一次飞跃，是现代企业制度和企业法人财产制度产生的一种重要制度基础。有限责任制在现代企业制度形成和发展中的重大意义可概括为两点：大大降低出资人的责任和风险，调动资本所有者投资实业的积极性，使以大量资本为基础的现代大公司可能产生；有力促进货币资本所有者与人力资本所有者的分工。在无限责任下，企业家要有经营管理才能，也要有创办企业的资本。因为在需要承担连带责任时，当人们把自己的一部分资本交给企业家经营时，同时也把自己的财产置于经营风险中，因此人们很难将自己的资本交给他人经营，而自己经营又要求必须具备经营才能，这并非是所有投资者都能做到的。与此不同，在有限责任的条件下，出资人只需要为投入企业那部分资本承担经营风险，使风险降低。这使具有经营才能的企业家可能使用他人的资本来实现自己的抱负，也为货币资本持有者利用他人的才能来实现资本增值提供可能。这种"有钱出钱，有力出力"的格局形成，为货币资本与人力资本分工协作提供了更多机会，开辟了更广阔的前景。因此，没有有限责任制度，就不能出现以经营管理为职业的企业家阶层。

4.层级组织和民主管理

巨型层级组织结构是现代企业制度的又一重要特征。层级组织也称科层组织，是指按统治与从属、上级与下级、命令与服从原则建立起来的组织，企业就是按照层级原则建立起来的典型组织。层级组织是相对市场组织而言的，市场组织是按平等原则建立起来的经济组织，如等价交换、公平竞争等。市场组织与层级组织是人类社会处理相互关系的两类基本组织形式。与之相应，也可以把人类行为相应地分为市场交易行为和管理交易行为两大类。现代企业规模扩大使企业这种层级组织特征凸显出来。

层级组织形成促进分工，有助于实现规模经济，节约交易成本，提高公司生产效率和运营效率。但是它也不可避免地会在企业内部产生奴役、不平等等问题，造成市场经济的平等性大大弱化。统治与从属关系重新在企业层级组织中大行其道。这不仅使企业层级组织的效率大打折扣，而且可能造成企业管理非人道的问题。于是，在企业层级组织前提下民主参与和民主管理问题也便应运而生，成为公司治理的一大主题。

5.委托代理关系和代理

与现代企业巨型层级组织结构相适应，在企业内部形成层层委托代理关系。委托代理关系是在股东会与董事会之间，股东大会是委托人，董事会则是代理人，前者把属于股东的财产权利委托给后者，后者则是前者财产权利的代理人；在董事会与经理层关系中，董事会则成为委托人，把组织和管理企业日常生产经营权利委托给经理层，经理人员成为代理人；以此类推。企业委托代理关系下不可避免地会产生代理问题。

代理问题是指在公司层级组织结构下所形成层层委托代理关系中，代理人凭借其在公司治理中占据的有利地位，可能利用委托人授权而损害委托人利益的活动。代理问题主要是由如下几个难以克服的矛盾所造成的。

第一，不同产权主体追求的目标和利益不一致。股东追求分红派息最大化和股票价格升值，经理人则把企业规模扩大和企业稳定发展作为首要目标，职工则可能把就业岗位稳定和工资最大化作为首选目标。

第二，责任不对等。公司所有产权主体虽然都对公司经营状况负有责任，经营不善对每一个人都造成一定程度风险，但他们的责任和风险程度却是不对等的。作为最终委托人的出资人承担着公司经营的最终风险，但他们不直接参与经营管理。这就可能导致代理人不负责任草率决策，在决策过程中偷懒、卸责，因此造成的损失最终属于出资人。

第三，契约不完全。委托代理关系实际是一种契约关系，委托人与代理人之间的主要责权利关系可以通过事先的合约确定，但企业经营存在不确定性，合约难以穷尽未来所有责权利关系，因此委托人难以通过订立一个完美无缺的合同有效地约束代理人的行为。实践表明，事前合同越完备，留给代理人自由活动的空间越小，其创造性和主动性越小；相反，不完备的合同则给代理人留下一个更大的创新空间，有利于其积极性、主动性的发挥，同时也给代理人留下侵害委托人的更大空间。所以，合约完备与否与代理人自主权大小间是一个两难选择。

第四，信息不对称。由于代理人更直接地参与生产经营活动，其占有生产经营信息多于委托人。此外，委托人对代理人本人能力和信誉等方面的信息把握也是有限的。在目标和利益不一致、责任不对等、合约不完备的前提下，这种信息不对称使代理人有可能蒙骗委托人，损害其权益，而委托人很难监督约束代理人。

针对代理问题，在公司长期运作中便形成主要为解决这一问题的公司治理结构;当然代理问题的解决不能完全依靠物质性办法,还必须依赖企业文化这一精神条件。

三、我国现代企业制度及其特征

"两权分离"即股份公司所有权和控制权的分离,按社会化大生产的要求,股东享有所有权,经理人享有经营权,使股东对公司的实际控制力有所降低。在公司治理结构中,股东凭借法律所有权索取企业的剩余利润。在利益最大化驱使下,股东通过"用手投票"和"用脚投票"的所有权形成对经营权进行直接控制和间接控制。间接控制是指通过竞争性的企业家市场、产品市场和资本市场实现对经营者行为的监督约束和对经营绩效的评价。在这种公司制度安排中,法律所有权仍然是所有者对经营者激励或约束的重要基础。

现代企业制度是在企业两权分离的前提下,适合现代市场经济要求,在产权结构、治理结构、决策结构、责权利结构以及制约因素等方面具有一定规则,为满足公司利益相关者之间的责、权、利均衡的需要而产生的一种企业制度,目的是使公司价值最大化。

我国现代企业制度具有四个特征,即产权清晰、权责明确、政企分开、管理科学。

(一)产权清晰

即主体多元化的公司产权清晰。法律为这种产权组织形式专门构造了一种特殊法人财产制度,出资者对所形成的财产拥有法律所有权,而公司则拥有法人财产权,这种法人财产权具有独立于出资者的法律地位。从产权关系来看,它体现了在社会经济运行中由法律界定和维护的各种经济当事人对财产的权利关系。因此,建立具有激发企业动力和活力的现代企业制度,有效配置资源,有序经营运转,就必须以某种机制界定清楚各经济当事人(包括出资者、经营者和生产者)的财产权利关系,协调和维护好这种关系。建立现代企业制度,使国有企业变成具有这种产权关系清晰特征的公司制企业。将竞争性行业的国有企业改造成为产权主体多元化的股份公司,这是我国建立现代企业制度的关键。按公有制和市场经济的双向要求,构造出一种新的合理产权制度,理顺产权关系,依法搞好各经济当事人对财产权利的界定、协调和维护,充分发挥产权的特殊功能,引导人们将某些难以把握的不确定外部因素转变为内在性自我激励,形成有效率的产权结构,硬化财产约束,保障正当经营权利和资源优化配置,规范交易行为。

产权明晰,吸引更多社会资金和智力,形成强大的经济实力、经营管理与监督力量,发挥法人制度的积极作用,能够承担市场竞争的更大风险,使公司成为国民经济发展的柱石。

(二)权责明确

责权利统一是现代企业制度处理各种关系的基本准则,也是其优越性和重要特征之一。规范企业都形成一套使所有者与经营者及生产者责权利相互协调与约束的组织机构和行为机制。通行的股东大会、董事会、监事会和总经理负责制,是有效维系责权利制衡关系的企业组织制度。这可避免责权利相互脱节有责任无权利或有权利无责任的非正常现象。对上述符合国际惯例的企业组织制度均可采用,但在具体内容上要根据我国国情加以设定,建立现代企业制度,要使国有企业的这些弊病彻底改变,成为规范企业,拥有独立法人财产权、自主经营权和独立的经济利益,确立它们应承担的经济责任。

根据权责分明和责权利结合这一现代企业制度的优点和特征,企业重要的是设定、解决好总经理问题。首先,落实能人治企的原则,选择具有高度责任心、事业心和经营才能的人来担任;其次,给予相应的自主权和报酬,使他真正能履行职责和承担风险。在现代企业中,总经理往往是关系公司兴衰成败的关键人物,既要充分信任、充分发挥其才能,又要对其进行有效监督,以防止不端经营行为的发生。经营失误给公司造成损失,总经理要承担责任,董事会也要承担一定责任,出大问题的,董事长必须辞职,董事会要改组。

权责分明,包括有限责任制度。当公司资不抵债而被宣告破产时,股东以出资额为限对公司负责,公司则以全部财产对全部债务负责:以全部资产偿还全部债务,不足清偿部分,公司不再负清偿责任。

(三)政企分开

政府与企业是两种不同性质的组织机构,政企间是法律关系。政企分开,政府依法管理企业,不能直接干预企业经营活动。政府调控企业主要使用财税、金融和法律等手段,包括对企业经营的某些限制,如禁止企业垄断、污染环境等。

在现代企业制度下,政府应协助企业开拓市场,特别是国际市场,并着力建立健全社会保障体系,减轻企业的社会负担,让企业致力于发展经济,增强自身和国家的经济力量。企业则应重视所有者、经营者、职工、用户、中间商、供应商、消费者等相关利益者的关系。这是搞好生产经营的内在需要。

(四)管理科学

现代企业制度具有以发挥人的作用为重点,建立一套科学合理的管理制度的机制,正确处理产权关系和责权利关系,有效调动广大职工的积极性,不断选拔、培养和使用优秀企业家搞好经营,使企业通过联合、集聚和优化社会资源,不断研发生产质优、价廉、性能好、适应市场需求的商品,增强企业竞争力。管理科学还包括在企业内部建立起科学管理的组织结构,按权力、决策、执行、监督机构之间相互独立、相互协调、相互制约的原则,设立股东大会、董事会、监事会、聘任总经理,由总经理"组阁"。研究表明,科技和科学管理,是企业顺利发展缺一不可的两个轮子。

第三节 公司治理结构

建立现代企业制度的关键是形成有效的公司治理结构。

一、公司治理结构的性质、特征、分类

(一)公司治理结构

公司治理结构是建立在出资者法律所有权与法人财产权分离的基础上,保证以股东为主体的利益相关者的利益为前提,股东会、董事会、监事会、经理层及其他利益相关者之间的权利制衡、责任分工、激励约束及市场机制的一整套公司权利机制和制度安排。其核心是作为外部人的投资者如何激励与约束作为内部人的经理人员。旨在降低代理成本,保证管理层能以股东和公司利益最大化为目标。

公司治理是现代企业制度的重要方面,分为内部治理和外部治理,表现为治

理结构和治理机制。治理结构,包括股权结构、资本结构以及治理机构设置等;治理机制包括用人机制、监督机制和激励机制。这两者共同决定治理效率的高低。

(二)公司治理结构的主要特征

公司治理结构经历了一个由股东本位主义到利益共同体主义、再到董事会中心主义的发展过程。随着科技迅速发展,竞争加剧,大规模现代股份公司不断涌现,加上证券市场的高度发达,公司股东众多、股份日益分散,形成由少数大股东控制的格局。

委托代理,纵向授权。经理自主权充分,实行两权适度分离,权责分明,各司其职;经理有充分的动力去努力实现股东利益;经理的激励与约束机制并存并相互制衡。在激励上,委托人通过一套激励机制来促进代理人的行为目标与委托人的目标一致;在约束上,股东大会与董事会、董事会与经理层之间、监事会与董事会、经理层之间都要设立制约机制。

股东充分掌握关于公司运营的信息,拥有充分的权力和手段,能在经理人员未能实现自己的愿望时采取果断的行动进行干预。

(三)公司治理结构分类

大体有四种。英美国家的市场监控模式,德日国家的股东监控模式,东南亚国家的家族控制模式,以及东欧等国的内部人控制模式。但主流是前两种。

治理理念。英美模式本质是股东价值最大化,为内部人控制模式,是不健全、不完善的。德日模式本质是利益相关者价值最大化,注重利益相关者利益的和谐;注重人和,提倡集体主义,注重劳资和谐。

治理制衡。德日模式注重分权制衡,为外部人控制模式。而英美模式则往往采取董事长与首席执行官合一,以集权的方式提高效率,将监督权交给股票市场,但由于股票市场的反应有滞后性,所以英美模式下容易出现大的治理危机。

治理结构下的经营者行为。英美模式下经营者的选择、激励往往与公司股票价值挂钩,很容易造成股票价格与经营者的经营绩效不一致;德日模式更关注管理过程,使得德日模式下的经营者投机心理弱化,企业经营可能稳健一些。

外部人控制模式的特征:股权分散;以市场约束进行管理,即"超产权理论",即使没有公司内部的产权激励,经理也会因为市场激烈的竞争而为所有者的利益勤奋工作。还需要以完善的立法保护股东利益,保障信息及时披露,规范资本市场和公司运营。

内部人控制模式的特征:投资者主要以内部人集团为主,股权高度集中。经营者约束,主要通过公司内部严密的组织结构实施,由公司内部的控制机制对管理层进行直接监控。

这两种模式各有千秋。外部人控制模式以市场为导向,通过合理的激励机制使经营者的利益尽可能地与股东利益相结合,利用股票期权刺激经营者为自己的最大利益、为股东的最大利益而努力工作,成为公司治理结构的重要组成部分。内部人控制模式为组织导向,通过严密的组织结构来制约公司经营者,强调投资者、职工及工会组织的平等参与,注重发挥利益相关者在公司治理结构中的作用,也代表当今世界公司治理结构发展的一种潮流。这两种模式虽存在差异,但已出现相互融合之趋势。

国有企业与其他类公司不同,除董事会公司构架外,还要发挥党组织政治领导作用,职工代表大会发挥民主管理作用,这些是国有企业公司治理的特色。国有企业在借鉴西方经验时,还需从根本上摸索一套具有中国特色的公司治理模式。为坚持党的领导和董事会的决策作用,一般采取党委书记兼任董事长的体制。工会主席和工人代表一般成为董事或监事。

二、国有企业公司治理结构

(一)公司治理机制的含义

公司治理机制是指公司各种利益主体之间形成相互分工协作、相互制衡的功能。治理机制内容十分丰富,可以简单地概括为激励和监督约束两种机制。

激励机制是指为提高企业内部多元利益主体目标函数的一致性,通过种种鼓励手段而形成的经营功能。其包括物质刺激和精神鼓励,前者是指分红派息、工资薪金、奖金、股票分红、股票期权等物质性手段所形成经济动力,后者是公司利益主体由于对企业共同价值观念、追求目标、经营理念、企业文化等认同,而形成非物质性动力。由于各国公司治理理念和模式不同,这些激励手段配置也有很大差异。如,日本在公司治理模式中,企业文化等精神激励的作用很大,而在英美模式中各种物质手段发挥更大作用。

监督约束机制是指为防治和削弱内部人员追求个人或小集团利益而损害企业整体利益和长期利益的行为,通过制定法规章程、建立相互制衡的组织架构和人事关系、确立道德规范和共同价值观念而形成的企业经营功能。监督约束机制可分为以规章和组织形式存在的实体性监督约束,以企业文化方式存在的精神性监督约束;又可分为外部监督约束和内部监督约束两类机制。其中,外部监督约束机制又可分为法律和市场两种监督约束机制,前者指国家法治对人员及其行为的制衡约束;后者指产品市场、人力资本或经理人员市场、资本市场对人员及其行为的制衡约束。内部监督约束机制是指公司内部治理架构、运作方式、人事制度安排所形成相互制衡关系,以及企业文化对个人行为的制约。由于各国公司治理理念和模式不同, 外部和内部监督约束机制在不同国家公司治理中的作用有很大差别。在欧洲大陆国家和日本的公司治理模式中,主要依靠内部监督约束机制和文化制衡作用;在英国和美国则主要依靠外部监督约束机制,更重视章程、规定等实体性监督约束。

在现代企业制度改革初期,较多地借鉴发达国家经验,主要依靠强制性制度创新,在法律规则上搭建起一个治理框架,为公司制企业治理创新提供一个较高起点的平台。但今后中国公司治理发展越来越受到各个经济主体的自发性产权交易或诱致性制度创新的影响。不能简单地遵循英美模式或德国模式,而是逐步探索出具有中国特色的公司治理模式。

(二)公司治理结构的作用

公司治理结构能解决三个基本问题:协调股东与企业的利益关系,确保投资者的投资回报;协调企业内各利益集团的关系;提高企业自身抗风险能力。

首先,股权集中度与内控的效果成正比。但股权过于集中则会导致治理结构失衡,缺乏对大股东的制约,相应的内控也就流于形式。其次,股东的性质也会对内控产生不同的作用。我国上市公司的股东主要分为国家股东、法人股东和流通股股东。对国家股而言,行政机关并不享有剩余索取权,因而缺乏足够的经济利益驱动去有效地监督和评价经营者,从而造成对公司的"超弱控制"。与国家股相比,法人股出于对自身利益的考虑,具有比较大的监控动力和能力。但由于机构间相互持股比例较大,他们之间利益关系错综复杂,对企业的内控作用难以发挥。最后,表决权会对内控产生影响,一股一票制及设定投票通过比例虽可决定公司事项,但这无法解决国有股一股超大、股东大会成为橡皮图章的问题。

(三)我国国有企业公司治理结构存在的突出问题

国企产权过分集中、过于单一、股东大会"一言堂"现象严重,变成国家股东会议或董事会扩大会议,难以形成规范、有效地对董事会、经理层、监事会及公司行为的相互制衡约束机制。董事会运作失范,激励与约束机制不健全;董事的选举、任免机制不规范,董事"不懂事",独立董事"不独立",董事的角色意识尚未转换,董事的知识素养有待提高;监事会"不监事"。所有者缺位而形成"内部人控制",其与行政"外部人控制"并存。企业家成长困难,经理层激励约束不足;经理市场不成熟。外部治理机制缺失:银行作为债权人对公司实施的监控作用不大;公司控制权市场或并购市场对公司监控作用非常有限。

三、完善公司治理结构是国有企业发展的必然要求

(一)股权多元化和投资主体多元化

所有权结构由单一国有制变为国家股、企业法人股、个人股多种股权形式并存的公司股权结构。引入共同治理机制,通过境内外上市、中外合资、法人相互持股,广泛吸收非国有资本入股,这是完善国有公司治理结构的关键环节。

所有者到位。投资和持股的国有企业行使股东权利,主要是选派股东代表或董事,并通过他们影响国有企业对经理的聘用、重大决策和收益分配等事项。按"国家所有、分级管理、授权经营、分工监督"的原则建立和完善国有资产的运营、管理和监督机制。

(二)完善董事会制度

公司治理结构的中心是董事会,公司治理结构的核心思想是董事会的独立性。董事会负责制定公司基本管理制度、进行战略决策、选聘经理层、维护股东的利益,并承担相应的社会责任。这些通过董事的谨慎行事义务和忠诚义务实现。法定代表多元化制度,禁止董事长、总经理由1人担任。控制董事会的规模;规定独

立董事的资格,明确独立董事的义务、特别是对中小股东利益保护的义务,最大地限制"内部人控制"行为。

(三)完善监事会制度

监事会的责任机制和约束机制完善,明确其职权和法律责任;强化公司监事会的监督职能;牢固树立监事会对股东大会负责的法律观念,完善监事的激励和约束机制。加强相关立法;完善监事资格认定制度,促使公司股东大会推选有知识、有能力、懂经营、会理财的专业人士担任监事;为监事创造良好的工作条件。

职能创新。在监事会职权中增加如下职能:董事和经理层人事任免建议权;董事报酬确定权;提议召开临时股东大会权;重大决策否决权、代表公司对违法董事和经理人员提起诉讼权;会计师事务所聘任权;听取董事报告权,公司经营管理监督权;公司财务由董事会编制后交监事会审核并由监事会提交股东大会审议;利益相关者保护权。

监事会独立性增强,发挥监事会的制衡作用。第一,改善监事会构成,配合主银行体制,将主银行席位引入监事会,扩大监事会规模。第二,设立独立监事。

监事会监督权强化。规定监事疏于执行职务时,对公司造成损害的,应承担损害赔偿责任。监事可通过购买责任保险的方式,减轻自己的赔偿责任。

完善监事会和监事知情权,及时、充分、准确地获取有质量的信息。

(四)培育经理人才市场,完善经营者的报酬激励制度

完善经理人才市场,是奠定国有企业高效的用人机制和对经营者激励与约束机制的基础和前提。健全经理层激励约束机制,约束机制和激励机制二者相互配合、缺一不可。激励机制主要包括:经济利益激励即物质激励;荣誉、权力地位或控制权等精神激励。

健全物质激励,通过年薪制、持有股票期权等分配形式,将经营者薪酬的很大一部分与市场挂钩,使经营者在追求个人利益最大化的同时,注重企业的长期价值创造。绩效考核公平、透明、科学,视公司绩效准确确定经理层的基本年薪和绩效年薪结构。推行经理人持股,采取递延股票、股票期权、业绩股份、虚拟股票等持股型报酬形式,使人力资本在股权结构和收益分配中得以体现,完善持股法规,保障经营者对公司利润的分享,建立起有效的人力资本制衡机制。完善监督机制,预

防代理人的偷懒行为和道德风险,惩罚和制裁代理人的渎职行为,包括:所有权约束,通过股东"用脚投票"和股东大会、董事会选聘经理、确定经理薪酬实现。监督机制约束,从董事会非执行董事、独立董事和监事会三个层次加强对经营者监督;扶持和发展审计、资产评估、法律等各种社会中介服务机构,充分发挥外部审计与监督的职能等其他社会监督;控制权约束,如经理任免等。

(五)完善国有资本进入企业的方式和管理体制

准确划分政府行政管理与经济管理的双重职能,国有资产管理部门成为国有企业的所有者代表,从事国有资产管理;组建若干自主经营、自负盈亏的国有资产经营公司或国有控股公司,成为国家股主体,代表国家行使所有者职能,对国有控股上市公司实施经济管理。

大力发展"关系型投资"的机构投资者,提高公司的治理效率,弱化和抵制行政部门对公司生产经营活动的干扰。充分发挥资产管理公司在债转股公司治理结构中的积极作用。

(六)"相机性控制"与公司治理结构的配套

"相机性控制",即股东是企业的所有者,拥有企业的剩余索取权和剩余控制权,债权人则只是合同收益的要求者。与股东控制相比,债权人控制,尤其是银行控制更具优势:在现代经济条件下,银行对企业财务状况和盈亏等信息掌握最多、最准确;利用这一优势,能以较低成本有效地控制内部人;当企业无力偿还债务时,由于破产机制的作用,企业剩余索取权和剩余控制权便由股东转移给银行,由银行对企业及经营者实施控制,有利于提高公司治理结构的效率。

(七)加快相关配套制度建设,构建公司治理结构的制度支持体系

深化改革,健全资本市场、经理市场、产品市场等市场体系。健全行之有效的有关法规体系,严格财务和相关信息披露制度,强化社会监督。保护利益相关者的权利,共同为实现公司的最大利益而努力。完善社会保障体系,改革刚性劳动就业制度。加快银行商业化、利率市场化和汇率市场化的进程。

第四节　混合所有制

　　一种生产资料所有制建立之后,其生产关系通过一定的具体形式体现出来并发挥作用,推动和组织生产、分配和交换活动。所有制与所有制的实现形式有联系、又有区别。一方面,所有制的内容决定所有制的实现形式;资本主义所有制必然要求自由经营的企业组织形式,社会主义所有制必然要求社会对企业监督管理。另一方面,同一种所有制可以有不同的实现形式。同样的资本主义私有制,存在独资经营的业主制、私人股份所有制、法人股份所有制等形式。社会主义公有制,也存在国有国营、现代企业制度等形式。

　　探索公有制的多种实现形式,鼓励发展国有资本、集体资本、非公有资本等交叉持股、相互融合的混合所有制经济。所有制结构的调整和改革力度逐渐加大,国有控股的资产总额不断扩大,公有制经济的实现形式日趋多样化。

　　混合所有制是基本经济制度的重要实现形式,这反映了在社会主义市场经济中我国所有制结构变动的趋势。一方面,公有制为主体、多种所有制经济共同发展,要求各种形式的所有制相互促进、有机结合,表现在企业组织形式上,是混合所有制。另一方面,社会主义市场经济发展,要求各类商品和生产要素自由流动、交易、组合,必然会打破各种所有制之间的相互分割,促进国有资本、集体资本、非公有资本之间的自由流动、交叉持股、相互融合。混合所有制是随着社会主义基本经济制度的发展而发展的。党的十五大报告明确指出股份制是公有制的主要实现形式,公有制经济不仅包括国有经济和集体经济,还包括混合所有制经济中的国有成分和集体成分。党的十六大报告提出,除极少数必须由国家独资经营的企业外,推行股份制,发展混合所有制经济。党的十七大报告指出,"以现代产权制度为基础,发展混合所有制经济。"党的十九届四中全会指出,"探索公有制多种实现形式,推进国有经济布局优化和结构调整,发展混合所有制经济,增强国有经济竞争力、创新力、控制力、影响力、抗风险能力,做强做优做大国有资本。"

　　改革开放以来,以公有制为主体、多种所有制经济共同发展的基本经济制度已确立,其逐步发展的过程,也是混合所有制经济产生和逐步发展的过程。

第五章

一、混合所有制经济的性质、特征、分类和意义

（一）混合所有制经济的性质与由来

混合所有制是指不同所有制性质的资本在同一企业内部交叉持股、相互渗透、有机融合、协同运作的产权配置结构和所有制实现形式,生成新的生产力和公有制经济的新形式。

所有制改革是改革开放以来经济体制改革的重点与难点,从限制私有制经济到改造私有制经济,从承认非公有制经济到发展混合所有制经济,混合所有制经济已被确认为社会主义经济的主要实现形式。

（二）混合所有制特征

混合所有制是各种所有制经济形式的板块式结合,体现了各种所有制经济形式的统一性、融合性。社会经济的构成方式,即指一个国家或地区经济成分的多样性。

股份制的产权多元化,既包括公有制产权,又包括非公有制产权,是不同所有制产权按一定原则组织起来的法人财产权。

所有制结构是开放性的,即各个所有者各自拥有一定的企业产权,可以通过交换部分或全部地转移,甚至企业产权总体也可以转移,企业产权处在流动变化的开放状态之中,能够促进资源优化配置。企业法人财产权是不可分割的,而所有者的财产权是多元的。

（三）混合所有制的分类

按资本属性,混合所有制可分为公有资本与私有资本混合模式、公有资本与外资混合模式、公私资本与外资共同混合模式。公有制联合投资与非公有制联合投资组成的混合所有制企业,包括公有资本绝对控股、公有资本相对控股和公有资本参股三种形式。

按控股主体的不同,混合所有制可分为公有资本控股型、私有资本控股型和外资控股型三种混合模式,或分为公有资本控股型混合模式、公有资本参股型混

合模式;按混合程度的不同,混合所有制可分为整体混合模式和部分混合模式。在微观操作层面上,按混合途径的不同,混合所有制可分为合资混合模式、合作混合模式和配股混合模式。

按实现路径,分为政府主导型模式和市场主导型模式;按推进路径不同,混合所有制可分为自上而下型、自下而上型和上下结合型三种模式;按改革对象不同,混合所有制可分为存量改造型模式和增量发展型模式;按企业规模,当公有制企业规模较大时,混合所有制可同时采用存量改造型模式和增量发展型模式,反之则可更多地采取存量改造型模式。

按市场发育程度,当产权市场、资本市场较为发达时,发展混合所有制可以更多地采取存量改造型模式,反之则可以更多地采取增量发展型模式。

(四)混合所有制发展的意义

发展混合所有制经济,实现非公有制和公有制经济的融合发展,是发挥市场对资源配置的决定性作用,完善社会主义经济体制的必然要求。

混合所有制经济,优势互补、扬长避短、相互促进、相互融合、互利共赢。处于充分竞争领域的国有经济,通过资本化、证券化等方式优化国有资本配置,提高国有资本收益,有利于国有资本放大功能、保值增值、提高竞争力。

国有资本和民营资本在国际经济活动中"协同作战"、共同发展,能够扩大国际市场,壮大民族经济,提高国际竞争力。有机整合公有制经济与非公有制经济各自的优势,实施弹性的收入分配机制,激发创新活力,优化资源配置。国有资本和民营资本在企业层面各有优势,国有企业有规模和技术优势,但机制不灵活,应对市场能力弱;民营企业机制灵活、决策效率高,但规模和技术方面没有优势。混合所有制经济的快速发展,推动了科技进步,实现产业结构升级,对于促进经济增长和扩大就业、增加国家税收和居民收入、满足人民群众日益增长的美好生活需要,都具有极其重要的作用。

提高国有企业的管理水平和经济效益。通过股份制的资本组织形式,整合各种社会资源,为做大做强国有企业提供更加坚实的物质条件;同时,还能够促进企业由单纯的生产经营向以生产经营为基础的资本经营转变。

盘活国有资产存量,将大量闲置资本转化到创造价值的经济活动中,运用少量的国有资本控制大量的社会资本,扩大资本规模,大大增强国有经济的控制力,做强做优做大国有企业。国有企业对发展潜力大、技术创新力强、成长性高的非国有企业加大股权投资,有利于形成以创新为主要引领和支撑的经济体系和发展模式。发挥国有企业在优势产业上的主导作用与在管理运作上的规范优势,集聚社会资本和民间优势,激发国有企业的活力和创造力。

国有企业实行政企分开。发展混合所有制,在国有经济内部,引入其他所有制形式的所有权,使传统国有企业的投资主体多元化,不同经济利益主体之间相互制衡,在企业的发展问题上相互协商,政府作为股权持有人之一,就难以再像国有独资企业那样任意支配和左右企业的投资、生产、经营和分配决策,这样企业就可以摆脱政府干预,不再像以往那样处处依赖政府,政企分开才能实现。

完善法人治理结构,形成规范的现代企业制度。在实现企业股权多元化、分散化、合理化的基础上规范公司治理,形成公司治理结构中的制衡机制和科学决策机制,使企业成为自主经营、自负盈亏、自我改造、自我发展的市场竞争主体。党的十八届三中全会指出,完善产权保护制度,产权是所有制的核心。加大产权改革力度,健全归属清晰、权责明确、保护严格、流转顺畅的现代产权制度。引入民间资本,允许社会资本参股甚至控股国有企业,加强股东的外部监督,改进公司董事会结构,采用更加市场化的管理机制。允许企业员工持股,形成资本所有者和劳动者的利益共同体,调动员工特别是经营管理者的积极性,促进企业转换机制,推动国有企业建立适应市场经济发展的现代企业制度。

混合所有制在一定程度上弱化了国有企业的国有经济色彩,减轻其在国际经济活动中来自发达国家的政治压力。

激发非公有制经济的活力和创造力,拓展非公有制经济的投资渠道,提高非公有制经济的素质和发展水平。通过与国有企业的竞争与融合发展,非公有制企业在产业配套、技术创新、市场拓展等方面全面提高自己的能力,增强企业的社会责任感。

二、混合所有制发展的要求与途径

党的十八届三中全会,对深化国有企业改革发出总动员令,有两点至关重要,一是"混合经济",二是"资本运营"。混合所有制改革,要在宏观层次上保证基本经济制度的根基不动摇,在中观层次上根据社会主义经济发展的现实国情,设计相适应的经济管理体制,在微观层次上将公有制经济与非公有制经济的优势有机结合。

混合所有制不是一种独立的所有制形式,而是由不同所有制混合而成的企业组织形式。其既可以建立在私有制的基础上,也可以建立在公有制的基础上。国家和集体控股具有明显的公有性,而私人控股则具有明显的私有性。因此,发展混合所有制,必须坚持以公有制为主体,具体到不同的领域和部门,公有制的主体地位又有不同的要求。

(一)国有企业分类改革

按生产目的不同,国有企业大体可分为公益性和竞争性两类:

(1)公益性国有企业,国民福利的最大化是生产目的,资产增值不是主要目的,不宜推行混合所有制,应发展国有独资企业。公益性国有企业处于关系国家安全和国民经济命脉的重要行业和关键领域,以国有独资或绝对控股为主,这类企业包括:从事公共交通、保障性住房、环境卫生的企业等;自然垄断企业,如从事电网、铁路运输、自来水、天然气企业等;涉及国家安全的企业,如从事军事工业、航天航空、核工业的企业等;开采战略性或稀缺资源的企业,如从事石油、稀土开采的企业等。上述企业的共同特点是,不以利润最大化为主要目标,而是优先服务于公共利益和国家战略。因此,政府要对其保持较强的控制力。当然,在这些领域中也存在一些具有竞争性的项目和环节,可以适当引进社会资本,搞混合所有制。

(2)竞争性国有企业,存在于国民经济的各个部门,以利润最大化为主要目标,按市场经济的规则和竞争的要求从事经营活动,发展的前途、范围、数量和规模也要根据竞争的结果确定,对于这些企业一般不进行行政干预。其处于关系国家安全和国民经济命脉的重要行业和关键领域之外,国有资本可以保持绝对控股,也可以相对控股和参股,还可以根据资本运营的需要进行有进有退的流动。这类国有企业适合发展混合所有制,应按现代企业制度的要求进行改制,引入多元投资主体,发展成为混合所有制企业,成为真正自主经营、自负盈亏的市场主体,实现公有制经济与非公有制经济的优势互补、相互融合、共同发展。

(二)发展混合所有制的路径

顶层设计,做好规划。坚持"上下结合、试点先行、协同推进"的改革路径和方法论原则,改革程序公正规范、改革方案依法依规、股权转让公开公允、内部分配公正透明。发展混合所有制是一个系统性、整体性工程,应完善统筹试点和规范约束,把控好渐进和突破的关系。大力加强服务型政府建设,转变政府职能,优化混合所有制经济的政策、法治环境,废除不利于混合所有制经济发展的各种规定,清除各种隐性壁垒,最大限度地减少审批。

坚持市场化原则。健全多主体、多层次、多形态、多品种的资本市场体系,统一产权管理,健全公开、透明、开放、规范、高效的产权交易市场和国资流动平台,严格执行产权交易进入市场制度,加强产权交易的监管以及混合所有制企业的国有资产监管,确保做到混合前公平评估、混合中阳光操作、混合后规范运营。充分尊重市场规律,依据市场机制"混合",依据企业发展战略科学安排混合的模式,准确选择投资者,在如下问题上,要充分尊重企业的意见:引入战略投资者还是职工持股?国有股占比多少?按照有利于国有企业转换机制,有利于提高企业竞争力进行安排。统一政策并因企制宜,每个国有企业混合所有制的改革方案,必须经过科学论证、审慎实施。坚持因地施策、因业施策、因企施策,宜独则独(资)、宜控则控(股)、宜参则参(股),不宜简单通过政府行政命令推动。

混合所有制改革的实质是按市场经济的内在要求,按民营企业经营方式建立起国家对国有企业的管理模式,以管资本为主推动国有资本优化配置。一是改善董事会结构,发挥多方利益主体的有效制衡作用。二是企业管理者去行政化改革,建立职业经理人制度,增加市场选聘经理的比重。三是完善激励机制,管理者收入、选任方式与企业效益相匹配,探索股票期权、岗位分红、激励基金等中长期激励方式,并健全与激励机制相配套的约束机制。

坚决杜绝"国有资产流失"。产权平等和市场定价是混合所有制改革的关键,为资产评估提供定价尺度,重点规范国有资产评估方式和完善国有资产定价机制,为不同产权主体交叉持股、融合发展服务,让所有国有资产交易都在阳光下进行,接受监督。

坚持对优质国有资产只做加法不做减法,杜绝国有资产存量特别是优质存量的大拍卖,杜绝国有经济大规模撤退、国有股权大规模减持,杜绝抛售优质国有资产的行为。

坚持贯彻产权平等的原则,平等保护各类产权,使各类产权主体在完善的市场规则下平等竞争,建立混合所有制经济长效发展的机制,才能使社会主义经济更加繁荣发展。鼓励非国有资本投资主体通过出资入股、收购股权、认购可转债、股权置换等方式，参与国有企业改制重组，参与国有控股上市公司增资扩股以及企业经营管理，开展多种类型的政府和社会资本合作试点，逐步推广政府和社会资本合作模式。鼓励国有企业通过投资入股、联合投资、重组等方式入股非国有企业。充分发挥国有资本投资与公司资本运作的平台作用，通过市场化方式，对发展潜力大、成长性强的非国有企业进行股权投资，与非国有企业进行股权融合、战略合作、资源整合。为避免国有股东一股独大，应尽可能采用国有相对控股的组织形式。保证中小股东的权利不受侵犯，保证各个股东具有平等参与公司治理的权利，根据条件、公平竞争，非国有资本也可以成为控股股东。实行优胜劣汰，包括淘汰落后的国有企业。通过改革，国有企业数量可能会减少，但质量会更高，公众福利会大幅度增加，这正是发展混合所有制经济的目的所在。

鼓励混合所有制企业的员工持股，探索公有制经济实现的新形式，也是促成劳资共赢、调动两个积极性的有力手段。优先支持人才资本贡献占比较高的高新技术企业和科技服务型企业开展员工持股，如华为公司。

放宽市场准入，放宽民资、外资的市场准入领域，放开行业限制，允许民资进入原有的垄断行业，消除项目审批和市场准入等歧视性因素，降低进入门槛，营造公开公平公正竞争的市场环境，使各种所有制企业享受同等的国民待遇，使民营企业直接与国有企业进行有效充分的竞争，由此才能打破利益集团的垄断，为非国有资本参与国有企业改组和改造，从而为健康发展混合所有制经济扫清障碍，维护良好的市场秩序。

政企分开、政资分开，"以管资本为主"替代"管人、管事、管资产"的传统体制，公司治理、产权和资产交易、资本管理、人事和分配各方面的制度建设协同推进，建立以"管资本"为主的国有经济管理体制。国有企业从一系列政府监管活动中独立出来，成为更加适应市场经济的市场主体。"管资本"有两个根本要求，确保资产收益；确保必要的资产流动性。分类解决集团母公司"旧体制"管理下属混合所有制的"体制"问题，包括：集团母公司转变为国有资本投资运营公司；撤销集团母公司，成为国有资本投资运营公司持股或国资委直接持股下属混合所有制企业；集团母公司改制为混合所有制企业，等等。

第五章

本章小结

发展现代企业制度,做强做优做大国有资本,其中关键是完善国有上市公司的治理机构;混合所有制改革,发挥国有经济和非国有经济各自的优势和协同优势。

关键词

企业经营机制　动力机制　自我调节机制　自我约束机制　股份制　相机性控制

思考题

1.企业成为市场经济主体的内外部条件是什么?

2.股份制的性质与作用是什么?

3.论述混合所有制的性质、特征、意义与实现途径。

第五章

第六章　政府与市场

本章要点

政府与市场的关系；宏观调控体系

　　资源的有限性决定资源配置的重要性，如何配置资源或选择资源配置方式成为一个社会经济发展的首要问题，也是经济体制的基本问题。在一定体制下，资源配置是各种资源不同部门之间的分配和不同方向上的使用。资源配置有两种主要方式，市场配置与政府配置。市场经济，是指市场机制对资源配置起决定性作用的经济。市场经济是在商品经济的基础上发展起来的，是商品经济发展的高级阶段。现代经济发展具有两大日益显著的特征：一是经济发展越来越受到市场支配，因此市场决定资源配置的作用日益凸显。市场经济具有的市场调节功能，一般随着经济的社会化程度和外向化程度的提高而不断增强，客观上要求在更大范围内和更大程度上重视价值规律及其表现方式即市场调节的作用。二是生产力越来越社会化，政府调节社会化生产的职责日趋重要。

　　一定意义上，二战以来，世界经济史就是政府与市场关系的探索史和演变史。伴随产业革命发生、科技推进、市场范围拓展及商品经济发展，政府与市场关系在经济活动中的重要性日益凸显，在理论层面上不断深化对政府与市场关系的认识。党的十八届三中全会提出，"经济体制改革是全面深化改革的重点，核心问题是处理好政府和市场的关系，使市场在资源配置中起决定性作用和更好发挥政府作用。"这是对 1992 年邓小平在南方谈话中关于"计划和市场都是经济手段"的继承和发展，又是在总结多年改革经验和教训后对全面深化改革的方向性指引，成为市场经济体制与计划经济体制协同推动社会主义经济健康发展的根本依据。

第一节　政府与市场的统一

一、社会主义市场经济理论在我国的发展

党的十一届三中全会吹响中国市场化改革的号角,政府与市场关系的探索进入新阶段。改革开放之初,通过不断强化市场的调节作用,向"国有制+计划经济"为基本特征的传统体制中注入更多市场化因素,调动各方面的积极性,改进资源的配置效率。实践充分证明,市场经济发挥价值规律的作用,是人类社会发展至今最有效率的资源配置形式。但在我国,这一认识的形成,是一个由不够清晰到逐步清晰的过程。从否定和排斥市场作用到让市场起辅助性作用,又到公有制基础上有计划的商品经济,再到让市场起基础性作用,最后到让市场起决定性作用,市场作用的定位经历五次飞跃。

第一次飞跃:由否定和排斥市场作用到发挥市场在资源配置中的辅助性作用。1982年党的十二大提出:计划经济为主,市场调节为辅。

第二次飞跃:由发挥市场在资源配置中的辅助性作用到公有制基础上的有计划的商品经济。商品经济的充分发展,是社会经济发展的不可逾越的阶段,是实现经济现代化的必要条件。1984年党的十二届三中全会《中共中央关于经济体制改革的决定》明确宣布:社会主义经济是在公有制基础上的有计划的商品经济。"商品经济"的概念首次出现在党的文件中,这是党做出的全面推进经济体制改革第一个纲领性文献中的重大论断。

第三次飞跃:由有计划的商品经济到计划和市场的作用都是覆盖全社会的。1987年党的十三大提出社会主义商品经济,其内涵是将计划调节与市场调节相结合,在描述运行机制时提出国家调控市场、市场引导企业。为实现这一目标,党的十三大报告还提出必须把计划工作建立在商品交换和价值规律基础上,逐步缩小指令性计划范围,扩大指导性计划范围,最终实现以间接控制为主、计划与市场内在统一的模式。

第四次历史性飞跃:由计划调节与市场调节相结合到确立社会主义市场经济体制的改革目标。党的十四大提出要让市场在社会主义国家宏观调控下对资源配

置发挥基础性作用。党的十五大至十八大,越来越强调对于市场的基础性作用。社会主义市场经济理论随着市场化改革的不断深化、日益丰富和发展。并在此基础上,构建社会主义市场经济体制的基本框架或五大支柱:以公司制为主要组织形式的现代企业制度;市场体系;间接调控为主的宏观经济调控体系;收入分配制度;社会保障制度。

第五次历史性飞跃:资源配置,由市场起基础性作用到决定性作用。党的十八届三中全会对全面深化改革做出战略部署,对政府与市场作用的认识进入新境界,首次提出市场在资源配置中的"决定性"作用,取代此前沿用 21 年的"基础性"作用,使社会主义市场经济理论和实践更加完善。当前,突出的重点是构建市场机制更有效、微观主体更有活力、宏观调控更适度的经济体制。这符合市场经济发展的大趋势,是改革开放历史进程中具有里程碑意义的创新和发展,将对在新的历史起点上全面深化改革产生深远影响。

二、市场经济配置资源的利弊

(一)市场经济的积极作用

市场主体自主权力提升。市场主体的权、责、利界定都是明确、独立的,是自主经营、自负盈亏、自我约束和自我发展的商品生产者。生产什么、如何生产,都是生产者在国家法律法规和道德的框架下,根据价格涨落,自行安排和调整;购买什么、如何购买,都是消费者根据收入、价格等,自主选择和决定。在自主决策条件下,市场主体之间、市场之间自由连接,要素市场和消费资料市场畅通无阻,市场主体和生产要素自由便捷地流转和配置,实现生产要素的合理重组和资源的高效配置,是市场成熟的标志,又是市场的内在动力。

市场竞争。市场规律在竞争中才能贯彻,市场机制的作用也同样在竞争中才能实现。竞争是市场经济的灵魂和运行的基础。广泛而激烈的市场竞争,引导有限的资源合理流动,使资源配置优化得以实现;促使市场主体为自身利益,不断改进技术和改善管理,降低成本和提高质量,开发新产品和提高劳动生产率,推动社会生产力水平不断提高。

市场公开公平。市场主体的活动是透明的,市场征信系统健全、完善,市场法

第六章

律法规和国家政策的发布和实施公开公正,市场信息公开发布,引导市场主体正确决策,促使企业遵循市场规则,促进资源合理配置;确保市场活而不乱、健康发展。

市场规律效用。①市场经济中的资源配置,是由价值规律、竞争规律和供求规律等市场规律共同起作用实现的,生产要素按市场规律的要求在短期内流向最有效率的产业和企业;市场经济是通过价值规律自行调节的经济体制和经济运行方式,而价值规律则是市场经济中商品的生产和交换内在、本质、必然的联系。②市场主体响应需求变化,调节微观供求关系平衡。③等价交换使产品在价值上得以实现,然后再进入消费领域。

市场机制效率。①市场价格提供资源配置的信号,价格信号反映市场供求、竞争强弱等情况,引导生产经营者迅速和自主决策,节约决策成本。②市场和市场竞争是社会生产力发展的动力机制,通过价格机制及供求机制、竞争机制、风险机制等方面的作用,调节经济利益关系,激发主体的积极性和创新精神,提高技术水平、商品质量和档次,市场分工与专业化相互促进,以最小的成本获得最大收益,使资源配置效益最大化,实现优胜劣汰,增强经济活力与效率,在资源限定的前提下获得财富最大化,达到消费者效用最大化。③市场的价格运动,在短期内优化配置资源,实现市场供求关系的协调。

市场配置资源的这些决定性作用,是其他体制机制所无法替代的。

(二)市场失灵或市场调节的局限性

市场调节会出现市场失灵。因为信息不充分、交易成本过高、偏好不合理等问题存在,市场机制在某些领域不能使社会资源的配置达到帕累托最优状态。其局限性主要有:

市场调节的自发性、盲目性和滞后性。市场调节是一种事后调节,由于价格形成、信号反馈到产品生产,存在着时间差。还有当事人信息有限,经济决策带有一定的被动性和盲目性。市场主体追求自身利益,个别主体的利益经常与社会整体利益和长远利益相悖。这就形成个别企业的有组织性和计划性与整个社会生产无政府状态的矛盾。市场主体掌握的经济信息有限和社会生产活动的惯性,往往不顾社会资源约束而盲目投资和扩大生产;在供求已平衡甚至过剩的情况下,生产仍有增长的可能,导致社会劳动浪费;而在供求平衡或短缺的情况下,生产却可能继续收缩,使社会需求得不到有效满足。

市场主体行为外部性影响。经济主体在追求自身利益的过程中,相互构成外部性影响,包括外部经济和外部不经济两个方面。外部经济,是指市场主体不付任何代价便可得到来自外部的经济好处;外部不经济,是指市场主体的行为伤害其他主体或社会利益。

市场调节非公平性。在市场调节下,由于人们的智力禀赋不同,特别是人们在生产资料所有制关系中的不同地位,马太效应使财富分配的差距不断扩大,偏离社会公正原则,引起供求之间的矛盾,影响经济均衡发展。如,贫富差距过大,富人购买力虽然强大,但购买欲弱;穷人购买欲虽然强大,但购买力有限;这就造成消费不足,形成生产过剩。

市场配置资源短期性。市场主体信息有限,使其行为往往是着眼于当前,而不是长远,因而市场调节功能有限。那些回收资金周期长、具有长远战略意义的基础产业被忽略;公共产品供给不足,造成两个基本失衡:总供给和总需求之间的总量失衡和结构失衡。这与个别企业资本运行的计划性与社会再生产按比例发展的矛盾有关。

市场交易成本大。市场中供需情况、价格等因素频繁多变,市场主体必然要花费大量的搜寻成本、决策成本、适应成本乃至纠错成本,使个体和社会都要担承较高的成本。

三、政府与市场的统一性、协同性

(一)政府与市场的统一性

这是由市场经济与政府干预各自的属性所决定的。社会主义市场经济能够激发市场主体的活力,推动社会生产力更快发展。满足人民的美好生活需要与市场主体追逐私利的动力与手段具有统一性。这要靠以利润为生产目的的市场主体在竞争中实现,也要靠代表全体社会成员利益的政府引导资源配置和合理分配收入来实现。

政府有为和市场有效相互嵌套、板块结合、彼此塑造,共同提升我国的综合国力和国际竞争力,促进经济高效、协调、高质量发展。在经济生活中,一切资源配置的实现都是市场和政府相互结合的结果,这两者的目标、特征都是统一的。而所有

第
六
章

的结合都是在不完善的市场和不完美的政府之间的一种次优组合。在社会主义经济条件下，代表广大人民根本利益的政府能够把市场调节和政府调控这两只手有机地相结合，两手抓、两手硬。发挥市场在资源配置中的决定性作用，利用市场调节的灵活性、有效性来提高资源的利用率，激发经济活力，弥补政府行为效率低下的缺陷。

价值规律与国民经济原计划按比例发展规律的统一，政府弥补市场失灵与市场优化资源配置的统一，"政府职能有限性、政府干预有效性"，微观竞争的活力与宏观经济的平衡，"微观市场的经济效益、宏观经济的社会效益"，将这五者相统一，使社会主义市场经济在宏观和微观的资源配置整体绩效上比资本主义市场经济更优越。市场优化资源配置是在政府安排的市场体制下进行的，而政府弥补市场失灵则以政府应尊重市场经济规律、按市场规律办事为前提条件，制定国民经济规划和经济政策，因势利导，发挥比较优势，实现资源配置效率最优的总目标。市场在政府引导、监管和制度规范下运行，促进经济转型和发展。这两者都是资源配置的手段，作用范围都是全社会的。这两种手段各有千秋，市场主体自由竞争，带来微观经济的活力与生机；普通资源的短期配置，市场调节可以实现，而重要资源的长期配置，国家调节的功能又明显强于市场调节，这样才能实现市场机制与政府干预的最佳组合。利用后发优势，寻求市场联结政府的交易费用、政府调节费用的最佳结合点，既发挥市场机制的积极作用，又发挥宏观调控的作用，协调重大结构关系和生产力布局，促进宏观经济结构平衡，使经济发展活而有序，实现理性赶超和增长目标，促进就业增长及经济稳定，人民各方面的需要得到更好满足。社会主义市场经济之所以优于西方国家的市场经济，很重要的一点，即政府宏观调控的科学性与合理性。

（二）政府与市场的互补互动

新型举国体制与市场经济协同推进，由政府配置资源为主转向市场配置资源为主，由产品导向向商品导向转变，由注重目标导向转向目标与效益并重，达到传统举国体制无法实现的投入低、效率高、效益好的效果。社会主义市场经济，把社会主义制度的优越性和市场经济在资源配置上的长处有机结合，利用社会整体和个体两方面的合力为经济发展提供动力，培育经济发展新动力，创造崭新的市场经济模式。发挥社会主义国家集中力量办好大事的优势，充分利用国民经济调控规律的前瞻性、能动性和可控性,运用经济、法律、行政手段调节经济行为,调节利益分配,有效控制经济总量,促进产业结构转型升级,通过引导性投资,培育战略性新兴产业,有效克服市场调节导致的自发性、盲目性和滞后性等弊端,优化全社会资源配置,促进充分就业、物价稳定,以及人口与环境高质量发展等目标的实现。

政府与市场的边界清晰,凡属市场能够发挥作用的,政府不去干预;凡属市场不能有效发挥作用的,或市场竞争引发社会不公或市场难以触及的地方,政府应出手而不是撒手、主动补位,该管的坚决管,管到位,管出水平,以弥补市场失灵。

政府和市场"两只手"相得益彰,以有形的手辅助与引导无形的手,深化市场取向的改革,在理论上找准市场功能和政府行为的最佳结合点,在思想上更加尊重市场配置资源的决定性作用,实现资源配置效率最优化和效益最大化。市场的发育、拓展必然会促进政府职能的转变,这能够凸显市场发展对政府职能的塑造作用,政府与市场有效互动,提高政府服务效率。市场越是完善,越是倒逼着政府职能的转变,越是需要政府通过产权、货币、财政、社会保障等制度安排来节约交易成本、优化市场环境。同时,要完善政府职能,包括培育、供给市场机制;简政放权,给市场机制发挥作用留足空间。

政府制定和实施相关的政策,不是垄断公共服务,而是运用市场规律,允许私人企业和社会组织进入公共服务业。包括:按公开、公平、公正的原则,将适合市场化方式提供的公共服务事项,通过合同,交由具备条件、信誉良好的社会组织、机构和企业等承担,推动公共服务提供主体的多元化,既使公共服务更为有效、更有质量,又推动政府职能转变,政府集中力量破解关系到国计民生、而企业和非营利组织难以解决的问题。特许经营,将特定公共服务的垄断性特权授予某一私人企业或社会组织。给公共服务的私人生产者或提供者补贴,或给公共服务的消费者补贴。这两种补贴方式都是政府服务的间接实现方式。

(三)政府与市场的区别

政府和市场是现代市场经济体系中两个重要的组成部分,都能对资源配置产生重要作用,但资源配置的机理、方式、模式不同,各自活动的范围和边界也不同,有各自的职能与作用,有各自的优势与劣势,要各归其位、各司其职。这两者定位越准确,二者的功能和作用就越能得到充分发挥。这通过实施权力清单、责任清单和负面清单的管理模式来实现。

第六章

配置资源机理不同。市场方式主要是运用市场机制间接配置资源;而政府则是主要运用行政手段直接配置资源。这两者都是通过利益关系来调节实现这一目标的。

调节方式、范围不同。市场调节具有自发性、盲目性、局部性和事后性,因而市场的决定性作用适用于短期调节,而不适用于所有经济社会领域。政府调节具有前瞻性、整体性,适合那些长远利益、社会整体利益较大而风险也较大的领域。

决策模式不同。市场调节主要是一种民主、分散的决策模式,政府调节主要是一种集权、集中的决策模式。两者都是解决稀缺资源配置问题的特定制度安排。

（四）完善市场经济体制

目前,我国市场体系还不完善,市场的开放性、竞争的公平性和运行的透明度都有待提高,部分基础产业和服务业价格关系尚未理顺,尤其是要素市场发展相对滞后,必须加快市场化改革。形成企业自主经营,消费者自由选择、自由消费和要素自由流动、平等交换的现代市场体系,提高资源配置效率,增强社会公平性。

完善价格机制。由市场决定价格作为价格形成的常态机制,凡是能够通过市场形成价格的,都要放开价格管制,放手由市场形成价格;对那些暂不具备放开条件的,探索建立符合市场导向的价格动态调整机制,并创造条件形成主要由市场决定价格的机制。改革政府定价机制,坚持把政府定价严格限定在必要的范围内,主要是在重要的公用事业、公益性服务、自然垄断环节中发挥作用。

完善政府职能。增强政府公信力和执行力,建设法治政府和服务型政府,进而增强宏观调控的精准度、定向度、相机度,政府治理更加有效,政府的优势和长处得到更好的发挥,防范系统性风险、保障经济安全,实现高质量发展。

健全法制,完善市场经济规则。

第二节　政府宏观调控

国家调控是社会主义经济的本质特征和内在要求,是社会主义市场经济的突出优势。国家调控或举国体制,即集中力量办大事,这是社会主义制度的重要特征和制度优势,是助力中华民族实现由站起来、富起来到强起来的历史性飞跃和强大动力,是国民经济行稳致远的压舱石,是国家经济治理的重要职能,是战胜各种重大风险和挑战、实现经济高质量发展的不二法宝。其体现社会化大生产规律的要求,社会化大生产以广泛的社会分工和密切的协作为特征,最终旨在满足人的需要。由于人的需要的无限性、多样性与资源的有限性之间存在矛盾,要求政府将有限的资源按比例分配到社会分工的各个领域。但是要减少政府对资源的直接配置,政府宏观导向作用要与市场的决定性作用相配合,市场作用主要集中于微观经济领域,激发市场主体的活力和创造力,更大程度地解放和发展生产力。

一、国家与政府

(一)国家的适用范围

国家和政府是两个比较相近的概念,通常,对这二者并不加以区分。但实际上,这两个概念还是有一些差别的。①国家是与主权和政权相联系的,是社会利益的总代表,也是阶级统治的权力机构。而政府则是一个行政概念,是国家权力的执行机构。②国家包括立法、司法、行政、意识形态等方面的内容,而政府则通常专指国家的行政机关。③国家具有总体性、稳定性和持久性,而政府则是建立在国家基础上的,相对来说,是比较具体、容易变化的。如,政府有换届之说,也有中央和地方政府之分,国家则没有。

使用国家概念较多的场合有:第一,讨论相关问题,马克思主义关于国家理论的经典著作如《家庭、私有制和国家的起源》等主要用的是国家这一概念。在这些文献中,经典作家深入研究国家的性质、起源和发展的规律,讨论社会主义和共产主义社会国家的特性和前景。

第二,表述经济制度,宪法主要使用国家的概念。如"国家在社会主义初级阶段,坚持公有制为主体、多种所有制经济共同发展的基本经济制度"等。

第三,阐述国家重大战略方针和发展目标,主要使用国家的概念。

第四,讨论国家治理体系和治理能力,主要使用国家的概念。《决议》指出,"明确全面深化改革总目标是完善和发展中国特色社会主义制度、推进国家治理体系和治理能力现代化"。可见,在涉及国家的性质、基本制度、发展战略,国家的治理能力等基本问题时,使用国家这一概念是比较恰当的。除此之外的其他场合,在日常经济的工作和运行中,使用政府而不是国家这一概念,则更为合适。如,政府工作报告,政府和市场关系,转变政府职能,提高政府效率,减少政府干预,加强政府监管,等等。

国家调控的特征有:第一,内生性。在社会主义经济中,国家的经济职能是从生产资料公有制中派生出来,不同于西方国家的政府干预。第二,全面性。除宏观调控和微观监督外,还包括促进制度创新、保障公平正义、实现共同富裕等内容。第三,长期性。国家调控,对科学认识社会主义经济具有重要意义,是对前面阐述的政府和市场关系理论的补充与发展。在国家治理体系中,党的领导、政府的作用和社会组织之间是一个统一体系。

(二)社会主义国家的经济属性

经济基础决定上层建筑,在不同的社会制度下,国家性质和职能是不同的。社会主义国家所有制,是一个经济概念,是生产关系中从事经济活动的所有制主体,是从事物质生产、对物进行管理的机构,是"自由人的联合体"或"生产者总协会"。国家的经济属性有:

(1)职能。作为经济主体,国家是生产资料所有者,深入社会生产内部,行使对生产资料的支配权,有计划地组织社会生产,创造更多的物质财富,满足人民的美好生活需要。

(2)具体职能与实施机构。作为所有制主体的管理机构,国资委、发改委、财政部门、中央银行、全国性公司等,处于社会再生产过程和经济关系内部,拥有一定经济权力,负有一定经济责任,代表一定经济利益,是生产的当事人和"人格化"的生产关系。

(3)管理方式。作为生产的当事人和所有制主体的政府,对社会经济的管理方式则要受生产力、生产关系的制约,要按各种经济规律的要求,利用一整套经济杠杆和经济方法从事管理活动,并随着生产发展不断调整自己的管理方式。

(4)组织体系。按经济发展的客观要求,根据各地区的经济联系,打破地区之间的行政界限,特别注意加强经济活动的横向联系,保证产销活动的正常进行。

(5)发展趋势。国家作为经济中心管理经济的作用将会长期存在,并会不断发展;而国家作为政权机关将会逐渐消亡,由政治中心向经济中心逐渐转化,这是国家消亡的具体过程。

第六章

二、社会主义市场经济中国家调控的依据

(一)理论依据

《决议》指出,"完善宏观经济治理,创新宏观调控思路和方式,增强宏观政策自主性,实施积极的财政政策和稳健的货币政策"。在宏观调控目标上,短期利益与中长期利益协同推进;在调控手段上,改革与开放协同推进。供给与需求、质量与效益协同推进。在调控思路上,借鉴发达国家的基本调控方式,区间调控、相机调控、精准调控协同推进。在调控对象上,抓大放小。在调控手段上,发挥国家规划的导向作用,财政政策和货币政策为主要手段并协同推进,以国有经济为物质手段,构建产业、就业、投资、消费各方面政策协同发力的宏观调控体系。以有效的制度约束,遏制寻租行为和官僚主义行为;克服市场失灵。

国家干预的必要性。西方经济学认为,完全竞争的市场结构是资源配置的最佳方式;但完全竞争市场结构只是一种理论假设,在现实经济中并不存在。由于垄断、外部性、信息不对称和公共产品,仅仅靠价格机制来配置资源无法实现效率,因此为实现资源配置效率的最大化,就必须借助政府干预,以解决市场失灵问题。

政府干预能否解决市场失灵问题?有的学者认为,外部性问题(即一个单位的活动对另一个单位的成本产生影响,如环境污染)可通过明晰产权的方式,由活动参与者通过自愿谈判和交易加以解决;而信息不对称问题则可通过加强市场竞争、完善价格机制加以解决。因此,市场失灵并不一定要求政府干预,相反,政府干预过多还可能导致政府失灵,影响市场经济效率。这表明,利用市场失灵理论说明政府干预的理由,并非是一个公认或科学的理论。同时,上述认识只反映微观经济学的观点,而没有体现宏观经济学的要求。实际上,市场经济的主要弊病并不在微观、而在宏观方面。生产社会化与生产资料资本主义私人占有之间的基本矛盾,表现为资本与劳动的对立、贫富两极分化和经济危机等弊端。这些弊端并非微观的市场失灵问题,而是市场经济的系统性缺陷,需要政府对市场经济进行宏观调节。

市场经济还有许多重要弊端,是市场失灵这一概念难以包含的。如,市场经济缺乏"时间视野",市场价格只能反映当前的供求状况,难以反映未来的供求。又如,按价值规律决定的生产和交换比例可以在不同的结构和规模上得到实现,或

说总量平衡可以在不同的结构和规模上达到,选择何种生产结构才能保证经济最优发展? 是一个社会重要的战略选择。

因此,政府干预虽与市场失灵存在一定联系,但是市场失灵并非是政府干预的充分理由。政府干预的依据到底是什么?在我国社会主义市场经济下,政府与市场关系有三个维度,即市场经济的一般规律、国情和发展阶段、基本经济制度。社会主义市场经济下的国家调控,要基于以上三个维度认识:第一,国家调控可以缓解或解决市场失灵等问题,确保经济和社会的稳定与发展。第二,国家要从经济发展的全局和长远的利益出发,进行引导和调节,确保实现国家由大到强。第三,重要的是,公有制占据主体地位,国家作为生产资料公共所有权和社会公共利益的总代表,要依据系统论,在全社会范围内按社会需要有计划地调节社会再生产过程,合理配置社会资源,满足人民日益增长的美好生活需要。社会主义国家实行宏观调控的主要依据不是市场失灵,而是生产资料的公有制以及在此基础上产生的国民经济有计划按比例发展的规律。因此,社会主义市场经济中的国家调控不同于资本主义经济中的国家干预,具有鲜明的制度属性,体现社会主义经济的本质要求。

(二)宏观调控的性质与特征

宏观调控是指政府综合运用经济、计划、法律和行政手段,对整个国民经济运行和发展进行调节和控制,实现高质量发展。宏观调控的基本要求是,使宏观经济活动通过市场中介和微观经济活动有机结合,保持总供求基本平衡,实现高质量生产与消费的良性循环。

宏观调控的特征:其形式和作用范围是建立在市场经济规律基础上的;以间接调控方式为主;由行政、经济、法律的手段相结合逐步转向以经济、法律手段为主,行政手段为辅。在理论上,宏观调控目标着眼于长远;在实践上,利于长远又惠于当前,寓短于长,以长促短,实现"短期+长期"的统一。宏观调控内容将需求管理与供给管理结合,把与供给管理紧密相关的结构、体制因素纳入宏观调控,把科技创新放在更加突出的位置。主要模式有高度集中的指令性计划经济模式和以间接调控为主的市场经济两种。

第六章

三、政府弥补市场失灵

德国历史学派从后发国家的角度提出国家干预思想;福利经济学从市场外部性的角度提出国家干预学说;凯恩斯学派从经济稳定发展的角度提出国家干预的理论。"滞胀"出现后,政府干预理论得到进一步发展:世界银行提出市场和政府混合互补的理论;青木昌彦等从东亚经济发展出发提出"市场增进论",弥补政府失灵;斯蒂格利茨在对福利经济学关于"市场失灵"理论与公共选择学派关于"政府失灵"理论结合的基础上,提出当代市场经济中政府干预主张。以新古典经济学为基础的新自由主义转型经济理论;凯恩斯理论为基础的新凯恩斯主义的转型经济理论;金融发展理论为基础的经济市场化最优次序理论;新制度经济学为基础的制度变迁理论,提出如下政府职能的指导思想、目标、特征和作用的理论。

政府是公共服务的提供者、公平竞争的保障者、市场失灵的弥补者、共同富裕的促进者;通过对市场法规的制定和实施,反对地方保护和垄断,提高整体效率;发挥国家规划的前瞻性与预见性,发挥比较优势,因势利导,对重大社会经济活动做出战略规划与宏观决策,加强发展规划制定、经济发展趋势研判,兼顾社会整体利益和长远利益来引导市场和社会经济发展的方向,从宏观层次和全局发展上配置重要资源,抓好政策、标准等的制定和实施,促进法规统一、政令畅通和经济社会的平稳健康发展;调节收入分配,保障社会公平正义。这些既是政府在经济社会运行中的长处,更是社会主义国家政府的应尽职责。

简政放权与有效管制的辩证结合,大幅度减少行政审批权与有效过程管理和绩效管理辩证结合。政府由全能型、集权型向法治型、有限型、服务型转变,由"经济建设型"向"公共服务型"转变,由对市场的不当干预转向改善宏观调控、弥补市场缺陷;为"市场在资源配置中发挥决定性作用"提供服务,推进政企分开、政资分开、政事分开、政府与中介组织分开,弥补市场失灵,让"无形之手"释放能量。

协调多元化经济利益。在社会主义市场经济中,各个地区、部门、公有制企业与非公有制企业之间,公有制中全民所有制企业与集体所有制企业之间,全民所有制各企业之间,集体所有制各企业之间,民营企业之间,以及其他各种经济成分之间,都存在利益差别。协调这些经济利益关系,调动各方面积极性,促进国民经济发展,政府要进行宏观调控。

　　宏观与微观层面的辩证结合,尊重客观经济规律,政府职能着力于宏观管理,完善宏观调控体系,有组织、有计划地调节经济,优化制定国家发展战略和统一规划体系,创新调控方式,强化经济监测预测、预警能力。创造良好发展环境、提供优质公共服务,维护权利公平、机会公平、规则公平为主要内容的社会公平正义,以效率与公平的协同并重和有机结合作为政府全面转变和履行职能的价值定向,做大"蛋糕"、分好"蛋糕"。全面减少政府对微观经济活动和社会生活的干预,最大限度减少政府对微观事务的管理,把微观事务交给市场和社会,在宏观与微观的不同层面上促进政府职能的合理分解和辩证结合。

　　政府履行社会管理和公共服务职能,改善公共服务。公共财政进一步向公共服务和民生方面倾斜,扩大公共服务总量和覆盖范围,向基层延伸、向农村覆盖、向边远地区和生活困难群众倾斜。优化公共服务的内容、结构和布局,加强和优化政府在社会保障、教育文化、法律服务、卫生健康、医疗保障等方面的职能。促进全社会受益机会和权利均等。推进基本公共服务供给主体多元化、提供方式多样化,推进非基本公共服务市场化供给。

　　政府经济职能的作用:推进产业结构协调和高级化、促进生态平衡和避免环境污染,利用大数据,①提高经济运行信息的及时性和准确性,推进政府和社会信息资源开放共享,提高政府对宏观经济的分析能力和预测能力,使经济计划更具科学性、操作性,从宏观上引导和调节国民经济的发展规模、速度、结构和方向,协调部门比例、改善区域结构,使再生产周期的波动幅度降低、经济萧条的时间缩短。

　　政府履行经济职能的必然性:保护产权和合同的实施;搞好宏观调控、维护市场秩序,解决市场不能解决好的或根本不能解决的问题,促进高质量发展。

　　政府执行经济职能。要最大限度地减少政府对市场主体和微观事务的管理,由市场主体按法律和市场规则自主行动,由市场规则来调节市场主体行为;凡是市场能够解决的微观经济活动和社会经济问题,都应交给市场解决。行政审批、产业选择、公共产品供给都要遵循客观经济规律。政府科学执政、依法执政、民主执政,提高效率。政府干预要与经济发展水平和市场发育程度相结合,由事前审批转向兼顾事中事后监管,相机决策。

---

　　① 又称为巨量资料,指需要强大新处理能力才具有更强的决策和流程优化能力的海量、高增长率、多样化的信息。

实现社会主义生产目的。这一目标仅靠市场主体的自发活动是难以实现的，必须通过政府对整个社会经济进行管理，协调好各个产业部门运行，高质量发展才能实现。

协调社会化大生产。社会主义市场经济，以社会化大生产为基础，各个地区、部门和企业之间存在复杂分工和紧密的经济联系。国家实施宏观经济管理，协调各个地区、部门及社会各层次间的经济关系，社会再生产才能正常进行。这一点，无论是资本主义市场经济还是社会主义市场经济都是一样的。

建设创新型国家。组织、兴办和发展一些投资多、风险大、利润无保障的基础研究、共性研究和高新技术产业，建立科技基础设施，为科技发展创造有利条件。

建立城乡统一的社会保障体系，缩小贫富差距，推进共同富裕。市场竞争产生的风险之大，足以达到危及社会稳定和经济转型顺利进行的程度。因此，社会保障制度作为一种规避风险的有效机制，已成为现代市场经济不可分割的组成部分。

合理配置财力，为公众提供均等化的公共服务和公共产品。市场体制只能保证结果的效率，而不能保证结果的公平；政府的作用主要不是配置资源，而是通过二次分配解决当前收入分配差距悬殊的问题，依法规范企业的初次分配行为，更多地通过再分配，完善社会保障，解决公平问题，使经济发展惠及全民。

转型经济中政府的特殊职能。适时、适度培育市场体制，营造公平合理的市场竞争秩序。对于市场发育不充分、市场体系不完善、价格机制不成熟、法治不健全的国家尤为必要。对于后发国家来说，政府依靠自身雄厚的政治资源和强有力的行政执行力释放出的巨大制度能量，推进强制性变迁，引导诱致性变迁。通过这两种制度变迁培育市场，建立符合市场经济要求的新秩序。市场交易是产权交换，而制定产权规则和市场平等竞争规则，则是政府应尽的责任，没有任何其他组织和个人能够替代。特别是若没有一个尽职尽责的政府去打破旧体制，建立新秩序，旧的行政权力结构就会阻碍新秩序建立，甚至用旧体制去歪曲新秩序，在行政权力和市场经济的结合中，将会孕育出权贵经济之类的反市场怪胎，给人民造成损害，不利于经济体制改革。政府运用经济规律，制定有关平等竞争的规则，保护和促进平等竞争，预防和消除各种不正当竞争行为，促进市场发育，构建完善的市场体系和竞争性市场秩序。保护公平竞争、防止垄断，市场机制才能有效地发挥作用，促进经济繁荣。二战后迅速崛起一些新兴工业化国家市场经济的发展充分证明了这一点。

建立公平市场秩序、促进市场发育,是政府的重大责任。但政府职能只限于促进市场发育,而不是越俎代庖,直接介入市场。

改革开放 40 多年来,总体上是自上而下有组织、有领导的改革,是依靠政府决策或政府作为第一冲击力,突破僵化的计划经济体制,逐步催生出市场体制的。无论农村改革,还是城市的价格、财税、国有企业等市场化改革,政府都是第一推动力。

四、政府失灵与弥补

(一)政府失灵的表现

激励和竞争不充分,在相当长的一段时间内,我国政府对经济活动不但管得太多,而且习惯于使用行政手段,导致官僚主义,效率难免低下。

偏好不当,致使调节目标偏离社会整体利益。如,"大跃进"时期,有计划而不按比例,造成国民经济比例失调,积累与消费比例失调,1958—1960 年,比"一五"计划期间的全部积累还多 44%;工农业比例失调,1960 年比 1957 年,工业总产值增长 2.3 倍,但农业总产值下降 22.8%。偏好不当也与信息不对称有关,加上对市场反应不灵敏,因而效率不高。

官员约束不够,作为经济人的官员不负责任、不作为,可能造成决策的迟缓和失误;官员权力膨胀,导致寻租行为,成为利益集团。公共选择理论证明,政府官员可能是经济人,运用其所掌握的公共权力谋求私利。这与政府干预市场过多有关。程序不当,决策不民主,难以及时和灵活地应对瞬息万变的市场。

消除政府失灵的途径:完善市场体制。让市场规律充分发挥配置资源的决定性作用,尽可能少地使用价格的干预与管制手段,让价格自动地调整生产者的经营规模和方向,自动调节消费者的需求偏好。

(二)市场体制的特征

市场主体合格。政府作用包括直接调控和间接调控,直接调控是直接为市场主体提供支持和服务,尤其是支持小微企业;制定统一的市场准入规则,对扭亏无望和非法经营的企业进行关停并转,对生产者的诚信奖罚分明。市场主体的权利和义务平等,市场供给者能够决定自己的供给意愿和供给量并承担相应的市场风险;市场需求者能够决定自己的需求意愿和需求量并具有相应的支付能力。

民主决策和科学决策。结合国民经济运行态势,通过互联网、大数据等多种方式获得信息、广泛征求意见,委托专业机构进行第三方评估,客观公正地指出问题、提出建议,促进经济政策等宏观决策的科学化。

依法行政。行政机关依法设立,并依法取得和行使其行政权力,对其行政行为的后果承担相应责任。

五、政府宏观调控的手段与国情

目前,调控手段不断丰富,市场化手段运用不断灵活,富有中国特色的宏观调控手段体系正在加速形成。政府宏观调控的根本目标:促进和实现社会整体利益与个别利益的统一、长远利益与当前利益的统一。具体目标为:促进重大经济结构协调和生产力布局优化,确保经济总量基本平衡和结构平衡,减缓经济周期波动影响,防范区域性、系统性风险,实现经济发展速度较快与经济效益较好的统一,保持物价总水平基本稳定,推动经济结构优化升级,大力提高资源利用率;控制并减少污染物排放总量,保护和促进生态良好,促进生态修复和建设;实现经济高质量发展、人口与环境高质量发展;提供基本公共服务,做到发展成果由人民共享,逐步缩小城乡之间、区域之间的差距,实现共同富裕。

(一)计划是政府调控经济的手段

遵循经济规律,完善国家计划体系,发挥国家发展计划、产业政策对宏观调控与导向的作用,运用国家计划体系,统一步调,协同运作,使中长期规划与年度计划、全国规划与地区规划、综合性规划与专项规划相互衔接、相互补充、相得益彰,实现经济稳定增长。

经济计划是在认识客观经济规律基础上,以市场作为配置资源的决定性手段,基于分析、预测,建立的规划、指导社会经济发展的体系。其体现宏观管理目标、任务、各项宏观平衡和各种基本比例关系,并由相应的指标体系和政策措施所组成的计划。

国家经济计划可分为战略规划、长期规划和短期计划三种,是这三种计划的

第六章

整合体系。

战略规划是指国家确定在一个相当长时期内要完成的经济和社会发展任务与其需要采取的重大措施,侧重点是经济发展状况、生态平衡、资源合理开发利用、生产力合理配置和人民生活水平提高。战略规划还只是个轮廓,还需要粗线条的长期计划和细线条的短期计划配套使之得以实现。

长期规划是指五年规划,侧重点是基于战略规划并使其目标和措施具体化。

短期计划是指年度计划,是经济建设和社会发展的行动计划,比长期计划更为具体明确,是实施宏观调控的重要依据,由国务院提出并经全国人民代表大会批准。其涉及经济增长速度、投资总额、财政预算、信贷总额、失业率、物价上涨率和人口增长率七大指标。掌管这些经济杠杆的行政部门,会围绕这七大调控目标,各负其责,完成调控任务。

(二)我国的国情

制定国民经济和社会发展计划时,必须遵循客观经济规律,根据国情及国际形势,按照维护、补充和引导市场的要求,统筹兼顾、全面规划。正确、全面地把握国情,是国家计划的立足点和出发点。我国国情大体如下:

建成中国特色社会主义的基本经济制度,规定我国经济发展的性质和方向,是实现国家由大到强的根本保证;初步建立社会主义市场经济体制,为经济发展开辟广阔道路。国内市场广阔,国际市场全面打开,两个市场在不断扩大,日益发挥对生产的促进作用。

建成全球经济大国和贸易大国,但经济规模大而不强、经济增长快而不优,关键领域核心技术受制于人的格局没有根本改变,仍然是最大的发展中国家。我国建立市场经济体制以来,2010年国内生产总值(GDP)跃至世界第二,2019年中国的国内生产总值是位居世界第三的日本的2.745倍。

建成工业化基础,但这个基础的潜力远远没有充分发挥出来。《决议》指出"由于一些地方和部门存在片面追求速度规模、发展方式粗放等问题,加上国际金融危机后世界经济持续低迷影响,经济结构性体制性矛盾不断积累,发展不平衡、不协调、不可持续问题十分突出。"我国人口数量仍然庞大,引起如下矛盾:人民生活质量提高与生产建设不断扩大的矛盾,增加就业与提高效率的矛盾,劳动力数量充足与素质不高的矛盾;人均资源不足,许多重要资源短缺,特别是人均耕地面积、人均可利用草原面积、人均森林蓄积量分别是世界平均水平的 40%、30%、13%。

国际社会处于和平与发展为主流的环境,总的看来,对我国建设有利。

认清上述基本国情状况,找出发展的有利条件和不利条件,确立经济发展的战略指导思想,克服无所作为论和速成论,正确制定国家计划,充分利用经济发展的有利因素,发挥优势、扬长避短、化消极为积极,努力实现社会经济发展的战略目标。

党的十九届五中全会提出,"坚持扩大内需这个战略基点,加快培育完整内需体系,把实施扩大内需战略同深化供给侧结构性改革有机结合,以创新驱动、高质量供给引领和创造新需求。"在后金融危机时代,新冠肺炎疫情将使全球经济在较长时间里都处于低速增长态势,经济发展的外部空间受到制约。全球科技和产业变革、国际贸易关系调整,将使我国未来的发展面临的国际产业竞争和技术竞争更加激烈。我国要发挥举国体制与市场体制协同的优势,实施科学调控,具体内容如下:

第一,提供事前指导,调节总供给与总需求。在市场经济条件下,总供求关系主要通过市场机制调节,促进资源合理配置。但市场的盲目性、企业利益冲动、价格波动、个人消费偏好及其变动等因素,可能引起总供求失衡,表现为总量失衡和结构失衡两个方面。这就要求发挥政府经济调控的能动性和前瞻性作用,确保实现国家整体利益和长远利益。

总量失衡是指货币购买力总额与社会提供的产品、服务市场价值总额不一致。若总供给大于总需求,意味着生产过剩,难以实现其市场价值,从而阻碍生产和国民收入增长。在市场经济条件下,生产过剩是常态。若总供给小于总需求,则是商品短缺,当资源和生产能力得到充分利用,若货币数量增加,就会导致价格总水平上涨,甚至出现通货膨胀。

结构失衡是指在实物形态上社会提供的总产品、服务与市场需求不一致。总产品从其最终用途上可分为生产资料和消费资料两大类,每一类中又有不同副类。市场提供的服务分为生产性服务和生活服务。社会总产品及服务构成,要求货币支出中用于生产资料、消费资料和服务消费的购买,必须同市场提供的生产资料、消费资料和服务供给相适应。换言之,产品和服务必须在数量、质量、规格、品种等方面,符合市场上生产消费、个人消费和公共消费的三种需求。

　　我国总量失衡曾长期表现为总供给小于总需求,为短缺经济。与此相适应,长期存在着行政抑制型需求和持币待购型需求。1997年开始,随着社会主义市场经济体制的逐步建立、生产力水平快速提高,结构失衡出现,而且总量失衡表现为有效需求不足。因此,增加有效供给、扩大有效需求,尤其是扩大内需,已成为宏观经济管理的重点。

　　第二,提供公共产品,促进共同富裕。公共产品具有非排他性和非竞争性;非排他性是指在技术或经济上难以将不付费用而消费的人排除在外,非竞争性是指经济上微利、无利,不具有利益追逐的特性,如国防等。这些公共物品是社会与经济发展所必需的,又是市场无力提供的,只能由政府提供。市场经济是利益经济,这是与公共物品的特性相矛盾的。解决这一矛盾的办法是政府提供公共物品及定价,以满足消费者需要,增进社会利益。市场经济下,资源配置是建立在个体对边际成本与边际收益比较的基础上,而未考虑社会成本。因此当把单个经济与社会经济关系纳入考虑范围时,特别是当个体边际成本及边际收益与社会成本发生背离时,需要借助政府行政手段进行干预。如,规定污水排放标准。

　　第三,宏观经济驱动的三个重要转变。无论是着眼于改善民生,还是着眼于产业结构转型升级和国际收支平衡,都要坚持扩大内需,促进国民经济良性循环和人民生活水平不断提高。主要做好如下工作:

　　经济增长由主要依靠投资、出口驱动转向依靠消费扩大、有效投资扩大与出口协调驱动。我国需求结构中投资率偏高、消费率较低,投资与消费比例失衡,居民生活不能随着经济的快速增长而同步提高,导致国内市场规模受限,生产能力相对过剩。消费率持续下降对扩大内需造成严重制约,使得经济增长对出口依赖度不断提高。外贸顺差过大和国际收支盈余过多,造成资金流动性过剩,反过来又助长投资高增长。增强消费对经济增长的驱动作用,包括:完善收入分配政策,坚持和完善按劳分配为主体、多种分配方式并存的分配制度,逐步提高居民收入在国民收入分配中的比重,提高劳动报酬在初次分配中的比重,提高低收入者的收入,扩大中等收入者的比重。加快社会保障体系的建设,稳定居民消费预期;拓展服务性消费领域,不断开拓消费市场,继续拓展住房、汽车、通信、旅游、文化等热点消费;改善消费环境,增强居民消费信心、增加即期消费。

　　经济增长由主要依靠增加物质资源消耗转向主要依靠科技进步、劳动者素质提高和管理创新。高质量发展,关键是提高自主创新能力,促进科技成果向现实生产力转化。

促进农民非农就业增收、科技增收、农地规模经营增收,扩大农民购买力。"三农"问题的关键在于农民增收问题。党的十九届四中全会提出,"实施乡村振兴战略,完善农业农村优先发展,保障国家粮食安全的制度政策,健全城乡融合发展体制机制。"统筹城乡发展,建立以工促农、以城带乡的长效机制,形成城乡经济社会一体化新格局。促进大、中、小城市和小城镇协调发展,有序转移农村富余劳动力,不断增加农民收入。

第三节　宏观经济调控的方式和手段

一、政府宏观经济调控的方式

宏观调控分为中央和地方两级,一般仅研究前者。中央调控是中央政府根据所要实现的全社会战略目标、重点,通过市场对全国各地区、各部门供求状况进行调控。

(一)政府间接调控的经济参数方式

政府管理经济的方式以间接调控为主替代高度集中的直接管理。社会主义市场经济体制要求发挥市场在资源配置的决定性作用,表现为政府间接调控,即政府调控市场,再由市场引导生产和消费方式。即政府对企业不再是直接、具体的管理,而是通过市场间接进行的,以便发挥生产者和消费者的主动性、创造性,推动经济发展。

政府间接调控经济,根据国民经济和社会发展的计划和商品供求状况,向市场输入经济参数调控。经济参数是指政府为使市场输出一个预期值而向市场输入的可控变量。

经济参数分为基本参数的价格和作为调节参数的税率、利率两类。这两类参数又可细分为两种:①市场决定参数,如商品价格和服务价格等参数应由市场供求决定,政府不对其进行直接干预。②政府决定的参数有两种:一种是政府直接决定的税率、财政预算、国家公债发行等参数,通常是在不损害平等竞争原则的前提下由政府根据自身的需要来决定的。另一种是政府间接决定的参数,调节参数与价格总水平之间存在函数关系,调节参数变化会引起价格变动。货币供应量、工资率、利率、汇率等参数,在市场供求关系基础上,政府通过它所掌握的参数进行调控,通过增加或缩减财政支出,扩大或减少市场供给;央行调整法定存款准备金率、再贴现率和公开市场业务等,调节货币供应量,影响价格总水平;国家通过储备制度的购销活动,调节市场供求,也影响价格总水平,等等。国家通过参数间接地调节市场,可使市场形成符合计划要求的信号,而且一旦参数出现偏差,市场机制还会校正参数,为国家及时修正计划、调整参数供给。

(二)政府间接调控市场的作用

市场引导企业,实质是利用经济利益关系诱导企业。从宏观经济管理来看,市场并不直接作用于某一个别企业,而是直接地作用于生产某类产品的部门或行业。因此,市场引导企业首先表现为对部门的作用。当国家通过经济参数的变动,引导价格信号时,首先在不同类产品之间展开竞争。在市场竞争中,生产不同类商品的各个部门必然围绕变动的市场信号比较同一劳动投放在不同部门的收益水平。有如下两种情况:

一是收益差别较大。有两种原因:①同一劳动投放在不同部门实现的价值不同,因为部门劳动供给量与市场对该部门需求量不一致。②价格与价值背离。这主要是供求关系影响及不合理价格体制造成。收益率差别较大,劳动收益率低的部门生产要素必然向劳动收益率高的部门转移。

二是收益大体相同。在这种条件下,竞争主要转向部门内部,各企业为获得超额利润,采用新技术、改善经营管理、生产适销对路的产品、降低成本、提高劳动生产率。

市场竞争的作用过程,主要发生在部门内部。这是部门间竞争的基础。而部门间竞争则是部门内部竞争的延伸。一旦市场竞争确立,从市场竞争作用的过程上看,竞争首先是作用于部门之间,而后才是部门内部竞争。因此,市场引导企业,首先是对部门产生影响,而后通过部门作用于企业,引导企业发展。可见,国家调节市场,市场引导企业,即国家通过经济参数调节市场,市场作用于部门,引导企业发展。

在市场经济条件下,企业面向市场,追求自身利益最大化,内有动力、外有同行竞争的压力,生产者有积极性,促进经济发展。同时,企业又会依照国家经济参数调节市场价格等信号,组织生产和经营,有利于企业沿着国家计划确定的方向协调发展。

二、经济政策

经济政策是为实现既定目标、调控各种经济利益关系,指导、影响经济活动的规则体系。主要经济政策有:财政政策、货币政策、产业政策、价格和收入分配政策等。

(一)财政政策

财政政策是为实现社会经济高质量发展,变动财政收入和支出,影响宏观经济发展的手段。包括财政收入政策和财政支出政策。财政收入主要源于税收及出售政府债券。财政支出主要用于政府购买、公共工程建设和转移支付(对某些地区、阶层实行津贴补助等)。

财政政策是"内在稳定器",即对社会经济拥有自动调节功能,如个人所得税、公司所得税和转移支付等财政政策都是"内在稳定器"。在经济衰退时,个人收入和公司利润会减少,税收自动减少,按累进税率应纳税率降低,即使税率不变,税金也会减少。同时,转移支付自动增加。转移支付包括失业救济和福利支出,需要救济和领取福利支出的人员增加,政府转移支付增加。政府减税,增加财政支出,有助于扩大消费和投资,扩大总需求。经济高涨,个人收入和公司利润增加,纳税人应缴税额和相应税率提高,税收自动增加。而政府救济金和福利支出自动减少。这两方面作用,可抑制消费和投资增加,控制总需求。

财政政策内在稳定器作用大小,取决于税收结构和转移支付比例、边际消费倾向的高低。发达国家以所得税为主,转移支付的比重较大,内在稳定器作用较强。低收入国家受税收成本和国家财力的限制,一般以间接税为主,累进性不明显,转移支付比例较低,内在稳定器作用较弱。即使在发达国家,内在稳定器作用也很有限,它只能缩小经济波动的幅度,而不能改变经济发展的总趋势。因此,政府必须主动预先采取财政政策进行调节。

政府逆经济风向、采取扩张性或紧缩性财政政策调节经济。在经济衰退时,政府采取扩张性财政政策,减税,增加政府购买、公共工程费用和转移支付,扩大总需求。当经济高涨时,政府采取紧缩性财政政策,以减少总需求。在经济健康运行时,实行"稳健财政政策"。

财政政策的运用过程中往往会遇到许多困难。如,增税会遭到普遍反对,甚至会引起政治动荡;削减转移支付会受到低收入阶层及其同情者反对;同时,减少税收也并不一定使人们将减税所得的收入用于增加支出,等等。

(二)货币政策

货币政策是指中央银行为实现一定的宏观经济目标所制定的通过综合运用各种货币手段调节货币供给和利率,进而影响宏观经济运行的手段。

货币政策,按调节经济的功能可分为扩张性和紧缩性两种。这是针对社会经济中存在紧缩缺口和膨胀缺口两种问题提出来的。有效需求不足、通货紧缩,实行扩张性货币政策,增加货币供应量,扩大总需求,消除紧缩缺口。需求过度、通货膨胀,实行紧缩性货币政策,减少货币供应量,抑制总需求,以消除膨胀缺口。运用货币政策,最终使经济稳定增长。货币政策的主要手段包括公开市场业务、调整法定存款准备金率、调整再贴现率和利率等。

公开市场业务是央行在市场公开买卖政府债券、调节货币存量,进而调整利率,实现经济稳定发展。经济衰退、采取扩张性货币政策,央行便可买进政府债券,将货币投放市场、增加货币流通量、扩大总需求。并且,央行在公开市场上买进债券会使债券价格上升,使利率下降、投资增加、扩大总需求。采取紧缩性政策,央行在市场公开卖出政府债券以回笼货币,减少货币供应量,总需求缩小,缓解通货膨胀压力。同时,央行在公开市场卖出债券使债券价格下跌,利率上升,减少投资,缩小总需求。这是央行的重要政策手段,在发达国家广泛运用,对于熨平经济波动起到良好作用。随着市场经济体制的完善,政府债券的发行种类和发行量增加,政府债券发行方式已由行政摊派转到自愿认购,我国政府债券发行市场和交易市场已形成,为央行实施公开市场业务、调控社会经济创造条件。

法定存款准备金率是国家以法律形式规定商业银行存款准备金的最低比率。商业银行在吸收存款后,应按法定存款准备金率保留准备金,其余部分才可作为贷款放出。这是央行控制商业银行、调节市场货币供应量的重要手段,也使商业银行有备无患,免遭不测。

在市场经济国家,银行体系和法定存款准备金制度完善,一笔存款可以派生出更多存款。如,法定存款准备金率为10%,一笔存款为1000元。商业银行可按10%法定存款准备金率留下100元准备金,而后将900元贷出。债务人或将900元存入下一个商业银行以备用,或将其用于购买商品、转到出售商品者手中,由出售者将其存入银行。第二个银行按10%提留准备金,再将810元贷出。依此类推,最初存款额可最终创造出存款增加总额为:$100*[1+9/10+(9/10^2)+(9/10^3)+\cdots\cdots]=1000*[1\div(1-9/10)]=10000$(元)式中,10000元是由最初1000元派生出总存款额,即派生存款。总存款额与引起它最初存款额之比为存款乘数。存款乘数简便确定方法是:法定存款准备金率倒数。上例中存款乘数为10,若设K为存款乘数,ΔR为银行存款增加额,ΔD为派生存款总额,r为法定存款准备金率,上述关系可用公式表示为:$K=\Delta D/\Delta R=1/r$。

存款乘数表示一笔存款额可按何种程度派生出更多存款。派生存款与法定存款准备金率成反比。法定存款准备金率较高时,商业银行可以贷款的额度减少,派生货币存款较少;法定存款准备金率较低时,派生货币存款较多。法定存款准备金率微小变动,都会带来派生存款和货币供应量较大变动。如,法定存款准备金率由10%下降为9%,降低1个百分点,派生存款总量将会增加10%左右。

法定存款准备金率是央行调控经济的主要手段之一。当经济衰退时,降低法定存款准备金率,使商业银行在吸收存款中保留较少的准备金,贷款规模相应增加,银行体系创造的货币量成比例增加,社会总需求增加。当经济高涨时,则提高法定存款准备金率。其结果与降低法定存款准备金率作用相反。法定存款准备金率在一些市场经济国家被作为威力巨大而不轻易动用的手段。随着我国金融改革不断深入,各专业银行转向商业银行、企业化经营,法定存款准备金率在发挥调控经济运行的应有作用。

贴现率是专门用于贴现的利率,贴现是将未到期的票据兑换成现金。银行办理贴现如同发放贷款,也需计息。商业银行票据过多而需要现金时,要向央行办理再贴现。再贴现率是其进行宏观调控又一主要手段。当经济衰退时,降低再贴现率,鼓励商业银行向央行借款。这必然导致商业银行降低贴现率,吸引票据持有者进行贴现。于是贷款增多、信用扩张,货币供应量增加,引起利率降低,投资上升、总需求增大。当经济高涨时,提高再贴现率会引起相反经济效果,总需求减少。

央行调控社会经济,除了上述三项主要手段,还可采取道义劝告、控制分期付款和抵押贷款条件等辅助性手段。

货币政策的作用具有一定的局限性。央行对经济调控最终都是通过货币数量和利率变动进行的。但是在货币存在交易需求和预防需求的条件下,利率降低受到限制,从而制约货币政策的作用空间。此外,货币政策作用过程存在"时滞",由央行向市场输入调节参数到实现预期政策目标,这期间经济情况可能发生变化,会造成市场扭曲。

在货币政策方面,面对经济下行的压力,在适时适度交替使用数量手段(降低准备金率、公开市场业务)和价格手段(降息)的同时,不断推出新的调控手段,如常备借贷便利、短期抵押贷款、中长期融资债券等,方可缓和经济下行的压力。

(三)财政政策与货币政策是宏观调控的两大基本工具

财政政策与货币政策各有侧重。财政政策侧重于结构优化,在促进经济增长、推动结构调整和调节收入分配方面具有重要作用。货币政策侧重于总量调节,在保持币值稳定和总量平衡方面作用显著。根据目前和今后一个时期的经济下行压力大的情况,将继续促进积极的财政政策和灵活的货币政策协同推进,这一政策体系搭配的基调不变。

财政政策,为激发经济活力,应继续实施结构性减税,加大对小微企业的减税力度,缓解企业经营困难;加大税前费用扣除,强化税收对企业研发的激励;通过完善个人所得税制度,加大对人力资本的激励。财政支出,继续向保障和改善民生倾斜,加强基础设施投入;健全财政管理体制,使地方政府承担好提供基本公共服务的职责。

货币政策,当经济衰退时,通过降准释放和补充市场流动性,定向降准和优惠利率对小微企业进行金融支持;针对新材料、新能源、高科技行业等经济增长点,实行定向优惠的贷款利率;同时发挥公开市场操作的预调微调功能,结合不同时期流动性供求变化,把握好公开市场正回购操作的力度和频率。灵活运用降准、降息、公开市场业务等手段,保持流动性合理,进而物价总水平合理,提高金融运行效率和服务实体经济的能力。

(四)产业政策

产业政策是指政府通过规划、干预、诱导产业形成、发展,实现产业结构优化,产业间合理配置资源,包括产业结构政策和产业组织政策。产业结构政策规定一定时期产业结构演进的方向和步骤,以及国民经济各产业发展的顺序和态势,扶持、鼓励和优先发展一些产业部门,限制、削弱和减少一些产业部门的发展,以扶持经济发展中带头产业或骨干产业,实现产业结构高度化、合理化,推进国民经济健康快速增长。

产业组织政策是指政府为提高产业内资源配置效率而采取的促进有效竞争的组织结构合理化的政策措施。它规定一定时期内产业内部企业或市场秩序的发展方向,以实现平等竞争秩序和企业规模经济。

市场经济是一种利益经济,企业的生产目的是利润最大化,这可能与社会整体利益发生矛盾,政府要制定产业政策予以引导,促进产业结构升级、优化资源配置。

产业政策是发展中国家实施赶超战略的重要手段。原因有两点:

(1)在发展中国家经济高速发展时期,经济结构急剧变化。为快速实现工业化和现代化,原有十分薄弱的基础设施和基础工业要以超常规的速度发展。但这些部门投资大、盈利低,资金回收周期长,若单靠市场力量实现结构变革,工业化和现代化过程就会拖得很长。只有在一定时期,政府集中配置资源,把具有战略意义和带动作用的产业尽快搞上去,以增强国家整体竞争力,推进国家的工业化和现代化进程。政府依据市场信息制定产业政策,并通过市场实施、接受市场检验,以适应市场经济,而不是限制市场经济。扶植新兴产业、奖励研发和技术进步、建设基础设施、防治污染等手段有利于降低社会成本、增加社会收益,政府通过这些产业政策干预经济。若超越这一界限,就会妨碍效率提高和损害经济发展。

(2)在发展中国家,由粗放的扩大再生产转向附加值较高的集约扩大再生产,会遭遇国际市场上原有经济格局的限制,单靠市场力量很难打入国际市场。在上述情况下,政府要根据一定时期经济结构的变动趋势,制定和实施正确的产业升级和优化政策。

总之,在市场经济条件下,通过产业政策实现宏观经济管理,是以市场发挥资源配置的决定性作用为内容的。这与计划经济体制中政府行政管理是不同的,不能将二者混为一谈。

产业结构的合理化和高级化。产业结构合理化是指在现有技术和资源条件下,生产要素得到合理配置,各产业协调发展,并能产生良好经济效益的过程。产业结构高级化是指产业结构向技术水平更高、产业综合生产率水平更高的发展

第
六
章

过程。

产业结构的低水平和不平衡已成为我国国民经济发展的一个制约因素,必须选择正确的产业发展战略,寻求有效的调节机制,推动产业结构的合理化和高度化。

产业结构优化升级的基本方向,以高新技术产业为先导、基础产业和制造业为支撑、服务业全面发展的产业格局。产业结构的合理化和高度化的构建措施有:促进科技进步,优先发展信息产业,推进经济和社会的信息化。发展对经济增长有突破性重大带动作用的高新技术产业,振兴装备制造业,改造传统产业,提高我国工业的整体素质和国际竞争力。

(五)价格政策和收入分配政策

价格政策弥补价格调节的自发性、盲目性和滞后性,其包括最低限价和最高限价。最低限价是指政府为扶植某一行业的生产而规定该行业产品的最低价格。在商品过剩时,政府增加库存或出口;在商品短缺时,政府减少库存,平价销售,使价格由于政府的支持而维持在一定水平上。如,实行政府最低粮食限价政策,使粮食产量有所保障。这一政策也有负面作用,主要是政府财政支出会大幅度增加。最高限价是指政府为限制某种商品价格上涨而规定该种商品的最高价格。一般用于战争或自然灾害等特殊时期,国家对房租、粮食等一些生活必需品实行最高限价政策,有利于社会安定,但不利于刺激生产。

收入分配政策是对国民收入初次分配和再分配进行调节的政策,包括国民收入分配总量政策、结构政策和个人收入分配政策;目的是促进国民经济的总量平衡,避免通货膨胀或通货紧缩,促进经济发展,提高人民生活水平。通过税收、社会福利、财政预算等手段实施的,用来缓解分配不公的现象。主要包括:税收政策,通过税收缩小收入差距,包括个人所得税,遗产税、赠与税、物业税等财产税,消费税等。其中个人所得税实行的是累进税制,以缩小收入差距。这些主要手段,根据收入高低确定不同税率,对高收入者按高税率征税,对中低收入者按中低税率征税。在市场经济中,个人收入的分配原则是效率为先而公平不足,要通过上述政策促进收入分配公平化。

税收政策是通过对中高收入者征税来实现收入分配公平化,而社会福利政策则是通过给无收入者、低收入者补助来实现收入分配公平化。主要有:各种形式的社会保障社会保险,包括失业救济金、退休金、残疾人保险、贫困家庭补助各种制度。各种劳动者保护立法,包括最低工资法、最高工时法、劳动合同法、环境保护法、食品和医药卫生法等。这些法律法规有利于增加劳动者收入,改善工作和生活条件;提供优惠住房,以低房租向低收入者出租政府廉租房,限制私人高价出租房屋,资助无房者建房买房,住房补助,等等。

(六)保护消费者政策

消费者与生产者、经营者的组织性、专业性和经济性相比,处于弱势地位。消费者经济实力弱小,一般缺乏商品专业知识,商品多样化使其在购买商品和服务时难以做到经济合理。为保护消费者权益不受侵害,需要制定如下消费者保护的政策:商品质量合格,政府颁布商品和服务的标准并予以检验。消费宣传准确,商品广告和说明书真实可信;烟和烈性酒等不利于健康的商品不得进行广告宣传。规定劳务人员素质标准,如,政府对医生、律师、教师等进行资格认证,做出规定并进行考核,以保障消费者得到标准的服务。政府干预消费,如调整水价、杜绝水资源浪费。

(七)反不正当竞争和反垄断政策

不正当竞争是指一些企业为争取竞争优势,以各种不正当方式参加竞争,损害他人利益。这使竞争机制难以正常发挥作用,经济失去活力,使消费者和社会公共利益遭受损害。因此,要通过法规形式排除危害竞争的行为,维护市场秩序,保障市场经济健康发展。

垄断是凭借垄断地位对竞争企业实行控制或排挤竞争对手,造成市场结构不合理,使竞争机制失效,破坏市场经济,损害公众利益。市场竞争有一种趋势,在竞争中通过生产集中使企业生产规模越来越大,当集中发展到一定程度,必然产生垄断。

三、宏观经济调控的手段

作为宏观经济调控者,政府要按社会经济发展的要求,对不同调控手段选择实施。政府调控经济的主要手段有经济手段、法律手段、行政手段。

经济手段,是运用经济杠杆调整经济主体的物质利益关系,引导和调节经济运行的方式。经济杠杆是利用价值规律和物质利益原则影响、调节和控制经济运行，以实现社会利益的手段。主要包括财政、税收、信贷、利率、收入分配等，它们各具特色。如变动法定存款准备金率和增加政府支出的作用较强烈，而公开市场业务和税收政策作用较为缓和；公开市场业务影响面较小，而政府支出措施影响面较大；货币政策遇到阻力较小，而增税和减少政府支出则侧重于调控供给，阻力较大。相对于前三种政策手段对经济过程调控，收入分配政策更重视从结果上调节社会经济，其调控作用更强烈。

调控社会经济，可根据市场不同情况，采用不同经济手段。当经济衰退时，扩张性财政政策就会比扩张性货币政策更具有时效性；当出现经济过热时，紧缩性货币政策比紧缩性财政政策的效果更明显。还要加强财政政策、货币政策与产业政策、区域政策、消费政策、价格政策的协调配合。通过税收、信贷政策支持产业结构调整，引导企业落实创新驱动发展战略，促进传统产业改造升级；刺激居民消费需求，促进消费升级；以财政投资性支出、转移性支出对区域经济结构进行调节，有效促进区域经济发展。

法律手段，主要包括保护和制裁两方面，保护作用是指规定政府、企业等市场主体的基本行为准则，维护市场经济秩序，保证社会再生产和流通的有序进行；制裁作用是指通过法律制止和纠正经济发展过程中某些违法和消极现象。

在经济管理史上，首先是经验管理，经验经过总结上升为政策，发展为政策管理；人们将那些行之有效的政策以法律形式条文化、规范化确立下来，发展到法律管理形式。因此，法律手段是高级管理方式。

行政手段，是指依靠政府采用强制性手段，规定和下达带有指令性的任务或某些具体限制等行政方式调控经济的运行。如在商品供求矛盾较突出时，为保证生产正常进行、满足人民生活的基本需要，政府可通过行政手段发放票证调控供求关系。特别是实现社会和经济发展的目标，单靠市场自发倾向难以成功时，行政干预更有必要。但就整个国民经济及其发展而言，行政手段应是辅助性调控方式。因为行政手段容易不计成本，或造成国民经济比例失调等消极影响，必须谨慎使用。

以上三种手段各具特点：经济手段是通过经济利益关系调节社会经济活动，具有动力性；行政手段具有权威性；法律手段具有强制性。在社会主义市场经济中，应根据不同调控方式的特点，相机抉择，以实现国民经济和社会发展的目标。调控经济,只见国内、不看国外,只见需求、不看供给,只见部门、不看全局,"一把抓""一刀切"的简单做法,都是不明智的。要根据供求在微观经济、宏观经济的不同情况,分层次、有区别地采取或紧或松的措施。在经济发展中,总量失衡可以在短期内得到解决,而结构失衡则需要较长时间才能改变。因为产业结构、部门结构和产品结构调整,资源重新配置、设备和技术上的重大变动和改造。这些情况的改变不是一蹴而就的。

本章小结

政府与市场是对立统一的关系,体现和满足宏观经济平衡性与微观经济活力性的要求。政府的主要职能是通过宏观调控实现的,宏观调控的目的是实现国家整体利益与个别利益的统一,长远利益与当前利益的统一。

关键词

公开市场业务　法定存款准备金率　再贴现率　市场失灵　外部经济　财政政策　货币政策　存款乘数　内在稳定器

思考题

1.简述市场体制配置资源的利与弊,如何兴利除弊?

2.简述政府履行职能的利与弊,如何兴利除弊?

3.论述政府与市场的统一性与协同性。

4.在社会主义市场经济条件下,政府对经济宏观调控的必要性、调控内容有哪些?

5.宏观经济调控的政策和手段有哪些? 它们各自的作用特点是什么?

第六章

第七章　高质量发展

本章要点

高质量发展;经济体制改革;科技创新

1992 年,邓小平提出著名的"发展是硬道理"的重大战略思想。[①] 2017 年,党的十九大强调,"我国经济已由高速增长阶段转向高质量发展阶段。""发展是解决我国一切问题的基础和关键,必须坚定不移把发展作为党执政兴国的第一要务。"《决议》指出,"把握新发展阶段,贯彻创新、协调、绿色、开放、共享的新发展理念,加快构建以国内大循环为主体、国内国际双循环相互促进的新发展格局,推动高质量发展,统筹发展和安全。"更高质量、更有效率、更可持续的发展,标志着发展步入提质增效的时代,这是我国社会主要矛盾转化对新时代发展提出的迫切要求。中国特色社会主义经济制度的确立和完善,为经济发展开辟广阔道路,形成独特的发展优势、发展理念、发展战略和发展道路,推动经济高质量发展。

我国经济运行多年面临的突出矛盾和问题,供与求两侧都有,但矛盾的主要方面在供给侧,要把改善供给结构作为主攻方向。在供给侧上,据第七次人口普查,我国劳动力总人数逾 9 亿人,受过高等教育和拥有技能的人口规模达 2.18 亿。宝贵的人才资源、人口质量红利将是支撑经济高质量发展的关键基础;储蓄率较高,充足的资本供给是支撑经济长期稳定增长的重要物质基础。在需求侧上,居民收入和财富不断增长,中等收入群体 4 亿多且不断增加,是超大国内市场和发挥消费拉动高质量发展的市场基础,也是推动消费需求升级换代的基础。

《决议》指出,"我国经济发展进入新常态,已由高速增长阶段转向高质量发展

---

① 《邓小平文选》(第三卷),人民出版社,1993 年,第 377 页。

阶段,面临增长速度换挡期、结构调整阵痛期、前期刺激政策消化期'三期叠加'的复杂局面,传统发展模式难以为继。"旧常态下所呈现的资源禀赋和劳动力成本较低的优势已不复存在,潜在的增长要素已得到充分释放,表现为农村剩余劳动力支持的低成本劳动力供给明显减少,支持高投资、高储蓄的人口数量红利明显减少,物质要素供给的不可持续问题越来越突出,能源、资源、环境的瓶颈约束、污染加剧,传统的依靠资源投入的动力衰减,经济结构失衡,开放质量不高,收入差距扩大导致人民对经济发展的获得感不足。

2018年中兴事件充分暴露了中国核心技术的缺失,必须尽快通过创新驱动,逐渐转移到全球价值链的上游,实现高质量发展。

第一节　新发展理念与高质量发展

一、经济增长与经济发展

(一)经济增长与经济发展的统一

经济增长是一个社会生产的产品和服务在数量上增加,新创造的价值量增加,即国内生产总值增加,反映一国国民经济总量的变化。而经济发展是质与量的统一,包括数量上的经济增长,也包括质量上经济结构优化、经济效益提高、生态环境改善、人民生活质量提升等内容。经济增长与经济发展相互联系又相互区别,经济增长是经济发展的基础。经济实现一定的增长,生产出更多更好的物质产品,具备一定的物质基础之后,才有条件提高劳动者的素质,增加科研投入,以改革促进科技创新,加快产业转型升级,不但提高产品质量、增加品种、创造新需求、满足既有需求,市场和内需扩大,而且资源消耗降低,环境污染缓解。

经济增长的决定因素:科技水平,生产要素投入、投资增长率和投资效率,自然资源的数量与开发利用程度;对外开放情况,对世界先进科技和外资的利用水平,国际贸易互通有无、调剂余缺的水平。

(二)全要素生产率

随着中国的人口结构转变和经济发展进入新阶段,以人口数量红利为特征的传统增长源泉式微甚至消失,增长模式要加速从以生产要素积累和投入为主要驱动力转到通过改革和创新,提高全要素生产率。全要素生产率是用来衡量一定时期内生产活动的效率,即在生产中各种既定的投入要素向最终产出转变时实现额外产出效率,即总产量和全部要素投入量之比。全要素生产率对经济增长的贡献率大小,又决定于体制创新。一个国家,若资本、劳动力等生产要素投入的增长率都是5%,若没有生产率的进步,正常情况下产出或国内生产总值增长只是5%;若产出或国内生产总值增长大于5%,如是8%,多出来的3个百分点,统计学视为"残差",经济学则是全要素生产率对经济增长的贡献。其一般由技术进步、技术效率与配置效率等构成,作为解放和发展生产力的基础,是经济健康发展的核心引擎。其来源包括科技进步和组织创新,用来衡量除去所有有形生产要素以外的纯技术进步和要素重组带来的生产率增长。全要素生产率提高有两种途径,通过技术进步或生产要素的重组实现。在微观上,体制改革激发人的积极性和创造力,鼓励企业研发、采用新技术、新工艺,开发新产品,改善管理,开拓新市场,提高全要素生产率。在宏观上,资源重组,如劳动力由生产率较低的农业部门转入生产率较高的非农业部门,提高全要素生产率。1982—2009年,我国在全要素生产率的提高中,近一半的贡献来自劳动力由农业转移到非农产业带来的资源重组效率。

全要素生产率提高速度快慢决定于制度先进与否。完善社会主义市场经济体制、合理的产权制度、有效率的组织、政府干预的有效程度等,都是促进技术进步的关键环节。

对外开放与对内改革协同推进,经济与社会协同推进,促进全要素生产率的提高。

二、发展观的发展

科学发展观的形成经历一个由单纯追求经济增长到以人为本、新发展理念和高质量发展三者有机统一的演变过程。传统发展观认为,经济增长与经济发展等同。西方现代化理论向发展中国家展示一条通向现代化的道路,即只要国内生产总值快速增长，就一定能够摆脱贫穷。在这些理论误导下，发展中国家在发展初期制定和实施经济发展战略，唯一目标是经济增长、追赶发达国家。联合国最初的两个十年发展计划目标，都把国内生产总值增加看作是发展的一个重要标志。在人类经济史上，传统发展观长期占据统治地位，指导发达国家的经济发展，对那些经济文化比较落后的国家也产生了巨大影响，带来一些无法克服和解决的矛盾与问题。旨在获得经济增长的进口替代发展战略，在实施中给人民群众带来的却是失业率上升、贫困程度加重、儿童死亡率提高等灾难；旨在摆脱对发达国家依附的进口替代发展战略，在实施中给发展中国家带来的却是在技术、资金、市场等方面依附程度加深，不发达状态加剧。

科学发展观的认识经历了如下发展过程：

第一，经济增长转向经济发展的发展观。经济发展的含义则较为宽泛，强调经济增长，也强调随着产出增长和生产速度加快而出现的就业、消费等结构方面变化的体系；经济发展不只是劳动者创造多少经济剩余，更意味着经济剩余如何分配，经济发展应是实现经济目标和社会目标相统一的完整进程。国内生产总值是一定时期内，将全社会的生产要素有效组合，生产最终产品的国内市场价值。其实物构成可分为物质产品和服务两部分。绿色国内生产总值，是去掉一些被视为不合理的具有外部性自然和人文支出后的国内生产总值。它反映了经济社会发展中扣除外部化成本，并从内部去反映高质量发展的进程，更能准确地衡量一国财富的真实水平，对于高质量发展战略的实施具有非常重要的意义。

我国最初是以追求经济增长为目标的，这有利于建立一个完整的工业化体系，在短期内摆脱穷困、实现经济腾飞，大大推动我国的经济发展。但是单纯追求经济增长，不可避免地带来发展不平衡不充分的问题：一是社会问题严重，如经济结构失衡、经济质量与速度的比例失调，收入分配差距过大；二是环境污染和生态破坏。

第二，以物为中心转向以"人"为中心的发展观。把"人"看成是经济发展的最终目的和经济发展的基本动力，强调满足人的基本需求、提高人的生活水平、消除人在物质和精神上贫困、促进人的全面发展的重要性，也强调发挥人的积极性、创造性是经济发展的基本条件和重要保证。20世纪70年代末80年代初，联合国第三个十年发展计划规定发展中国家经济发展的质量目标，即社会进步目标，包括分配、充分就业、普及教育、培训劳动力、提高健康水平、改善住房条件、保障妇女儿童的正当权益等,从过去对国家、民族发展的关心扩展到对个人发展的关心,由过去强调协调国际法对国家尊重扩大到人权保护。以"人"为中心,一定程度上突破以经济增长为发展评价标准的传统看法,突破把经济发展单纯看作是经济问题的传统思想,着眼于满足人的基本需求和消灭贫困。这不只是要满足人在物质方面的需求,更重要的是要满足人在非物质的、如享有民主权利、参政议政等方面的需求,实施收入再分配方式,达到消灭贫困的目的。发展应包含社会生产力发展和人民生活改善两个方面,重要的是社会生产力发展必须体现在人民生活水平的提高。

第三,可持续的发展观,综合的科学体系。当前与长远经济发展相结合;当代人与后代人的需要和利益相统一。合理开发利用各种自然资源,从经济增长、社会发展和环境安全的功利性要求出发,也从全球共识、哲学建构、文明形态的理性化要求出发,全方位兼顾和处理"自然、经济、社会"复杂系统的行为规则和"人口、资源、环境、发展"四位一体协调的辩证关系,并将此类规则与关系包含在整个时空演化的谱系之中,组成一个完善的战略框架,在理论和实证上获得最大价值的"满意解"。走以科技含量高、经济效益好、资源消耗低、环境污染少、人力资源优势得到充分发挥为主要特征的新型工业化路子。

可持续发展观成为世界各国工业化进程中制定经济社会发展战略的指导思想。工业革命开启获取资源的历史之门,让财富极大地涌流出来,而可持续发展则实现对资源获取方式、速度、程序、数量的有效控制,达到人与自然和谐相处的均衡状态。

可持续发展的必要性。我国人口众多而资源相对不足,面临人口与资源、生态环境越来越大的压力。自然资源和环境是人类生存和发展必须依赖的物质基础,经济与环境协调发展才能实现高质量发展。单纯强调经济增长,会出现以牺牲环境为代价换取经济发展的情况,后代人将要花费高昂的代价来拯救人类赖以生存的环境,严重影响可持续发展。

可持续发展的途径。制定规划,把生态文明建设融入经济建设、政治建设、文化建设全方位全过程,把美好生活与生态文明两个建设统一起来,合理保护和利用资源、环境和生态,严守资源消耗上线、环境质量底线、生态保护红线,坚守尊重自然、保护自然、顺应自然的生态文明理念,促进人与自然的和谐相处,金山银山与绿水青山协同推进,建设资源节约、环境友好的美丽中国,走生产发展、生活富裕、环境良好、生态文明的全面发展道路,创造更多、更有价值的物质和精神财富,使人民安居乐业,接受良好教育,人民享有更加完善的社会主义民主、法治和良好的社会秩序,人的素质提高和人的潜能释放,建设生态效益型经济,实现中华民族永续发展。

保护生态环境是保护生产力,改善生态环境是发展生产力,是发展绿色经济、低碳经济的巨大资本;绿水青山可以转化为经济发展的优势,源源不断地带来金山银山。破除"环境无产权"的误解,实施环境产权的严格保护,加强与创建环境产权制度的协调配套,做好环境产权的贡献界定和损害界定,促进环境产权的公平交易,用经济手段和市场力量"倒逼"减排。可持续发展的具体措施如下:

第一,生态环境保护、能源节约的法规与政策协同推进,形成可持续发展体制,实施物业税等经济手段,与严格的土地和水保护制度配套,健全节能、节地、节水、节材的机制。

第二,大力研发和推广节约、替代、循环利用的先进适用技术,建设科学合理的资源利用体系,保护土地和水资源,全面提高资源利用率;提高资本有机构成,发展集约型经济和循环经济;调整能源结构,"上大压小,引外增新",发展核电、生物能源、风电、太阳能、地热能等清洁能源和可再生能源。

第三,加强生态保护,抓好水系、大气生态建设,实施重大生态修复工程;加大污染治理力度,重点加强水、大气、土壤污染防治,控制温室气体排放,建立健全生态补偿机制、碳排放权交易制度,推行环境污染第三方治理、节能量交易试点等;让人民群众喝干净水,呼吸清洁空气,吃放心食品,在良好环境中工作、生活。

三、新发展理念与高质量发展

一个国家或地区的经济发展质量可用投入产出效率高低、结构的合理性、经济发展的潜力、要素跨越时空进行分享合作的水平,经济发展成果的分享程度等指标来综合衡量。经济发展质量受到经济基础的影响,在社会主义生产关系下经济数量增长才与经济质量提高的要求相一致。经济基础由单一的所有制转向大力发展混合所有制经济,在坚持公有制的基础上,注重市场在资源配置中的决定地位;生产关系通过初次分配求效率,让部分人先富起来;二次分配求公平,促进共同富裕,让改革与发展成果逐步由全体人民共享,实现全体人民的全面自由发展。

《决议》指出，"把握新发展阶段，贯彻创新、协调、绿色、开放、共享的新发展理念"，形成经济高质量发展这一合力体系。新发展理念是发展理论的最新研究成果、又一次重大创新。高质量发展是以新发展理念为指导的经济发展质量状态：创新是高质量发展的第一动力，协调是高质量发展的标准尺度，绿色是高质量发展的质量标准，开放是高质量发展的空间范围和必由之路，共享是高质量发展的根本目标和基本原则。

《决议》"明确中国特色社会主义事业总体布局是经济建设、政治建设、文化建设、社会建设、生态文明建设五位一体，战略布局是全面建设社会主义现代化国家、全面深化改革、全面依法治国、全面从严治党四个全面"；坚定不移"实施创新驱动发展战略"，让创新贯穿党和国家的一切工作，紧紧抓住自主创新能力这个核心，最大限度解放和激发科技第一生产力巨大潜能。创新贯穿到"五位一体"总体布局和"四个全面"战略布局的各个方面，渗透于习近平新时代中国特色社会主义思想的整个体系和各个方面，强化原始创新、集成创新和引进消化吸收再创新，"推动制造向创造转变、速度向质量转变、产品向品牌转变"。

新发展理念是对科学发展观的最新总结和概括。发展观由经济增长到可持续发展、再到新发展理念的演变深刻地表明：人类发展不是单纯的经济增长，而是人的全面发展、社会的全面进步，当代和未来相统一的高质量发展；这在反映人类发展道路艰难和复杂的同时，也标志着人类的发展即将进入一个崭新的历史阶段。

第一，创新是新发展理念的根本。发展要素由中低端驱动向高端驱动转变，发展方式由规模速度型转向质量效益型，发展动力由要素驱动为主向创新驱动发展转变，坚持自主创新、全面跨越、引领发展、贡献人类的方针，实现创新模式由模仿跟随到引领的战略转型，加快形成以创新为主要引领和支撑的经济体系和发展模式，有效提高生产要素的协同组合效应。经济质量的根本推动力在于科技，科技水平的高低是经济能否实现高质量发展的重要标志。改革开放40多年来，围绕创新发展形成一系列重大战略思想，包括：科技是第一生产力、科教兴国战略、中国特色自主创新、建设创新型国家、创新驱动发展和科技强国各个战略，化解经济发展中的瓶颈和深层次矛盾，走出一条科技含量高、经济效益好、资源消耗和环境污染少、人力资源优势得到充分发挥的高质量道路。实施创新驱动发展战略面临双重任务，跟踪全球科技发展方向，发挥自己独特优势，采用不被竞争者所知的非常规策略战术、方法、手段，实现超越竞争者，做到人无我有、人有我强、人强我优、人优我变。

第二，协调发展是新发展理念的核心。不断增强发展的整体性，强调在协调发展中拓宽发展空间，在加强薄弱领域中增强发展后劲，拓展协调发展的内涵，经济、自然以及社会三大系统之间和内部各个不同领域协同推进，经济、政治、文化之间相互衔接与协同推进，区域间人口、资源、环境协同推进。建立城乡协调与融合发展，城乡一体的新型工农城乡关系，让广大农民平等参与现代化进程、共同分享现代化成果。

打造区域协调发展的体制机制，包括：推动京津冀、粤港澳、长江经济带、西部大开发、东北振兴、中部崛起、东部地区之间融合协同发展。发挥各地区的比较优势，优势互补、补短板、强弱项，促进各类要素合理流动和高效集聚，全面提高资源利用率，为经济发展提供新亮点、新空间。

第三，绿色是新发展理念的必要内容。绿色是人民对美好生活追求的重要方面。马克思、恩格斯认为，人类与自然要和解、和谐共生，合理地调节人与自然之间的物质变换，这一思想深刻地揭示绿色发展的本质和途径。改革开放以来，我国围绕绿色发展形成一系列重大战略思想，包括：必须坚持节约资源和保护环境的基本国策，坚持可持续发展，坚定走生产发展、生活富裕、生态良好的文明发展道路，着力改善生态环境，坚持绿色富国、绿色惠民，提供更多优质生态产品，健全绿色发展的政策举措，拓展绿色发展的内涵，深化绿色发展的思想，打造绿色发展方式和绿色生活方式，建设资源节约型、环境友好型社会。

第四，开放是国家繁荣发展的必由之路，是中国融入世界的必然选择。马克思主义认为，经济全球化是生产社会化的必然趋势，体现一定的生产关系和制度规则全球化。改革开放以来，我国围绕开放发展形成一系列重大战略思想，包括：对外开放是基本国策，参与、发展开放型经济，拓展开放发展的内涵，深化开放发展的思想，参与全球经济治理和公共产品供给，促进经济全球化，构建广泛的人类命运共同体。

第五，共享是中国特色社会主义的基本要求，是社会主义发展的根本目的。马克思和恩格斯曾多次明确指出，"无产阶级的运动是绝大多数人的、为绝大多数人谋利益的独立的运动"，"生产将以所有的人富裕为目的"。①改革开放以来，我国围

① 《马克思恩格斯文集》(第二卷)，人民出版社，2009年，第42页。

绕共享发展形成一系列重大战略思想,包括:以人民为中心,走共同富裕道路,促进人的全面发展;发展的根本动力是人民群众的智慧和力量,人民是社会物质财富和精神财富的创造者,也是社会变革的推动力量,调动和激发劳动者的积极性、主动性和创造性,推进以民生改善为重点的社会建设,增进人民福祉。按人人参与、人人尽力、人人享有的要求,坚守底线、突出重点、完善制度、引导预期,注重机会公平,保障基本民生,实现全体人民共同迈入全面小康社会。

　　总之,新发展理念体现了生产力与生产关系、长远利益与当前利益、动力与平衡、目的与手段、自然与社会各方面的统一,内容丰富完整,对何是发展、为何发展、如何发展,为谁发展、靠谁发展、发展成果由谁享有等重大问题,进行富有创造性的探索和理论总结,深化和丰富对社会主义经济发展规律的一系列新认识,丰富和发展当代中国马克思主义政治经济学,对于引领和推动我国经济发展,破解发展难题,开创发展新局面,对中国发展全局具有重要的现实意义和深远的历史意义,是我国建设现代化强国的指路明灯。"新发展理念"与"四个全面"的战略布局相互联系、相互促进、有机统一、协同推进,构成一个整体的"两大布局",并与提高人民美好生活水平合拍,统一于社会主义伟大实践,强调经济建设是根本,是其他建设坚实的物质基础,是社会主义化解各种社会矛盾、实现强起来的总体方略,贯穿于发展过程的始终,是对人类历史发展规律与社会主义建设规律的深刻认识。

第二节　经济体制改革与高质量发展

一、经济改革与高质量发展

　　经济发展方式是指一个国家或地区在一定时期内,经济发展所依靠的各种要素投入与组合方式和实现经济增长的途径,可分为集约型增长方式与粗放型增长方式。集约或质量效益型经济发展方式是主要依靠科技进步,经济效益较好。外延或粗放经济发展方式是主要依靠增加劳动力、资本、原材料等要素的数量扩张,经济效益低下。新中国成立初期,我国的工业基础比较落后,只能实行粗放型增长方式。随着我国建设不断深入,这种粗放型发展方式的弊端逐渐显现。主要表现为:新项目上得过多,而技术改造和技术进步不够;产品质量差,技术含量低,附加值低,市场竞争力弱;资源消耗多,浪费严重;设备利用率低;雾霾等环境污染严重。这些问题极大地损害经济增长的质量和生活质量。

(一)经济改革概述

恩格斯指出:"社会主义社会,不是一种一成不变的东西,而应和任何其他社会制度一样,把它看成是经常变化和改革的社会。"①全面深化经济体制改革,消除社会生产关系内部那些妨碍和制约经济高质量发展的因素,紧紧围绕市场在资源配置中起决定性作用的规律,发挥市场经济的长处,营造激励创新的环境,创新宏观调控方式,提升国家创新体系的整体效能,加速聚集创新要素,不断释放创新潜能,以科技进步促进经济高质量发展。

经济改革的性质是社会主义经济制度的自我完善和自我发展。改革是非得失的标准是,是否有利于发展社会主义社会的生产力、增强社会主义国家的综合国力、提高人民的生活水平。

经济改革的总目标是处理生产力与生产关系、经济基础与上层建筑的社会基本矛盾,完善社会主义市场经济体制,推进国家治理体系和治理能力现代化,推动经济社会高质量发展。改革,建立强有力、高效率、法治型、服务型政府,建设统一开放竞争有序的现代市场体制,推动资源依据市场规则和价格配置,实现经济效益最大化和效率最高化。

经济改革旨在解放人,充分调动人民群众参与经济发展的积极性、主动性、创造性,通过促进社会转型关怀人,强化人才和人力资源在经济发展中的地位和作用,激发各类市场主体的活力、释放活力、挖掘潜力,促进高质量发展。发展是改革的目的,是稳定最可靠的保证;稳定则是改革、发展的前提条件,也是发展的重要条件。

经济改革的条件,需要一个比较宽松的经济环境,需要解放思想,因而解放和增强社会活力,解放和发展社会生产力。

经济体制改革具有整体性、系统性、协同性,要求统筹谋划改革深化的各个方面、各个层次,趋利避害、进行一系列相关改革的设计,以经济改革为主线,紧密兼顾政治、文化、社会、生态等多领域改革,使经济改革与发展相互促进、良性互动、

---

① 《马克思恩格斯选集》(第四卷),人民出版社,1995 年,第 693 页。

协同配合,完善体制机制,解放和发展社会生产力。坚持系统思维和创新思维的有机统一。系统思维是一种整体思维,要求改革的思路与方案能够全面涵盖现行体制的各个领域和主要环节,实现各系统有机融合、形成合力。在经济社会系统与因子、因子与因子、系统与环境的相互联系、相互作用中分析和解决问题。创新思维是创造性解决问题的思维过程,它往往表现为突破常规、对整个系统产生撬动和引领作用。协同性,在全面深化改革中统筹协调好各个领域之间的关系,使其能够相互配合、协同共进,激发出改革的"联动效益"和"协同效应"。

经济改革的经验和方法:坚持解放思想和实事求是的统一,坚持整体推进和重点突破的统一,坚持顶层设计和摸着石头过河的统一,坚持胆子大和步子稳关系的统一,坚持改革与发展稳定的统一。包括:一是依据现阶段推动经济发展的具体要求安排相应的经济体制改革步骤, 不能滞后于也不能超前于经济发展的要求,对改革的优先次序做出科学的安排;二是依据现阶段经济发展的具体承受能力安排相应的经济体制改革举措,不能不顾承受能力而盲目加快改革,也不能因惧怕困难而使改革裹足不前,科学确定改革的力度大小。强化综合配套改革,深化以市场取向、创新取向、高质量发展取向、普惠取向为核心的经济改革,激发市场活力与经济发展动力,使新的改革红利成为高质量发展的最大动力。改革红利是指通过体制变革和机制创新给社会经济发展带来全部有益成果的总和。

在经济发展、社会转型和体制改革之间找准切入点,并实现三者之间的良性循环,要求推进经济发展与人的发展相统一。

(二)经济改革的主要路径

改革是在党的领导下有计划、有秩序地进行的,始终是在诱导性的自下而上,或是强制性的自上而下进行的,这两个途径互补互动,体制外改革与体制内改革互补互动,增量改革与存量改革互补互动,先农村后城市、先试验后推广、先易后难;经济体制改革与发展战略转变必须同步进行,相互配合;共同打造促进高质量发展的经济体制。

改革的两条基本路径。一是强制性制度变迁。政府是强制性变迁的主体和动力,通过顶层设计,自上而下推动,改革现行不适宜生产力发展的制度;二是诱导性制度变迁。其动力来自经济利益主体主动适应外部环境变化的需求,自下而上、自外而内的倒逼性改革,如农村家庭联产承包责任制的改革。

改革是强制性的制度供给。即以国家综合自身的强制性手段和权力资源来推动制度创新，能够排除强大利益集团的阻碍、从根本上消除高质量发展的体制机制障碍，通过国家、经济、社会、环境四者良性互动来实现高质量发展。国家凭借强制力、意识形态等优势减少或遏制"搭便车"现象，主动进行前瞻性制度安排，通过立法来调整修订在旧的经济发展方式基础上形成的一些法律法规及实施机制，盘活存量、注入增量，降低制度变迁成本，特别是对旧制度的核心，通过强制性制度变迁来完成诱致性制度变迁难以完成的任务，有效满足制度需求。包括：一是让权力服务于人民，打造服务政府；二是将权力大幅"瘦身"，切实做到"放而有序、管而有方、活而不乱"，打造高效政府；三是把权力关进制度的"笼子"，做到"法无授权不可为、法无禁止即可为、法定职责必须为"，打造有限政府；四是对事关经济社会发展全局和涉及公众切身利益的重大决策，建立终身责任追究制度及责任倒查机制，打造责任政府；五是让权力在阳光下运行，做到决策公开、执行公开、结果公开，增强政府的公信力和执行力，打造透明政府。

改革是诱导性的制度供给，是突破高质量发展的制度障碍，实现人们的自我认识、自我超越、自我革命，包括自下而上、诱导性地倒逼改革。改革开放40多年来，基层群众有许多成功的经验，包括农村土地承包和流转、民营企业改革，等等。因此，经济体制改革要依靠人民群众的创造精神和创造活力，激发全社会创造活力，把国内外一切可以调动的积极因素充分调动起来，形成推进改革的强大合力。

改革是渐进式的。如，2013年上海自由贸易区挂牌，成为"改革试验田"，并种下一粒"改革优种"，由育种"摸着石头过河"到制度"播撒"全国推广，再到模式复制"开花结果"，逐步过渡到市场体制的目标模式。

(三)经济改革的内容

保护产权、契约和公平公开交换，保护各种劳动要素和非劳动要素主体的财产权，为各种生产要素的产权主体提供诚信、合法经营的稳定预期，营造"有恒产者有恒心"的社会环境，激发公有、私有等各种产权主体追逐财富的欲望，把资本、技术、信息等投入社会生产，用于社会财富的创造和增加过程。保护科研人员对科技成果的所有权和长期使用权，优化创新环境、健全激励创新的政策和法规体系，加大对侵权行为的惩戒力度，形成崇尚创新、勇于创新、激励创新的价值导向和文化氛围，重奖高质量的科技成果。保障消费者的选择权，通过消费者自主消费，完善优胜劣汰的市场竞争机制。保障企业的自主经营权,保障所有者对生产要素的支配权、收益权,充分发挥企业家的创新精神,激发企业活力。完善社会主义市场经济体制,通过市场机制促进生产要素向效率更高、效益更好的领域自由流动,不断优化要素配置;保护企业家和科学家的合法权益,营造高效和谐的法治环境和营商环境,促进市场竞争,激发各类主体活力,实现效率最大化。

推进国家治理体系和治理能力现代化,政府实现计划经济体制下的由全能型政府向有限政府、由管控型政府向服务型政府、由管理者向服务者、由权力型政府向责任型政府的一系列转变。服务型政府是指在公民本位、社会本位理念的指导下,加强和优化公共服务,把服务作为社会治理价值体系的核心、政府职能结构的重心和根本使命,建立以人民为中心、清正廉洁的政府。强化政府在维护市场竞争秩序、经济稳定运行、法治社会建设等方面的责任。

政府职能的转变,包括:①推动发展战略、法治、政策、标准协同,促进产业结构转型升级。②推动要素市场等重点领域和关键环节的改革,打造合格主体。激发市场主体的生机与活力,维护市场秩序、弥补市场失灵。政府与企业协同推进,优秀的企业引导市场、也引导政府改革。③推动共同富裕。调节收入分配,完善民生和社会保障体系,有效扩大居民消费需求。④推动人与自然和谐共生。健全资源节约、生态环境文明保护的体制机制,使本应由企业承担、之前却要由政府和社会承担的部分环境成本纳入生产成本,促进绿色发展。⑤推动政府职能转变,决策权、执行权、监督权协同推进。包括统筹机构改革,理顺部门职责关系,稳妥实施大部制,推进机构编制管理的科学化、规范化与法治化。

政府工作人员评价激励制度完善。健全与激励相容、科学客观、综合的政绩考评指标体系,健全督查、评级、考人相结合的考核评价办法,围绕事关全局和长远发展的重要指标、重大项目进行重点考核:考核经济社会协调发展、人与自然的和谐发展状况;坚持"质效双优",实行发展成果与发展成本、显性成绩与隐性实绩同步评价,引导发展实践。坚持"同类同考",把量级相当、基础相似、条件相近的部门单位放在同一考核序列,一个舞台赛高低、一把尺子量到底、一个规则定位次。

推进政务公开、政绩公开、任命选举公开,简化政府审批程序,提高行政效率。

完善政府支出的制度建设,促进财政公开、支出结构优化,加大对基础性、公共性转移支付支出,引导资金对创新经济和绿色循环经济的支持。

二、经济体制改革的核心问题

迄今为止，市场配置资源是最有效率的。①我国市场经济体制逐步健全和完善，市场取向改革的成效显著，经济完成"起飞"，市场日益繁荣，逐步迈向高收入经济体，人民生活迅速改善。发挥价值规律的作用，发挥市场经济的长处，发挥市场机制中价格机制、供求机制和竞争机制的共同作用，发挥社会主义制度的优越性，克服市场经济的局限和弊端，提高资源配置的效率。市场经济这种古老的人类文明成果在社会主义制度下焕发旺盛的生机和活力。

经济体制改革的核心是处理好政府和市场的关系。这是"经济学上的世界性难题"。在改革与发展的实践中始终坚持辩证法、两点论，努力形成"有效市场"与"有为政府"、"看不见的手"与"看得见的手"、宏观与微观均协同推进、有机统一的格局，避免市场和政府两个失灵，才能发展生产力。这是在理论和实践上的又一重大突破，是对中国特色社会主义建设规律认识的新飞跃，标志社会主义市场经济发展进入新阶段。社会主义市场经济，是前无古人的伟大创举。政府和市场的关系是指国家和市场的关系，国家性质、所有制性质决定政府和市场关系的本质特征，所有制性质决定计划和市场在资源配置中的实质，计划和市场的关系是政府和市场关系的重要方面。市场经济具有主体自主经营、要素加快流动、平等竞争而激发市场主体活力的优势，但也存在自发性、短期性、滞后性等弊端。政府要予以弥补，集中精力把那些有利于我国现代化建设、有利于人民生活水平提高，但市场不能做好的事情做好，重点支持市场不能有效配置资源的基础、前沿、重大共性核心技术等公共科技活动。

由斯密"守夜人"的小政府，到"摇篮到坟墓"无所不包的政府，再到"父爱主义"的大政府，人类沿着这一谱系进行全方位的探索。历史钟摆也随着社会语境的变化在这个谱系上来回运动，一极是自由放任学派认为，市场机制是调节经济运行最有效的手段，市场要尽可能多地解决问题，政府作用尽可能缩小；另一极是计划经济学派认为，市场机制在公平和效率两方面都存在严重弊端，导致收入分配不公，经济危机频发。代表国家利益的政府应取代市场来配置资源，以维护社会公正，保障

① 《十八大以来重要文献选编》(上)，中央文献出版社，2014年，第499页。

全民的根本利益。处在这一思想谱系的两极之间,则有更加丰富多彩的观点,大体上可分为三类。第一类以弗里德曼和科斯为代表,虽不认同政府越小越好,但仍信奉新古典教条,相信市场机制可以在资源配置中发挥主导作用。弗里德曼认为,政府应定位为竞争规则的制定者和维护者,只要清晰且公平的市场规则得以确立,自由市场经济将有效配置资源,实现帕累托最优。科斯和诺斯等新制度经济学家则强调政府的主要职责应集中于界定和保护产权;有效的产权制度是市场交易顺利开展的前提,也是一国经济长期增长的根本所在。第二类,高度重视市场失灵,强调政府必须在经济运行中有所作为。政府作用不应局限于弥补市场失灵,有效政府可以增进市场功能。第三类,强调政府与市场的协同效应。奥尔森的"强化市场型政府"强调政府应成为市场运行的前提与保障;青木昌彦的"市场增进型政府"则认为政府、市场与民间组织的互动可形成更有效率的资源配置机制;马祖卡托的"企业家型政府"能够塑造和创造市场,在创新活动中发挥引领作用。

　　政府与市场之间的完美组合与微妙平衡,一直是人类在经济制度建构上孜孜以求的目标。无论是理论逻辑还是历史逻辑,政府与市场关系的边界都处在不断的变动之中。要在多处落后的情况下实现比发达经济体更快的经济发展,强政府与举国体制确实存在的必要,政府在动员资源方面发挥主导作用。传统计划经济体制能够有力地动员资源,快速推进重工业优先发展战略。我国"一五"计划(1953—1957)相当成功,1957年工业总产值达783.9亿元,比1952年增长128.3%,年均增长18%。但由于对基本国情掌握不够,不少举措往往超越阶段、欲速则不达,造成大起大落和重大损失。①传统的计划体制的弊病主要在于过分集权于中央,政府过度干预,统得过死,导致各种扭曲成为中国实现高质量发展的障碍。1958年到1976年,多次"体制下放",通过向各级地方政府放权让利来激发活力。这种变革始终在政府内部进行,没有触及政府与市场关系层面,当然那时并不存在市场经济。

　　发挥政府作用,不是要更多发挥政府作用,而是要在保证市场发挥决定性作用的前提下,管好那些市场管不了或管不好的事情。政府与市场关系的中国实践,

<第七章>

---

　　① 1958年国内生产总值增长率高达21.3%,而1960、1961、1962年国内生产总值连续3年负增长,1961年竟下降27.3%。1967、1968、1976年国内生产总值也是负增长,分别是—5.7%、—4.1%和—1.6%。详见谢伏瞻:《中国经济学70年:回顾与展望——庆祝新中国成立70周年笔谈》(上),《经济研究》,2019年第9期。

突破主流新古典经济学的教条,不是传统的发展经济学理论所能概括的。数十年来,我们一直致力于寻找市场功能和政府行为的最佳结合点,充分发挥市场和政府的两个优势,体现社会主义市场经济体制的特色和优势。实践表明,政府与市场之间不是新古典经济学教科书中所说的对立互斥关系,而是互补的关系。"使市场在资源配置中起决定性作用和更好发挥政府作用",作为基本原则,划清政府和市场的行为边界,凡属市场能够发挥作用的,政府要简政放权、松绑支持,不要去干预;凡属市场不能有效发挥作用的,政府应主动补位,该管的坚决管,管到位,管出水平,使政府成为市场发挥决定性作用的前提和保障。政府只告诉市场主体不能做什么,至于能做、该做什么,由主体根据市场变化做出判断和决策。

地方政府的作用是理解中国发展模式的重要方面。辩证地剖析地方政府在中国经济发展中的作用,有助于更好地理解中国经济发展模式,也为政府与市场关系的理论探索提供新的素材和灵感。长期以来,地方政府高度关注辖区内经济发展的速度、结构和效益,由此形成的地方竞争机制,是中国经济发展中重要而独特的现象。数十年来,各级地方政府官员充分发挥其"企业家才能",促进市场发育,推动经济发展,成为中国经济奇迹的"密钥"。同时,地方政府主导的竞争也带来地方保护、市场分割、重复建设、产业同构、债务高企等一系列问题。

此外,经济发展的不同阶段,政府与市场的关系是动态演进的。

高质量发展需要政府有为、有效。这与西方经济学中占据主流地位的自由放任主义传统截然不同,自秦汉以来,中国政府的干预作用就非常明显,但政府作用要以市场发挥决定性作用为前提。在充分发挥国家宏观调控作用的同时,通过完善市场体制,调动市场主体的创新积极性,重塑政府行为模式,促进管理型政府转向服务型、法治型政府。推动政府职能的深入改革,建立高效政府和高效市场,并发挥这两者深度融合的协同效应,发挥政策与法治的协同效应,发挥公有制经济与非公有制经济的协同效应,激励各种市场主体参与竞争,积聚更多创新动能,激发人民的创造力与创新精神,抢占全球科技高地,引领世界科技变革,促进经济高质量发展。

优化政府职能,完善政府经济调节、市场监管、社会管理、公共服务、生态环境保护等职能,提高政府效能,实行政府权责清单制度,厘清政府与市场、政府与社会的关系。不断完善市场机制,市场配置资源的机制有市场规则、价格机制、竞争机制,三者协同推进。实现市场准入畅通,市场退出机制灵活规范,商品和各种生产要素自由流动,以强化市场的激励和配置资源的效应。这与健全生产要素由市场评价贡献、按贡献决定报酬的机制,即市场化分配、政府、市场三者相互支撑、相互促进、辩证统一。深化要素市场化配置改革,深化"放管服"改革,简政放权,在减少对微观经济活动的直接干预的条件下,充分发挥我国政府集中力量办大事的重要作用,创新政策、完善现代化市场体系,完善市场机制配置资源的决定性作用,引导国民经济向技术更高级、分工更复杂、结构更合理的方向转型升级,提高经济发展的质量。

深化社会组织管理体制的改革,激发社会组织的内在活力和发展动力,促进社会组织真正成为提供服务、反映诉求、规范行为、促进和谐的重要力量,发挥其应有的社会调节职能。

传统思维认为,市场经济拥有固定模式。而现实是,西方市场经济体制下存在多种多样的市场经济模式,社会主义市场经济也可以有不同模式,重要的是研究探索适合我国国情和实际的市场经济模式。

三、完善社会主义市场经济体制的两大重点

推动我国社会主义市场经济体制建设迈向新高度,为高标准开放奠定国内体制基础。党的十九大提出,完善社会主义市场经济体制,党的十九届四中全会提出"建设高标准市场体系",有如下两大重点。

(一)完善产权制度

健全产权、知识产权保护制度等一系列市场经济制度,健全以公平为原则的产权保护制度,推进各类产权依法得到平等保护,进而完善产权交易市场和资本市场。产权是所有制的核心,清晰界定财产权、知识产权等各类产权,严格保护财产权和创新权益。现代产权制度是产权清晰、权责明确、保护严格、流转顺畅的,能够激励人们创造和积累财富的积极性,促进生产要素高效流动、资源配置优化,为经济发展提供强劲的内生动力。国有企业建立现代企业制度,依靠产权流转做大做强做优国有资本;农地制度实行所有权、承包权和经营权的三权分置。

建立现代产权制度的重要意义:产权制度是市场经济的基石,产权清晰界定是市场交易的前提,产权存在是产生生产、投资等一系列经济行为的前提。稀有资

源产权明晰,市场才是有效率的。产权制度把投资等努力与回报捆绑在一起,提供激励机制,创造无法估量的价值。市场机制与竞争机制建立的关键是建立非人格化(除去人为因素)保护交易的制度,产权制度完善、自主交易、自由流动、充分竞争和机会均等,使价格体系有效,能够降低交易成本,提高经济效益。来自知识产权的收益,在企业总资产和利润中占比越来越大。据调查,在知识产权保护严格的美国,研发投资的私人回报率是物质资本投资回报率的两倍多。①

建立与经济发展要求相适应的生产关系,鼓励人们运用产权创新创业、创造财富和合理收益,不断解放和发展社会生产力。建立以人力资本、产权制度为基础的分配制度,完善知识生产和创造的制度激励和保障体系,使知识成为高质量发展的主要要素和强大动力。

(二)完善要素市场,建设高标准市场体系

推进要素市场制度建设,市场主体的自主选择及其要素的自由流动,实现要素价格市场决定、流动有序自主、要素配置高效公平,全面实施市场准入的负面清单制度,完善公平竞争制度、建立各种主体依法平等使用资源要素、流动便捷的市场体制,在要素获取、准入、经营、政府采购和招投标等方面对各类所有制企业平等对待、一视同仁,落实公平竞争审查制度,实现各种所有制经济主体权利平等、机会平等、规则平等,有序参与竞争。发挥政府的作用,改革生产许可制度,健全破产制度,强调竞争政策在市场经济的基础地位,充分发挥市场在资源配置中的决定性作用,以竞争为基础配置资源,完善知识产权侵权惩罚赔偿制度等,健全产权保护制度、改革生产许可制度,规范市场主体行为、保障市场主体权益,强化消费者权益保护,建立集体诉讼制度,引导良性竞争,形成提高供给质量的倒逼机制。

完善反垄断和反不正当竞争制度、依法打破部门和地方的保护、打破市场的行政性垄断、打击为攫取垄断利润而破坏竞争秩序的各类垄断行为,消除要素合理流动的体制机制障碍,各个市场主体平等地进入各类市场交易,为企业提高效率提供足够的竞争压力,持续激发市场活力和社会创造力,激发主体创新的积极性,促进资源优化配置。

推进亲清政商关系,领导干部同民营企业家交往既坦荡真诚、真心实意靠前

---

① 卢现祥:《论产权制度、要素市场与高质量发展》,《经济纵横》,2020 年第 1 期。

服务,又清白纯洁、守住底线、不碰红线,促进非公有制经济健康发展和非公有制经济人士健康成长。

四、扩大内需促进高质量发展

(一)高质量发展要求扩大内需

在经济全球化时代,市场是重要的战略资源,谁掌握了市场,谁就拥有最有力的竞争地位。我国国内生产总值达到 121 万亿元,国内市场广阔且潜力巨大,比较优势明显,大量产品和服务不可能主要由出口消化,不适应走出口导向型的经济发展道路,应立足内需导向发展经济,发展动力只能由外需转向内需驱动,扩大内需应作为既定不变的根本目标和主要动力,打造内需为主、内需扩大拉动经济增长的长效双循环机制。我国正处于城市化和工业化快速发展的阶段,资源禀赋多样、供给能力强,满足内需的各种产品与服务早已不再主要依靠进口,而是实现生产与消费的良性互动。庞大的内需市场产生"虹吸效应",吸引全球的优质资源,培育优势企业和产业,促进高质量发展。

(二)高质量发展的最大受益者是人民

坚持社会主义制度,因为社会主义能够创造出比资本主义更高的生产力,坚持把保障和改善民生作为经济转型的根本出发点和落脚点,使全体人民过上更加幸福美好的生活。坚持以人民为中心,让发展的成果更多更公平的惠及全体人民;做到转变和发展为人民、靠人民,转变和发展成效交人民检验、由人民共享。在坚持解放生产力、发展生产力的基本前提下,以满足人民群众不断增长的美好生活需要为核心,带动消费增长,形成科学、健康的消费结构,把国内生产总值增长与实现社会主义生产目的统一起来,把经济增长与改善民生有机统一起来,促进消费需求与经济增长的良性循环。①民生改善是经济增长的最终目标和动力;经济增长是民生改善的重要渠道和手段。具体要求是:

首先,在更高阶段上推动高质量发展,不可避免地发生要素替代,即资本对劳

---

① 周志太:《转变经济发展方式的根本出路是增加劳动收入》,《现代经济探讨》,2011 年第 7 期。

动的替代或机器(机器人)对劳动力的替代。其次,主要依靠劳动力在城乡间、地区间和产业间、按生产率提高的方向进行转移的资源重组空间也在缩小,通过这条途径提高全要素生产率的潜力降低,或者说整体而言,全要素生产率提高的难度将越来越大。应对上述挑战的有效途径是以人为本,大力发展教育,提高教育质量和劳动者素质,提高劳动者科技水平和劳动技能,使其成为技术变革和产业升级的贡献者而不是牺牲者。培养领军人才、高端人才和技能型人才。教育是科技进步的基础,人才是科技创新之母、人才兴国,庞大的人才队伍是经济与社会发展的基石。中外经济发展经验表明,在资本和劳动等传统要素的作用式微之后,人力资本改善不仅具有提高生产率的效果,而且大于其他生产要素的贡献,人力资本甚至对经济发展的贡献成倍提高。

教育投资是社会收益与投资者的个人利益的统一,能够促进教育投资多元化,实现教育投资主体由单一的政府主体转向政府、企业、居民多元主体,国有教育与民办教育协同推进,增加教育供给,提高教育质量。

深化收入分配制度改革,逐步理顺不同阶层、不同群体之间的收入分配关系,使发展成果更多更公平地惠及全体人民,为逐步实现共同富裕奠定物质和制度基础。调整重积累轻消费的总需求结构,健全与完善企业工资指导线和工资集体协商制度,努力实现居民收入增长和经济发展同步,扩大消费需求和内需、推动经济增长,让全体人民更多更公平地分享发展成果,使我国广大人民的收入水平和生活质量不断迈上新台阶,充分体现社会主义制度的优越性。

(三)包容性增长推动高质量发展

包容性增长强调经济发展与社会公平的有机结合,注重民生和贫困问题的解决,主张通过就业扩大、劳动关系和谐、社会分配合理,尤其是二次分配,使广大社会成员能够共享发展成果。构建包容性增长模式需要多种改革协同推进:建立公平开放透明的市场规则,实行统一的市场准入制度,反对垄断和不正当竞争;逐渐开放和拓展民营资本可以自由进入的投资领域,切实增强市场体制的活力、效率和公平性,形成企业自主经营、消费者自由选择、自主消费,商品和要素自由流动、统一开放、竞争有序的市场经济体制。充分利用价格杠杆、产业政策和其他手段,促进科技进步,实现高质量发展;在基本公共服务领域全面缩小城乡差距和区域差距,增进区域经济发展的协调性和可持续性。

第三节　经济结构优化促进高质量发展

一、主要比例关系协调促进高质量发展

高质量发展要求解决区域、部门经济结构的不平衡问题,将会形成巨大的资金流、人才流和技术流,由利用效率低的传统产业、地区向现代产业和地区流动,总供求、产业、城乡与区域各种结构均协调发展,提高资源在产业、区域间的配置效率以提升增长动力,有效防止整个经济运行的效率被占据着过多资源的低效部门或地区拉低,扩展生产可能性边界,使得经济效率不断提高,产生经济增长效应和结构转化红利。

第一,积累与消费的关系是国民经济重要的比例关系,影响生产、分配、交换和消费各个环节,决定着人民生活改善程度和国家建设规模,关系到国家、集体和个人三者利益,劳动者当前利益和长远利益,也是社会再生产各部门协调发展的前提条件。要保持这二者比例协调,包括价值形式与实物形态相对应。

投资规模是社会在一定时期内用货币资金支出表现的对投资品的总需求。主要投资分类方法有:按投资补偿的时间和形式,可分为固定资产投资和流动资产投资。前者又可分为重置投资和净投资以及经营性投资和非经营性投资等。按管理形式,可分为计划内投资和计划外投资;按投资主体,可分为国家投资和企业投资;按时间跨度,可分为年度投资和在建投资;按资金来源,可分为预算内投资和预算外投资。

投资规模的主要决定因素有:①国民收入规模。国民收入的积累资金和消费资金比例一定,社会用于新增投资的规模取决于国民收入规模及其增长率。国民收入越多,可用于投资的越多,投资规模越大;国民收入增长率越高,投资增长幅度越大。②消费率与积累率。积累率提高,投资规模增大;消费率提高,投资规模缩小。国内生产总值既定,消费率与积累率之间是此消彼长的。③生产要素结构和规模。国内生产总值划分为消费率和积累率的比率,必须同社会所能提供的生产要素及其构成相适应。④投资效益。投资效益的提高促进投资规模的扩大。⑤经济体制。在市场经济条件下,现代企业制度的建立,投资规模决定于理性决策;而在

传统计划经济体制下,由于不承担风险,企业投资冲动强烈,导致投资规模膨胀。

第二,生产和基本建设关系,即简单再生产和扩大再生产的关系。基本建设是实现扩大再生产的重要组成部分,而当前生产则是基本建设的基础和出发点。只有当前生产发展,基本建设才有保障。基本建设规模和发展速度主要取决于当前生产水平和国民收入总额。离开现有生产水平,盲目的扩大基本建设规模,会导致基本建设战线过长、资金周转缓慢、物资供不应求,势必冲击当前生产,挤占人民生活,不利于社会再生产协调发展。

第三,经济建设、科技教育和国防的关系。科技是第一生产力,而科技的实质是人才问题。教育事业发展,才能造就大批人才,人才发展科技,实现先进科技装备国民经济各部门和国防部门。因此,要把科教事业放到极其重要的地位。但科教事业发展受到经济发展水平制约。所以,在处理三者关系时应根据现有经济发展水平,促进科教事业发展。国防建设同经济建设也要遵循适当比例关系。只有经济建设发展,特别是基础工业和尖端技术发展,才会有强大物质力量支援国防建设,强国才能强军。

二、产业结构优化促进高质量发展

产业结构是指国民经济中各产业之间的比例关系和结合状况,是国民经济结构的一个基本方面。产业结构的变动可以从两个方面衡量:一是产值的部门构成,二是劳动力的部门构成。农业、工业和服务业,分别属于第一产业、第二产业和第三产业。2019 年,我国第一、第二、第三产业增加值占比为 7.1:39.0:53.9;劳动力占比为 25.0:27.6:47.4。

产业结构优化,以扩大内需为战略支点,以发展实体经济为坚实基础,大力发展战略性新兴产业、高科技产业,推进三次产业协调发展,逐步降低第一产业在国民经济中的比重,压缩过剩产能,提高第三产业在国民经济中的比重和地位,提高产品质量、档次,促进产业结构转型升级。国民经济均衡发展在很大程度上取决于产业结构均衡,在经济运行中,通常是第三产业发挥稳定和带动作用,其提供的技术改造传统制造业,促进产业品牌化、国际化。依托特色资源,发展特色优势产业,大力发展产业集群,形成规模经济、范围经济,实现网络效应、集聚效应;产业国际化,参与产业链的全球分工协作;上述手段协同,促进产业由低附加值向高附加值升级。在大力发展生产型服务业时,利用现代科技、现代管理和经营的理念发展生活服务业,更多依靠现代服务业和战略性新兴产业带动高质量发展。

应对经济下行的压力,要实施积极的财政政策和积极而灵活的货币政策,财政补贴、税收优惠和信贷倾斜等政策协同推进,减轻中小企业的税负,营造有利于产业升级和经济发展的政策环境,强化产业政策的竞争激励功能,发挥产业政策导向和促进竞争的功能。财政设立战略性、高科技产业发展专项资金和产业投资基金,发挥多层次资本市场融资功能,带动社会资金投向处于早、中期阶段的创新型企业、新兴产业和高新技术产业,推进产业结构优化升级。同时,提高国家标准、行业标准、企业标准和信息管理、监管体系等级,完善我国制造业标准体系,支持服务业新型业态和新型产业发展,着力推动传统产业向中高端迈进,为深度参与国际市场竞争创造条件。综合考虑资源能源、环境容量、市场空间等因素,调整优化产业布局,促进创新集群发展,扶持和发展新兴产业、高科技产业,抑制高污染、高能耗和生产能力过剩的产业,其余调整交给市场来完成。

产业融合发展。近年来"跨界"融合浪潮势不可当,传统的行业边界正在快速消融,顺应这一趋势,促进多业共生、融合发展。大力发展生产性服务业,鼓励企业由生产制造型向生产服务型转变,向价值链高端延伸。适应制造业和生产性服务业融合发展的趋势,引导制造企业延伸服务链条、增加服务环节,推动制造业由生产型向生产服务型转变;把智能化与绿色化相结合,提高产品档次、质量,进而满足人民美好生活的需要。

推动农业向农产品物流、仓储、农业观光旅游等服务业领域延伸,加速形成"接二连三"的格局。鼓励商业模式创新,引导上下游产业融合,催生新兴服务业态。具体如下:

第一,提升我国的产业层次和技术水平,加快淘汰落后产能,研发尖端技术、培育壮大高新科技产业和战略性新兴产业,[①]全面提升战略性新兴产业对产业升级的支撑引领作用,提升产业的专业化和高级化。采取调整优化产业结构的战略举措,培育新的经济增长点、塑造产业竞争新优势。营造良好的制度环境,完善基础设施和配套能力,坚持前瞻布局,统筹研发与推广,培育创新集群,培育若干个

---

① 2020年党的十九届五中全会重申重点发展的战略性新兴产业,包括新一代信息技术、生物技术、新能源、新材料、高端装备、新能源汽车、绿色环保以及航空航天、海洋装备等产业。

具有全球影响力的领军企业。

第二，发展现代服务业。坚持市场化、产业化、社会化和信息化方向，在继续发展商贸服务、社区服务、旅游文化、住宅产业等生活服务业的同时，发展科技、运输、信息、物流、金融保险等生产性服务业，提高服务业比重和水平，尽快使服务业发展成为国民经济的主导产业。推动生产服务业向专业化和价值链高端延伸、生活服务业向精细和高品质转变。要深入推进改革与开放，降低部分领域市场准入门槛，以政府购买公共服务为重点推动公共服务业市场开放，打破服务业市场的行政垄断与市场垄断，放宽市场准入，尽快实现教育、医疗、健康、养老等生活性服务业对社会资本的全面开放，推动各类市场主体参与服务供给；充分利用社会资本促进研发、物流、销售、信息等生产性服务业的发展。

第三，发展先进制造业。当前，新一轮科技革命与我国高质量发展形成历史性交汇。中国制造在"互联网+"下，以智能化为方向，依托重大项目，以科技进步振兴装备制造业，着眼于抢占国际竞争制高点，着力发展智能装备和智能产品，全面提升企业研发、生产、管理和服务的智能化水平，实施智能制造工程，推动生产方式向柔性、智能、精细转变。

第四，促进传统产业向科技含量高、智能化和低碳化、高附加值的方向转型，融入新型产业链之中。传统产业是新兴产业产生和发展的基础，注入新技术，将焕发巨大生机和活力。把改造提升传统产业与发展新兴产业更好地相结合，重点围绕工业化与信息化融合、节能降耗、质量提升等领域，推广应用新技术、新工艺、新装备、新材料，提高技术水平和经济效益，更好地满足消费者的高品质需求。支持企业间战略合作和跨行业、跨区域兼并重组，提高规模化、集约化经营水平，培育一批核心竞争力强的企业集团。统筹考虑经济发展、结构升级、社会稳定等多重因素，更加注重运用市场机制和经济手段化解过剩产能，加快淘汰钢铁、有色金属、煤炭、电力等行业的落后产能，完善企业退出机制。

三、"新四化"协同驱动高质量发展

党的十九大提出"推动新型工业化、信息化、城镇化、农业现代化同步发展"。《决议》提出，"推进以人为核心的新型城镇化，加强城市规划、建设、管理。"目前，工业化进入中后期阶段，信息化进入成长阶段，城镇化进入快速发展阶段，传统农业向现代农业进入快速转变阶段。

完善城乡融合发展的体制与机制,形成以工促农、以城带乡、工农互惠、城乡一体、产城互动的新型工农、城乡关系。规划先行,实施"多规合一",实施城乡、陆海统筹,打破地区封锁和利益藩篱,促进生产要素在区域间、产业间的自由流动、有序梯度转移。首先,加强国土规划,完善区域政策,实施主体功能区战略,形成优化开发、重点开发、限制开发、禁止开发等不同主体功能区,推动各地区严格按主体功能定位发展,构建科学合理的城市化格局、农业发展格局、生态安全格局。其次,充分发掘、大力发展各地区优势产业,促进产业分工协作,形成以企业为主体、市场为纽带的互利互惠、共同发展的格局。最后,工业化、信息化、农业现代化的发展成果为新型城镇化建设提供动力、载体和先进设施,并加以整合、推动城镇化发展;同时,新型城镇化的完善又为工业化、信息化和农业现代化提供物力和智力支持,促进资源流通和产业转移升级,实现高质量发展。

高度融合信息化与三次产业。以信息化发展巩固第一产业,做大第三产业,提升第二产业,发展现代产业体系。"互联网+"是指以互联网为主的一整套信息技术在经济与社会生活各部门的扩散与应用过程,是信息化与工业化高度融合的结果。大力建设新一代信息基础设施,发展现代信息技术产业体系,健全信息安全保障体系,加快互联网基础设施建设,不断推进其共建共享,充分利用互联网平台,由流通互联网、消费互联网向生产互联网转变,充分发挥其扁平、规模、集聚、便捷、普惠的优势,努力缩小"数字鸿沟",扩大"数字红利",降低成本,提高产品档次和价值,推动高质量发展。

推动电商换市,抓好电子商务服务设施建设,提高人才培训质量,推进跨境电子商务发展,推动电子商务向中高端、个性化发展。抢搭工业 4.0 快车,其核心是将生产设备联网,灵活、智能地配置生产要素,定制化生产,突破智能机器人的核心部件、高端芯片等一批关键共性技术,推动物联网、大数据、云计算①技术在制造业等领域的应用,提升我国制造业智能制造的水平。

---

① 云计算是一种基于互联网的计算方式,其使共享的软硬件资源和信息可以按需提供给计算机和其他设备。

四、城镇化驱动高质量发展

2019年,我国城镇化率增至65.22%,但与同一发展水平的国家相比,城镇化仍然滞后。

城镇化是指农村人口向城镇居民转变、劳动力由传统的农业部门向现代的工业部门转移的过程。农村剩余劳动力向非农产业和城镇转移,这是工业化、现代化引领和驱动的必然趋势。其根本动因是劳动者追求收益最大化,非农部门工资上升,城市给农民工提供廉租房,吸引农民非农就业,又扩大农户间比较优势差异,促进农地流转。新型城镇化倒逼产业升级与城市转型,是现代化建设的必由之路,是促进产业升级的重要抓手,也是提高经济发展质量和效益的重要途径。新型城镇化是与工业化、信息化、农业现代化同步推进的。其中,工业化处于主导地位,是发展的动力;农业现代化是重要基础,是发展的根基;信息化具有后发优势,是发展的先锋引领,为发展注入新的活力;城镇化是载体和平台,承载工业化和信息化发展空间,带动农业现代化加快发展,发挥不可替代的融合作用,实现"四化"有机融合。推动城乡要素平等交换和公共资源均衡配置,信息化和工业化深度融合、工业化和城镇化良性互动、工业化和农业现代化相互协调、城镇化和农业现代化、就业转移和人口集聚协同推进。工业化发展能够创造更多的就业岗位,为城镇发展奠定产业基础,优化经济发展的空间格局;城镇化减轻农业过剩劳动力的压力,并随着农业剩余劳动力向非农产业转移,促进农业由小生产向规模农业发展。通过城市反哺农村、工业反哺农业,实现农民市民化、农业现代化、农村城镇化;农业现代化又为城市化和工业化的发展奠定坚实的基础。目前,城镇化要由"圈地"向"圈人"转变,注重推动农民工市民化;由"重城轻乡"向"城乡协同"发展转变。

城镇化的具体途径如下:

农民工与市民同工同酬,促进城乡就业机会平等,健全"城乡一体、保障广泛、覆盖全面、水平适度"的最低生活保障制度、社会保险体系和医疗保障体系,有序推进农业转移人口市民化,完善城乡统一的劳动力市场和城乡统一的社会保障体系。完善农业政策性保险、"粮食种植直补""规模农业补贴"等支农惠农制度,促进农业发展,尤其是农地规模经营发展,剩余劳动力增加为工业化提供源源不断的人力资源。

第七章

新劳动力迁移理论认为,农村富余劳动力向非农产业转移是人力资源的再配置过程,能够显著提高农业边际劳动生产力,有效加强国民经济发展的薄弱环节,补齐国民经济的短板,从而推动国民经济增长。

统筹推进住房、交通、信息、能源、环保、电力、通信等基础设施的建设,引导资源合理配置和产业梯度发展,逐步在有条件的地区形成一批规模较大、层次较高、有一定知名度的特色创新集群,实现规模效益和集群创新效应。这使部分农村变城市,农民当工人、做老板,使现代化与农民工市民化协同推进,城镇化与农民收入协同推进。

党的十九届四中全会提出“健全生态保护和修复制度。统筹山水林田湖草一体化保护和修复,加强森林、草原、河流、湖泊、湿地、海洋等自然生态保护。”第一,生态法治、生态政策、生态规划协同推进;依法并依据市场规律做好全国空间规划的顶层设计,节约土地、以增强综合承载能力为重点,以特大城市为依托,形成城市之间合理分工,布局、功能完善,促进大中小城市和小城镇协调发展,形成辐射作用大的城市群。以生态文明建设融入城镇化建设的全过程为特色,加强城市对接区域发展,突出城市发展个性,融入城市群。以绿色化为方向,加强节能环保技术、工艺、装备推广应用,全面推行清洁生产,发展循环经济,提高资源利用效率,强化产品全生命周期绿色管理,构建绿色制造体系。

第二,人与城市融入大自然、协同前进,充分考虑环境资源的承载能力,努力推进城镇化建设向低碳、环保方向发展,不断加强水污染、大气污染和土壤污染的治理与修复;推进森林进城与城乡绿化面积同步增长、森林围城与居民住房面积同步增长,利用边角闲置地块和景观岸线等,建设方便市民休闲活动的社区公园;保护农村自然生态,塑造具有地方特色、望山见水、疏密有致的城乡风貌,打造“快节奏、慢生活”的宜居生活空间。

第三,贯彻物质利益原则,将“生态补偿”思路转变为“市场购买”理念,通过税率级差累进的物业税和土地使用税,提高房地产资源的利用率,实现生态保护与经济发展双赢。

五、二元经济转向一元经济驱动高质量发展

(一)二元经济转向一元经济

二元经济是指采用现代技术的工业部门同采用传统技术的农业部门并存的一种经济结构。这是发展中国家由传统经济向现代经济演进过程中普遍存在的现象。

我国二元经济转向一元的内容、过程和特点是：农业剩余劳动力向非农就业与非农产业发展是互补互动的。农业富余劳动力长期、稳定地向非农部门转移，使农地承包契约稳定和长期化、促进规模经营，伴随着规模农业扩大，农地生产率提高，食品和工业原料更充足，城市吸纳就业的能力(包括工资提高、岗位增加)更强，农民对农地的经济依赖相应减弱。只有非农就业，并使非农收入成为家庭收入的主要来源、形成长期稳定的收入预期条件下，农民才能把农地转移出去；只有在农业劳动力大规模转移的条件下，农地供给才会形成一定的规模，使得转入农地的市场主体有利可图，形成需求一方；只有在农地转让的供给主体与需求主体竞争的条件下，才能形成并完善农地流转市场，从而规范和促进农地流转。只有非农就业发展，农业劳动力数量才能大幅度下降、规模农业才能发展。剩余劳动力向非农产业转移，有利于农业机械化的推广和使用；农民工在非农产业获得收入，向家乡汇入资金、建设新农村和发展现代农业。

农业剩余劳动力向非农产业转移，第二产业吸收人数最多，第三产业吸收人数的潜力最大。这有两种情况，有的离土不离乡，在附近城镇就业；有的离土离乡，到城市就业。

(二)农业发展方式由传统转向现代

《决议》指出，"始终把解决好'三农'问题作为全党工作重中之重，实施乡村振兴战略，加快推进农业农村现代化"。农业是工业品的重要市场，是粮食及重要工业原料的来源和劳动力来源，是经济发展的基础，是其他产业的母体产业。随着工业化、城镇化发展，农业 GDP 在国民经济中占比逐步下降，但这不能改变农业是国民经济基础的事实。但是我国农业和农村落后，农民增收乏力，"三农"问题仍然

突出。

首先，完善支农惠农的政策，加大农业科技投入，促进农业技术创新，用现代科技改造农业，用现代物质条件装备农业，用现代经营形式推进农业发展，促进农地规模经营；用新型农民发展农业，提高农业水利化、机械化和信息化水平，实现农业由手工劳动向机械化转变，农产品质量由低向高转变；由粗放型发展向数量与质量效益并重、向可持续的集约农业转变，提高土地生产率、资源利用率和农业劳动生产率，走产出高效、产品安全、资源节约、环境友好的农业发展道路，提高农业竞争力，为高质量发展提供基础保障。

其次，增加农民利益、促进农民增收，创新土地确权和完善土地流转支持政策和流转方式，健全农业补贴稳定增长和优化机制，突出补贴大户农民，保障粮食安全，培育新型经营主体，使农地需求增加，推进土地流转，扩大农地经营规模，扩大农业科技需求。

再次，推进农业科技进步和成果转化，促进产学研、农科教结合，推广高新农业应用技术，构建集生产、生活和生态于一体的多功能现代农业体系，推动农业结构不断优化升级，提高土地、水等资源的利用率和持续发展能力。

最后，增加农村教育经费和农民培训投入，提高教育质量，造就一大批懂技术、善经营管理的现代高素质职业农民。

高质量发展要求鼓励多样化经济合作，促进技术交流和人才流动。扩大区域合作的途径是：首先，建立财政税收、金融投资等区域一体化政策，推动各个要素按市场规律在区域内外自由流动。其次，建立区域协同发展基金，主要是通过中央转移支付补足落后地区公共产品的缺口，推进公共服务一体化，使人才等要素由发达地区流向欠发达地区。最后，共建共享生态空间，通过改善生态环境，增强对优质资源和现代产业的吸引力。

第四节　科技创新促进高质量发展

20 世纪 80 年代后，知识成为重要的生产要素，以新一代信息技术与人工智能为标志，智能化、网络化、数字化为核心的新一轮科技革命加速拓展、逐步渗透到社会经济的各个领域，新的产品和新的服务得以产生，带动新的生产、交换、分配、消费活动，创造网络经济、数字经济和智能经济，推进产业转型升级和社会生产力发展,深刻地改变着人类社会的生产方式、生活方式和思维方式,重塑国家间产业竞争格局,也为我国经济高质量发展开辟广阔空间。

一、以科技进步实现高质量发展

习近平高度重视创新发展,以马克思主义创新观和历代中国共产党人的创新思想为重要的理论基石,总结与反思当今世界新一轮科技革命孕育和兴起的国际背景和经济社会发展现状,把握国际创新竞争环境和态势,从国家发展战略高度关注、重视和发展科技,提出涵盖创新的战略、制度、经济、人才、民生的思想,是驾驭和驱动新科技革命趋势的总体观点,包含创新驱动论、自主创新论、创新体制论等丰富内涵;体现先进生产力发展的要求,凸显对创新内涵的新阐释、对创新主体及依靠力量的准确定位、对创新系统的总体把握、对创新价值及功能的深刻认识、对特色社会主义创新事业发展规律的认识不断深化与发展,将马克思主义科技理论推向新高度,理论意义和实践价值重大,是推进新科技革命、加快实现科技强国的战略对策和重要理论指导。

(一)高质量发展的根本特征是创新

党的二十大提出:"教育、科技、人才是全面建设社会主义现代化国家的基础性、战略性支撑。必须坚持科技是第一生产力、人才是第一资源、创新是第一动力,深入实施科教兴国战略、人才强国战略、创新驱动发展战略,开辟发展新领域新赛道,不断塑造发展新动能新优势。"①创新具有高效性、战略性、全局性,围绕高端制造、生命健康等重要方面与产业升级需要,运用云计算、大数据、互联网、人工智能等新技术,实现由资本数量积累推动转向要素质量提升和要素配置优化,夯实技术创新能力、公共服务能力、基础设施支撑能力,提高产学研协同的积极性和效率,促进产业由中低端迈向中高端,将科技转化为高效生产力,提高经济整体水平。以创新为引领,提高原始创新能力,以自主研发逐步取代技术模仿,提供更多技术手段,依靠科技提高产品的质量和技术含量、补齐短板,扩大有效供给和中高

第七章

端供给，形成高质量、多层次、宽领域的有效供给体系，不断提高创新发展对现代化经济体系的支撑能力，不断提高科技在实体经济中的贡献份额，重构生产体系、引领组织变革，引导制造业朝着分工细化、协作紧密的方向发展。实现供需动态平衡、由低水平供需平衡向高水平供需平衡跃升。高质量发展需要劳动者终身学习知识，更新知识体系。

（二）高质量发展的引擎是科技进步

新科技带来新产业、新业态、新商业模式"三新"经济。新业态表现为顺应多元化、多样化、个性化的产品或服务需求，依托技术创新和应用，从现有产业和领域中衍生叠加出的新环节、新链条、新活动形态。新业态的出现主要依靠分工细化和融合两个路径。如，农业中的"观赏农业"，商业经营中的连锁、加盟等形式，生活服务业中的快递业等，都属于产业分化的产物。新业态是在信息技术产业化与市场化应用中形成的，互联网+将关联产业融为一体，跨行业整合和基于大数据、云计算、人工智能等信息技术形成新的产业形态，工业化和信息化融合，智能技术和传统产业融合，企业内部价值链的分化融合和行业跨界整合的组织形态，这是技术升级和应用的新平台，引起经济结构转变，引出新的经济增长点。新业态的快速成长，既是新冠肺炎疫情防控常态化下的应对之举，也是促进传统产业转型升级、实现经济高质量发展的主动作为。可以说，无论是从无到有的创新，还是从有到优的升级，把难点变成高质量发展的支点，将危机化为转型升级的契机，新业态、新模式都大有可为。科技革命不断演进，大数据、互联网、云计算等新一代技术的不断问世、直接产业化，新一代人工智能发展，线上线下同频共振、融合发展，催生新需求、新能源、新材料，创造新产业。新产业基于以信息技术、智能制造技术、新材料技术、清洁能源技术和生物技术等为代表的新技术革命，这与传统产业创新融合、与商业模式创新组合形成新的服务、新的业态。新商业模式是高质量发展的重点，新要素是高质量发展的亮点，新产品是高质量发展的结晶。强化供需产销对接，构筑技术、资金、市场、人才、平台等要素协同的产业与市场高效对接的新商业模式，破解生产与消费脱节、金融与实体经济失衡等难题，实现供需循环畅通高效。

科技革命具有扩散、辐射、加速的效应，产业由低级向高级、由简单向复杂演进，由单一或多个生产要素的重组、单一或多个产业的转移，正在演变为全要素优化组合、多层次产业提升，产生新的产品和服务，生产效率提高，生产成本下降，产业竞争力显著提高,反向刺激同类型产业对科技的需求,形成一个良性的循环模式。传统产业仍然是经济发展的基础,高质量发展离不开传统产业。以数字为依托,提高数字基础设施服务的质量和效率,主要是网络带宽升级、速率更高、可靠性稳定性更强,满足智能制造、智慧城市、自动驾驶等新兴数字化服务的需求,实现人与人、人与物、物与物的大连接,支撑高质量发展。信息技术革命、产业升级、消费者需求结构变化共同推动,融合服务业,开发现代物流、现代旅游、文化产业、健康产业等,提高服务业效率。

(三)高质量发展依靠数字经济推动

近年来,世界经济低迷,但数字经济发展较快,发展潜力巨大。2021年9月发布的《中国互联网发展报告2021》指出,2020年中国数字经济规模达到39.2万亿元,占国内生产总值比重达38.6%,保持9.7%的高位增长速度,稳居世界第二位,彰显其推动经济发展的作用。数字经济,由生产到消费全程数字化,基于数字科技与经济交互发展,随着信息技术不断推进而产生,以信息化带动工业化,是一种技术和知识密集型、高度科技化、高度专业化的经济发展模式。其加速社会分工,促进卖方与买方双向选择,提高交易效率,降低交易成本和生产成本,具体包括:一是数字经济是新兴技术和先进生产力的代表,还是发展理念、商业模式、消费模式的创新。二是发展数字经济是迈向高质量发展的有效途径。数字经济以数据作为关键生产要素,数据成为重要的生产要素和重要资产,是继土地、劳动、资本、技术和制度后又一独立的生产要素,渗透效应和规模效应很强,是实现信息化转型的核心要素,支撑信息社会的建设和发展,实现政务、商务和社会活动的数字化。其他生产要素规模报酬递减,而数据的使用成本越来越低,数据的挖掘分析、预测、存储应用成本越来越低,数据的应用价值越来越大,形成规模报酬递增的经济状态,能有效驱动劳动、资本、土地、知识、技术、管理等生产要素网络化共享、集约化整合、协作化开发和高效化利用。

当然,我国数字经济发展仍面临短板和挑战,如,关键核心技术不足,高端芯片与发达国家差距较大,工业软件还有很多空白,政府数据开放共享度还不高,制约着我国数字经济的进一步发展。为此,要深入实施数字经济战略,把支持线上线下融合的新业态新模式作为经济转型和促进改革创新的重要突破口。

现代经济与现代科技不断发展,使互联网成为新的基础设施,网络信息技术普及,进入网络经济时代。网络经济是实体经济和数字经济、虚拟经济的结合,是在网络基础上形成和发展起来的新的经济形态,发展潜力巨大。其中,消费者有更大自主权,由被动的生产者或消费者转向主动的生产者、消费者,共同参与到价值创造中去。随着电子商务、智能化制造业、新能源产业的发展,引领经济向高端转型和升级,满足人们的物质需求以及精神需求,提高经济效益,形成竞争优势。互联网交易平台促使零售业与互联网平台相融合而形成电子商务,打破了传统的链式交易模式,转向网络型交易。

(四)高质量发展的核心是人工智能

融合认知科学、语言学、计算机科学和神经科学等前沿科学,将人工智能与各个产业深度融合,使产业设备智能化、高端化,促进产业升级和质量提高。随着信息技术不断发展成熟,以智能经济为表现形式的人工智能,其技术逐渐渗透应用到生产、服务和消费的各个层面,带来多领域的科技创新。人工智能技术和装备在各领域应用,促进国民经济各产业智能化升级,促进智能产业本身加速发展。这是新一轮科技革命和产业变革的重要驱动力量。人工智能深度融合实体经济,表现在:对现代信息、大数据、互联网等技术的采用,科技所物化的生产工具和设备,打造智能产业体系和智能化基础设施,使制造业智能化升级。人工智能和大数据分析能够捕捉和刻画消费者的行为特征,借助机器学习和智能规划,使智能家电和无人驾驶汽车能够科学管理能源消耗,推进绿色低碳循环发展,倒逼产业转型升级;促进地区间技术和产业合作,引导人工智能企业向欠发达地区投资。

人工智能促进人机协同、跨界融合、共创与分享融合发展,居于数据驱动的智能经济形态的核心,属于实物形态创新,更易于在实践中应用、学习和模仿。在各个行业中拥有广泛的应用前景,超越以往的各种非物化的创新活动,智能化学习功能会放大人工智能投资的"干中学"创新效应,提升生产质量和工作效率,解决社会再生产中存在的误差率高、重复劳动问题,使得闲置资源、"死资产"通过交换被充分而有效地利用,实现物尽其用。以智能化增强创新的兼容性和延展性,降低创新成本,利用大数据和机器学习,对社会再生产中海量数据进行分析,解决信息不完全和外部性问题,实现实时精准控制决策,包括对生产条件的分配。其与传统制造业相结合形成的智能化生产链条,促进了智能制造业的发展,智能机器人能够代替人类完成繁重的大数据处理工作、在各种复杂技术活动或在危险环境中高效完成,资本、劳动和能源等各类资源通过机器学习预测,实现智能化分配,提升创新的水平和成功率。

人工智能的深度学习与神经网络、云计算、大数据的结合,可使人工智能借助技术外溢效应为其他领域的各种创新提供解决方法。通过与其他产业的融合,将人工智能基础和共性技术与不同产业、场景深度融合,不断拓展人工智能的应用场景以及与实体经济的深度融合,促进以人工智能为核心的技术外溢和扩散。这也会引入更多供与求的竞争者,促进专业化水平提升,供与求质量信息通过互评、实现显性化,解决信息不对称问题。由此所释放的技术和劳动生产率的提升效果将比一般性固定资产投资和研发投资更为显著。这引发企业由劳动密集型创新转向广泛利用数据科学的新型创新。实体经济智能化,推动重点领域智能产品创新,有助于培育高端生产要素,促进资源禀赋扩大和社会分工。工业是实体经济的核心,信息产业是高质量发展的产物。促进技术集成与商业模式创新,加快人工智能关键技术转化应用,使实体经济尤其是制造业的技术水平大大提升,使旧的经济模式中孕育出新的需求、新的经济发展点。培育人工智能新业态,提升工业化水平和经济效能,提升社会生产力。

人工智能产业发展,人工智能产品如自动化驾驶、智能管家、智能家电等逐渐进入普通人家,使人民生活更便捷,能够全身心地投入经济建设和个人发展过程中,助力经济高质量发展;增加交易数量和提升交易频率,互通有无、使多余或闲置的要素得到利用,降低交易费用、增加交易剩余和生产者剩余;为消费者提供更丰富多彩的消费体验,增加消费者剩余。如,将人工智能科技应用到服务行业,如引导型机器人、服务员机器人等,提高服务质量,节约劳动成本,提高经济运行效率。

人工智能在短期会替代劳动力,造成劳动岗位减少;但从长期来看,在恰当的公共政策引导下则会提高生产效率,创造更为持久和强劲的高质量发展。资本有机构成提高使得积累体制实现规模报酬递增,劳动生产率提高,为缩短工时创造条件,促使就业结构升级,提高人均工资水平,使劳动者分享经济发展的成果,解决收入分配不公的问题,实现共同富裕。

(五)高质量发展倡导共享发展

随着大数据、互联网等一系列高新技术的发展,产品的所有权和使用权的分离成本降低,使基于共享理念的共享经济迅速发展。共享经济是以互联网为媒介、整合大量闲置和碎片化资源,利用"众创""众筹""众包"等新平台,按人人参与、人人尽力、人人享有的要求共建共享、共生共荣,以"使用"而非"占有"为目的,其特点是服务面广、运行便捷、成本低廉,能够实现资源共享和节约,提高社会资源的配置效率。所有者将资源整合的使用权转交给需要者,交易双方以不同方式各取所需,均获得经济利益。如共享单车等共享业态不断涌现,成为经济高质量发展的重要力量。

(六)高质量发展倡导绿色发展

坚持绿水青山即金山银山理念,坚持尊重自然、顺应自然、保护自然,坚持节约优先、保护优先、自然恢复为主,守住自然生态安全边界。创新先进技术和采用先进工艺,经济效益、生态效益与经济发展协同推进绿色工业革命,建立健全绿色低碳循环发展的经济体系和构建清洁、安全高效的能源体系,实现人与自然在更高发展层面的和谐共生,推动产业结构的深度调整,优化生态环境,高质量发展经济。以一系列绿色要素投入为主,开发绿色环保产品,生产易降解好回收的产品,选择可持续资源来生产经久耐用的产品,尽可能延长原材料和产品在生产使用中停留的时间,实现规模报酬递增。互联网和劳动工具与劳动对象智能化成为个性化定制的重要载体,3D技术使低成本个性化智能制造成为可能,定制化生产实现适量生产、适量消费,促进资源节约和循环利用;柔性生产可更好满足消费者需求,使消费者逐渐掌握生产和消费的自主权。

二、科技进步的路径

高质量发展即通过科技进步,从供给侧提高全要素生产率,有效解决新时代下的不平衡不充分发展的社会主要矛盾;并从需求侧满足人民对美好生活的需要。以改革与开放为动力,以科技革命为生产力,提高经济发展的质量和效益。在人类社会发展的过程中,每次科技革命的出现都会推动社会生产力飞速发展,促使世界在更大范围开放,使越来越多的国家分享技术革命带来的益处。特别是二战后蓬勃兴起的第三次科技革命,各国之间的经济联系和技术交流更为密切。

创新驱动的发展战略,是加快高质量发展、破解经济发展深层次矛盾和问题、增强经济发展内生动力和活力的根本措施。国际竞争也已"从市场竞争前移到科技知识竞争""从产品竞争提前到研发竞争",这导致大国兴衰、世界经济中心转移和国际竞争格局调整。18世纪,第一次科技革命依靠蒸汽机实现机械化生产,使英国崛起为世界头号强国;19世纪中期,第二次科技革命依靠电力实现规模化生产,使德国跃升为世界工业强国,美国到19世纪末成为世界头号经济大国;20世纪,第三次科技革命则依靠电子信息技术和智能化实现自动化生产、流通,使美、德、法、英等国进入工业化成熟期,助推日本经济腾飞。可见,科技在很大程度上决定着世界经济政治力量对比的变化,进而决定着各国各民族的前途命运。科技竞争越来越成为各国经济实力乃至综合国力竞争的决定性因素。面对正在孕育兴起的新一轮科技革命和产业变革,世界主要国家都在寻找科技创新的突破口,抢占未来发展的战略制高点。在科技竞争加剧和一般性科技流动性加快的背景下,经济全球化、社会信息化深入发展,为我国充分利用创新资源、在更高起点上发展提供了有利条件。

在历史上,每次科技革命的出现都会推动社会生产力飞速发展,促使世界在更大范围开放,使越来越多的国家分享技术革命带来的益处。特别是二战后蓬勃兴起的第三次科技革命,各国之间的经济联系和技术交流更为密切。要在新一轮国际产业竞争和全球价值链分工中赢得主动,必须充分发挥科技的巨大作用,这是高质量发展的核心和中心环节,是突破环境约束、资源约束,促进经济由资源依附转向科技驱动、由中国"制造"转向"创造"、经济发展由"数量型"转向"质量型"、"速度型"转向"效益型"、"消耗型"转向"效率型",一系列转变的关键之举,是加快高质量发展的必然选择,是加快我国向强国转化的必由之路。科技革命总是以一种不可逆转、不可抗拒的力量推动人类社会向前发展。新一轮科技革命引起高质量发展,与新发展理念契合,与加快高质量发展形成历史性交汇,为实施创新驱动发展战略提供难得的重大机遇。

科技是第一生产力,体制是科技发展的第一动力,人才是创新发展的第一资源,资本是创新发展的第一加速器。这四者相互关联与作用,成为有机联系的统一体,推动我国自主创新能力不断提高,促进新时代的高质量发展。紧紧围绕这四大关键要素进行制度创新,营造科技人员活力充分释放的制度环境,增强我国在科技短板上的供给和配套能力,摆脱关键核心技术对国外供应商的依赖,促进科技和经济社会发展的深度融合。不同于传统经济模式,高素质人才在高质量发展中扮演重要角色,知识是研发的基础,知识创新是科技的主要驱动力。知识是无限的,在使用中实现增值和外溢,它不像土地或资本具有竞争性和排他性,可同时被多人使用。知识投入研发、生产、流通等环节降低成本,克服传统生产要素的总量限制,并解决劳动、资本等生产要素规模报酬递减的难题,提高生产效率,实现规模报酬递增。技术外溢速度取决于创新在不同地理区域分布的密度以及整体市场规模。知识交流是知识外溢的一种形式,能够提高整体人员素质,还能从思想碰撞中产生新知识,创造更大的经济价值。

科技创新是主体以知识、技术、企业制度等要素为基础,对现有资本、劳动力、物质等要素的重组。创新驱动经济发展的过程是非常复杂的,涉及多种高级要素的重组,并经过一系列复杂的环节产出创新成果,并向市场推广。

科技要素包括初级要素和高级要素,初级要素主要包括一些基础的简单要素,如土地、劳动力等资源;高级要素则是指知识、技术等一些相对复杂的要素,即新技术所创造的新型生产要素。各种创新因素与劳动者相结合,提高创新效率,丰富科技资料的内容,扩大劳动对象的范围。伴随着数据、人工智能等新要素的投入,其与原有产业衔接融合,促使产业结构转型升级、资源配置高效。实现创新驱动发展的基本路径是由技术模仿逐步转型为技术研发,在这种转型中,初级要素密集型产业的内部要素逐渐转化为高级要素,两者在融合中促进整体经济发展。初级要素与高级要素在边际收益上呈现出相反特征,前者的边际收益持续递减,而后者的边际收益则持续递增。经济史表明,"边际收益递减"和"边际收益递增"完全是一对相悖的经济现象,往往不能共存,但在信息经济的时代,二者却完全能协调发展、有机融合,逐步实现高级要素对初级要素的替代。

核心科技促进高质量发展。技术可分为两种:一种是非核心技术,是可以通过国际贸易、对外直接投资的方法获得;另一种是核心技术,是难以通过国际贸易、直接投资的方法获得的。当今世界上,各国科技竞争的实质是核心技术的竞争,发达国家对于核心技术的转移实行严格限制。核心技术的基础是基础理论和共性技术,这两种创新具有较强的外部性,是一种公共产品,它们的社会收益远远地大于私人收益,社会价值远远超过经济价值。核心科技,不但买不来,而且追求利润最大化的企业普遍存在供给不足的倾向,需要政府统筹各方面的优势资源,着力攻克一批关键核心技术,着力缩小关键领域的差距,加速赶超到引领的步伐。从我国国情出发,按主动跟进、精心选择、有所为有所不为的科技发展方针,跟踪全球科技发展方向,前瞻谋划和布局未来科技创新主攻方向和突破口。关键核心技术是一项系统性工程,要建立企业为主体、市场为导向、政产学研深度融合的协同创新体系,研发核心技术,引领高质量发展、提升国家核心竞争力。协同创新是指一个机理复杂的创新要素交互学习、互补互动、整合共享、创新因子流动顺畅、螺旋上升,产生 1+1>2 的溢出乘数和非线性协同效应。

合作不等于协同,协同是指创造协同效应的活动。

然而我国起步于计划经济的科技体制,与经济脱节较为严重;市场的决定性作用往往异化为无序竞争,政府主导作用往往异化为"部门利益";机构重叠、多头交叉、条块分割、研发重复、开放、配套的公共技术平台缺失,信息不对称、结构失衡和质量失衡。这一切源于政府职能转换滞后、科技体制机制僵化,应不断深化科技体制改革。

三、以科技体制创新促进科技创新

《决议》指出,"坚持实施创新驱动发展战略,把科技自立自强作为国家发展的战略支撑,健全新型举国体制,强化国家战略科技力量,加强基础研究,推进关键核心技术攻关和自主创新,强化知识产权创造、保护、运用,加快建设创新型国家和世界科技强国"。加强党对科技工作的领导,将共产党领导集中力量办大事这一优势充分发挥,是特色社会主义制度显著优势和重要特征,成为国家治理的巨大优势,通过改革创新把这种制度优势转化为治理效能,提升创新治理体系和治理能力现代化水平,实现科技创新与制度创新协同发展;推动举国体制、市场机制、数字技术三者有机结合,应对关键核心技术攻关可能出现的"市场、政府双失灵"的挑战,面向世界科技前沿、面向国家重要需求、面向国民经济主战场,成为攻坚克难、实现跨越式发展的法宝。建立以企业为主体、市场为导向、产学研深度融合的国家创新体系,有效配置资源,让一切创新源泉充分涌流,抓重要、抓尖端,攻克关键技术瓶颈,为解决关键核心技术领域"卡脖子"问题提供制度保障,加快科技强国建设。

　　新时代经济高质量发展,亟须实现由传统要素驱动、投资驱动转向创新驱动。技术创新要求良好的制度供给和制度环境来驱动。习近平指出:"若把科技创新比作我国发展的新引擎,那么改革是指点燃这个新引擎必不可少的点火系。"①制度经济学认为,制度是调整与引导人类行为的规则,是一种激励机制,并试图减少因环境复杂性引起的不确定性与降低交易成本。在创新驱动发展的进程中,技术创新和制度创新好比车之两轮、鸟之两翼。基于激励功能的制度创新,能够调动人的积极性和创造性,激发创新潜能。基于资源整合功能的关键领域制度创新,强化与技术创新相适应、相匹配的制度供给,能够促进人才、资本、技术三大关键要素的互动和集成,最大限度解放和激发创新要素的巨大潜能,形成创新合力。最终实现技术创新与制度创新"双轮"驱动经济高质量发展。

　　(一)制度创新是科技创新的根本动力

　　高质量发展要求全面创新,包括技术创新、制度创新、产业创新、战略创新、管理创新、组织创新、文化创新等多方面的创新体系。其中,核心是制度创新、技术创新,这两者协同推进,协同效应是巨大的。技术创新为经济增长提供新的生产可能性边界,是高质量发展的源泉;制度创新则为技术创新提供保障和激励,在不确定的环境中降低不确定风险,稳定预期,激励创新者;制度的激励能够促使行为主体以更高效的方式去追求更丰厚的利润,最大限度降低创新主体间的交易成本,更好地协调行为主体之间的利益关系,调动经营者、研发人员的积极性,重点激励战略性新兴产业技术、节能减排技术、环境保护技术的创新,力争在这些领域走在世界前列。制度创新在引进和集聚创新资源、构建产学研合作平台和营造良好的创新环境等方面都发挥着不可替代的重要作用。

　　制度创新的主体是政府,其由科技创新的制度供给者、环境营造者、投资者、决策者、协调者和监管者向以"市场配置为主、政府导向、弥补市场失灵"的有限支持者转变,创造公平、公正、竞争的科技市场。应用性研究由政府直接管理转向间接管理,由市场安排供给。基础研究、共性研究和公益研究领域继续坚持"举国体制",政府增加投入,促进省部(院、校)合作、组织集体攻关和协作攻关;政府由提

　　①　习近平:《在中国科学院第十七次院士大会、中国工程院第十二次院士大会上的讲话》,新华网,2014年6月9日。

供科技基础设施等有形公共产品为主,转向兼顾完善制度、规则和政策等无形公共产品,完善科技的评价评估体系和指导监督,降低风险与不确定性,充分吸纳和及时利用、整合全球、全国智力资源和政策资源,建立风险共担、利益共享、共同发展的产学研联盟;形成技术、知识、中介服务的大联合、大协作和大集成,建立充满活力的创新型国家。

(二)科技体制改革由单项向系统推进转变

健全符合科研规律的科技体制,完善由科技政策体系、技术创新体系、市场创新体系构成的国家创新体系,构建社会主义市场经济条件下关键核心技术攻关的新型举国体制。

科技管理由"九龙治水"向以国家领导人为主任,政界、学界、商界及其他相关领域的战略专家为委员的国家科技委员会统筹转变。适应创新开放性、跨领域、网络化的要求,注重顶层设计的要求,依据经济转型升级的要求与学科发展的要求,制定实施国家创新计划。从结构—制度—机制三维入手,从解决"市场失灵"为核心扩展到兼顾"系统失灵"。与科研院校向现代院所制度变革相适应,政府由单纯的创新激励向兼顾创新主体间的互动激励转变,由结构调整与微观运行机制改革向促进创新要素联系互动转变;促进科技与经济转型互动、创新主体间互动、科技供求互动;科技政策与其他各项政策的关系由不顺向系统、连贯转变:府际合作、省部互动、相互对接、相互适应、集约协同,确保公共科技政策的灵活性、针对性、有效性,确保各项政策之间的系统性、综合性和连贯性。公立科研院校的治理由传统的"控制导向型"向"保持距离和关系型"转变,形成各个创新主体分工合理、特色明显、优势互补的结构。这一系列多元转型和结构重组实现科研体系精干化和差异化,形成创新活动的有效分工与合理衔接;形成以委托代理关系为基本框架,以契约制为治理机制,以循环型为开放互惠互动与反馈机制、跨部门整合协同强化为特征的现代科技管理制度。着力构建以市场为导向,企业为主体,高校、科研院所参与的协同创新体系,做优战略规划和顶层设计,促进自主创新。自主创新是指主要依靠本国力量,研发和掌握具有自主知识产权的核心技术并以此为基础实现新产品创造的过程,包括原始创新、集成创新和引进技术再创新。原始创新是指创造前所未有的科学发现、技术发明等科技成果;集成创新是指通过对各种现有技术的有效集成,形成新产品或新产业;引进技术再创新是指在引进国外先进技

术的基础上,通过消化和改进进行再创新,形成具有自主知识产权的新技术。具体体制创新如下:

第一,财政补贴、税收优惠、政府采购等手段协同推进核心技术研发,并向现实生产力转换,努力形成以核心技术产业为先导、基础产业和制造业为支撑、现代服务业协调发展的产业新格局。建立高端技术研发基金,用于引导企业等研发核心技术。

第二,集聚一流的人才、设施等创新资源,围绕目前我国亟须的核心技术,组成若干个制造业技术重大专项,争取在较短时间内在高档芯片、大飞机、高档数控机床、机器人、无人机等方面取得重点突破。支持企业建立研发机构,鼓励增加创新投入,择优选择培育一批技术创新联盟和产业共性技术研发基地和一批创新型企业。

第三,完善科技服务体系,大力培育、规范各种科技中介机构,鼓励其提供优质、价廉、便捷的知识产权检测、中介咨询等科技服务,营造良好的外部环境。

(三)以高效的产权制度促进科技创新发展

产权制度创新对于调动人的积极性、主动性和创造性至关重要。始于1978年的农村家庭联产承包责任制作为农业领域的产权改革,极大地调动了农民的生产积极性,使农业生产力得到大幅度提升。创新科技成果产权制度,解开套在科技成果产权上的"枷锁",推进科技成果高效转移转化。推进科技成果所有权、使用权、处置权、收益权改革,合理界定高校、科研院所与科研人员在科技成果上的产权关系,增强职务发明人在科技成果转化中的主体地位,畅通高校、科研院所知识创新与企业技术转化的衔接机制,促进科技和经济协同推进。

当前,科技成果转化制度不完善,职务发明人对推动成果转化的动力不足。很多成熟的科研成果在用于职称评审之后被束之高阁,"成果"变成"沉果",我国科技成果的转化率约为10%,远低于发达国家的转化率水平,大多数科技成果过时或浪费掉。职务发明产权的现存制度安排是导致我国科技成果转化率低下的重要原因。

技术成果产权改革以增加知识价值为导向,制订规范合理的科技成果转化收益分配规则,提高科研人员在知识产权及成果转化中形成的股权与相关收益中的分享比例。西南交通大学出台"九条",在全国首次使职务发明人拥有科技成果的部分所有权,扭转过去"教授拿不走股权、学校干不成科技成果转化、政府得不到科技型企业"的"三输"局面,成为激发科技人员创新活力的"小岗村试验",增强科研人员对研发高质量创新成果与推动科研成果转移转化的动力。1980 年,美国《拜杜法案》规定大学、研究机构可分享政府资助的科研成果专利权。这就激发了科研人员的创新热情,使美国科技成果转化率提高了 10 倍。

(四)科技投入是科技创新的根本条件

科技财政经费、科技贷款由偏重公立科研院校和国有企业的"公有制偏好"和计划经济思维向所有为科技发展做出贡献的科研院所、高校、企业共享的市场经济平等观转变,破解资源有限性与科技发展无止境的矛盾。

第一,财政科技投资增加,而短期刺激政策性投资和已饱和的基础设施投资相应减少,逐步优化投资结构。

第二,科技投入主体由政府向企业及社会转变。设立天使投资、创业投资、新兴产业培育基金等各类政策性引导资金,发挥财政投入的种子和杠杆的作用,撬动社会资本,促进科研投资主体的多元化和市场化。明晰和保护产权,以股权式投资为主,完善风险投资体制;完善期货、保险和证券等资本市场,实现科技风险资本来源多样化,应对"市场失灵"。

创新具有高风险性,需要财政支持,需要宽容失败的文化,更需要风险投资,为创新活动提供风险社会化机制,为企业创新提供长期资金支持,并提供战略咨询、资源整合等增值服务。

资本市场具有一整套完备的发现、筛选、培育、退出的制度功能,能有效聚集人才、资本、技术等创新要素,并促进其自由流动、高效组合,是促进新技术产业化、催化产业革命的重要力量。美国纳斯达克资本市场是高科技产业发展的摇篮,其开放包容的上市标准和完善的市场制度,培育出了苹果、微软、英特尔等世界著名的高科技企业。

改革开放 40 多年来,我国资本市场从无到有、从小到大,成为资源配置的重要平台。截至 2019 年 8 月,沪深两市上市企业近 3700 家,股票总市值为全年国内生产总值的 60%左右。以科创板制度创新为契机,建立技术与资本对接的有效机制,补齐资本市场服务技术创新的短板。科创板是我国多层次资本市场发展中的一个重要里程碑,是落实创新驱动战略、推进经济高质量发展的重要金融制度创新。风险投资是多层次资本市场的重要组成部分,是高技术成果转化与产业化的

第七章

助推器,是适应创新发展的一项重要制度安排,能够解决企业"最先一公里"的资金来源问题。完善风险投资激励政策,综合考虑投资人盈亏收入来优化减税政策,引导更多风险资本进入技术创新领域。作为资本市场重大增量改革,科创板通过差异化制度安排,增强资本市场对各类科技企业的包容性和适应性,有利于支持符合国家创新战略、突破核心技术、市场认可度高的科技型企业发展壮大、做优做强。加大财政支持资本市场的力度,使资本市场加大对各阶段,尤其是风险最大阶段的支持力度,以科创板和注册制为着力点推动资本市场存量改革,充分发挥风险投资在研发和科技成果转化中的重要作用,促进资金链与创新链、产业链有效衔接与深度融合。深化资本市场改革,完善基础性制度建设,构建多元化、市场化的进入退出通道,实现"投资—培育—退出—再投资"良性循环,提升资本市场支持创新的效率。

第三,科技财政与科技金融互动,科技政策投资与商业投资互动互补,增加科技投入;围绕创新链完善资金链,最终形成促进科技发展的有效性投资;减税与税制优化并举;无偿拨款与有偿借贷互动,卖方贷款与买方贷款互动,拨款与研发补贴、投资贴息、信用担保、股权投资、拨改贷、经费回收、以奖代拨、效益提成、利率优惠等财政支持与金融支持互补互动;探索和开展多种担保形式,大力实施税款返还担保和知识产权质押,政府担保与商业担保互动;综合采用知识产权和股权质押贷款,小额贷款等方式,支持科技型中小企业开展技术创新融资;努力完善政府创新基金、创业投资资金、企业研发基金和孵化资金"四位一体"的科技融资体系,健全科研服务体系,建立重大科研基础设施和大型科研仪器开放共享的制度和运行补助机制,提高全社会力量参与科研的积极性,形成以政府投入强度提高为引导、企业投入为主体、科技贷款为支撑、社会资金为补充的多元化、多渠道、高效的科技投入体制。

第四,奖励由政府为主向政府、企业、社会并举转变,应用性研究由论文奖励向按成果的经济和社会效益、创新程度及完成质量的激励转变,调动科技人员及管理人员的积极性,促进科技与经济的对接。

第五,知识产权法治与企业维权互动,企业建立侵权信息清查体系;政府健全行政查处、司法诉讼等体制。

(五)创新人才制度,激发人才创新潜力和活力

我国虽拥有世界上规模最大的科技人才队伍,但高端人才短缺,对核心人才

激励不足。

人是最具创新活力的因素,人才是创新的核心要素,是科技之母、科技之本。科技由以物为本、"人物倒置""重物轻人"转向以人为本。创新驱动本质上是"人才驱动",将人才问题摆在最核心、重要的战略定位上。功以才成、业由才广,当今世界综合国力的竞争归根到底是人才的竞争,历史证明,谁拥有一流人才、一流科学家,谁就能在研发中占据优势、成为科技强国、进而成为经济强国。人才已成为知识经济时代各国争夺的最重要战略资源,我国比以往任何时候都更迫切、更渴望、更需要"广开进贤之路,广纳天下英才",实现由传统数量型"人口红利"转向质量型"人才红利"。培养和引进创新人才,成为各国抢占经济发展与国际竞争制高点的基本战略方针。

完善与创新相容的人才激励机制,为创新驱动高质量发展注入源头活水。完善发现、培养、聚集人才的机制,吸引创新人才向企业集聚,向重点项目聚集;尊重人才成长规律,落实人才强国战略,着力改革科研经费使用和管理方式,优化与技术创新相匹配的人才结构,形成有利于人才竞相成长、各展其能、人才集聚的机制,推进科技人才结构战略性调整,突出"高精尖缺"导向,加大高端研发人才队伍建设,加强科技领军人才、高水平创新团队的选拔和培养。构建立体式多层次技术人才开发体制,加强学校教育和实践锻炼相结合,打造"产教融合""校企合作"的"新工科",培育一批具有"工匠精神"的技能型人才。

完善体制,让人才自由流动,让创新源泉充分涌流,最大限度激发科技人才创新的潜力、活力,实现科技由量的积累向质的飞跃、由点的突破向系统能力提升的重要转型。健全以绩效为导向的科技项目评审、机构评估、人才评价体系和评价制度,完善包括社会专业机构评价、中介组织评价、社团评价、市场评价和政府评价在内的多元化人才评价体系,增强人才评价的公开性和公正性。打造激励效应最强的科技激励制度,这比在研发中投入更多的资本更能有力地提升创新效率,推动经济增长。人才激励包括以经济利益为核心的物质激励、注重人才价值实现和长期发展的精神激励,以及增强员工归属感和团队凝聚力的文化激励。优化对各类研发活动的支持方式,用奖励、职位等方式激发机构和人才的创新积极性,为广大科技人才提供精准的激励机制、良好的科研和生活环境,以市场价值回报人才价值,充分调动人才积极性、创造性,让人才的创新活力、巨大潜能竞相迸发,最大限度地释放被制度束缚的创新活力,加快科技进步。薪酬、奖金、股票收入、股票期

第七章

权等物质激励是最基本、最普遍的激励方式。拓宽创新成果利益分享渠道，形成充分体现智力劳动价值的利益分配导向。改进、加强科研人员薪酬及股权激励制度，从制度上实现知识向资本的直接转化，将员工利益与企业发展紧密结合在一起，吸引和留住人才，增强企业创新发展的原动力和凝聚力。股权激励的本质是在人力资本所有者之间合理分配企业的剩余索取权，是留住优秀人才的"金手铐"，具有长期激励效应。华为自1987年成立以来，在发展中逐渐形成以股权为特色激励，实施四次大型股权激励计划，"留了人才的心"，形成全员利益共同体。目前有700多个数学家、800多个物理学家和120多个化学家，8万多名研发人员在华为开展研发。

国际经济竞争在很大程度上表现为技术竞争，而技术实力强弱主要看人才水平及数量。发达国家历来将人才视为无形投资，千方百计引进科学家和技术人员，促进本国的经济发展。二战后，30万科学家、工程师流入美国，对美国战后经济、科技发展，发挥了巨大推动作用。

借鉴国外经验，鼓励广大留学人员回国创业，聘请外国专家学者来华工作，实施高层次人才无障碍引进政策，打破国籍、户籍、档案、年龄等人才流动制约，加强对高端人才引进力度，广纳贤才、聚天下英才而用好，激发他们的创新热情。特事特办，引才要快、投入和魄力要大，稳定、吸引和激励科技人才，构建与国际接轨、具有中国特色、符合市场经济规律，从培育、引进到选拔、评价和激励的科技人才制度体系，壮大人才资源。大力培养造就适应国家战略需要、引领社会发展潮流的规模宏大、结构合理、具有全球视野和国际顶级水平的战略科技人才、科技领军人才、紧缺专门人才队伍，为高质量发展提供智力支撑。在财政支出中，提高人员支出的比重。借助市场和社会力量吸引人才，在创新实践中使用和发现人才、开发培育人才和凝聚人才，在尊重人才的氛围中稳定和引进人才；慧眼识才、诚意爱才、胆识用才、雅量容才、良方把优秀人才积聚到伟大的强国建设中来。

推进高校院所的体制改革，由官本位转向人才本位，促进人力资本的有效培育和积累。加大教育投入，优化教育结构，增加高素质人才、高层次人才的有效供给。依托重大科研项目、重大工程、重点科研院（校）所、重点学科、重要人才，采用先进教材等教学条件，培养一批具有坚实理论基础的创新型人才。促进产学研协同创新，根据核心技术的发展需要和企业生产的需要进行研究，并通过企业迅速将研究成果转化为产品，培养出具有较高的学术水平又有丰富的实践经验的科技人员。

　　高质量发展需要基础研究进步、基础设施完善和技术充分外溢,在这些领域中市场机制难以发挥作用。要求政府加大科技投入和创新补贴,将外部性内部化,为高质量发展创造有利条件和制度保障。健全科技成果转化服务体系,促进技术成果有效扩散与转化应用。深化企业家与科学家的创新合作,打通科技成果由实验室走向企业、走向市场的便捷通道,实现产学研用的深度融合。鼓励研发单位深入研究具有重要市场价值、对经济社会发展具有重大推动力的科研项目,引导企业加大对技术转化能力建设的投入。

　　(六)企业是科技创新的主力军

　　世界史表明,核心科技几乎都来自企业,如飞机业的波音公司,信息与通信业的华为公司。自 1985 年科技改革以来,中国国家创新体系变化巨大,主要表现为企业承担的研发活动由 20 世纪 90 年代初的不到 40%增长到 2020 年的 76.6%。

　　科技主体由国有的企业、科研院所、高校为主向调动所有可能为科研做出贡献的主体积极转变,着力培育公共组织、民营组织、志愿者组织和民间技术协会等非营利研究机构,促使更多企业成为创新主体;通过“并、转、建、撤”改造改建的改革,公益性科研院所并入大学等方式,整合科技力量,建立科研基地和中心,建设跨部门、跨所有制、跨区域及跨学科和专业的研发团队,形成分工合理、特色明显、优势互补的创新主体体系。公益性院所转向非营利性、自治性的组织;应用性科研院所企业化、民营化;建立现代院校制度,完善院校治理结构。科技支持对象由公立院校为主逐渐扩展到公私院校支持并举,事前支持与事后奖励并举,重大项目支持与努力拓宽“小项目”的生存发展空间并举,多形式多层次培育研发主体。充分发挥科学基金制的作用,打破部门、所有制、行业及地域的限制,完善开放和竞争的机制,各类机构、个人平等地主持、参与国家重大项目和任务,使优势课题胜出和人才脱颖而出;突出资助与优惠风险较大、超前、又有战略意义的创新;重点支持“产学研资”紧密型的科研创新联盟;大力促进市场难以达成的创新合作;全力加强面向企业特别是中小企业的研发服务网络建设,将创新型小企业纳入公益性研发组织。完善政策和规划、明确当前能够解决的突出问题为主攻方向和突破口,以重大科技专项为依托,构建支持关键核心技术研发的税收优惠、财政补贴、贷款倾斜的体系,引导人才向优势学科和瓶颈项目倾斜、向企业流动、向创新集群集中,打造发挥国家某个环节的优势和整体优势、又为国家经济发展急需的科技精品和强项,抢占科技制高点。建成知识资源共享,多元化、多层次、制度化协调互动、高效的科技基础设施和公共科技平台,解决由于信息不畅所导致的需求缺口与供给过剩问题。

四、以协同创新系统促进高质量发展

政府和市场在研发方向、路线选择、创新要素配置等方面协同推进,保护和激励各类主体的创新活动,推动创新资源在各类组织间有效流动,形成开放合作的创新网络和形式多样的创新共同体,统筹衔接基础研究与应用研究,聚焦鼓励关键核心技术原始创新,加大应用研究力度,瞄准世界行业科技前沿、抓住大趋势,下好"先手棋",储备长远,强化战略导向和目标引导,前瞻性部署关键学科、重大领域的重点项目,在战略性、全局性的关键核心技术、引领技术、颠覆性技术方面取得重大突破。优化国家创新体系,构建新型创新平台,明确企业、高校等创新主体在创新链不同环节的功能定位,发挥支撑高端引领的先发优势与后发优势,实现原创成果的重大突破,不断更新创新链,围绕产业链部署、完善资金链,推动产业不断向全球产业链、价值链中高端攀升,增强以自主创新为基础的知识产权竞争的优势。

创新驱动发展,通过技术扩散和分工深化形成创新溢出效应,通过源源不断的科技"乘数"效应作用到各个要素,逐步实现产业结构高端化和产品价值链高级化,由初级产品转向深加工产品,包括生产工具、机器设备的升级和应用,以及组织管理方式的改进和实施,提升劳动生产率,降低成本和能耗,促进经济高质量发展。即产业结构由低附加值转移至高附加值产业,产品由中低档转化为中高档、由单一化到多元化再到产业结构高级化。科技创新的直接效应,即优化要素使用方式,提高全要素生产率;科技创新的间接效应,即改变要素产出弹性与要素投入结构对全要素生产率产生影响,优化要素配置和要素禀赋结构、推动产业结构升级,增强生产体系的灵活性,塑造产品的内生比较优势,并对相关产业产生技术扩散效应,产生较大的社会剩余与资本积累。通过要素流动,不断突破要素禀赋局限,打破传统产业"中心—外围"的空间秩序,细化产业分工,延长产业链条,培育产业内生比较优势,提高产业竞争力。在微观上,通过科学管理,以技术进步实现减本增效,由数量增长转向质量效率提升,带动行业以及整个经济发展的质量效率长期稳步提升。在中观上,产业结构由工业化转向产业数字化,以最小成本推动产业间实现自我良性循环。在宏观上,高质量发展具有一个重要特征,即创新成本可能相对较高,但其边际成本可能相对较低,甚至可能为零。

五、创新活动的传导性与阶段性

高质量发展总是先由某一部门采用先进技术而开始的,采用先进技术的部门降低成本,扩大市场,增加利润和积累,扩大对其他一系列部门产品的需求,带动整个国民经济的发展。科技进步要求主导产业中起支配地位的领军企业率先实现创新驱动高质量发展,进而通过产业间"传导效应"和"扩散效应",推动整个产业升级换代和国民经济结构转型。高素质的科学家和优秀的企业家是自主创新不可缺少的两支基本力量。著名经济学家熊彼特认为,创新的本质是"企业家对生产要素所做的新的组合"。通过科学家推进以实现核心技术研发,通过企业家培育来促进核心技术研发和产业化。

科技成果产品化、产业化,是创新驱动发展的关键环节。科技创新向现实生产力的转化,通常要经过三个阶段。第一阶段是"创新",通过研发投入,形成科技成果,主要是高校科研院所的职能;第二阶段是"创业",通过追加投入,把科技成果转化为产品,主要是企业的职能;第三阶段是"服务",促进有机发展的创新集群。在现实工作中,第一阶段和第三阶段政府做得最多,但较为关键的第二阶段,企业的工作却往往较为薄弱,主要是企业家缺失,要加大企业家培养力度,提高企业家的待遇。

国有企业主要分布于关系国家安全和国民经济命脉的重要领域,大都属于基础产业、支柱产业以及高新技术产业,承担较多通用技术的研发工作,其创新能力能够左右整个国家的科技水平,也决定着高质量发展能否尽快实现。国有企业的社会属性及其在产业中的主导地位决定其理应而且能够承担起关键核心技术的重任,发挥科技创新的带头作用,并通过产业间的"传导机制"和"倒逼机制",带动大批民营企业由"高投入、高消耗、高污染、低效益"转向"低投入、低消耗、低污染、高效益"。

各国之间、企业、科研机构之间、各国科学家之间要加强合作与交流,促进创新引领的全面开放新格局,合理配置并高效利用科技资源。站在全球价值链高端,搭建起针对前沿研发与应用的开放型经济体制,大力推动国际科技合作,科技无

第七章

国界,基于全球视野,利用"互联网+"平台的国际数据库、交流学习与借鉴平台,利用大数据、云计算等在内的全新数字技术,参与国际范围的重大研发项目,以高水平研发与引进、消化吸收的模式,大力研发、掌握核心技术,并与现代制造业的"集成",实现由追随者到领军者的转变,增强国际竞争力。

需求扩大也是科技创新的重要动力。科技动力结构由偏重供给的激励向其与需求激励并重转变。通过法律保障和政策扶持,完善激励自主创新产品的认定;制定政府首购和订购制度,试点技术成果预期购买,加大兼顾社会效益和资金效益的政府采购力度;减免科技产品供求双方的税负,建立健全技术产品消费补贴政策,增加科技产品买方贴息贷款,健全科技保险等科技社会化服务体系,降低采用技术的风险,增加使用科技的收益。通过促进分工的深化和广化提升市场需求,而市场容量扩张反过来又为分工深化和广化提供条件。这种内生互动、循环加强的机制,使创新的供给动力与需求动力协同推进我国科技进步。

六、实体经济是国民经济的基础和主体

(一)实体经济与虚拟经济

实体经济是以实际资本运行为基础的社会物质产品、精神产品和劳务活动的生产、交换、分配和消费活动,包括农业、制造业、矿产、交通、通信、建筑等传统物质生产部门,以及商业、旅游、教育、信息、文化艺术等服务品和精神产品的生产部门。实体经济是一国经济之本,是国民经济的基础、核心力量。其提供众多的就业岗位、巨额财政收入。创造生产资料和生产性服务,满足生产需求;创造消费资料和服务,满足消费需求。这正是人们从事一切社会活动的基础,创造基础设备和公共服务,体现民生的质量和水平等社会发展水平,满足社会文化、社会管理和社会发展的需要,解决发展不平衡不充分的矛盾,实现社会主义的生产目的。经济高质量发展最终要落实并体现在实体经济中。高质量发展有赖于实体经济全要素效率的提升,效率提升非单一要素的片面功能,而是发挥全要素生产率综合作用的结果。

虚拟资本是与实际资本相对应、以有价证券形式存在、通过投资者交易实现价值增值的资本。虚拟经济是从实体经济派生出来并为实体经济服务的银行、证券交易、保险经营、期货交易、房地产销售等领域,以虚拟价值表现的经济活动。由

虚拟资本推理,虚拟经济具有三个基本特征,流动性、风险性和收益性。虚拟经济不创造劳动价值和社会财富,但提供社会服务、创造 GDP,基本功能是为实体经济提供专业化的金融服务等,是国民经济不可或缺的组成部分。金融、贸易等流通行业只有服务于物质生产才有存在的合理性。技术创新、产业孵化离不开资本市场的大力支持,离不开金融创新。而金融业的发展与创新,必须依赖、服务于实体经济。党的十九届四中全会提出,要加强资本市场基础制度建设,健全具有高度适应性、竞争性、普惠性的现代金融体系,明确了提高金融服务实体经济能力的重点和方向。

实体经济和虚拟经济,两者在现代经济体系中承担着不同功能,缺一不可,各自都要有恰当的规模并实现两者密切的衔接、协同推进,才能形成生产、交换、分配、消费的顺利循环。推动实体经济与虚拟经济快速融合,社会分工不断细化,并逐渐衍生出各种新的生产方式、交易方式、组织方式和生活方式,不断改变着人们的生产方式和生活方式。

(二)虚拟经济服务实体经济

我国实体经济高速度增长,成为世界工厂,但也表现为产业资本"脱实就虚"和实体经济"空心化"的趋势,抑制高质量发展。高质量发展要求实体经济与虚拟经济协同推进。

虚拟经济对实体经济具有积极作用与消极影响,其应扬长避短,服务实体经济发展。包括如下三个方面:第一,发展虚拟经济,多渠道地满足企业融资和创新型企业成长的需要,逐渐改变企业以间接融资渠道为主的方式,在适当控制股市发展规模的同时,适时推出创业板市场,促进企业直接融资。大力发展企业债券市场,鼓励一些前景好、有信誉的骨干企业通过发行企业债券的方式进行融资。第二,发展虚拟经济,为利率市场化提供调控基础。利率市场化需要创造一个中央银行调控利率的基础,从现实情况来看,国债回购利率比较适合。因此要增加国债发行品种,特别是短期国债,大力发展国债回购市场,把国债回购利率作为未来利率市场化的重要参考利率。第三,发展中国期货市场,在条件成熟时,建立金融期货市场;参与国际期货交易,把规避价格风险和保证国内战略资源的安全放在突出的地位,通过国际期货市场进行"风险采购"。

目前,互联网不再属于虚拟经济范畴,网络技术的扩散改变工业经济下传统

第七章

的供需模式,通过互联网、移动智能终端等信息技术,借助云计算将供与求、要素和市场实现适时结合与对接,优化资源配置。

本章小结

科学发展观是经济发展的灵魂,高质量发展是经济发展的主线,科技进步是促进高质量发展的红线,制度创新是科技进步的关键。

关键词

绿色 GDP　集约扩大再生产　经济发展方式　强制性制度供给　诱导性制度供给　经济发展　高质量发展　产业结构　二元经济

思考题

1.科学发展观经历了哪些发展过程? 论述新发展理念的内容。

2.论述经济改革的性质、路径和内容。经济改革的核心是什么?政府与市场的关系如何?

3.如何通过扩大内需来实现高质量发展?

4.论述城镇化的途径。

5.为何要大力推动科技创新? 科技创新的基本途径有哪些?

6.简述实体经济与虚拟经济的关系。

7.高质量发展的特征是什么? 为何要高质量发展?

第八章 分 配

本章要点

效率与公平关系;我国收入分配制度中关于效率与公平关系的演变;贯彻效率与公平相统一的分配原则

社会产品和国民收入的分配是社会基本经济制度的重要内容和表现形式,直接决定着一个社会的利益关系。我国社会主义初级阶段实行的是按劳分配为主体、多种分配方式并存以及效率和公平相结合的收入分配制度。坚持和完善这一分配制度,对于完善社会主义基本经济制度、保障人民群众的利益,优化资源配置具有重大意义。

第一节 按劳分配

一、按劳分配的性质

按劳分配是马克思在《哥达纲领批判》(1875)中最早提出的,他明确区分了共产主义的高级阶段和低级阶段,并提出低级阶段的分配问题,把共产主义社会总产品的分配分为三个部分:一是为满足社会再生产需要而进行的必要扣除,包括用来补偿消耗的生产资料部分,用来扩大再生产的追加部分,应付不幸事故、自然灾害等方面的后备基金或保险基金。二是为满足社会的公共需求而进行的必要扣除。包括同生产没有直接关系的一般管理费用,用来满足共同需要如教育、医疗卫生等,为丧失劳动能力者等设立的基金。三是个人消费品分配,做了上述必要扣除之后,才能进行个人消费品分配,在分配方式上,共产主义的高级阶段和低级阶段有着重要的区别。共产主义的高级阶段,实行"各尽所能,按需分配"原则;共产主义的低级阶段则实行按劳分配原则。马克思说:"共产主义社会,它不是在它自身基础上已发展的,恰好相反,是刚刚从资本主义社会中产生的,因此在经济、道德和精神各方面都还带着它脱胎出来旧社会痕迹。"所以,每一个生产者,在作了各项扣除以后,从社会领回的,正好是他给予社会的、他个人的劳动量的一部分。他从社会领得一张凭证,证明他提供多少劳动(扣除他为公共基金而进行的),根据这张凭证他从社会获得一份耗费等量劳动的消费资料。他以一种形式给予社会的劳动,又以另一种形式领回。

按劳分配制度能够促进经济发展、社会公平和共同富裕。实行按劳分配却不是出于公平或伦理的考虑,主要不是因为人们的道德觉悟不高,而是由社会主义公有制的基本性质决定的。社会主义公有制下,一方面,生产资料归社会占有,人们在生产资料的占有上处于平等地位,任何人都不能凭借对生产资料的垄断占有获得特殊的经济利益,劳动成了他们占有生产资料和获得社会产品的唯一根据;另一方面,存在社会分工,劳动主要是一种谋生手段,脑力劳动与体力劳动、简单劳动与复杂劳动均存在差别,劳动能力还是一种个人或私人的"天赋"权利。因此,劳动者之间还是一种等量劳动交换的关系,劳动产品的分配不能实行按需分配,更不能实行平均主义分配,只能实行按劳分配,在对劳动者所创造的产品作了各项社会扣除之后,还必须以劳动者各自付出的劳动量为基础分配个人消费品。

按劳分配对于巩固和完善社会主义制度的意义十分重大。按劳分配用劳动主权代替资本主权,劳动成为占有社会产品和获得收入的唯一根据,体现生产资料公有制中人们在占有生产资料上的平等关系。这为消灭剥削、消除两极分化、实现共同富裕奠定了制度基础。同时,承认个人劳动能力和与此相关的利益差别是个人天然权利,承认劳动者具有"经济人"身份,要求不同的个人和不同的企业之间具有明确的利益边界和产权边界,要求企业自主经营、自负盈亏,这为公有制企业产权的明晰化和市场化奠定基础,为社会主义经济的有效运行提供有效的激励和约束机制。坚持公有制,必须实行按劳分配原则,反对剥削,反对平均主义,但是按劳分配的具体实现形式是多样化的,应根据实践不断调整。在社会主义初级阶段,按劳分配的实现形式应随着公有制实现形式的变化而变化。

第八章

二、按劳分配与市场经济

马克思在《哥达纲领批判》中提出的按劳分配,是以不存在商品货币关系为前提的。但值得注意的是,他同时提出这样一个新的重要的观点,即在共产主义的低级阶段消费资料的分配中,"通行的是商品等价物的交换中通行的同一原则,即一种形式的一定量劳动同另一种形式的同量劳动相交换",这是"调节商品交换(就其是等价的交换而言)的同一原则"。①马克思在这里已承认在共产主义的低级阶段还要实行等价交换的原则,为何还坚持对商品货币关系的否定态度呢? 马克思的说明是,因为内容和形式都变了,"在改变的情况下,除自己的劳动,谁都不能提供其他任何东西,另一方面,除个人的消费资料,没有任何东西可以转为个人的财产";"这时,同资本主义社会相反,个人劳动不再经过迂回曲折的道路,而是直接作为总劳动的组成部分存在着"。②

劳动者之间的等量劳动交换。首先,劳动交换对象限于个人消费品分配范围内。在公有制下,个别劳动与社会劳动仍然是有差别的;其次,等量交换需要某种社会尺度,这种社会尺度只能是抽象社会劳动,这一点已类似于商品的交换价值;最后,在实践角度上,即使不考虑生产和消费的复杂多变,公有制经济中具有私人性质的个别劳动也不能像马克思和恩格斯所设想的那样,不经过曲折迂回的途径而无条件地直接转化为社会劳动,而必须经过一个抽象化、平均化和社会化的过程,具有独立经济权益的生产者按市场需要进行生产,并通过市场机制交换各自的产品,是实现等量劳动交换最为可行的途径。因此,商品货币关系的出现绝不是外在于社会主义公有制的,它虽然与公有制经济中的按劳分配或等量劳动交换关系存在本质差别,但这一关系也是一种必然的表现形式。

按劳分配是与商品经济联系在一起的。而马克思设想的公有制和按劳分配是以消灭商品货币关系为前提的。而在商品经济的表现和实现形式——在市场经济中,社会必要劳动决定价值的规律是作为一种盲目的趋势存在着的,价格与价值、价值与劳动的相符合只是偶然事情。既然劳动不能直接计算,现实中的按劳分配

---

① 《马克思恩格斯选集》(第三卷),人民出版社,1995 年,第 304 页。

② 同上,第 303 页。

第八章

只能是按在市场实现的商品价值或按经营收入分配,而经营收入的多少又受供求、竞争和价格波动多种因素的影响。这样,企业和个人的收入要在很大程度上取决于与人们主观努力无关的市场因素,纯粹意义的按劳分配显然大大变形,按劳分配因而具有新的含义。

按劳分配的本质与其实现形式不同,其本质是反对剥削,反对平均主义,承认能力和贡献的差别及其对收入分配的影响,按劳分配的实现涉及的只是这一原理的实现方式。按劳分配是由马克思非市场型的发展到市场型的,不是对按劳分配本质的否定,而是在市场经济条件下更好地实现按劳分配原则。在市场型按劳分配中,一方面,消灭靠生产资料的私人垄断无偿占有剩余价值的私有分配关系,实现生产资料占有上的平等;另一方面,找到现实可行的符合市场经济要求又体现按劳分配本质的劳动计量方式,使按劳分配与市场机制有机地结合在一起,有利于按劳分配的实现,也有利于社会主义市场经济的发展。

三、按劳分配的实现过程和实现形式

马克思设想的按劳分配,个人劳动从一开始就直接成为社会总劳动的一个部分,因而劳动时间是劳动支出直接的计量单位。但是在市场经济条件下,个别劳动不能直接转化为社会劳动,按劳分配不能通过直接计算劳动时间来分配个人消费品,而只能通过市场机制和价值形式以迂回曲折的形式来间接地完成。具体来说,社会主义公有制经济的按劳分配是通过以下两个主要环节实现的,即国家与企业的分配和企业内部的分配。

按劳分配的实现,要求完善各种监督和约束机制,使企业的当前利益与长远利益紧密结合,按劳分配主要是通过企业内部的劳动计量来实现,企业根据不同的岗位、职责以及劳动的质量和数量来确定其报酬(包括工资、奖金等形式)水平。但是这一过程的实现也要借助劳动力市场。按劳分配需要对不同种、不同质的劳动进行比较和通约,从而在不同劳动和不同报酬之间形成合理的比例关系。把不同质的劳动化为量的差别之后,才能在企业内部对劳动进行监督和计算,这一点离不开劳动力市场的作用。自有收入首先要分解为积累和消费两个部分,积累部分用于企业的扩大再生产,消费部分构成按劳分配的对象。在一个合理的经济体制中,企业消费的增长是与生产发展和积累增长相适应的,企业分配行为具有良好的激励作用和经济合理性。但是在企业制度不合理、缺乏有效的约束与监督机制的条件下,企业的分配行为可能与生产的发展和积累相脱离,导致重消费轻积累,工资收入与经济效益脱节、不同企业和部门收入的盲目攀比等短期化行为。

社会主义市场经济借助劳动力市场实现按劳分配,不同于资本主义市场经济将劳动力市场和产业后备军作为榨取剩余劳动的手段,具有不同技能、质量的劳动力自由择业,企业和劳动者双向选择,是社会主义市场经济有效配置劳动力资源的一种方式。但若双向选择的结果是大量工人失业,劳动者失去劳动参与的权利,就根本谈不上按劳分配。因此,实现充分就业,创造就业机会,防止浪费劳动力资源,是保障劳动者具有参与按劳分配的权利的必要条件,也是社会主义市场经济条件下劳动力市场有效、平稳运行的前提。

四、按劳分配为主体

社会主义初级阶段的基本分配制度是"按劳分配为主体、多种分配方式并存"。将按劳分配作为社会主义初级阶段的基本分配制度,有利于调动广大劳动者的积极性和创造性,发展社会生产力,为实现共同富裕创造条件。但是对按劳分配为主体的具体含义,人们的认识不尽一致。一般认为,按劳分配是以生产资料的社会主义公有制为基础的,按劳分配的主体地位是公有制主体地位的必然体现。

按劳分配的基本原则与社会主义市场经济实践相结合,发展契合实际的马克思主义按劳分配理论。在社会主义市场经济中,实现按劳分配应坚持以下四个原则:

第一,劳动收入与劳动生产率同步增长。劳动生产率增长意味着劳动者在同一时间内产量增加,劳动者有权通过劳动生产率的增长而从中获益,体现了按劳分配中"多劳多得"的原则,使劳动者能够分享社会进步的好处,促进共同富裕。

第二,巩固公有制经济的主体地位,反对剥削,这是按劳分配主体地位的前提。因此,要深化分配制度改革,建立有效、公平的激励方式,让国有企业成为按劳分配的典范。

第三,保障劳动者劳动参与和社会产品分配的权利,要求劳动者有工作的机会,只要生产出社会所需要的产品,只要自己的劳动得到社会承认,就能够参与社会产品的分配。努力增加工作机会,避免劳动者由于非个人原因失业,是实现按劳分配的一个必要条件。

第四,限制财产性收入过快增长,尤其是要限制通过金融市场、房地产市场所取得的投机性收入。劳动收入和财产性收入共存是社会主义市场经济的现实,但按劳分配原则要求收入差距更多反映劳动能力、劳动付出的差别,更少地反映家庭财产、投机性收入的差别。

按劳分配为主体,即在整个社会分配中,劳动所得占据主导和统治地位、按劳动获取的收入比例高于按资本等其他要素获取的收入比例。这种观点混淆了按劳分配收入和按要素分配中的劳动要素所得,将两种分配形式中的劳动所得混为一谈。按劳分配的前提是社会主义公有制,而按要素分配中的劳动要素所得的前提是资本、劳动、技术、管理等生产要素归不同个体所有,各种要素所得是其所有权在经济上的体现。在按要素分配中,劳动者以工资形式获得其劳动力价值的等价物,即商品价值"C+V+M"中 V 的部分,资本、土地、技术等生产要素则分别获得剩余价值的一部分。资本主义国家的分配所得也在初次分配中占大部分,但不能由此说资本主义国家是以按劳分配为主体的。如,欧美发达资本主义国家的劳动报酬占比目前一般都超过国内生产总值(GDP)的 50%,不能由此断定这些国家实行的是按劳分配。

第二节　多种分配方式与按生产要素分配

一、多种分配方式的形成

改革开放以前,我国实行单一的公有制经济,包括全民所有制和集体所有制,劳动者只能向社会提供劳动,以劳动为尺度获得个人收入,不能再凭非劳动要素获得收入,但在实践中,存在平均主义倾向,在极左思想盛行时,按劳分配曾被看作"资产阶级法权"而受到限制。

改革开放以来,随着公有制为主体、多种所有制经济共同发展的基本经济制度的确立,分配方式呈现出多元化趋势。在"三资"企业中,外商所得利润属于资本收入,而劳动者参与收入分配的方式较为复杂。在外商独资企业中,劳动者的工资收入是劳动力商品的价格。在中外合资和中外合作企业中,由于企业资本结构的二重性,职工收入具有二重性。企业为公有股份、职工为公有股份所有者,收入具有按劳分配性质;职工受雇于外商,存在雇佣关系,因此他们的收入又具有劳动力价值的属性。总之,在"三资"企业中,分配方式是二重或多重的。

在个体经济中,劳动者使用自己的生产资料进行劳动,出售产品取得收入,虽然是以劳动收入的形式出现的,但它包含资产性收益。个体劳动者的收入包含两部分:劳动性收入;归劳动者所有的生产资料收益。在以雇佣劳动为基础的私营经济中,雇主以生产资料所有者、雇工以雇佣劳动者的身份出现,这决定了私营经济的分配方式必然采取按资分配和按劳动力价值分配的双重分配方式。雇主所得收入除少部分是管理劳动的报酬(如雇主参与管理劳动)外,主要是资本收入。而劳动者所得收入则是劳动力价值或价格的货币表现,其高低取决于劳动力价值高低,也受劳动力市场供求关系的影响。

按劳分配是以劳动为基础的,按资分配是以雇佣关系为基础、根据资产的收益和价格来分配的。居民个人持有股票、债券和房产等资产而获得的收入属于按资产分配,这不同于按劳分配,也不同于按资本分配。

国家作为宏观收入分配主体参与国民收入分配、再分配过程,以税收等形式从各经济主体那里取得收入,并在此基础上根据公平原则在社会范围内进行再分配,社会成员从国家再分配收入中获得转移性支付、福利性收入等,属于调节性收入。显然,调节性收入的分配不是按劳分配,也不是按资本或资产分配,而是按需要或公平原则进行分配。

二、按生产要素分配

党的十九大报告强调,"坚持按劳分配原则,完善按要素分配的体制机制,促进收入分配更合理、更有序。"

生产要素,是指商品生产中不可或缺的各种因素。其中,最基本的生产要素是劳动、土地和资本三要素。随着生产过程的不断发展和日益复杂化,生产要素的外延日益扩大,马克思把科技作为头等重要的生产要素;马歇尔把"组织"或经营管理作为生产要素;熊彼特把企业家才能作为重要的生产要素;如今,数据成为重要的生产要素。

按生产要素分配,是指在市场经济中,劳动、土地、资本、技术等生产要素的所有者要根据对生产要素的占有情况获得相应报酬,即劳动者获得工资,土地所有者获得地租,资本所有者获得利润或利息。在传统的计划经济体制中,不存在对资

第八章

本、劳动和土地等要素独立的所有权或经营权,生产要素的配置由国家计划直接调节,不存在按生产要素分配的问题。改革开放以来,随着多种经济形式的发展,按生产要素分配势在必行。

第一,生产资料私人所有,产品分配必然要体现私人所有者的利益,按生产要素分配是指生产要素私人所有在经济上的实现。

第二,公有资源有偿使用,对于准确反映资源的稀缺状况、实现资源配置的合理化具有重要意义,并且或多或少地会间接影响到按劳分配的实现过程和实现形式。资源稀缺和经营权排他,决定着公有的资源也要有偿使用,利息、地租等就是使用的"价格"。不同经济主体产权关系的独立性,决定各种生产条件或生产要素无论归谁所有,都要通过市场进行配置。

非劳动生产要素参与收入分配、获得相应的报酬的必然性。马克思主义经济学认为,劳动是价值的唯一源泉,土地和资本等并不创造价值。但是马克思和恩格斯强调,"劳动和自然界在一起才是一切财富的源泉"。劳动创造财富和价值,都是以劳动与生产资料相结合为条件的。土地和资本等非劳动生产要素虽然不直接形成价值,但它们是商品生产得以进行的基本物质条件——若没有劳动对象和劳动资料,劳动是无法进行的、创造不出一个使用价值原子和价值原子。

生产要素对财富创造来说是必不可少的,但他们不会创造价值,也不会因为其对生产过程做出"贡献"而要"报酬"。而是生产要素所有者凭借对生产要素的垄断占有而要求参与收入分配。因此,生产要素的贡献只是生产要素参与分配的前提条件,而不是其获得报酬的根据。生产要素参与分配,是生产要素所有者凭借其对生产资料的所有权获得经济剩余的过程。生产要素的"报酬"或"价格",是生产要素所有权的实现形式,利润、利息是资本所有权在经济上的实现,地租是土地所有权在经济上的实现,工资则是劳动力所有权在经济上的实现。公有的生产资料不足以更快地发展生产力,就需要非公有的生产资料加入生产过程。这需要承认非劳动生产要素所有权的合法性,必然要求在经济上获得实现,即要参与收入分配。

三、按生产要素分配的依据不是要素价值论

关于按生产要素分配,学术界见仁见智。其中,一种比较流行的观点是生产要素价值论:各种生产要素在价值创造中都做出实际贡献,应获得相应报酬,要按生

产要素的贡献分配产品或收入,这是基于庸俗经济学家萨伊提出的"三位一体公式"。即各种社会收入是各种生产要素的产物,资本产出利润,劳动产出工资,土地产出地租,持这种观点的人还认为,马克思的劳动价值论已过时,应用要素价值论或财富论取而代之。这种庸俗观点,马克思早就做过深刻的批判:"土地—地租,资本—利息,劳动—工资或劳动价格,是三个显然难以组合在一起的部分。"从物质形态上看,劳动、资本和土地完全是不同性质的东西,是难以加总计算的,它们在生产中的贡献根本无从衡量。"三位一体公式"的主要错误有:

第一,混淆商品的使用价值和价值。使用价值是商品的物质属性,其是由劳动、土地和生产资料共同创造的。但两种使用价值不同的商品之所以能够按一定数量比例交换,原因就在于在交换双方的产品中所包含的劳动量或价值是相等的。生产要素是使用价值的源泉,但不是价值的源泉。

第二,混淆不变资本与可变资本。不变资本是购买生产资料的资本,而生产资料是过去的物化劳动,它将不同劳动相结合,只是一堆死东西,永远不会发生价值增值。可变资本则是用来购买劳动力的那部分资本,劳动是创造价值的活的源泉、再生产出劳动力的价值和剩余价值。

第三,混淆资本和生产资料。资本是带来剩余价值的价值,是以雇佣劳动为基础、以货币增值为目的的价值运动,是资本主义生产关系的体现。社会主义市场经济中的资本则体现社会主义生产关系的要求。而机器等生产资料则是一切社会进行生产所必须具有的一般物质条件,生产资料本身不是资本,只有当它成为价值增值的手段时,才变成资本。

总之,马克思主义政治经济学在劳动价值论和剩余价值论的基础上科学地说明了生产要素参与分配的实质和过程,说明利润、工资、地租等收入产生的来源、性质和规律。

第三节 国民收入初次分配与再分配

一、国民收入的概念

国民收入是一国在一定时期内新创造的最终产品的价值总量。这一指标用来衡量一国的经济总量、生产能力和综合经济实力,而其人均值部分地反映了一国的经济发展水平和人民的生活水平。国民收入的概念比较宽泛,在国民经济核算中,有多种口径对其进行核算、其中最为主要的是国内生产总值(GDP)和国民生产总值(GNP)。首先,一国的国民收入是一定时期一国新创造的价值(V+M),而GDP是指一个国家在一定时期内所有常住单位提供的、包括固定资产折旧的价值总和(C+V+M)。在国民经济核算体系中,减去固定资产折旧得到国内生产净值(NDP)和国民生产净值(NNP)。在核算对象上,GDP包含一国领土范围内的全部经济单位,而不论其国籍归属。GNP在核算方法上与其类似,但是在核算对象上,GNP核算属于本国经济单位获得的收入,它等于GDP减去国外经济单位在本国获得的收入,加上本国经济单位在外国获得的收入。而NDP和NNP包含一些直接被政府获得而并不会被经济单位得到的部分,为更好地反映经济单位获得的产品价值,可以通过从NDP和NNP中扣减间接税和企业转移支付,再加上政府补贴,得到狭义的国民收入。此外,将国民收入减去企业所得税和未分配利润可以得出个人收入,减去个人所得税可以得到个人可支配收入,这两个指标能够更好地反映可以被个人用于消费或储蓄的产品总价值。

二、国民收入的初次分配

一个国家在一定时期创造的国民收入分配给各个经济主体,分为初次分配和再次分配两个过程。国民收入首先要在参与生产的各个主体之间进行分配,即初次分配,形成各个经济主体的"原始收入"。"原始收入"按经济活动主体分为个人收入、企业收入和政府收入。

个人收入包括劳动收入和非劳动收入。劳动收入是人们从事的生产活动而获得的货币形式的工资、奖金、津贴,也包括非货币形式的医疗、养老、住房等福利。从来源上可分为在公有制经济中通过按劳分配原则获得的劳动报酬和在非公有制经济中获得的工资。非劳动收入是靠对生产要素和多余生活资料的占有所获取的利息、红利、知识产权收入和房地产收入。

企业收入是指企业营业收入扣除原材料成本、固定资产折旧、劳动者报酬和间接税之后的企业利润,但利润会有相当一部分以利息和红利的形式变成个人收入,因此狭义企业收入是指企业利润进行分配之后的未分配利润,将通过企业投资行为成为社会再生产的积累部分。

政府收入是指政府直接向生产领域征税所获得的收入减去对生产领域的补贴。直接向生产领域征收的税种主要包括流转税、行为税和资源税。这些税种的共同特点是对生产活动进行征税、这部分收入通常尚未分配到经济活动的参与者手中,因此属于初次分配的范畴。初次分配中的政府收入与通常意义上的政府收入是两个不同的概念。一般来说,政府收入或财政收入包括政府征收的所有税种、政府的借款收入、国有企业利润、其他国有财产收入和行政收费。而初次分配中的政府收入仅仅包含政府税收中向生产领域征收的部分。

三、国民收入的再分配

国家与企业的分配关系,国家以政权机关和生产资料的所有者两种不同的身份与企业发生关系。在前一种场合下,国家以政治上层建筑和公共的行政权力的身份,以税收这种无偿、强制的形式参与企业收入分配过程,获取部分公共收入,以满足国防、治安、行政等公共需要,保证国家政权的正常运转。在后一种场合下,国家不再是一种上层建筑的范畴,不再是一种单纯的政治组织,而是生产关系的内在环节,以所有者的身份介入经济生活的内部,整体上对社会的再生产过程进行统一调节,国家作为生产资料所有者从企业获得的收入实质上是所有权收益,体现为上缴利润、承包和租赁收入、股息等多种形式。本质上,其是国家为实现公有制经济的共同目标而对社会积累的一种扣除。企业总收益中扣除国家的财产收益后形成的企业收益或企业自有收入,其是国家对企业进行劳动评价和实行按劳分配的基础,构成企业所具有的经济利益的真实内涵。

国民收入完成新增价值在生产领域的初次分配后,还要在全社会范围内进行分配,这就是国民收入再分配。再分配的渠道主要有政府和市场两个方面。政府通过税收和债券等方式将初次分配之后的资金集中,然后通过经济建设、行政管理、文教和转移支付等支出在全社会范围内进行分配。市场主要通过价格形式进行分配。如,粮价提高,粮农增收,非粮农等其他劳动者减收。金融市场将社会闲散资金集中起来,转移给需要的企业和个人。

按分配的对象不同,再分配可分为针对社会部门、企业和个人的。针对社会部门的再分配是将社会的新增价值分配给那些非直接从事社会产品生产的社会部门过程。如军队、警察、政府、教育、医疗等部门，这些并不直接参与生产活动，因而不能通过初次分配获得必要的资金支持，要靠政府用财政手段集中部分资金分配到这些部门。针对企业的再分配是指将社会的新增价值分配给某些需要进行再生产活动的企业。在生产中，很多企业由于大规模投资、流动资金短缺或盈利水平较低等多种原因而无法依靠自身收入完成再生产，要在社会融资。还有在很多情况下，政府也会对一些关系国计民生的生产者提供资金支持，如财政支农。针对个人的再分配是指将社会新增价值分配给社会上生活困难、需要帮助的个人。针对个人的再分配的主体是政府，其手段主要有税收、社会保障和转移支付。

税收是政府最主要的收入来源，也是政府进行收入再分配的最有力的手段。个人所得税通过超额累进税率可调控过高收入，促进社会公平；消费税针对不同层次的消费品征税，间接发挥控制收入分配不平等的作用。

社会保障，政府和社会采用社会保险、社会救助、社会福利等手段将部分资金转移到无法成为劳动者、无法获得相应收入者，以保障他们的基本生活权利。他们是由于衰老、失业、生病、受伤等自然或社会原因失去劳动能力的。

转移支付是政府通过对一些地区、一些部门、行业、企业和个人的补贴，对经济进行有效调控，促进充分就业，保持价格稳定，缩小区域差距和城乡差距，从而改善社会的收入分配结构，促进经济和社会发展。

国民收入的初次分配和再分配是既有联系又有区别的两个概念，区别在于：

首先，两者对象不同。初次分配是将尚未分配的新增价值分配到参与生产活动的人手中，而再分配则主要是针对已分配到生产参与者手中的"原始收入"，将其在全部社会成员之间重新进行分配。其次，两者的决定机制不同。在市场经济条件下，市场是调节初次分配的主要手段，各个市场主体根据供求格局变化获得收入，除金融系统通过市场对资源进行分配以外，而再分配则是由政府根据经济社会发展的总体和长远利益对初次分配的结果加以调节。

另外，两者在过程上是相互连接的，初次分配是再分配的起点，再分配要在初次分配的基础上发挥作用。因此，实现公平合理的社会分配，要重视政府在再分配中的作用，也要更好地调控初次分配，避免在初次分配领域出现收入差距过大和比例失调的现象。

第八章

第四节　效率与公平

一、效率与公平的含义

关于效率与公平的含义和相互关系的论述汗牛充栋,但仍然众说纷纭、莫衷一是。

(一)效率的含义

效率,即经济效率或经济效益,是指生产耗费的经济资源与产出能够满足人们需要的产品和劳务的对比关系,简单说是指投入与产出或成本与收益之间的比较。若 C 代表成本,R 代表收益,P 代表经济效率,则 $P=\dfrac{R-C}{C}$。经济效率一般存在三种情况:当 C>R 时,R−C<0,因而 P<0,表明经济效率为负、即亏损;当 C=R 时,R−C=0,因而 P=0,表明经济效率为零,没有经济效率;当 C<R 时,R−C>0,因而 P>0,表明经济有效率、有盈余。阿瑟·奥肯指出:"效率意味着从一个给定的投入量中获得最大产出。生产中的投入包括人的努力、机器、厂房等实物资本的服务以及像土地、矿产等自然资源的贡献。产出则是成千上万不同种类的商品和劳务。"[1]经济效率提高即同样投入或更少投入,可以得到更多产出。市场经济中的经济效率要求以尽量少的资源耗费生产出尽可能多的符合市场需求的产品和劳务,取得尽可能多的收益。

(二)公平的含义

收入分配中的公平是对国民收入依据合理规则进行分配。公平不等于平均。我国长期以来有"不患寡而患不均"的传统,容易把平均主义理解为公平。收入分配的全过程包括三个环节:起点公平、过程公平和结果公平,是一个有机、不可分割的系统。

---

[1] ［美］阿瑟·奥肯:《平等与效率》,王奔洲等译,华夏出版社,1987 年,第 2 页。

第八章

第一,起点公平,是指不管每个人的出生、能力、背景如何,社会都应为他的发展提供同样的机会。在现代社会中,教育对收入分配有着重要影响。受教育程度不同,往往意味着就业能力不同、机会不同、将来收入不同。收入分配起点公平的主要方式,是保证社会成员享有平等受教育和就业的权利。

第二,过程公平,是指人们在竞争中能够充分发挥自己的能力和优势,获得相应利益,各尽所能,各得其所。过程公平的重要性在于充分调动每个人的积极性、主动性和创造性,激发社会活力,是提高效率的重要手段。实现过程公平的主要方式,是使收入分配制度结构合理化,使按劳分配与按要素分配相结合。

第三,结果公平,是指社会的一切财富和利益要均衡分配给全体社会成员,以便公平地分享社会发展的成果。当然,结果公平并非是平均主义,收入差距是必然存在的,但这个差距必须保持在合理的范围内,保持在社会各个收入阶层都能认可和接受的程度。实现收入分配结果公平的主要方式,是调节社会收入差距,完善社会保障体制。

二、西方经济学对效率与公平关系的认识

效率优先论。持这种观点的主要代表人物有罗宾斯、哈耶克、弗里德曼和科斯等。他们认为,效率应优先,因为效率来自个人努力和勤奋,不重视效率即鼓励懒惰、鼓励奢侈浪费,社会经济就难以发展,平等只能成为普遍贫穷。美国经济学家弗里德曼认为,大多数福利计划本来就是不该实行的,要是没有这些计划,现在依赖福利过活的人当中,会有许多人自力更生,而不是靠国家照顾。德国自由主义经济学家艾哈德也认为,现代福利国家使人们不靠自己努力,而是靠国家生活,这就使经济发展失去动力,久而久之,社会就会陷于瘫痪,社会福利便成为无源之水。

公平优先论。持这种观点的主要代表人物有美国哲学家与伦理学家罗尔斯、新剑桥学派和福利经济学派的琼·罗宾逊、勒纳和米尔斯等。他们认为,公平应优先。理由是公平是指天赋人权,竞争引起的收入差别是对这种权利的侵犯,况且在市场上人们并没有在同一起跑线上开展竞争。因此,由竞争引起的收入差别本身是指不公平。此外,各人拥有的资源不同,受教育的机会也不均等,因而贫富差别并不一定是勤奋和懒惰造成的。再说,市场并不公平,并不完全按勤奋和能力给予报酬,一些经济因素(如市场垄断)和非经济因素(如对性别、种族、年龄、宗教等歧

<label style="writing-mode: vertical">第八章</label>

视)也会影响人们的收入。还有,当社会不足以给所有想就业的人提供岗位时,失业者的贫困很难说是人们的懒惰造成的。这时,不救济穷人,不公平,也不人道。富翁的财富和收入有不少本来就是他们不应得到的,实行一些收入公平的措施,帮助穷人,提高整个社会的福利水平。因为穷人手里单位货币的边际效用大于富人,将富人收入转移一些给穷人,作为所有社会成员加总的社会福利总水平将因此而提高。

效率与公平兼顾论。持这种观点的主要代表人物有萨缪尔森、凯恩斯、布坎南和阿瑟·奥肯等。他们认为,收入分配过度不平等或完全平等都不是好事。萨缪尔森认为,若没有政府干预,市场经济自发运行形成的收入分配可能因过分不平等而令人难以接受,但市场经济的自动机制又可以实现资源有效配置。要效率又要平等的途径是,通过政府干预辅助市场机制。布坎南提出通过社会制度调整来解决效率与公平两者不能兼顾的问题。他认为用政治手段调整分配,必须严格符合宪法,即把这种调整作为社会秩序永久性和半永久性制度,这种调整只有以契约作为根据才能显得公正。阿瑟·奥肯则认为公平和效率之间存在一种交替关系,公平和效率双方都有价值,其中一方对另一方没有绝对的优先权。在两者冲突时应达成妥协,为了效率就要牺牲某些公平,并且为了公平就要牺牲某些效率,"在平等中注入一些合理性,在效率中注入一些人道"[①]。

三、国内学者对效率与公平关系的认识

效率优先兼顾公平论。依据有三点:一是历史依据。在旧的计划体制下,目标选择是公平优先,结果造成严重的平均主义,损害效率。因此,公平优先应让位于效率优先,才能改变中国的落后面貌,使经济快速发展。二是理论依据。效率是竞争的产物,竞争与市场相联系,市场则与"天赋人权"的自由权利相联系。没有个人权利就没有个人自由,没有个人自由就没有竞争,而没有竞争就没有效率,所以个人权利是效率优先的前提、基础和结果。三是现实依据。效率是个人勤奋工作和自身拥有的自然禀赋的结果,直接反映了个人努力的程度,勤奋而有禀赋的人理应占有更多资源,获得更多报酬。因此,效率能够反映真正的公平,政府不能通过干

---

① [美]阿瑟·奥肯:《平等与效率》,王奔洲等译,华夏出版社,1987 年,第 105 页。

预实现"结果均等",这会损坏社会发展的机制,最终导致"公平"虚无化。"效率优先兼顾公平"还包含着两层基本含义:重点关注效率,同时兼顾公平;在效率与公平出现矛盾冲突时,应首先考虑效率,而不是公平问题,此后甚至发展为:为了经济效率,可以暂时牺牲公平;只有暂时以牺牲公平为代价,才能获得效率。

公平优先兼顾效率论。依据主要有两点:一是现实依据。20世纪90年代中期以后,随着中国经济迅速发展,收入分配的城乡差距、地区差距迅速拉大,若仍然把公平放在"兼顾"的第二位,这与社会主义的本质是不相符的。根本上,社会主义的公平具有目的性价值,而效率则只是手段。在实现收入分配公平的条件下,才能逐步实现共同富裕;在公平的基础上,通过激发群众积极性,才能更好地提高效率。二是理论依据。公平是个人"天赋权利"具体化,这种权利不适用于市场交换。市场竞争导致个人收入的巨大反差,是对个人权利的直接侵害。还有,与市场竞争相联系的效率与公平无关,也是不公平的结果。因为市场竞争会导致个人收入的两极分化——竞争优势和竞争劣势,财产、信息、社会关系、受教育程度、个人能力等占有不均,形成事实上的权利不平等。这导致社会差距的扩大、深刻、持续,可能导致制度危机。同时,市场从来就不是按个人对社会的实际贡献评价和付酬的。因此,政府干预才能实现社会收入分配和社会权利分配的均等。持此论的人也反对另外一种观点:初次分配侧重效率,二次分配侧重公平。他们认为,中国收入差距扩大的原因是多方面的,不重视初次分配的公正问题是其中的重要原因。初次分配领域若不重视公正问题会增大再分配的难度,形成严重的社会问题。

效率与公平同等重要,两者相辅相成与促进。公平促进效率,效率也必然推动公平,效率与公平要建立一种平衡关系,兼顾效率与公平,坚持在提高效率的前提下保障公平,在实现公平的基础上促进效率。市场经济作为一种实现资源合理配置和充分有效的运行机制,并不一定与社会公平相对立,相反市场经济的高效率正是以竞争、交换、资源利用等方面的公平为前提。这种观点的政治依据是:在建设社会主义现代化中,要大力发展生产力,注重效率,也要从最大多数人的根本利益出发,最终实现共同富裕。只有切实做到注重效率与维护公平的均衡和协调,中国特色社会主义的各项宏伟建设目标才能实现。若只讲效率,不顾社会公平,收入差距不断拉大、贫富悬殊出现,就会背离改革和发展的目标。效率与公平平衡论是当代世界上许多国家政府公共政策的价值选择。

政府管公平、实现公平,市场管效率、实现效率,是由政府和市场的不同功能

第八章

所决定的理性选择,现实依据显而易见。市场经济是人类社会中最有效率的制度安排,没有什么比基于个人自由选择、自由创业的市场经济制度更能发挥每个人的创造力,带动经济增长,实现个人幸福的最大化。因此,市场发挥资源配置的决定性作用,是提升效率的有效途径和最佳选择。市场保证效率提高,但必然带来收入分配的不公平,这是市场失灵的一个重要表现。若没有政府在再分配领域实施的促进公平的措施,将会出现效率高,但公平缺失。为了克服市场带来的不公平、又不至于造成效率的大幅度下降,政府要在微观领域遵循市场规律、实现效率原则,通过适时、适当的方式介入经济,把工作重点放在宏观领域的收入分配上,通过对社会收入再分配调节,克服市场带来的分配不公,实现公平原则。

效率与公平一向是经济学的核心问题。效率立足经济发展,是经济运行质量的标准、原则和目标;公平立足伦理道德,是人们价值判断的原则、信条与标准。一般认为这二者是社会经济面临的两难选择。因为市场按效率原则运行虽可优化配置资源,收入却不均等、贫富分化;若通过人为的行政方法,利用分配和再分配政策使收入均等,则难以建立起有效的资源优化配置机制。因此深入探讨社会主义市场经济中效率与公平的关系,对于社会主义市场经济的改革具有十分重要的理论意义和实践意义。

四、我国收入分配制度中有关效率与公平关系的政策演变

效率与公平的关系是收入分配理论中的重大问题和核心问题,正确认识和处理这一关系,关系到收入分配制度的改革方向,也关系到收入分配政策的制定和落实。我国对效率与公平关系的认识也在逐渐深入,推动着我国收入分配体制改革日益向纵深发展。回顾和反思这一实践过程,总结其经验教训,对于深化我国收入分配体制改革具有极其重要的启示。与不同时期的不同经济体制相适应,对效率与公平关系的认识也经历了如下阶段。

第一阶段,新中国成立后到改革开放前(1949—1978),坚持"公平优先"。这一时期,受我国特殊的社会历史条件和经济条件的影响,形成高度集中的计划经济体制,与此相适应,在效率与公平关系的处理上采取"公平优先"的平均主义分配原则。传统的计划体制下,企业和劳动者个人没有自主权,更没有独立的物质利益追求,平均主义作为社会主义的一种价值目标,认为否定平均主义就会导致两极

分化、走资本主义道路。在这种体制和观念的影响下,加上生产力水平不高,产品短缺,只能形成平均主义的公平分配观。其根本特征是把公平放在首位、平均分配,导致干好干坏一个样,干与不干一个样,出工不出力和磨洋工成为普遍现象。平均主义分配方式,严重挫伤企业和劳动者的积极性和创造性,造成社会资源的极大浪费,生产力遭到严重破坏,经济只能在低效率下缓慢运行。

第二阶段,经济体制全面改革的阶段(1978—1987),坚持"效率与公平两者兼顾",摒弃传统观念,逐渐引入市场机制,建立社会主义有计划商品经济体制。与这种体制相适应,在效率与公平的关系上采取"两者兼顾"的原则。针对改革开放前平均主义分配方式所造成的弊端,党的十一届三中全会首次提出"克服平均主义",并以农村为突破口,推行家庭联产承包责任制,从根本上打破农村平均主义分配方式。接着,党的十二届三中全会通过《中共中央关于经济体制改革的决定》指出平均主义是"贯彻按劳分配原则的一个严重障碍",首次提出让一部分地区和一部分人通过诚实劳动和合法经营先富起来,然后带动更多的人走向共同富裕。这一改革使生产力大发展,综合国力较大增长,人民生活较为普遍的改善。由于强调计划与市场的内在统一,而人们对此理解和强调的重点不同,因而带来改革实践中的摇摆和反复,加上"以按劳分配为主体,多种分配方式并存的分配制度"很不完善,助长一部分人的收入过快增长,又使平均主义有增无减,最终并没有兼顾效率与公平。

第三阶段,"效率优先、兼顾公平"分配原则的确立(1987—2005)。党的十三大提出社会主义的分配政策是:"有利于善于经营的企业和诚实劳动的个人先富起来合理拉开收入差距,又要防止贫富悬殊,坚持共同富裕的方向,在促进效率的前提下体现公平。"这一分配政策与以往的政策相比,突破是在促进效率提高的前提下促进社会公平。这是"效率优先、兼顾公平"分配原则的雏形,是收入分配理论的巨大进步。

党的十四届三中全会通过《中共中央关于建立社会主义市场经济体制若干问题的决定》,提出社会主义市场经济体制下的分配框架,个人收入分配要"体现效率优先、兼顾公平的原则"。首次提出在处理效率与公平的关系问题上应坚持的原则,突破以前的兼顾效率与公平,解决效率与公平的两难选择,在对效率与公平的关系问题上迈出重要的一步。

1997年党的十五大总结新中国成立以来特别是改革开放以来的经验教训,

第八章

坚持从国情出发,完善分配结构和分配方式,提出比较详细和完善的分配政策,特别指出要坚持"效率优先、兼顾公平"分配原则,但是其如何实现的问题悬而未决。2002年我国的分配制度改革进一步完善,党的十六大要求,"坚持效率优先、兼顾公平,要提倡奉献精神,又要落实分配政策,要反对平均主义,又要防止收入悬殊。初次分配注重效率,发挥市场的作用,鼓励一部分人通过诚实劳动、合法经营先富起来。再分配注重公平,加强政府对收入分配的调节职能,调节差距过大的收入。"这是明确"效率优先、兼顾公平"的具体实现机制——初次分配注重效率,再分配注重公平。这既能调动劳动者的积极性,保证效率提高,又注重公平,是对分配制度和分配原则的完善和发展。2003年党的十六届三中全会又提出,加大对收入分配的调节力度、提出扩大中等收入者比重等具体推进措施,强化"效率优先、兼顾公平"的分配原则。"效率优先、兼顾公平"的政策主张明显带有"追求效率"的倾向,在带来经济快速增长的同时,产生一些不良后果与问题。主要是城乡之间、区域之间、居民之间的收入差距过大,成为影响中国社会发展所需解决的重要问题。

第四阶段,效率优先、兼顾公平原则的调整(2005年至今)。注重公平是人类社会分配原则发展的必然走向,是分配发展的客观定律。一些成熟的市场经济国家把公平摆在显著地位而非兼顾的地位,带来较高公平下的高效率的成功实践,为实现对效率优先、兼顾公平原则的调整提供了经验和依据。作为社会主义国家,中国本身就具有促使其分配原则走向公平的一些特征。中国的分配原则"效率优先、兼顾公平"发展到"效率与公平并重","效率与公平结合"应是一种必然选择和客观趋势。2012年党的十八大提出"初次分配和再分配都要处理好效率与公平的关系,再分配更加注重公平"。这次会议再次重申了效率与公平的关系,并强调了公平的重要性,坚持共同富裕。

第五节 缩小收入差距 逐步实现共同富裕

一、共同富裕是中国特色社会主义的根本原则

人类社会,经历了原始社会、奴隶社会、封建社会、资本主义社会等不同阶段。在原始社会,虽然实行生产资料的公有制,平均分配,但生产力水平的低下导致社

会成员的共同贫穷。在奴隶社会和封建社会中,生产资料甚至劳动力都变成奴隶主和封建地主的私有财产,生产发展的结果只是奴隶主和封建地主生活水平的提高,劳动者仍然过着水深火热的生活。资本主义制度虽然极大地促进了人类生产力的提升,创造了比之前一切社会制度加起来还要多的物质财富,并宣称以"自由、平等、博爱"为准则,但其从诞生之日起就带有不公平基因,在生产资料私有制的条件下,发展成果更多地为有产者带来福利,无产者仍然是相对贫困的,生产发展无法带来社会公平程度的提高,反而会拉大贫富差距,造成两极分化。

列宁指出:"只有社会主义才能广泛推行和真正根据科学原则进行产品的社会生产和分配,以便使所有劳动者过上更美好、幸福的生活。"①

邓小平多次强调共同富裕的重大意义:社会主义与资本主义不同的特点是共同富裕。中国搞资本主义行不通,只有搞社会主义,实现共同富裕,社会才能稳定,才能发展。

《决议》指出,"努力建设体现效率、促进公平的收入分配体系,调节过高收入,取缔非法收入,增加低收入者收入,稳步扩大中等收入群体,推动形成橄榄型分配格局,居民收入增长与经济增长基本同步";"坚持发展为了人民、发展依靠人民、发展成果由人民共享,坚定不移走全体人民共同富裕道路"。

实现共同富裕,离不开生产力的发展,更离不开生产关系的保障。与资本主义社会的两极分化相对立,作为社会主义本质特征的共同富裕,鲜明的制度特征如下:首先,反映和实现社会主义的生产目的,即不是为了少数人的利益,也不是为了资本家最大限度地追求剩余价值,而是为了满足人民日益增长的美好生活需要。其次,反映生产资料公有制的根本特征。生产资料公有制的建立使劳动者成为生产资料的共同主人,生产资料由剥削劳动者的条件变成劳动者实现自身利益的手段,为消灭阶级对立创造条件。再次,按劳分配,作为社会主义的分配原则,只承认劳动贡献的差别对收入分配的影响,排除生产资料占有和资本积累的差别对收入分配的影响,这样就不会产生贫富差距过大的问题。最后,反映社会主义经济发展的计划性。资本主义的经济发展受自发的价值规律调节,处于盲目的无政府状态,人们之间的利益是对立的,必然导致资本与劳动之间两极分化,要解决这一问题,必须依靠国家调控。

---

① 《列宁选集》(第三卷),人民出版社,2012年,第546页。

在社会主义市场经济条件下,价值规律调节着社会生产和交换过程,也在很大程度上调节着分配过程。因此,收入分配和财富占有的差别及其不断发展在一定程度上是必然的。

共同富裕是社会主义的长远目标,实现这一最终目标需要一个过程。在社会主义初级阶段,市场经济发展是实现共同富裕的必要条件和重要途径。但是市场经济与共同富裕也存在着矛盾的一面,再加上其他诸多原因,分配领域的改革在取得成就的同时,也出现了一些不容忽视的问题,特别是收入分配差距过大,已引起社会普遍关注。

二、我国现阶段居民收入分配的差距

经济体制改革与经济发展导致个人收入分配方式的变化,从经济改革与经济发展的实绩来看,这种收入分配体制的变化在一定程度上有效地促进了经济发展和生产效率的提高。然而,与此同时,收入差距也正在迅速扩大,这意味着不同人群受益于经济发展的程度存在差异,一部分人没有共享到社会经济发展的成果。

(一)居民财富占有差距扩大

根据"中国家庭追踪调查数据",最富的 1%家庭占有约 34.6%的财产,最穷的 25%家庭仅占有 1%的财产。[1]改革开放以来,我国居民生活持续得到改善,但是不同社会阶层之间的收入差距越来越大,主要表现为,一是以基尼系数反映的居民收入总体性差距较大。1999 年为 0.457,2008 年达到峰值 0.491,2012 年回落为 0.474,仍然超过国际公认的 0.4"警戒线"。二是城乡居民收入差距不断扩大。城乡分割是二元经济结构的重要特征,也是导致城乡居民收入差距长期居高不下的重要原因之一。

现阶段我国居民收入差距的扩大具有一定的必然性。在传统的计划经济体制下,收入分配中存在严重的平均主义,收入差距很小。[2]随着计划经济转向市场经

第八章

---

① 北京大学中国社会科学调查中心:《中国民生发展报告 2015》,北京大学出版社,2017 年。

② 本书认为,计划经济时期,即使仅仅考虑和计算城镇居民享有的公房补贴、价格补贴和劳保福利费,这些农民并不能享有的实物收入,加上城镇居民的货币收入,城乡居民收入平均比为 3.44。详见周志太、翟文华:《计划经济时期城乡收入差距悬殊的实证研究》,《西安交通大学学报》(社科版),2014 年第 5 期。

济,随着按劳分配为主体、多种分配方式并存的分配制度的实行,特别是随着资本、土地、技术和信息等生产要素参与分配,收入差距逐步扩大不可避免。承认这种差别,有利于发挥市场在资源配置中的决定性作用,有利于调动各方面的积极性,有利于推动生产力的发展。但是这并不意味着收入差距的扩大都是合理的,其中也包含一些不合理的因素,不符合社会主义基本分配制度的要求,不符合公平原则。首先,高房价带来收入差距的扩大。其次,在高收入人群收入大幅度增加的同时,极少的低收入人群的生存权和发展权还没有得到充分保障。最后,收入差距扩大速度过快,程度过高,超过世界公认的界限,这种状况持续下去会带来一系列消极后果:影响劳动者的积极性,制约生产发展、内需扩大,引起群众不满,加剧社会对立,不利于安定团结和社会稳定,不利于改革与发展的顺利推进。

(二)城乡内部收入差距

随着城镇居民先天禀赋、职业属性等方面的差异越来越大,收入渠道多元化,收入差距越来越大。第一,城镇各阶层收入增速随收入提高而阶梯式递增。收入水平越高的家庭,收入增长速度越快。城镇高收入户与低收入户的收入差距不断扩大。2000年到2013年,城镇高收入户的人均可支配收入水平由低收入户的3.6倍发展到4.9倍。第二,农村居民收入差距。随着市场化改革的深入,越来越多的农村剩余劳动力外出就业于非农产业,农民的收入水平大幅度提高。但中国城乡二元经济结构使农村的收入不平等状况较之于城镇更为突出。在收入差距上,2000年到2013年,农村高收入户人均纯收入由低收入户的6.5倍扩大到8.2倍。与城镇居民一样,收入水平越高的家庭,收入增长速度越快。

(三)地区之间收入分配差距扩大

地区经济发展不平衡,居民收入的地区差距是一种国际普遍的现象,我国表现得尤为明显。21世纪以来国家加大对中西部地区扶贫和开发力度,近年来中西部城乡居民收入增长速度超过东部地区,但中西部居民收入水平与东部相比依然差距很大。2020年东部地区人均可支配收入为41239.7元,西部地区人均可支配收入为25416.0元,东部地区人均可支配收入是西部地区的1.62倍。

第八章

（四）行业之间收入分配差距

改革开放以来，随着市场化改革的深入和所有制结构的多元化，中国行业工资的市场化分配机制越来越明显。市场机制的优胜劣汰和不同行业间的内在差异性，使得不同行业的工资增长速度存在着巨大差异，导致行业收入差距一直呈扩大趋势。随着国家对国有企业战略性调整，许多垄断行业逐步被打破，整个市场化程度不断提高，行业收入差距有所下降。据国家统计局数据，2020 年年平均工资最高的三个行业，为信息传输软件和信息技术服务业、科研和技术服务业、金融业，平均工资分别为，177544 元、139851 元、133390 元；年平均工资最低的三个行业农、林、牧渔业，住宿和餐饮业，水利环境和公共设施管理业，平均工资分别为，48540 元、48833 元、63914 元；最高收入行业与最低收入行业收入之比约为 3.7 倍，比 2013 年的 3.9:1，略有下降。值得指出的是，这里分析的只是职工的工资水平。若加上各种隐性的福利补贴，不同行业间收入差距将更大。

三、我国居民收入差距扩大的原因

这有特定历史阶段造成的体制性原因，也有政策性原因，市场经济的自发作用，还有市场机制失灵的原因。

（一）工业化进程对居民收入差距的影响

居民收入差距扩大，因为中国城镇化水平远远落后于工业化水平，这使中国的产业结构和就业结构之间极不协调，农业和非农产业的劳动生产率相差很大。随着中国工业化和城镇化进程的加快，产业布局会日趋合理、居民的收入差距会逐渐恢复到正常水平。

城乡分割管理的户籍制度使中国城市化水平严重滞后于工业化水平。一个国家的现代化是工业化与城市化互动发展的过程。工业为城市化提供经济基础，城市化为工业化提供了优质要素和广阔的市场。在工业化的不同阶段，工业化和城市化表现出不同特点，在工业化初期，主要表现为工业化对城市化的带动作用，但进入工业化中后期，则主要表现为城市化对工业化的推动。由于城市化滞后于工业化，导致我国农业劳动力所占全社会从业人员比重的下降速度大大低于农业产值所占国内生产总值比重的下降幅度,2019 年我国农业劳动力份额为 25%,而当年农业总产值份额仅占 7.1%,造成我国第一产业和第二、第三产业之间的劳动生产率差异巨大。2009 年工业的劳动生产率仍然是农业的 6.13 倍,这一年农业的劳动生产率仅为 11857.41 元/人,还没有达到 1994 年的工业生产水平(14658.7 元/人)。劳动生产率的迥异直接造成城乡居民之间收入差距的存在。

城乡居民收入差距阶段性扩大是经济发展必经的阶段。拉尼斯和费景汉在刘易斯模型的基础上将二元结构下的农村剩余劳动力流动划分为三个阶段。在前两个阶段中,农村向城镇转移的劳动力因为其供给大大超过需求,其收入处于较低的水平。在第二阶段即将结束时,劳动力市场会出现刘易斯转折点,促进了农村劳动力工资水平的上升。2004 年以来,长三角、珠三角等地频现"用工荒"。因此,政府出台系列政策保障农民工的利益,使他们的工资水平逐步提高。李稻葵等借助刘易斯模型,对中国劳动报酬在 GDP 中比重进行计量经济学分析,认为劳动报酬份额与经济发展之间符合 U 型规律。中国未来几年的劳动份额将进入直线上升阶段,居民收入差距会随着经济发展而逐步减小。[①]

(二)市场化改革对收入差距的影响

社会主义市场经济体制的逐步完善使市场机制在居民收入分配中发挥日益重要的作用。但是由于中国市场经济体制还不成熟,居民收入差距的扩大越来越具有"非市场化"的特征。中国居民收入差距扩大,有市场化过度的原因,也有市场化不到位的原因。

第一,市场机制自发运行是居民收入差距扩大的内在原因,其在提高资源配置效率的同时,极易诱发居民收入两极分化。第二,非劳动收入的合法性,非劳动收入在居民收入中的比重提高,进而拉大居民的收入差距。第三,劳动者的人力资本存量差异导致居民收入差距。劳动者受教育年限越长,人力资本存量越高,劳动生产率也就相对较高,更容易获得较高的收入。第四,市场经济体制不完善是居民收入差距扩大的主要原因。进入 21 世纪以来,中国的市场经济得到长足发展,但是市场化过度与市场化不到位的情况并存。

首先,劳动力市场分割扩大居民收入差距。越来越多的农村劳动力为经济发

---

① 李稻葵、刘霖林、王红领:《GDP 中劳动份额演变的 U 型规律》,《经济研究》,2009 年第 1 期。

展做出巨大贡献,但很多劳动者仍面临许多市场歧视,绝大多数只能在次级劳动力市场就业。2019年,城镇单位就业人员收入是农民工月均收入的1.9倍。[①]其次,行业垄断使居民收入差距加大。一些垄断行业获得政府的税收、信贷优惠,生产成本较低;同时制定较高的价格将行业内部成本转嫁,提高行业利润率和行业内部可供分配的工资总额,损害竞争性行业的利益。最后,正常的职工工资增长和协商机制尚未完全建立。政府一直致力于健全工资增长机制,构建和谐劳动关系,但实践效果并不明显,大部分中小企业都未建立工资集体协商制度。

(三)政策性因素对收入差距的影响

2002年以来,统筹城乡发展、统筹区域发展、统筹经济社会发展、统筹人与自然和谐发展、统筹国内发展和对外开放的"五个统筹",使城乡、行业、地区之间总体收入差距持续拉大的势头得到一定程度的遏制,但政府在公共服务城乡的差异、市场监管不到位仍然是居民收入差距扩大的重要原因。公共服务城乡非均等化,中国政府公共服务政策长期以来存在非均衡供给,加大了城乡居民的收入差距。城镇各类公共产品经费支出基本都由政府财政拨付,城镇居民可以免费或低费享受到政府所提供的基本服务;而在广大农村,政府财政仅仅给予少量补贴,其主要供给责任则依赖于基层乡镇政权。2004年税费改革以后,农民不再缴纳农业税和"三提五统"等税费,但长期以来农村薄弱的公共服务基础,使城乡在教育、卫生、社会保障等公共服务领域存在不小的差距,并难以在短时间内消除。

四、收入差距与财产差距

再分配政策缺失和力度不够引发收入差距过大。共同富裕,要求逐步缩小收入差距和缩小居民的财产差距,二者缺一不可。收入是流量,财产是存量,二者相互联系与转化,共同决定着人们的财富水平。随着居民财产增加,财产性收入对居民收入的影响越来越大。

财产分配及与之伴随的收入分配往往都具有一种"马太效应",导致富者越富、穷者越穷,财产分布不均造成的差距还可以代际相传,加剧收入分配的不平等。收

第八章

---

① 根据《农民工监测调查报告》和《中国统计年鉴》计算。

入分配的差距与财产分布的差距又互为因果,容易形成"正反馈"而不断自我加剧,财产收入差距的背后是私有制经济的发展,必然导致财产占有的分化、并通过资本积累规律使这种分化日益扩大。研究证明,现阶段我国因财产分布不均而引起的居民收入分配不公逐渐显现,特别是由住房持有不均带来的收入分配不平等越来越引起人们的关注。居民收入差距过大,原因之一是我国调节收入分配差距的税收体系并未起到应有的作用。尤其是物业税及遗产税和赠予税的缺位,在财产保有、转让或交易环节,由财产分布不均引起的居民收入分配不公都没有得到相应调控。因此,实现共同富裕涉及的问题很多,但重要的一点是需要区分两类性质不同的收入差距:一类收入差距发生在普通劳动者之间,主要是由不同部门、地区、行业之间劳动者的素质和生活费用差别造成的。如,高科技部门复杂劳动的收入高于其他部门简单劳动的收入,城镇居民的生活费用高于农村居民。另一类收入差距发生在不同的财产占有者之间,主要是由人们在财产占有特别是生产资料占有上的差别造成的。这类收入差距是市场经济发展的必然产物,有利于发挥市场机制的作用。关注收入差距不断扩大的问题,尤其是要关注财产差距不断扩大的问题,采取切实有效的措施,努力缩小收入差距,尤其是努力缩小财产差距。

五、贯彻按劳分配原则,缩小贫富收入差距

劳动贡献作为分配的主要依据,才能逐步缩小贫富差距,真正实现共同富裕的目标。邓小平指出:"只要我国经济中公有制占主体地位,就可以避免两极分化。""坚持社会主义,实行按劳分配的原则,就不会产生贫富过大的差距。""坚持多劳多得,着重保护劳动所得,增加劳动者特别是一线劳动者劳动报酬。"[1]

按劳分配为主体,多种分配方式并存,是改革开放以来,尤其是近 20 年经济实践中形成的基本分配制度,符合我国现阶段国情。按劳分配为主体,按劳动者投入的多少和质量实施分配,保护劳动者的权利,为最终走向共同富裕打下基础。多种分配方式并存,允许多种生产要素参与分配,能够调动人们的生产积极性,为提高效率创造活力。坚持按劳分配为主体,多种分配方式并存的分配制度,是指从根本上坚持效率与公平的结合,坚持两者共同发挥作用、调节收入分配。同时不断完

---

[1] 《邓小平文选》(第三卷),人民出版社,1993 年,第 123 页。

善按生产要素参与分配的制度,调动一切积极因素参与社会化生产,以最高效率和最大公平促进强国建设。任何经济关系的调节都必须在一定的制度环境下进行。

党的十九届四中全会提出,推进收入分配制度改革。中国初次分配的问题主要根源于生产要素市场的不完善。在初次分配领域,"健全生产要素由市场评价贡献、按贡献决定报酬的机制",推进生产要素市场的改革,完善各种要素市场的分配功能。完善的生产要素市场有助于形成要素合理配置的价格体系,有利于实现合理的初次收入分配格局。众所周知,除技术升级外,自由竞争是提高效率的最好方法。因此,大多数国家都选择市场作为资源配置的方式,并将自由竞争与激励联系在一起,它促使生产者改善管理、改进技术,提高劳动生产率。改革开放以来,中国的市场机制改革不断推进,但面对提高效率的要求,市场机制建设还需做到如下方面:第一,规范市场准入制度,凡是符合条件的生产要素均可自由地进出市场,不受除市场之外的任何力量干预。第二,消除垄断带来的特权、带来的低效率与高浪费。第三,保护竞争。要保护自由竞争,保护竞争主体的积极性。

资本是流动性最强的生产要素,其次是劳动,最后是土地。资本跨行业流动、跨地区跨国流动已是一种常态。充分自由的流动,才能优化资本配置。这主要靠资本市场的竞争和流动,实现资本收益均等化,缩小资本收益的分配差距,而不是靠政府管制。资本收益的高低是由供求决定的,取决于资本市场,也取决于土地市场和劳动力市场,即取决于各种生产要素市场的运作方式和竞争程度。资本市场的扭曲和不完善,主要有两个原因:一是资本市场垄断;二是对资本市场管制。这也是造成资本市场垄断的制度性原因。在生产中,各种生产要素具有替代性,各种要素的供求关系决定着其收益率水平。随着居民收入水平提高,财产积累增加,在居民收入决定中,资本和财产的影响作用变得越来越重要。减弱资本和财产的收入差距扩大的效应,有效的途径主要有:一是打破垄断,取消资本进入生产部门的门槛限制,促进资本自由流动,让资本获得均等收益。二是发展资本市场,特别是有利于中小资本发展的资本市场,有利于个人储蓄在更大程度上转化为收益的资本。三是缩小借贷利息差,减少企业融资成本。

完善劳动力市场,消除劳动力市场的各种制度性的流动障碍,特别是取消城乡分治的户籍制度,实现按劳分配。户籍制度不仅有城乡(农业与非农业)户口的区别,还有当地户口和外地户口之分。剥离吸附在户口上的对部分人群带有歧视性的其他功能。户口不应再与就业机会相关,不应再与工资水平决定相关,不应再与享受社会保障的权利和资格相关，不应再与参加各种社会组织的权利相关，不应再与是否享受居住地公共服务的权利相关，不应再与是否获取政府各种福利补贴的资格相关。而且，户籍制度改革不仅要取消城乡户籍的限制，还要取消地域性户籍的限制，实现户籍制度的单一注册登记的功能。

目前，处于初级发展阶段的要素市场难以完全解决收入差距过大的问题。况且，即使是成熟的市场，也存在"马太效应"等市场失灵的情况。

六、建立公共财政体制，完善民生保障制度

政府的收入再分配政策应发挥积极的作用。党的十九届四中全会指出，"完善相关制度和政策，合理调节城乡、区域、不同群体间分配关系"。

在收入水平很低的经济发展时期，一般强调初次分配，完善初次分配制度，充分发挥市场在初次分配中的主要作用，"健全劳动、资本、土地、知识、技术、管理、数据等生产要素由市场评价贡献、按贡献决定报酬的机制"。伴随着经济结构转换和社会分工深化，参与其中贡献价值的生产要素的边界必然扩大，生产要素的动能加强，生产要素的内涵扩容。这时，应突出国民收入再分配的地位和作用。

(一)一次分配中的收入差距通过二次分配予以调节

自由竞争导致的收入差距扩大是不可避免的，因此，公平调节机制建设显得尤为重要。那些收入差距不大的地区，公平调节机制比较健全，包括：一是自由竞争本身的公平调节机制；二是自由竞争之外的公平调节机制。自由竞争本身的公平调节机制是指竞争中的起点公平、过程公平和结果公平。对于不同主体应保证得到同样的条件和受到同样的约束。同样的投入，在生产条件相同的情况下要有同等收入，各经济主体不得通过任何特权占有社会资源。

在进入中等收入发展阶段后，在初次分配的基础上，健全再分配调节机制。党的十九届四中全会提出，"健全以税收、社会保障、转移支付等为主要手段的再分配调节机制，强化税收调节，完善直接税制度并逐步提高其比重。"相对于一些市场经济较为成熟，经济发展水平较高的国家，我国的收入再分配政策的调节力度不断加大，解决财产分布不均且差距日趋扩大的问题，以及由此引起的居民收入分配不公问题。我国的税收对收入分配的调节力度仍然有限，主要是税收结构不

合理,表现为直接税比重过低而间接税比重过高。而前者大多具有累进性,有助于缩小收入差距,后者大多具有累退性,具有扩大收入差距的作用。

首先,改进税收结构,加大税收调节收入分配的力度,逐步使间接税为主的税制向直接税为主的税制转变。直接税是有助于调节收入分配的税种,包括物业税和遗产税。降低间接税的比重,完善直接税制度并逐步提高其比重,有效调节高收入群体的收入,又使政府有条件减免部分间接税,因而降低商品价格,改善消费环境;适当降低企业所得税率,让企业更有活力,"化税为薪"、增加劳动报酬。通过税费转移等方式来提高贫困阶层的收入水平,合理调节城乡、区域、不同群体间分配关系,促进分配公平。建立和完善财产税收制度,开征物业税,提高财产保有税在税收体系的地位。同时,明晰财产产权,完善财产信息登记制度,健全财产价值评估体系。在财产转让环节,适时开征遗产税和赠与税,以抑制社会财富分布的两极分化和居民存量财富分配不公的代际转移。以上两个方面是治本之策。完善个人所得税制,提高征税起点,使其与经济发展和居民整体收入水平相匹配。加大对高收入者的征收力度,确保其在获得高收入的同时,承担相应税负;减轻低收入者的税负,保证每个纳税人的税负与其财富与收入相一致,并在每个纳税人之间保持平衡。

经济发展和收入提高,社会再分配的条件日益充分,发挥社保税收等二次分配手段,并重视慈善捐款第三次分配方式,拓宽收入分配渠道对弱势群体的帮扶作用,构建多层次社会保障体系,展现社会主义制度优越性并逐步实现共同富裕。随着我国经济发展和社会文明程度不断提高, 全社会公益慈善意识日渐增强,民间捐赠、慈善事业、志愿行动等第三次分配方式在济困扶弱中的作用不断加大,鼓励慈善捐赠,对再分配发挥有益的补充作用。

(二)完善社会保障体系

社会保障与民生保障相互联系,也有明显区别。社会保障是通过立法对国民收入进行再分配,社会成员失去劳动能力、遇到困难和意外事故等情况下仍然能够获得基本生活保障的一种制度。民生保障作用的范围和对象则要大很多。民生是指与人民群众最基本的生存权和发展权相关的权力:生存权包括生命权、体面生存权、维持适当生活水准权等;发展权包括经济发展权、政治发展权、社会发展权与文化发展权等方面。民生保障是指在一定的经济发展水平下,社会为保证人

第八章

民群众能够获得最基本的生存权和发展权而提供的各种条件的总和。民生保障的特点如下:①公共性。提供人们生活和发展不可或缺的物质和精神条件,单靠市场力量是无法实现的,国家要承担保障民生的主要职责,建立民生保障体制。②普遍性。覆盖面不仅是社会弱势群体,还应惠及全民。国家应把人民群众的普遍性需求作为民生重点,满足居民就业、教育、医疗等需求。③公平性。社会成员享受民生保障的权利机会是均等的。完善监督和管理措施,提高民生保障活动的透明度,健全民生保障体制。

社会保障由社会保险、社会救济、社会优抚和社会福利、个人储蓄等组成,是保障人民基本生活的社会基础工程,关系改革、发展、稳定的全局,具有重要意义。建立和完善社会保障体系,涉及亿万人民群众的基本权益和基本生活。全面建成小康社会,必须完善社会保障体系,为广大人民群众提供项目较完善、水平较适当的基本生活保障。意义如下:

这是应对人口老龄化挑战的迫切需要。截至 2019 年,中国 60 岁及以上老年人口有 2.49 亿人,占总人口的 17.7%,已突破 10% 的国际警戒线。在保持国民经济持续、快速、健康发展的前提下,平稳渡过人口老龄化高峰,完善我国社会保障制度建设意义重大。

这是高质量发展的迫切要求,产业结构转型升级,将引起失业增加和就业竞争的加剧。

我国既有社会保障体系是适应计划经济体制的需要建立的,存在社会保障水平低、社会保障面窄、社会保障内容不健全、筹资渠道单一、社会保障依附于企事业单位等问题。这种社会保障体系已不能适应我国社会经济发展的需要,特别是不能适应社会主义市场经济体制的需要。经过 20 多年的改革探索,我国逐步明确完善我国社会保障体系的基本目标,即形成独立于企业事业单位之外、资金来源多元化、保障制度规范化、管理服务社会化的社会保障体系。其意义如下:

这是建立现代企业制度、转变企业经营机制的迫切需要。在我国原有社会保障体系中,企业职工的社会保障费用是由企业承担的,这样社会保障实际是"企业保障"。这既加重国有企业的负担,又造成新老企业的苦乐不均,不利于企业之间开展公平竞争。建立健全社会保障制度,把"企业保障"转变成为社会保障,使企业摆脱职工养老、医疗、失业救济等社会负担,有利于劳动力的合理流动,有利于推行现代企业制度,转变企业经营机制。

完善社会保障体系,建立稳定、可靠的社会保障资金筹措机制。其主要来源,一是用人单位和职工个人缴纳的社会保险费,二是财政社会保障预算。这两条资金来源的渠道稳定,社会保障的资金就有保证。还要开辟新的资金筹集渠道,弥补社会保障资金不足。无论采用何种资金筹措方式,都应使之制度化、规范化,以确保社会保障资金筹集足额到位。

完善社会保障体系,建立相应的法律体系。社会保险与商业保险不同,其是通过国家立法强制实施的,旨在保持经济平稳运行和社会稳定。要加强社会保障体系的法治建设,使社会保障资金的筹集、运用、管理有法可依。这也是各国社会保障制度的普遍内容。《社会保险法》是国家社会保险方面的基本法律,是规范社会保险行为、制定单项社会保险政策的基础和依据,应尽快出台,并逐步形成具有我国特色的社会保障法律体系。

完善社会保障体系,建立科学管理体制,保证社会保障资金的收缴支付及运营的规范化、制度化。社会保障体系的核心,体现在社会保障的社会化上,这是向市场经济转轨、实现政府职能转变的要求,是社会保障制度改革的必然趋势。抓紧建立管理统一、行为规范、运转协调的社会保险资金发放系统和社会保障对象的管理体系,建立统一的覆盖全国的社会保障信息服务网络,运用高新技术,实现社会保障管理的现代化。

完善我国社会保障制度的要求是统筹推进城乡社会保障体系建设。社会保障是保障人民生活、调节社会分配的一项基本制度。坚持全覆盖、保基本、多层次、可持续方针。以增进公平性、适应流动性、保证可持续性为重点,全面建成覆盖城乡居民的社会保障体系。改革和完善企业和机关事业单位社会保险制度,整合城乡居民基本养老保险和基本医疗保险制度,逐步做实养老保险个人账户,实现基础养老金全国统筹,建立兼顾各类人员的社会保障待遇确定机制和正常调整机制。扩大社会保障基金筹资渠道,建立社会保险基金投资运营制度,确保基金安全和保值增值。完善社会救助体系,健全社会福利制度,发展慈善事业,做好优抚安置工作。建立市场配置及政府保障相结合的住房制度,加强保障性住房建设和管理,满足困难家庭基本住房需求。坚持男女平等的基本国策,保障妇女儿童的合法权益。应对人口老龄化,大力发展老龄服务事业和产业;健全残疾人社会保障和服务体系,切实保障残疾人权益;健全社会保障管理体制,建立便民、快捷的服务体系。

第八章

(三)完善公共财政制度,健全民生保障体系

改革开放以来,我国在改善和保障民生方面取得了明显成就,居民家庭财产普遍增加,衣食住行条件显著改善,城乡低收入群体基本生活得到保障,人民群众享有的基本公共服务水平和均等化程度提高。2003年以来,国家采取系列政策措施,抑制收入差距扩大的趋势,解决了一些突出的收入分配不公问题,取得了一定的成效,主要表现如下:第一,2003年开始建立城乡居民的最低收入保障制度,一定程度上缓解了城乡贫困问题,收入差距缩小。第二,2006年废除农业税,并逐步增加农民"直补"等转移性收入,建立新型农村合作医疗制度和农村养老制度,实施各种惠农政策,城乡之间收入差距在逐步缩小。

但是我国现阶段许多民生问题仍然存在,人民群众的一些基本诉求还有待解决,距离建成社会主义现代化强国的要求还有差距。因此,应以美好生活为奋斗目标,以"守住底线、突出重点、完善制度"为基本原则,不断完善民生保障体系。

第一,经济发展提供的条件。新中国成立以来,随着经济发展,我国民生状况得到持续改善。特别是改革开放之后,人民生活水平持续提高,已全面建成小康社会。随着经济发展水平的不断提高,满足人民群众美好生活的基本条件在不断更新。

第二,经济发展的动力。民生保障的实现是经济发展的结果,也能反作用于经济发展,成为经济发展的动力保证。人的因素是经济发展过程中的决定性因素,健全的民生保障体制,能够消除人民群众的后顾之忧,促使人们将更多的精力投入国家建设和社会发展之中。我国目前处于经济结构转型期,消费在经济发展中的作用逐渐增大,健全民生保障体制将有助于扩大消费、释放消费的潜能,使得人民群众将更多的收入转化为消费,促进经济高质量发展。

第三,国家的义务。在法律上,民生是指人在其所生活的社会中应得到基本保障与各种权益,最终应归属于国家宪法规定的基本人权,即国家保障民生的义务。公共性决定民生保障体制的建立健全要由国家发挥主导作用。市场经济固有的特性和缺陷只能会使民生问题越发严重,靠市场的力量是无法实现民生保障的要求的。

第四,实现人的全面发展的必然选择。社会主义社会是促进人的全面发展的,人的生存问题的解决和优化是人全面发展的物质基础。民生涉及的教育、就业、医疗等问题都与人民群众的生活密切相关,是保证人的全面发展的基本需求。建立健全民生保障体制,实现好、维护好、发展好人民群众的根本利益,改善人民群众

的生活质量,体现了社会主义的价值取向,促进了人的全面发展,也是以人民为中心的发展理念的具体体现。

党的十九大报告强调,"增进民生福祉是发展的根本目的。必须多谋民生之利、多解民生之忧,在发展中补齐民生短板、促进社会公平正义,在幼有所育、学有所教、劳有所得、病有所医、老有所养、住有所居、弱有所扶上不断取得新进展,深入开展脱贫攻坚,保证全体人民在共建共享发展中有更多获得感,不断促进人的全面发展、全体人民共同富裕。"满足人民的美好生活的需求,是改革开放和社会主义现代化建设的根本目的。解决好人民最关心、最直接、最现实的利益问题,必须建立一系列具体有效的体制机制,包括:发展人民民主,维护社会公平正义,保障人民平等参与、平等发展的权利;建立完善的民生保障体制,保障人民的共同利益;社会主义的生产目的才能得以实现。按人人参与、人人尽力、人人享有的要求,坚守底线、突出重点、完善制度、引导预期,注重机会公平,保障基本民生,不断提高人民生活水平。具体规划如下:增加公共服务供给、实施就业优先战略、缩小收入差距、完善社会保障制度、应对人口老龄化、保障妇女及未成年人和残疾人基本权益。

随着经济与社会的发展,民生问题被放在越来越重要的位置。坚持经济发展以保障和改善民生为出发点和落脚点,全面解决好人民群众关心的问题,让改革发展成果更多、更公平、更实在地惠及广大人民群众。从解决人民最关心、最直接、最现实的利益问题入手,增强政府职责,提高公共服务共建能力和共享水平。增加公共支出,逐步建立社会保险、社会救助、社会福利、慈善事业相互衔接的覆盖城乡居民的社会保障体系。坚持保基本、普惠化、均等化,建立政府主导、覆盖城乡、可持续的基本公共服务体系,可持续的社会保障体系,安全有效方便价廉的公共卫生和基本医疗服务体系。加快投融资机制改革,把更多的企业资金和社会资金引入社会保障领域,创建社会保障的新形式,理顺各部门的管理职能,加大不同保障部门之间的协调,使社会保障制度更好地服务于人民。

(四)完善民生保障制度,缩小保障水平的差距

中国已建立覆盖全社会的养老保障制度和医疗保障制度。但是在公共服务提供和享有上,城乡之间、地区之间,不同人群之间的差异很大,即不同人群享有不同待遇,而且待遇差异明显。养老制度,分为公务员养老制度、事业单位人员养老制度、企业职工养老制度、城镇居民养老制度、农村居民养老制度。从长期来看,一

种保障制度,分为不同类别和等级,而且不同类别之间的待遇差别较大,是不可持续的。仅靠市场机制是不够的,靠地方政府,在落后地区是行不通的,中央政府应发挥更大的作用。

改革开放以来,中国在经济发展和扶贫的成就上举世瞩目,建立了一个覆盖城乡的最低生活保障制度。2021年2月25日,在全国脱贫攻坚总结表彰大会上,习近平宣布我国消灭了绝对贫困,经济和社会发展进入新阶段。缓解相对贫困,缩小收入和财富差距,创造更高程度的公平,提升个人发展能力,实现共同富裕,是新阶段的主要战略目标。

民生保障涵盖范围广、涉及问题多,仅仅靠政府的力量很难完全满足民生保障的要求。因此在政府起主导作用的同时,要发挥市场和社会的积极作用,促进多元主体间的紧密合作,形成政府、社会、市场、个人等多元参与的民生保障体制。市场在资源配置中虽然起决定性作用,但对于关乎民生的公共产品和公共服务,市场却不能有效提供。由于市场机制本身存在缺陷,民生保障所要求的公平性和均等性原则也不能得到保证,在许多情况下市场反而会对民生造成损害,阻碍人民群众基本生存和发展权利的实现。这就要求政府在改善和保障民生的过程中发挥主导作用。重点要做好以下工作:

第一,增加低收入者收入,扩大中等收入群体,清理规范隐形收入,取缔非法收入,保护合法收入,调节过高收入。六管齐下,完善收入分配制度,逐步形成橄榄型收入分配格局,构建公正合理的利益分配格局和秩序,提升全体人民的获得感。建立与社会主义市场经济制度相配套、公平合理的收入分配制度,逐步实现共同富裕的远大目标。扩大国内市场、推动经济高质量发展、维护社会和谐稳定,形成正确的激励导向,推进收入分配的法治化水平。合理调节城乡、区域、不同群体间的分配关系,构建权利公平、机会公平、规则公平为主要内容的社会保障体系,补齐民生发展短板。

第二,扩大就业。就业是民生之本,是人民群众的衣食之源。政府要把促进就业放在经济社会发展的优先位置,实施扩大就业的发展战略和积极的就业政策,创造更多的就业岗位。完善劳动法等相关法律,健全劳动者自主择业、市场调节就业、政府促进就业相结合的机制,保证社会成员平等就业。在扩大就业规模的同时提高就业质量。完善国民收入分配格局,努力实现居民收入增长和经济发展同步、劳动报酬增长和劳动生产率提高同步。健全农民增收长效机制、健全最低工资制度和正常增长机制、逐步提高社会保障标准等举措,提高劳动收入水平。完善创业扶持政策,建立创业服务平台,鼓励以创业带就业。通过大力发展经济,提供更多、质量更高的就业岗位,使每个有劳动能力的劳动者都能拥有平等的就业机会。以就业推动城市化,以城市化扩大就业。发展小微企业和第三产业,税收少些、减其负担,补贴多些、增其实力,努力创造更多的就业岗位。

第三,坚持教育优先发展,提高教育质量,突出高精尖导向,培养具有科学精神、创造性思维和创新能力的高端人才。党历来十分重视教育事业,教育是民生之基,是促进人的全面发展的重要因素,是国家发展的战略基础。加大对技能培训的扶持力度,保证符合条件的劳动者接受培训,企业做好岗位培训工作,使劳动者上升空间更大,就业能力更强,是保证经济公平的根本。

第四,增加建房土地供给和住房供给,推进住房保障改革。政府要保障与调控两手抓,建立商品房和保障房双轨住房体系,建设保障性安居工程,改善城镇低收入居民的居住条件。尤其是向在城市就业稳定的农民工,提供经适房和廉租房。同时,要加强调控和监管,抑制投机性住房需求,控制房价过快上涨。

加强房地产市场和金融市场等方面的监管,健全市场体系,打击操纵市场、内幕交易等非法行为,维护中小投资者的利益,拓宽居民投资渠道,增加居民财产性收入。

第五,健全医疗服务体系。医疗问题直接关系到人民群众的健康素质,也是人的全面发展的基础。深化医疗卫生体制改革,强化政府责任,建设覆盖城乡居民的多层次公共卫生体系,为群众提供安全、有效、方便、价廉的医疗卫生服务。

随着经济发展和劳动生产率提高,不断提高最低工资标准和城乡居民最低生活保障标准,努力使全体人民在养老、就医、上学、住房各个社会保障方面持续进步,促进居民消费结构升级,让居民有钱敢花。

本章小结

学术界对于效率与公平的认识经历了公平优先、效率与公平两者兼顾、效率优先兼顾公平、更加注重社会公平四个阶段。基于现实收入差距过大,在收入分配中必须贯彻效率与公平相统一的分配原则,让全体人民共享改革发展成果。

第八章

关键词

效率　公平　效率优先　兼顾公平　收入差距

思考题

1.简述按劳分配的性质,按劳分配与市场经济的关系。

2.简述按生产要素分配。

3.简述国民收入的初次分配和再分配的关系。

4.效率与公平的关系是什么,如何处理？如何贯彻效率与公平相统一的分配原则？

5.我国收入分配制度中的效率与公平的政策演变经历了哪几个阶段？

6.我国收入差距的现状及根源是什么,如何缩小收入差距？

第九章　消　费

本章要点

生产与消费的关系;消费需求的影响因素;消费结构的变化趋势

在社会主义市场经济条件下,经济主体在直接生产环节中生产出产品,经过流通环节实现其社会有用性,成为可供分配、使用的社会财富;再经过分配环节进入消费,才能真正实现社会主义生产的目的。人们的消费活动是市场经济运行过程的重要组成部分,它使生产过程得以实现,并又反作用于生产,合理的个人消费对再生产有积极作用。个人消费是实现社会主义生产目的的重要环节之一,具有社会主义制度和社会主义初级阶段的特征。

第一节　生产和消费

一、生产和消费的规定性

在社会经济运行中,生产与消费相互渗透与联系,是社会经济运行的不同环节,两者有着各自的规定性。从事任何物质生产活动时,都要耗费一定的生产资料,才能生产出一定的产品。从这个意义上看,"生产直接也是消费"。[①]其结果是生产不同的产品。而人类的生存和发展,劳动力的生产和再生产,必须以吃、穿、住、用、行等为条件,这些方面的消费生产着人自身(包括人的身体和意识),因此"消

---

① 《马克思恩格斯全集》(第46卷上册),人民出版社,1979年,第27页。

费直接也是生产"①。生活中的消费，是生活消费，即人把产品当作生活资料来消费，是非生产消费或个人消费（社会、集体的生活和个人的生活）。生产结果是人的生产劳动的物化，而消费结果是劳动成果或物的人化。

以下所说的生产，是指生产消费的生产；所说的消费，除了专门注明的是生产消费，其他都是指生活消费或个人消费。

消费过程具有二重性：自然属性和社会属性。消费过程的自然属性，一是指人们消费的各种消费品，用来满足自己生理的或心理的需要，如通过吃喝摄取各种营养维持自身生理和健康的需要，通过穿衣着装进行保暖或满足自己的审美需要，通过旅游活动满足自己消除工作紧张情绪的需要等。二是指人们消费活动的许多方式是由消费对象的使用价值的特点决定的，如肉、禽等要烧熟之后才吃，这种饮食方式与社会经济制度或社会生产关系是无关的。三是指人的消费活动往往与一定的自然环境相联系，这也是与社会经济制度无关的。

消费过程的社会属性，是指消费活动与社会经济关系和社会制度相联系所表现出的性质。马克思指出，"对于需要和享受是以社会的尺度，而不是以满足它们的物品去衡量的。因为人的需要和享受具有社会性质"②。在一定历史条件和社会经济制度下，不同阶级和阶层的消费方式、消费水平是由他们的经济地位决定的，直接受制于由生产关系决定的个人收入分配的状况。不同社会阶层、不同集团的消费者之间形成一定的消费关系，在资本主义社会中，资本家可以使用奢侈性消费品，而雇佣工人消费的水平一般以相当于劳动力价值的生活必需品为限，其消费只是属于资本主义再生产过程中的劳动力再生产，从属于资本家榨取剩余价值的目的。在社会主义社会，广大劳动者的消费关系建立在按劳分配这种个人收入分配的平等权利关系的基础上，消费属于劳动者的再生产，服务于提高人的素质，促进人的全面发展的需要。不过，在社会主义经济中，经济体制的合理与否也会对消费的方式、质量产生不同影响，如我国在计划经济时代，人们在许多方面的消费要凭粮票、油票、副食品票、布票等供应，带有明显的供给制特征；而改革开放以来，消费则逐步转向人们自主选择的市场消费方式。消费的社会性质还表现在，消费的内容和方式会受到反映不同生产关系要求的人生观、价值观等意识形态的影

---

① 《马克思恩格斯全集》（第46卷上册），人民出版社，1979年，第27页。
② 《马克思恩格斯选集》（第一卷），人民出版社，1972年，第368页。

响,广大劳动者追求有利于身体和精神健康的消费,而精神空虚的剥削者、食利者则往往追求奢华糜烂的消费。

二、生产决定消费

唯物史观认为,生产决定消费。马克思说:"生产生产着消费:是由于生产为消费创造材料,是由于生产决定消费的方式,是由于生产通过它起初当做对象生产出来的产品在消费者身上引起需要。因而,它生产出消费的对象、消费的方式和消费的动力。"[①]

生产为消费创造对象。即消费资料都是由生产部门生产出的,若没有生产,消费就无从谈起。马克思说,生产"为消费提供材料、对象。消费而无对象,不成其为消费;因而在这方面生产创造出、生产出消费"。[②]不言而喻,人们的衣、食、住、行都是以生产部门提供的各种各样、丰富多彩的物质产品为前提的。

生产提供消费的方式。消费的方式,不仅在客体,而且在主体,都是生产所生产的。现代消费方式与传统消费方式差异极大,小汽车、飞机代替了步行和人力车、马拉车,高楼大厦代替了低矮房屋,归根到底,其进步得益于生产力的巨大发展。

生产创造消费的主体。在生产力水平十分低下的社会,消费的只是十分简陋而直接的东西,用以满足自身最低层次的生理需要。随着社会生产力水平的不断提高,生产部门创造出越来越多的、各种各样的自然界不能直接产生的消费品。许多人开始并不懂得这些消费品是可以在某些方面对自己有用的,也不懂得如何消费这些物品,但是在接触这些新产品之后,人们了解了这些从未见过的产品的有用性,便逐步产生对它们的消费需要。各种艺术品创造着有艺术情趣和审美能力的群众,这些群众成为消费和欣赏艺术品的主体之后,又会对艺术品的思想性、艺术性提出更高要求。所以,马克思指出,"生产不仅为主体生产对象,而且也为对象生产主体。"[③]因此,生产越发展,产品越是创新,消费的主体也越广泛。

总之,生产决定消费,生产力的发展水平决定消费水平、消费结构和消费方

---

① 《马克思恩格斯全集》(第46卷上册),人民出版社,1979年,第29~30页。

②③ 同上,第29页。

式。提高广大人民群众的消费水平和消费能力,必须以提高社会生产力为前提。离开了社会生产力水平的提高,就无法谈论提高消费水平、改善消费结构、优化消费方式和更新消费观念。

三、消费反作用于生产

唯物史观认为,生产决定消费,但消费并不总是被动的,消费对生产具有反作用。没有消费,生产就没有了目的,产品就不会成为现实的产品,生产自身也就不具有现实性。在社会主义国家,消费直接体现社会主义生产的目的。党的十六大指出,"发展经济的根本目的是提高全国人民的生活水平和质量。要随着经济发展不断增加城乡居民收入,拓宽消费领域,优化消费结构,满足人们多样化的物质文化需求。"

消费对生产的影响或反作用主要体现在以下方面:

消费是保证劳动力再生产的基本前提,并在社会主义条件下促进人的全面发展。马克思说:"消费直接也是生产,正如自然界中的元素和化学物质的消费是植物的生产一样。如,在吃喝这一种消费形式中,人生产自己的身体,这是明显的事。"[1]在任何社会,消费都要保证作为生产的主观条件劳动力的再生产。在社会主义条件下,消费要使劳动者的体力、智力得以维持,再生产劳动者的劳动能力;也要促进劳动者作为人的全面发展,不断开拓出劳动者在文化、科技、创新能力等方面的潜质,使劳动者总体成为推动国家经济增长和社会发展的主力军。劳动者健康的体魄来源于科学合理的营养和良好的生态生活环境,健全的人格来源于知识、精神产品的滋养,文化科技素质和能力的提高来源于发达的教育。因此,提高消费水平是消费本身的问题,更关乎劳动者的素质提高和对生产的促进作用。

消费产生新的社会需求。马克思指出,"消费创造出新的生产的需要,因而创造出生产的观念上的内在动机,后者是生产的前提。消费创造出生产的动力;它也创造出在生产中作为决定目的的东西而发生作用的对象。……没有需要,就没有生产。而消费则把需要再生产出来。"[2]生产为新产品创造新的消费主体,消费主体一旦形成和扩大,又会在消费中对产品提出改进要求,以便获得更满意的消费需

---

[1][2] 《马克思恩格斯选集》(第二卷),人民出版社,1972 年,第 95 页。

求,或由一种消费举一反三,产生出新的消费需求。人的需要是多层次的,从最基本的生理需要,到享受需要、发展需要,较低层次的需要通过消费满足以后,又会产生新的需要,又通过新的消费来实现。可以说,人的需要丰富多彩、层出不穷,新的需要永无止境。这样,不仅推动着消费品生产部门的发展,也促进了生产资料生产部门的发展,促进整个国民经济全面发展,成为生产永不枯竭的动力源泉。

消费是生产的最终实现。从社会经济运行的生产、分配、交换、消费过程来看,要实现其连续不断的循环运动,每个环节都不能断裂。在生产过程中投入的劳动、土地、生产资料等各种生产要素,它们的结合,形成产品,通过市场交换,才能为社会提供有用的商品;又经过由生产资料所有制关系决定的分配,才能进入生产消费和个人消费;只有产品真正进入消费,才能证明生产过程得到最终实现。也只有生产的产品真正进入了生产消费和个人消费,生产才能持续地进行,才能实现再生产。

在一定条件下,有购买力的消费需求对生产供给的增长有决定性作用。在市场经济中,消费需求变化会影响供给变化。在一定条件下,生产供给的增长要依赖消费增长来拉动。当消费品供给遇到销售困难时,若消费需求不能及时扩大,那么不但消费品本身的再生产不能持续进行,而且还会使得为生产消费品提供生产资料部门的再生产也不能持续进行,使整个社会经济运行受到阻碍。在这种情况下,扩大消费需求,就成为促进社会生产增长的决定性因素。从我国的消费品供大于求的买方市场的情况来看,必须采取措施,扩大大多数人的消费需求,才能促进国民经济增长和发展。

第二节 消费需要和消费需求

一、消费需要和消费需求

(一)消费需要

消费需要是在一定生产力水平和一定生产关系下,人们为了满足自身的生存和发展,对获得物质财富和精神财富的一种有意识、可能实现的愿望或欲望。消费需要在社会经济需要中占有重要地位。消费需要的满足是推动人们从事经济活动的直接动因,是一切经济活动的出发点和归宿。

消费需要是多方面、多层次的纷繁复杂体系。从不同角度对消费需要进行分类。一是从需要主体出发,按消费需要的满足途径划分,有个人(家庭)消费需要和社会公共消费需要;按自然特征划分,有年龄、性别等不同主体的需要;按地理位置划分,有不同的地区、社区环境主体的需要;按社会特征划分,有不同的职业、文化程度、民族、宗教信仰、家庭等主体的需要。二是从需要客体出发,按需要的层次(纵向)划分,有生存需要、享受需要和发展需要;按需要对象的实际内容或不同效用(横向)划分,有物质需要、精神需要和生态需要;按需要满足的载体或对象的形态划分, 有实物需要和劳务需要; 按满足需要的形式即消费的具体形式划分,有吃、穿、用、住、行及各项劳务的需要;按需要实现的经济形式划分,有商品性需要、非商品性需要,等等。

消费需要表现出一定的层次性,且表现为层次不断上升的变化规律。这是消费需要的重要特征。需要的产生和发展规律,人们总是先满足最基本的需要,再满足其他需要,因此消费需要在不断发展中呈现出多样性和多层次性。随着社会经济发展,消费需要层次总是由低向高递进,即层次的上升性,适用于消费者个体和整个社会。需要不断发展,促使科技不断进步,社会分工和生产力水平不断提高,使人们的需要得到满足;而需要在不断得到满足的同时又产生新的需要,使需要系列更加丰富,层次不断上升。消费需要层次不断上升和不断满足,反映了社会生产力发展和社会进步的过程。

消费需要层次递进规律,可用于分析居民消费需要产生和发展的趋势,调控社会主义市场经济,促进社会成员消费需要的渐次进步,推进人的全面发展。如,将需要划分为基础(基本)需要与全面发展的需要两类。基础需要是保障人的生存所必需的,服务于劳动力再生产的需要;全面发展的需要是在基础需要得以满足的基础上发展的需要,保障人的智力和体力得到充分而自由的运用,服务于人的全面发展。显然,从消费对象来看,后一类需要比前一类需要具有品质更高、数量更丰富,更能增进人的智力和身心健康。为此,人们总是在基础需要得以满足的同时逐步满足全面发展的需要。再如,恩格斯把需要划分为对生存资料的需要、对享受资料的需要和对发展资料的需要。对生存资料的需要是低层次的需要;对享受和发展资料的需要,是低层次需要得到满足的基础上逐步产生和发展起来的。美国心理学家马斯洛提出的"需要层次论":人的需要依次由低到高有五个层次,即生理需要、安全需要、社会交往的需要、尊重与地位的需要、自我实现的需要。他认为在较高水平的需要出现之前,人们往往寻求满足较低水平的需要,尚未得到满足的需要会激发影响人的行为;当这种需要得到满足后,一个新的更高层次的需要又会出现。这从人们行为心理特征的角度论证了消费需要层次及其演化上升的性质。

消费需要具有可调控性或可诱导性,作为经济利益实现的欲望,其形成和实现必然要受到一系列社会经济条件的制约和影响,社会可以对消费需要加以调节和控制;同时,消费需要的满足,作为推动人们从事经济活动的重要动因,其需要的数量和结构,必然对整个经济运行产生重要而深远的影响,因而社会必须对消费需要进行调控与导向。

(二)消费需求

需求与需要不同。需求在商品经济条件下表现为购买商品的货币支付能力。马克思说:"市场上出现的对商品的需要,即需求。"①在商品经济条件下,消费需求是有支付能力即有货币等价物的需要,凡不具备购买力的消费需要,不能称之为消费需求。恩格斯指出:"只有能够为自己取得的东西提供等价物的人,才是真正的需求者,真正的消费者。"②这是消费需求最基本的特征。显然,有的消费需要并不是通过市场来实现和满足的,如农民部分生活资料的自产自用、各种社会福利性消费及家务劳动等的消费,便不表现为市场需求。

消费需求上升规律,是一切社会化生产条件下人们消费需求变化的普遍规律。表现为需求总量增加和需求层次升级。随着社会生产力水平的提高和社会经济的发展,消费需求在总体上呈现出逐步上升的趋势,这是商品经济条件下消费需要上升规律的表现形式。但是在不同的社会经济条件下,需求上升规律的作用形式是不同的。在资本主义经济制度下,劳动生产率提高和生产增长必然会引起居民收入水平的提高,使消费需求水平增长;资本主义经济发展,要有较高素质的劳动力,需要较多的训练费用,劳动力价值相应提高。这是社会化大生产发展的必

① 《马克思恩格斯全集》(第25卷),人民出版社,1974年,第211页。
② 《马克思恩格斯全集》(第1卷),人民出版社,1956年,第619页。

第九章

然结果,也是资本主义生产发展的结果。社会主义生产的目的是满足居民日益增长的美好生活需要,要求消费需求总量的增长和需求结构的升级。

改革开放以来,在经济快速增长的基础上,居民可支配收入大幅度增加,城乡居民生活水平发生历史性变迁,消费需求总量增长、需求结构上升,需要的满足程度日渐提高。全面小康社会建成后,更为丰富多彩和层次递进的消费需求不断产生,消费需求愈渐呈现多样化、多层次化和个性化的发展趋势,消费需要满足程度不断提高的规律必然会更充分地表现出来。

二、影响消费需求的经济因素

(一)社会生产力水平

消费者总是生活在既定的社会生产条件下,消费需要总是从既定的社会生产状况出发,受社会生产状况的制约。任何一个现实的消费者,都难以超越这种生产力的发展而使这样或那样不现实的消费需要得到满足。

(二)可支配收入

可支配收入指消费者的货币收入扣除各种税金后的收入,是影响和决定消费需求的重要因素。消费者绝对收入变化影响消费需求。其他条件不变,居民收入水平的高低直接决定其消费需求额,收入变动会使居民可支配收入发生变化,进而影响消费需求呈现同方向的变动。一般情况下,当人们收入增加时,消费也会增加,但消费增加不像收入增加得那样多。即消费需求增加的幅度会小于收入增加的幅度,由于消费增量小于收入增量,收入(Y)中用于消费(C)的比例即平均消费倾向(APC=C/Y)会随着收入增加而减少,即边际消费倾向递减。同时,收入水平的变动也直接影响消费需求结构的变动。一般来说,收入增加,消费支出中用于食物消费的比重即恩格尔系数下降,用于耐用消费品与劳务消费的比重上升,进而提高需求层次及需求对象的品质。此外,低收入群体的消费倾向高,而高收入群体的消费倾向低。收入水平的差异性和层次性决定了消费需求的差异性和层次性。

改革开放以来,在多种特殊社会经济因素的作用下,我国消费需求随收入的增长而增长,但消费增长幅度低于收入增长幅度,最终消费率(通常指一定时期内按现行价格计算的社会总消费占国内生产总值的比率)逐步下滑。但近年来,我国最终消费率随着外贸依存度下降而相应上升。

居民相对收入变化影响消费需求。首先,消费行为是相互影响的,他人的消费会对自身形成"示范效应"。消费需求主要不取决于现期收入的绝对水平,而是取决于个人收入的相对水平,即个人收入在社会收入分配中的地位。由此,从长期来看,收入增加,只要社会收入分配格局不变,消费增量在收入增量中的比例(边际消费倾向)就会不变。其次,个人消费需求不仅受到现有收入水平的影响,还会受到自身在过去特别是"高收入—高消费"时期形成的消费习惯和消费标准的影响。消费具有不可逆的惯性,致使消费支出的变化往往落后于收入的变化,即消费的"棘轮作用"。由于消费支出本身具有相对稳定性,在一定程度上具有缓解经济衰退的作用。在市场经济条件下,消费的相对稳定性决定了宏观调控消费增长的任务具有一定的艰巨性和复杂性。

消费者持久收入变化会影响消费需求。消费者的收入可分为持久收入和暂时收入,同时消费也可分为持久消费和暂时消费。持久收入是消费者连续稳定性的收入(如工薪、房租、利息等),暂时收入是一时的非连续的偶然性收入,同暂时消费没有稳定的对应关系,而持久收入同持久消费之间具有稳定对应的比例关系,其比例取决于消费者总财产、利息率、消费者年龄及偏好等因素。暂时收入和暂时消费会在短期内使这种比例关系发生上下偏离,但长期来看这种影响会正负抵消,消费者主要以可预期支配的持久收入安排现期消费,实现消费生活的稳定,消费者的现期消费可以超过现期收入。

改革开放之前,我国居民现期消费基本取决于现期收入;改革开放以来,市场竞争激烈,消费需求主要由持久收入决定,在社会保障改革滞后等因素的影响下,居民持久收入预期不稳,导致消费需求出现不足。

消费需求决定于生命周期的收入和财产多少。整个生命周期的全部消费等于一生所得到的劳动收入和财产,人们的消费是一生的劳动收入与财产之和。人们希望一生中的各个阶段的消费基本相等,因此工作时期储蓄,退休后保持相同的消费水平,而退休后储蓄为负,需用工作时期的储蓄进行消费。家庭财产状况变化会直接影响家庭的消费支出。居民储蓄和直接投资也在相当大的程度上直接影响着居民消费需求的形成。

综上所述,在现实经济中,一定时期内居民使用自身可支配收入的方式有下列四种：一是全部收入用于即期消费；二是储蓄以用于未来消费；三是用于投资；四是借贷消费，即将未来收入提前用于当前消费。这四种方式经常是结合、交叉在一起进行的。为此，居民现实消费需求的形成公式可以表示为：

$$C_t = Y_t - S_t - I_t + (L_t - D_t)$$

其中，C_t 为 t 期实际消费支出；Y_t 为 t 期可支配收入；S_t 为 t 期居民储蓄；I_t 为 t 期居民直接投资；L_t 为 t 期居民借入的消费额；D_t 为 t 期居民偿还信用消费额。

（三）消费品价格

居民收入已定，价格变动是影响消费需求的重要因素。一是个别商品价格变动的影响。通常需求量与价格变动的方向相反；不同商品的需求价格弹性不同，一般来说，高档耐用消费品和劳务价格弹性大，生活必需品的价格弹性小。如，由于农产品的需求价格弹性较低，若农产品价格过低则必然抑制农产品供给，不利于农民收入的提高，从而影响农民消费需求的增长和需求结构的合理化进步。二是价格总水平的变动影响。价格总水平变动直接影响消费者的实际收入水平及购买力，即实际购买的消费资料的数量、品种和结构。若价格水平上涨，消费者名义收入不变，实际收入下降，消费需求能力降低；反之，若价格水平下跌，名义收入不变，实际收入上升，消费需求能力提升。若价格水平与名义收入同时变动，这就取决于名义收入变动的方向和幅度同价格变动的方向和幅度的比较，以此判断实际收入的变动方向和幅度，进而分析对消费需求变化的影响。通货膨胀和通货紧缩是指价格总水平变动的两种极端情况，都会影响消费需求的变动。三是预期价格与收入变动的影响。心理预期对经济行为有重要的影响。预期一般是建立在过去经验的基础上，并根据现实情况的变动加以调整。在市场经济中，人们对于收入、价格变动的心理预期，对于消费需求的变动起着不可忽视的作用。合理引导居民的收入与价格预期，对于促进消费需求增长，促使经济高质量发展，具有重要意义。

（四）生产结构

生产决定消费，生产结构的现状及其变化是制约消费需求形成和变化的前提条件。产业结构、产品结构和技术结构的变化，必然会引起消费需求的数量及其构成的变化。一是已形成的生产资料生产和消费资料生产两大部类的结构，以及各部类内部结构，从实物形态上直接制约着待实现的消费需求总量和结构。若产业部门或部门内部比例失调,则片面发展的行业或部门的产品过剩,造成社会资源浪费;而发展不足的行业或部门的产品短缺,部分消费需求得不到满足。二是产品结构影响消费需求结构。产品结构失衡,一般表现为部分商品过剩与另一部分商品短缺并存。市场供求失衡必然抑制居民消费需求的合理增长和结构改善,影响价格稳定和市场秩序,妨碍社会生产的发展。同时,在市场经济条件下,消费需求变动带动产业结构变动,消费需求总量的不断增长及结构优化和升级,促进三大产业呈现规律性变动趋势,成为促进经济总量持续增长和经济结构提升的首要推动力。

三、影响消费需求的非经济因素

消费观念和消费文化。中国人一直有崇尚节俭、细水长流、戒物欲、储蓄先行、消费滞后的消费文化、消费心理和消费观念,在个人生活和家庭生活中仍然起主导作用。近年来我国生产力发展很快,买方市场已形成,但长期以来受传统文化的影响,大部分人对"先行消费"仍不认可。虽有降息、拓展消费信贷等一系列激励措施刺激消费需求,但消费总是"激而不活"。当然,这也与居民收入现状和收入预期、支出预期有密切的关系。

人口因素对消费需要的影响可从人口总量、年龄结构、地区结构几方面分析。人口总量对消费需要的影响明显,人多、人均国民收入少、居民收入少,必然会影响消费需要。人口的年龄结构对消费需要的影响也很大,不同年龄的消费者,各有不同的消费需要。如,青年人对时尚的追求、对手机等现代科技产品的消费需求较大。而人口结构老龄化,会对医疗保健、社会保险和社会服务等方面提出一系列新需求。老年人需要更多的生活服务,这对社会消费需求结构产生了重要影响。人口的地区结构,对消费需求也有很大的影响,如城镇居民和农村居民的消费需求就各不相同。目前,农村居民自给性消费比重较大,而城市居民自给性消费比重较小,公共消费比重大,大部分是商品化、市场化的消费。

货币幻觉是指人们忽视货币的实际购买力,对货币价值进行估计时所产生错觉。当物价变动时,若一个人仅仅考虑货币面值而忽视货币购买力,会产生货币幻觉。经验表明,货币幻觉对消费具有很大的影响。就货币收入与实际收入对比而言,居民消费主要决定于其货币收入,而主要不是决定于其实际收入。货币收入上升,即使物价水平也同比例地上升,实际收入不变,甚至物价水平上升的幅度大于货币收入上升的幅度,即实际收入下降,货币幻觉存在会使居民消费需求增加,导致消费支出增加;反之,在货币收入下降时,即使物价水平同比例地下降,从而实际收入不变,甚至物价水平下降的幅度大于货币收入下降的幅度,即实际收入上升,货币幻觉存在使居民消费需求下降,导致消费支出减少。

消费政策对居民消费需求也会产生一定影响。如,若政府推行消费信贷政策,而且政策宽松、手续简便、配套服务完善,就能促进消费需求扩大。同样,扩张性财政政策、货币政策,放松外汇管制,降低消费税率,减轻消费税、个人所得税的征收,也能刺激居民的消费需求。

必须强调,在现实生活中,影响消费需求的各种因素往往错综复杂地交织产生影响,居民消费需求的实际变动是各种影响因素相互交织、共同作用的结果。

第三节　消费水平与消费结构

一、消费水平

(一)消费水平的内涵

消费水平有狭义、广义之分。通常,消费水平是狭义的,即按人口平均的消费品(包括服务,下同)的数量,反映人们物质文化需要实际满足的程度。可以用实物表现,如人均消费多少粮食、猪肉、牛羊肉、食油等;也可以用货币表现。广义的消费水平,包括消费品数量,也包括消费品质量。一种消费品,质量(档次)不同,所反映的消费水平也有很大差别。

更广义的消费水平,包括消费品的数量和质量,也包括消费质量在内。消费质量是指消费过程中消费主体、消费客体和消费环境三者结合所产生的质的规定性。反映了消费需要的满足程度。消费水平提高,要求增加消费品数量,也要求不断提高消费质量。经济发展水平一定,消费水平提高会越来越表现在提高消费质量方面。因此,消费水平是一个综合指标,最终表现为人们的健康水平(如国民平均寿命、成人发病率等)、科学文化水平和生活享受水平(包括闲暇时间及其合理

第九章

利用）、消费环境质量等,反映人们物质文化需要的满足程度。消费经济学研究消费水平,不仅研究狭义的消费水平,还应从广义的角度研究消费水平,即从质的方面研究消费水平,研究消费品质量,研究消费质量对人们物质文化生活的满足程度,探讨提高消费水平的途径。也只有从数量方面与质量方面相结合来研究消费水平,才能全面地反映人们物质文化生活的改善状况,全面反映人们消费需要的满足程度。

(二)最低消费水平

最低消费水平,即贫困线,是维持劳动力再生产的必要产品(消费品)的最低数量。为了维持最低生活,应有一定的生存资料。马克思在分析资本主义社会劳动力价值的最低限度时说:“劳动力价值的最低限度或最小限度,是劳动力承担者即每天得不到就不能更新他的生命过程的那个商品量的价值,也是指维持身体所必不可少的生活资料的价值。”①这也是指“工资的身体最低限度”②。仍然有少量的发展资料和享受资料,即包括起码的教育、娱乐等需要。按这些方面的消费量乘以相应的市场价格,即得出最低生活费用。这包括劳动者本人的最低生活费用,还包括维持他的家庭生活,维持劳动力的再生产所需要的费用。

最低消费水平,不是一成不变的,应随着生产力水平、生产发展情况而变化。确定最低消费水平,除了考虑国民收入的增长情况、考虑整个工资水平外,还应照顾城乡之间、行业之间的关系。特别是不同地区,由于经济发展水平不同,生活条件和物价水平不同,因而在不同地区,最低工资也应有所区别。要指出的是,最低消费水平不等于社会保障的最低生活费用。劳动力在失业之后,可以从政府领取到社会保障的生活费用;还可以从事其他劳动,取得一定的劳动收入,因而实际消费水平会高于社会保障的生活费用标准。

(三)合理消费水平

合理消费水平是指在现有生产力水平条件下, 在合理利用现有资源的基础上,能使经济建设顺利进行,稳步发展,也能使人们的物质文化需要得到最大限度

---

① 马克思:《资本论》(第一卷),人民出版社,1975 年,第 196 页。

② 同上,第 971 页。

的满足。经济发展的目的是为了不断发展生产力,为全社会生产出更好的物质文化产品,以满足人们不断增长的物质文化需要,这是不断提高人们消费水平的前提。人们的物质文化需要得到最大限度的满足,为了不断发展劳动者的体力和智力,提高全社会的文明水平、文化技术水平和劳动者的熟练程度,同时也是不断提高人民消费水平之目的。

合理消费水平,不仅应有充足的生存资料,还应有相当丰富的享受资料和发展资料,能够促进劳动者智力和体力得到充分发展,以便提高劳动生产率,满足消费需要。当然,合理与不合理都是相对而言的,生产力水平提高,合理消费水平的数量界限和内容也就随之变化。

消费水平合理的主要标准:第一,物质生活合理,保证生理上所需要的各种营养,促进身心健康。首先能够提高劳动者的身体素质,提高劳动者的健康水平。保证人们身体正常的恢复和发展所需要的各种营养,保证营养平衡。第二,物质生活合理,精神文化生活也要丰富,提高消费者的科学文化素质,促进人的全面发展。而精神文化消费是人们享受、发展的极为重要的方面,是促进人的全面发展、促进人的素质提高的极为重要的方面。随着社会经济的发展,这一方面的消费愈显重要。第三,资源的合理开发和利用。我国人口众多、资源丰富,但人均资源较少,人们的生活消费必须考虑资源状况,应从我国自然资源的实际出发,充分利用优势资源,节约短缺资源,保护自然资源。要使消费水平的提高建立在充分利用自然资源的可靠的物质基础上,促进自然资源的综合开发和合理利用。第四,人们的生活消费,要适量、适度。合理的消费水平,有利于节约消费品,减少浪费,提高消费资料的使用效益和经济效益。第五,以生产力发展水平为基础,正确处理生产增长与消费水平提高的关系,在生产发展的基础上,逐步提高人们的消费水平,而不是脱离生产发展的可能来盲目提高消费水平,但也不能压抑消费。

(四)处理生产与消费关系,既要克服消费超前,又要防止消费滞后

消费超前是指消费增长过快,超过本国生产发展速度,出现超前消费。这会加剧总供给与总需求失衡,削弱经济发展后劲,导致物价水平上升和居民实际生活消费水平下降。其原因有:①国际消费示范效应和国际消费模式传递效应;②各地区、各行业和各个企业相对收入变化及由此引起消费攀比;③名义工资、预期收入增加,误导人们加快当前消费或提前消费;④银行存款利率过低或利率调整幅度

赶不上物价上涨幅度,人们没有其他投资渠道,造成消费紧张心理,人们竞相到银行挤兑,人为地加快货币流通速度,使大量货币追逐有限商品,促使物价上涨,结果是人们抢购以至囤积物品。

消费滞后是指消费受到不合理抑制,消费水平落后于生产发展,出现市场销售疲软以致阻碍生产发展。主要由以下因素引起:①重生产轻消费,过高积累率使社会再生产主要在生产环节自我循环,而消费领域、服务行业相对萎缩;②显性或隐性通货膨胀存在导致人们实际消费水平下降或停滞不前;③存款利率过高或高利率有价证券吸纳大量货币,抑制当前消费;④消费习惯陈旧,消费方式落后。

扩大内需是调整结构、拉动经济增长的重要途径。推进城镇化、提高城乡中低收入居民收入、扩大居民购买力;完善公共服务体系和社会保障制度、形成良好居民消费预期、拓展新兴服务消费、改善消费环境、促进消费升级,营造消费需求重点和消费热点,打造消费需求扩大的增长点,释放消费潜力,提高消费倾向,增加消费需求,发挥消费需求推动国内经济大循环的根本驱动作用。充分发挥消费需求的导向作用和动力作用,提高劳动力质量和劳动积极性。

二、消费结构

(一)消费结构的概念

消费结构是指人们在消费过程中的多种消费资料和劳务的构成或比例关系,可以用各项消费支出在生活消费支出中所占比重表示。其是反映居民生活消费质量变化状况以及内在构成合理化程度的重要标志。

(二)消费结构的分类

按满足消费需要的不同层次分类,可以把消费资料分为生存资料、享受资料和发展资料。生存资料是维持劳动力简单再生产的必需的生活资料,首先要满足的是最基本的生存需要。享受资料是满足享受需要的生活资料,如某些高级食品、娱乐用品和某些精神文化用品,等等。享受资料能满足人们舒适、快乐的需要,对人的身心健康有重要作用。发展资料是满足人们体力和智力所需要的生活资料。如文化体育用品、接受教育、从事文艺、进行社交所需要的设备和劳务。发展资料的消费能发展人的智力和体力,增长人的知识和才干,促进人的全面发展。因此,生存资料是人们的最基本的消费资料;享受资料和发展资料是较高层次的消费资料。人们在满足生存需要后,会逐步要求满足享受和发展的需要。在实际经济生活中,这三种资料是很难严格划分的,但这种划分,对分析人们消费水平的提高,对比较不同阶层和社会集团人们的消费状况是很重要的。

按消费支出分类,消费结构可分为吃、穿、住、用、行和文化教育等不同方面,还可以进一步从各自内部细分。目前,我国的统计部门和实际工作部门把居民消费按其用途分为八类:①食品,包括粮食、副食品、烟、酒、糖等;②衣着,包括服装、衣料及衣料加工费、鞋、袜、帽等;③家庭设备用品及服务,包括耐用消费品、家庭日用品及家庭服务等;④医疗保健,包括医疗器具、医药费、保健用品等;⑤交通和通信,包括家庭交通工具及维修、交通费、通信工具、邮电费等;⑥娱乐教育文化服务,包括各类教育费用、文化娱乐费用、书报费等;⑦居住,包括房屋建筑、购买、房租、水、电、燃料等;⑧其他商品和服务,包括个人用品、理发、美容用品、旅游、服务费等。

按消费品的形式,消费结构可分为有形消费和无形消费。有形消费是指具有独立物质实体的消费品,如各种食品、服装等,都是独立于生产过程之外的、可以被感触的物质实体。而另一部分消费品则不同,它们与生产过程或服务过程不可分离,生产它们的过程同时也是消费它们的过程,如教学,学生所"消费"的只是教师所讲授的知识,讲授停止,学生的消费也告结束。这类消费称为无形消费。随着社会经济的发展,无形消费会越来越重要。

消费结构还可以从微观、宏观的角度去考察,个人、家庭范围的消费结构是微观消费结构,不同社会团体以及全社会的消费结构则称为宏观消费结构。它们之间有着密切联系,微观消费结构是宏观消费结构的基础,宏观消费结构是微观消费结构的抽象或总括。

(三)消费结构的变化趋势

1.恩格尔系数

恩格尔系数是用来反映居民消费结构的变动状况,由法国统计学家恩格尔于1895年提出的,他在研究比利时工人家庭的生活费用时发现:随着居民收入增加,食物消费在消费总量中的比重会逐步下降。后来,人们就利用恩格尔系数大小来评价一个国家的贫富。联合国粮农组织根据恩格尔系数确定划分贫富标准:恩格尔系数在60%以上为贫困,在50%~59%为温饱,在40%~49%为小康,在30%~39%为富裕,在30%以下为最富裕。2019年我国居民恩格尔系数为28.2%,连续八年下降。[①]

2.消费结构变化的一般趋势

居民消费结构,存在随着生产力发展和人们收入水平的提高表现出逐步由低级向高级前进的规律。伴随着经济发展水平提高,消费结构将由生存型逐步向发展型和享受型转变。随着科技进步和生产力发展,居民收入水平也在不断上升,生存资料在居民消费结构中的比重将逐步下降,恩格尔系数将不断降低,发展资料和享受资料将在居民消费中占据重要地位。在不久的将来,居民将加快对享受性高档耐用消费品的更新换代,并将形成新的消费热点。由于第三产业的快速发展,新的消费服务项目不断涌现,以精神产品为对象的精神消费和发展消费将日趋重要,越来越多的人将热衷于文化娱乐,并扩展户外活动、观光旅游等,发展资料在居民消费结构中的比重将会愈来愈高。

从发展趋势看,由雷同、单一的消费结构向多层次、多元化转变。在市场经济下,居民收入既有按劳分配收入又有按要素分配收入,收入差距在一定时期将不断拉大,居民消费也将呈现更多差异性。因此,消费结构将向多层次、多元化转变。这不仅有利于减缓雷同的消费结构对供给造成的冲击,还将对优化产业结构提出更新、更加复杂的要求,还能够促进产业结构与消费结构间的良性循环,促进生产结构的优化发展。

消费结构由数量型向质量型转变。追求生活质量是富裕起来的人们的良好愿望,这必然会出现不同于追求数量的消费结构。人们对食品消费将更加注重营养、保健和科学;服装消费追求美观、舒适、大方、新潮,并体现个性、职业特性;家庭用品消费追求高档、高质量、多功能和智能化;居住向智能化、舒适化、艺术化方向发展,新时期的住宅和别墅将体现这些特征。总之,消费结构更注重实践上的精耕细作。

3.中国消费结构的变化趋势

改革开放以来,中国居民的消费结构发生了巨大变化。工业化、城市化、市场

---

① 《"恩格尔系数连降八年"见证中国发展进步》,《北京青年报》,2020年1月21日。

化及国际化等经济结构变动和消费体制改革深化,将对我国居民消费结构产生深远影响。我国居民消费结构呈现以下几大变化趋势:

居民消费结构变化呈加快趋势,但城乡二元消费结构仍然存在。随着我国居民收入的快速增长,居民消费能力不断升级。城镇居民从十几年前"百元级""千元级"消费发展到近几年的"万元级""十万元级"甚至"几十万元级"消费;农村居民从"十元级""百元级""千元级"到近几年的"十万元级"消费。消费档次越来越高,消费周期越来越短,更新换代越来越快。城镇居民呈现多层次、多样化的特点,汽车、住房、教育、旅游等消费渐成为热点;农村居民大件耐用商品消费进入普及阶段。目前,城镇消费结构升级的主题是以住房、交通、通信、教育等新消费热点逐步成熟,带动城镇居民消费处于较为宽裕的小康阶段;农村消费结构升级的主题是由温饱型消费向小康型消费阶段迈进,恩格尔系数下降,教育、文化、耐用消费品等新消费热点升温。城乡在消费结构方面的差别依然明显,城乡二元消费结构仍然是 21 世纪初期我国居民消费最基本的结构特征。

居民交通消费渐成热点,并以家庭轿车、大城市轨道交通、农用车为三大发展重点。一般来讲,在人均 GDP 达到 1000 美元以上时,汽车开始进入家庭,并随着人均 GDP 不断增长,经济型轿车开始逐步在家庭中得到普及。目前我国城镇居民逐步普及汽车,其潜在需求极为巨大。此外,为了缓解大城市拥挤的交通和提高营运效率,公交汽车和轨道交通也将大大加快发展;农村居民对生产、生活两用型农用车也有大量需求。

信息化对居民消费影响增大,消费类电子产品市场需求高速增长。消费类电子产品主要包括音像设备、通信用品(手机等)和家用计算机及其外围设备(打印机、扫描仪、网络用品等)。此外,迅速发展的各类数字化终端是潜在的消费类电子产品。我国人口众多,电子产品消费刚刚起步,市场空间还很广阔。

医疗、教育、文化娱乐消费比重将继续上升。医疗制度改革导致人们用于医疗的支出增加,其绝对支出额和支出比重都有上升趋势。教育投入增加,表明居民对子女教育的重视;还反映了整个社会文化生活水平在不断提高。文化娱乐投入增加能够丰富人们的精神生活,也反映出人们的收入增加了。将来,人们将更注重生活质量的提高,也将继续追求质量型消费,因此在医疗、教育、旅游等方面的消费水平还会继续提高。

居民消费结构升级将是城镇先行,城乡互动,城市经济对农民消费结构升级

第九章

的影响力逐渐增大。未来的消费结构升级与经济扩张将大体表现为以下循环过程：城镇居民消费结构升级带动如下产业发展，房地产、汽车制造、电子工业、通信业、机械工业、电子装备工业及第三产业等，一批相关产业增长将增加经济总量，这将促进农民向非农产业的转移和农村城市化、农民收入提高以及在较高档次上形成消费需求，并将为现有加工产业、原材料工业和建筑业提供市场，使国民经济进入扩张性的良性循环。在工业化中期阶段，农村剩余劳动力向非农产业转移是二元经济社会向商品经济社会转化的关键，农村消费升级不仅与农业、农村经济发展有关，而且与城市经济发展的关系更加紧密。城市经济对农村消费升级的影响力不断增大，必须将农民消费问题放在经济发展全局中统筹解决，必须通过城市经济对农村剩余劳动力的吸纳来提高农民收入、促进农村消费结构升级。

本章小结

生产决定消费，消费反作用于生产。经济因素和非经济因素决定消费需求。

关键词

消费需求　货币幻觉　消费水平　消费结构　恩格尔系数　社会保障

思考题

1.生产与消费的关系是什么？

2.什么是消费需求？影响消费需求的因素有哪些？

3.什么是消费结构？消费结构变化的一般趋势是什么？

第九章

第十章

第十章　对外开放

本章要点

市场经济全球化;对外开放与我国经济安全

　　马克思在 19 世纪中叶就以惊人的洞察力注意到"历史向世界历史的转变"这一趋势,并提出"世界历史理论",指明了人类历史的走向。人类社会正由"地域"和"民族"的历史更加迅速地走向"世界历史"。

　　经济全球化符合经济规律,符合各国利益,是人类社会进步和经济发展的必由之路与共同机遇。市场经济全球化促进商品和资本流动、科技和文明进步、各国人民交往,为世界经济增长和人类进步提供强劲动力。在后金融危机时代,经济多极化、社会信息化、文化多样化,进入百年未有之大发展、大调整、大变革、大变局的时期。

　　国际金融危机后, 尤其是新冠病毒给世界经济带来二战以来首次最低增长。各种形式的贸易保护主义因而抬头,发达国家为转移国内矛盾,频频采取贸易保护措施,严重威胁着贸易自由化进程。经贸摩擦还与市场准入、知识产权、碳关税等问题相互交织,由产品层面上升到制度层面,使经贸摩擦形式更为复杂。我国是全球贸易保护主义最大受害者,又是世界上最大的发展中国家,必须坚持和平发展、合作共赢、民生导向原则,摒弃丛林法则、零和博弈的旧思维,高举贸易自由化旗帜,反对各种形式的保护主义,参与全球经济治理和区域合作,推动国际经济治理结构完善,促进全球经贸稳定发展、各国互利共赢,通过国际经贸交往为本国人民增进福祉,也增进了其他国家人民的福祉。

第一节　市场经济全球化

一、市场经济全球化的产生与发展

在世界经济经历三次市场经济全球化发展较为迅速的高潮后,如今,市场经济全球化已成为不争的事实。一百年前,世界经济的概念还只是若干发达资本主义国家同义语,在冷战时期,两个平行的世界市场使世界经济仅限于世界经济中的资本主义部分。

市场经济全球化具有二重性,是资本主义生产关系的扩张,也是生产社会化的发展,是资本、技术、信息等生产要素在全球范围内进行流动和配置,各国经济相互联系、相互依赖的一体化过程。市场经济全球化的主要特点有:根本动力是科技进步;本质是资本主义生产关系全球化;直接表现是贸易自由化程度提高、金融国际化趋势增强,国际贸易和投资在全球范围的增长;主体是跨国公司;关键是全球生产经营网络形成,核心是产品内部专业化分工;协调者是各国政府、区域组织和国际性组织。因而市场经济全球化是生产力发展推动市场在更大范围和更高程度上扩展,使世界经济逐渐融合为一个密不可分的客观过程。资本在全球扩张,特别是在社会生产力发展和科技进步的条件下,促进了世界贸易和分工的发展。不同国家(地区)经济,通过国际分工、国际贸易、国际投资、国际金融、跨国公司、国际和地区性经济组织及现代化交通、信息、媒体等途径相互影响,结成充满矛盾的整体。随着世界市场的形成,生产和交换日益越出国界,过去那种地方和民族自给自足和闭关自守状态,被各民族各方面互相往来和各方面相互依赖所代替。

市场经济全球化是一个长期、渐进的过程,是生产社会化发展的更高阶段,表现为国际分工的不断深化,各国间经济上的相互依赖程度不断加强,使生产力发展出现新的飞跃,国际分工深化,世界范围内的生产和流通已被连接成一个不可分割的整体,各国间的经济依赖程度空前提高,所有国家都不同程度地卷入国际性或区域性经济合作组织之中。其对生产力的推动作用越来越大,表现在扩大国际贸易、投资机会和技术交流等领域。

全球化是西方发达国家推动的一种自由贸易模式,发达国家的跨国公司通过成本最小化和利润最大化原则实现全球生产要素流动和资源优化配置,这使得站在价值链高端的西方发达国家获利颇丰。同时,全球市场加速新兴国家的快速崛起,也推动着全球经济的繁荣。

(一)市场经济全球化的必然性

新科技革命成为市场经济全球化的生产力保障。前两次全球化是科技推进交通工具的发展,第三次市场经济全球化发展则是以信息技术、生物生命工程、新能源为主要标志的当代科技革命,极大地促进了社会生产力发展,这又为贸易全球化和金融全球化扩张提供了极大便利,使跨国公司在全球范围内生产和销售更为方便,给各国生产流通体系,乃至整个经济、政治生活带来深刻影响,在速度和效益等方面为市场经济全球化提供了重要条件。这些是市场经济全球化迅猛发展不可缺少的重要物质基础。

和平与发展成为世界主题,成为市场经济全球化的环境保障。20世纪80年代特别是90年代以来,苏联解体、东欧剧变,冷战结束,缓和的国际关系为世界经济发展提供了有利的国际环境,发展经济成为各国,特别是发展中国家面临的迫切任务,"亚洲四小龙"经济发展的成功范例,促使越来越多的发展中国家效仿对外开放的发展模式。

市场经济成为经济全球化赖以存在的体制保障。市场是无国界的,市场经济的基本规律是价值规律,价值的本质是平等、开放、流动的,作为资源配置方式的市场经济,具有开放性、平等性及流动性。市场经济全球化是在全球范围内进行资源优化配置的过程。随着人类生产能力的提高,经济活动能力增强,市场经济自然要求扩展空间、扩展到全球。这是市场经济规律在全球范围内扩展、延伸其作用的结果。一国经济运行效率无论多高,总要受到本国资源和市场的限制。只有实现全球资源和市场一体化,才能使一国经济发展在现有条件下最大限度地摆脱资源和市场束缚,实现在最有利的条件下生产、在最有利的条件下销售这一世界经济发展的最优状态。

国际经济规则不断强化,成为市场经济全球化的制度保障。世界银行、国际货币基金组织以及世界贸易组织(WTO)奠定了二战后国际经济秩序的基本规则。尤其是20世纪90年代以来,随着世界经济中全局性问题日益突出,国际经济组织的职能在不断加强,在协调各国经济、地区经济和经济发展过程中,在应对全球突发性经济事件,稳定国际金融秩序和地区金融市场等方面发挥着越来越重要的作用,极大地促进和保障了市场经济全球化的发展。1995 年 WTO 取代《关税及贸易总协定》(GATT),使全球贸易、投资与金融自由化规则大大强化,使自由化由货物贸易领域迅速扩展到服务贸易、与贸易相关的投资和知识产权保护等领域。WTO所遵循的非歧视、可预见、更自由、更具竞争性、更有利于发展中国家的原则,为市场经济全球化的发展规定方向,使市场经济全球化成为一种难以逆转的潮流。

发展中国家多数实行对外开放和经济体制的改革,极大地增强了世界各国的经济联系。

跨国公司成为市场经济全球化的主体保障。奉行全球化战略的跨国公司,是生产和资本国际化的产物,直接推动着市场经济全球化的发展,又反过来促进生产和资本的国际化,这种跨越时空的国际分工模式比国际贸易更容易配置全球资源,在加强市场经济全球化上的主导作用日益明显。

新自由主义成为市场经济全球化的理论保障。20 世纪 70 年代后期,凯恩斯主义失宠,新自由主义兴起并发挥指导作用,发达国家纷纷放弃资本管制,国际资本自由流动,企业扩大对外投资,把市场经济全球化推向高潮。

(二)市场经济全球化的三次浪潮

市场经济全球化与资本主义生产方式在全球扩张是相互伴随的。

市场经济全球化的第一次浪潮,是以工业革命为条件、商品资本的流动为标志的,工业革命使得蒸汽机代替畜力和水力,生产力出现质的飞跃,质量高、数量多、价格低的机器迅速占领当时的世界市场。

市场经济全球化的第二次高潮是以电力使用为条件,以借贷资本和直接投资国际化为标志。宏观上是以美国支撑的国际金融和国际贸易体制的形成,微观上则是美国等国的跨国公司迅速发展。二战后建立国际金融体制是以美元为基础货币、实行汇率固定但可调整的布雷顿森林体系,《关税及贸易总协定》则勾勒出了多边贸易体制框架。这套经济体制促进了西方国家在战后的经济复兴,也带动了国际贸易增长,以及外国直接投资井喷。

市场经济全球化的第三次浪潮是以生产跨国化和金融一体化为标志的。无论是深度还是广度,都超过历史上的任何一次。其根本动因是从 20 世纪 60 年代后期开始的技术创新加速,特别是信息技术发展,极大地提高了社会生产力,有力地推动了市场经济的全球化发展。跨国公司的发展，为市场经济全球化提供适宜的企业组织形式。与科技创新相联系的生产组织方式革命，是推动市场经济全球化第三次浪潮的又一重要因素。

二、市场经济全球化的基本特征

市场经济全球化的实质是资本主义生产关系全球化，即市场经济全球化的矛盾是资本主义基本矛盾的反映，也使贫富差别全球化，是资本主义世界经济发展的新阶段。

世界市场在不断扩大，尤其以二战后半个世纪表现得最为突出，其中，除商品市场外，劳动力市场、金融市场、资本市场、技术市场等市场迅速形成和发展起来，并且互相联系、不断完善、迅猛扩大、形成了一个完整的世界市场体系。

贸易全球化。随着科技发展，经济活动由国内走向国际，生产逐渐全球化，主要表现是商品市场扩大，半个世纪以来，世界贸易增长率一般超过世界总产值1倍，有时超出更多。

生产全球化。一件商品在多国生产，彼此经济相关度很高，国际分工由传统的垂直型向水平型过渡。欧洲空中客车公司在全球拥有员工5万多，在法国、德国、英国、中国等设有数十家工厂分工合作生产飞机零部件，最后运到法国、德国两个总装车间进行组装。

企业全球化。跨国公司依靠其优势跨越国界进行生产和经营，在全球范围内实施最佳资源配置和生产要素优化组合，全球跨国公司控制世界技术贸易的60%~70%，产品研发的80%~90%以及外商直接投资（FDI）的90%，是世界技术创新和技术扩散的主要来源。发达国家的一些巨型跨国公司，无论是从其股票市值、销售额、资产额、利润额，还是从其雇用人数来看，都已富可敌国。

科技创新活动不断突破地域、组织和技术界限，创新资源在世界范围内加快流动，各国经济科技联系更加紧密。要求各国主动开放、引领开放、双向开放，合作攻关，不闭门造车，亦不受制于人。随着对外开放逐步深化，国际科技交流合作将更加紧密，在自主能力不断提高中实现平等开放、在进一步开放中实现更高层次的自主创新。

网络全球化。计算机系统已发展为互联网，随着计算机软硬件数据的使用效率不断提高,人类知识财富共享的范围将逐步扩大。信息技术主要是信息获取、传递、处理和储存等技术,尤其是高新技术的前导。1946 年 2 月 15 日,世界上第一台电子计算机在美国的莫尔学院诞生,拉开了信息革命的序幕,互联网于 20 世纪 60 年代末出现在美国,到 20 世纪 80 年代末,互联网应用由军事、科研、教育和行政部门扩大到经贸、生产、文教等领域。截至 2022 年 6 月 30 日,全球互联网用户数量达到 53.86 亿人,占世界总人口 68.1%。

金融全球化。在战前的长时期内,世界市场主要是商品市场。目前市场经济全球化主要表现为金融全球化,国际金融市场的交易规模在不断扩大,有助于在世界范围内优化资源配置,促进世界经贸发展。包括:①国际债券市场融资规模迅速扩大;②国际股票市场和基金市场迅速发展;③国际金融市场高度一体化。但是随着金融市场规模扩大、资本流动速度加快,特别是金融衍生品的交易迅猛扩大,与之相伴的是风险也越来越大。如 2008 年美国金融危机引起的世界经济衰退。社会主义国家经济市场化是市场经济全球化的重要组成部分。在市场经济全球化进程中,最引人关注的是社会主义国家由计划经济经过改革向市场经济转轨、成为市场经济国家,并且普遍实行较为开放的政策。

当前,除极个别国家以外,其他国家几乎都被纳入世界经济的运行体系之中。

三、市场经济全球化的影响与发展趋势

(一)市场经济全球化的影响

发达资本主义国家通过制定规则、在国际贸易和国际资本流动中获利最多。这反过来又强化了他们的优势地位和对国际制度制定和实施的主导权。

市场经济全球化的影响:首先,这为发展中国家带来巨大的收益和潜在机会,主要表现为吸引技术和资本,推进国内工业化。利用不断扩大的国际市场扩大出口,带动经济发展。学习发达国家先进的科技文化和体制,促进经济和社会的现代化。

其次,这也给发展中国家带来巨大的风险。国际经济体制在很大程度上是发达国家政策协调的结果,大多数国际规则都是对发达资本主义国家有利,要求发展中国家接受和服从,给发展中国家带来许多新的挑战,如,资本流动的冲击,国

内政策有效性弱化等。

(二)市场经济全球化的发展趋势

国际金融在全球经济生活中的作用日益突出,证券市场对全球资源配置所起的支配作用日益加强。金融全球化将导致财富在全球再分配,使富国越来越富,穷国越来越穷。国际货币体系日益创新,形式将走向多元化。

国际贸易将有力推动市场经济全球化和地区经济一体化。近50年来,国际贸易的平均增长速度比世界GDP的平均增长速度高一倍多,这一趋势将继续下去。尽管2008年金融危机,尤其是新冠病毒带来国际贸易的阶段性衰退,但是21世纪国际贸易将推动世界经济一体化发展,贸易与投资互相促进、推动国际分工和各国产业结构的调整、升级。跨国公司将持续推动企业跨国兼并浪潮:企业跨国兼并是优化资源配置、产业结构调整和规模经济的需要。国际互联网将极大地改变人类的生产和生活方式,互联网普及提供加强各国经济联系的新纽带;互联网将不断提高生产、金融、贸易和企业全球经营的效率和质量。

知识将成为21世纪生产要素中的一个日趋重要的独立成分,一个国家只有在技术创新和制度创新方面领先于世界,这个国家才能在国际竞争中处于不败之地。而技术创新和制度创新需要更多受过良好教育的高素质公民。

市场经济全球化不断加深各国经济的相互依赖与渗透,使各国的共同利益不断增加,这必然有利于促进世界和平与发展,不断促进国际的民主与合作;也使各国领导人和政府政策选择余地缩小,打破民族国家的壁垒,模糊民族国家的经济界限。

(三)市场经济全球化与经济一体化的对立统一关系

市场经济全球化,是在当代科技迅猛发展的前提下,各国经济相互交织、相互融合,逐渐组成相对统一的世界市场体系,并按市场经济的要求,实现资本、货物、技术、劳务等生产要素自由流动和合理配置。经济一体化是在市场经济全球化发展的基础上,为消除各国政府彼此间贸易壁垒以及阻碍生产要素自由流动而采取的政策,要求参与国将其原有的某些经济领域中的国家主权部分或全部地让渡给共同建设的国际机构,并通过签订一系列协议和条约形成具有一定法律约束力和行政管理能力的国际性经济组织,从而在其成员国之间达成权利与义务的平衡。

其主要表现为：一是通过协议和条约，消除各成员间的歧视性政策，消除各种贸易壁垒，实现世界政治经济制度一体化，促进全球市场一体化；二是形成实施协调性共同政策，保证世界范围内主要经济和福利目标的实现。经济一体化是各国政府、区域性组织和国际性组织在生产关系上对市场经济全球化发展到这一过程做出的一个调整过程，并提供制度保证。可见，经济一体化与市场经济全球化的目标均集中于推动全球统一市场形成，实现资源在全球范围内优化配置。这两者具有内在统一性，具有紧密联系，市场经济全球化是经济一体化的基础，而经济一体化则是市场经济全球化的制度保障，是市场经济全球化发展的必然结果，但两者也有区别。全球经济迅猛发展和全球福利最优化实现，要靠市场经济全球化推行，更大程度上要依赖于经济一体化实施的程度和质量。因此，市场经济全球化发展的迫切需要建立在共同利益基础上的经济一体化同步前进。市场经济全球化是市场机制这只"看不见的手"在全球范围内作用的结果，而市场经济一体化则是人类用"看得见的手"替代"看不见的手"解决经济问题的努力结果。市场经济全球化是经济自由化发展的趋势；经济一体化，包括全球经济一体化和地区经济一体化，则是经济制度化发展的趋势。这两种发展趋势从来都是同时出现、相伴而生的，这是市场经济发展过程的两个方面，是市场经济在全球范围内展开，价值规律作用在全球范围全方位延伸的结果。

（四）国际组织调节经济生活的必要性

经济生活国际调节是在全球化下、在激烈的国际竞争中，为避免各国经济受到损失，促使国际经济健康协调的发展，通过国际经济组织或协议，站在新的国际社会分工和协作的高度，对世界或地区范围的主要经济活动进行宏观调控。对经济生活进行调节，这取决于自由化和制度化这两大趋势及其对人类经济活动的效益影响。

二战后，由于高新科技推动，国际社会分工与协作快速发展，发达国家的生产社会化程度超越国界，很多跨国公司的产供销都面向世界，各国经济联系日益紧密，客观上要求在国际范围内进行各种经济调节。为适应市场经济全球化要求，凌驾于各国之上调节各国资本在国际经济关系中的矛盾、按市场经济全球化的发展要求协调各国经济发展，成为客观需要。

（五）经济一体化和国际经济协调的基本组织形式

对全球市场经济进行调节,要求在世界经济领域中有一定的制度安排和建立相对统一的国际经济秩序,实现经济一体化。各种国际经济组织、协议、地区经济集团建立和发展,是在不同的领域、范围、程度上实现经济一体化和进行国际经济调节的基本组织形式。在一体化动态上,全球一体化主要表现在:一是 WTO 成立,促进世界经济在更广泛的领域实现自由贸易；二是全球一体化推进速度加快,运作机制得以初步完善,更为制度化和职能化。

二战后,一系列调节国际经济关系的经济组织先后建立,其中发挥作用最大、影响最广泛的主要有三个。

国际货币基金组织是政府间的国际金融组织,是联合国经济方面的专门机构。其宗旨是增进国际货币合作、向成员筹集基金,成员在其国际收支发生困难时,可通过"购买""提款"方式向该组织取得一定量基金,以克服国际支付困难,平衡贸易、稳定汇率。

世界银行(即国际复兴开发银行)是联合国的专门机构之一,旨在向成员国提供用于生产性投资的长期贷款,以促进经济复兴与发展,该银行资本来源除成员国缴纳股金和历年纯利积累外,主要是从国际资本市场的借款。

世界贸易组织前身为《关税及贸易总协定》,其宗旨是按自由贸易原则处理缔约国在贸易和经济上的关系,制定缔约国间商业关系的一般行为准则和有关贸易规则,促进贸易自由化。

二战后,经济一体化和国际经济调节出现的组织形式,按这些国际经济组织的发育水平,即按缔约国经济联合程度、共同调节和干预经济的程度由低到高的不同、由低到高的层次发展起来,即自由贸易区、关税同盟、经济联盟、经济政治联合体等形式。

（1）自由贸易区是缔约国在商品流通领域中的联合、参加国之间关税和进口数量限制被取消,但每个国家都保留着自己对非成员国课征关税的权力,其共同机构是协商性机构,对内对外经济政策都是独立自主的,这是经济一体化水平较低的组织形式。

（2）关税同盟除取消缔约国之间贸易关税和限额外,还规定共同对外关税的税率和外贸政策,因而其已拥有在一定程度上超越国家职能的经济调节作用。

共同市场一体化的发育水平超过关税同盟,它还可以保证生产要素在成员国之间自由流动。

(3)经济联盟是一体化水平较高的组织形式,其把对商品和要素流动抑制与对各国经济政策某种程度协调起来,以减少这些政策不一致而造成的歧视。其成员国除要达到关税同盟的要求外,还要制定和执行某些共同的经济政策,包括货币金融政策,建立共同储备,以稳定成员国间货币兑换比率,建立各种基金,以调节各成员国某些经济部门和地区发展。

(4)完全一体化,最终目标是经济政治联合体,在联盟内部,各成员国是在共同政策调节下,使用统一货币,废除民族国家的货币,商品、资本、劳动力自由流动。如欧盟,是符合这一概念的组织形式,其最高形式是建立超国家的权威机构,包括欧盟理事会、欧盟委员会、欧洲议会三大结构,这些机构对所有成员国都有约束力。

亚太经济合作组织(Asia-Pacific Economic Cooperation,APEC)于1989年诞生,中国于1991年11月正式加入该组织。经过30多年的发展,APEC已成为亚太地区层级最高、领域最广、最具全球性影响力的区域经济合作组织,囊括了美国、中国和日本世界前三大经济体在内的21个成员,成员间经贸往来日益密切,产业链合作更加紧密,经济总量和贸易规模等均居世界前列,已成为世界经济增长的重要引擎,其发展走向与政策导向对世界经贸发展具有重要的影响。其内部达成任一贸易优惠,同样适用于组织外任何地区和国家,具有高度开放性;最高目标虽然是贸易自由化,但成员国没有条约或协定约束,也没有国家主权让渡和建立"超国家"的机构,其是一种初级、松散的一体化经济形式,是经济一体化理论的新突破。

(六)地区经济一体化

第一,地区经济一体化是由地域邻近的一些国家,根据自身经济发展的要求和生产国际化的客观要求,为维护共同经济利益,通过签订协议而组成的经贸集团。旨在增强和扩大集团内部的经济实力,提高集团在国际经济中的竞争力,为其成员争得更大的经济利益。世界经济一体化的发展水平,从经济一体化、经济集团化、区域集团化、区域一体化到市场经济全球化,其主要表现形式包括全球经济一体化和地区经济一体化。

地区经济一体化发展表现为,组织数量增加、规模扩大,发展程度加深。地区经济一体化是全球一体化在其经济条件不够成熟时的区域性发展阶段,目前两者并存,但其长期将向全球性一体化转化。综合两者的发展,不难看出,经济一体化促进市场经济全球化发展,两者具有同步性。据世界贸易组织统计,目前世界上各种类型和层次的地区经贸集团和组织已达到一百多个,几乎每个国家和地区都程度不同地参与其中。目前发展最快、规模最大、影响最广的地区经济一体化集团有三个:欧盟、北美自由贸易区、亚太经济合作组织。此外,像非洲经济共同体、东南亚国家联盟、南方共同市场等,这些集团有的正在向更大区域和更深层次发展,有的则处于起步和巩固扩大阶段。

第二,地区经济一体化发展原因。①科技革命推动生产力水平极大提高,生产国际化分工日益加强,使各国经济联系日益密切,相互依存度日益加大。②各国发展的要求。1980年以来世界经历极大震荡、调整和改组,许多国家的经济实力发生变化,加之世界贸易组织进展迟缓,具有优势的国家为防止失去优势,便寻求区域集团保护。由于不同社会制度的对立和不平等国际分工存在、各国经济水平落差加剧,致使贸易歧视和贸易保护主义依然存在,表现为:发达国家对发展中国家进行经济封锁和贸易歧视;在国际贸易非关税壁垒不断加强的情形下,发展中国家很难发挥国际贸易的比较优势,不得不寻求经济一体化的保护。③地理位置相邻。世界的交通和通信日益发达,"经济距离"往往可以超越"地理距离",但是地理邻近依然是有利于地区经济一体化重要因素。地理相邻,除节省交易成本,容易开展国家之间的商品、服务、资本、人员交流外,往往还有利于确立和扩大共同政治和经济利益。地理相邻还容易发展为相似甚至相同的文化,接受共同文化的影响,形成促进国际交往的文化基础,促进互补的国际分工,这些都有利于地区经济一体化深入发展。欧盟的形成和发展能够证明这一观点。

第三,地区经济一体化的作用。促进各国经济发展乃至整个世界的经济发展。加强集团内成员国之间的经济合作,使它们之间的国际分工更精细,协作更密切,以适应和反映市场经济全球化的发展要求。这是当代市场经济在全球范围内发展的必然产物。地区经济一体化也具有局限性,各个地区性经济集团不是封闭性的,但毕竟在成员国和非成员国之间存在着待遇差别,使非成员国在竞争中处于相对不利的地位。

促进市场经济全球化发展。市场经济全球化和地区经济一体化所追求的目标都是实现规模经济、提高经济效益和增强产品竞争力,只不过是范围大小不同而已。地区经济内部成员国之间实行生产要素自由流动、互补互动,加速生产要素相互渗透,深化成员国间相互依存和国际分工,推动市场经济全球化的历史进程。

改变世界经济格局。各国面对美国垄断资本的扩张均显得势单力薄,以至于美国成为世界经济唯一超级大国,为维护自身利益,各国唯有联合、组成经济集团,建立区域政治经济联盟,才能取得与美国平等的贸易伙伴地位。由于不同国家和地区有着不同国情、历史,地区经济一体化对于各国有积极的一面,也有消极的一面。主要弊端是区域经济集团都有排他性,对集团外的国家和地区往往实行歧视政策,使经济集团和组织之间的经济竞争更加激烈和尖锐,竞争规模和层次空前提高,同时又阻碍经济全球化发展。

第四,地区经济一体化的影响:导致成员国内部矛盾重重;使国家主权面临挑战;加剧世界经济发展的不平衡。二战后,国际经济发展的一个鲜明特征是各国经济发展的差距扩大,经济不平衡发展更加凸显。

第二节　对外开放是我国的一项长期基本国策

2013 年以来,中国已连续 10 年位居世界第一大货物贸易出口国和第二大货物贸易进口国,形成世界市场和世界工厂两种角色互促共进的全方位开放合作促进体系,为我国高质量开放与发展开辟新路径,为世界经济复苏注入强劲动力。

党的十九届四中全会提出,"坚持扩大高水平开放和深化市场化改革互促共进。坚定不移扩大开放,推动由商品和要素流动型开放向规则等制度型开放转变,吸收借鉴国际成熟市场经济制度经验和人类文明有益成果,加快国内制度规则与国际接轨,以高水平开放促进深层次市场化改革。"全方位、多渠道、宽领域利用外资、发展外贸,促进要素自由流动、资源高效配置、市场深度融合,对内对外开放相互促进,培育参与和引领国际经济竞争的新优势,完善互利共赢、多元平衡、内外联动、安全高效的开放型经济体系,是新形势下促使我国经济高质量发展的迫切要求,也是完善我国社会主义市场经济体制的重要举措。

一、对外开放的必要性

社会主义市场经济必然坚持互利共赢的对外开放。经济全球化是生产社会化和市场经济发展的客观要求与必然结果,推动商品、劳务、资本、技术等在全球范围内流动,使生产要素得到更加合理的配置,有力地推动了人类社会生产力的发展。

社会主义市场经济是在参与经济全球化的过程中不断发展的,致力于合作共赢,造福世界人民。首先,社会主义市场经济是开放的,致力于建立全方位、多层次、宽领域的开放格局,充分利用国际国内两个市场、两种资源,把"走出去"与"引进来"相结合,在不断扩大的对外开放中发展自己。其次,社会主义市场经济是全球经济的重要稳定发展力量,坚持把发展的基点和重心放在国内,主要靠自身力量和改革创新推动经济社会发展,注重保持对关键行业和领域的控制力,降低世界经济波动可能产生的冲击和危害,不把问题和矛盾转嫁给别国。最后,社会主义市场经济与各国各地区的经济联系日益密切,为世界经济发展做出重要贡献,强调本国利益与人类利益的一致性,在追求自身发展的同时,努力实现与他国发展的良性互动,促进各国共同发展。

国际分工带来经济利益、社会化大生产和市场经济发展,在全球范围内合理配置资源。20世纪50至60年代以来,在新技术革命推动下,国际分工和协作关系日益加强,生产国际化日益发展,国际分工使生产趋于专业化。同时,企业间、国家间的协作关系日益发展,在不同程度上加强国家间的相互联系,将不同生产力发展水平的国家和地区纳入国际分工体系中。面对全球化,任何一个国家,即使地域辽阔、资源丰富,也难以具备经济增长所需的全部资源,总是或多或少地从其他国家取得这样或那样的原料以弥补本国的资源不足。任何一个国家,需要他国的资源、也需要他国的市场。一国社会的再生产要以国际交流和合作为条件,要融入世界经济发展中,在全球范围内,实现资源合理配置,享受市场经济国际化的好处。

分享科技革命成果,适应科技发展趋势的需要。任何一个国家,无论其科技力量多么雄厚,都难以拥有经济发展所需要的全部技术,也难以在所有科技领域都占据领先地位,靠自身力量去解决本国经济发展中的一切科技问题已经不可能。只有将本国经济投入世界经济中,才能互通有无、取长补短,分享世界分工与协作带来的科技进步。

跨越式发展。世界科技革命蓬勃发展,后进国家在较短的时间内,在经济和技术上赶超先进国家,必须大力推行对外开放政策,广泛地吸收和利用世界上一切文明成果。

相反,由于长期闭关自守,我国对西方政治、经济、军事、文化情况缺乏了解,尤其是对资本主义的发展状况缺乏了解;更缺乏对外经济贸易往来,致使我国社会经济长期落后。

二战后,日本经济高速增长,短时间内一跃成为世界第二经济大国,正是大力推行对外开放政策的结果,具体手段是大量引进先进技术,积极利用外资、国外资源和市场,吸收别国有益的管理经验,结合本国特点加以改造,形成具有自身特色的先进企业管理体制,促进日本经济腾飞。在发展中国家和地区,实行对外开放使经济迅速发展起来也不乏其例。引人注目的是 20 世纪 60 年代后崛起的新兴工业化国家或地区,主要是被称为"亚洲四小龙"的韩国、新加坡、中国台湾和中国香港。它们除了大量吸收外资之外,还利用发达国家传统工业向海外转移的机会,发展出口加工业,参与国际分工与交换,促进国民经济迅速发展。

二、对外开放的长期性和多样性

1984 年 10 月,党的十二届三中全会通过《中共中央关于经济体制改革的决定》,正式把对外开放定为我国的一项长期基本国策。其基本内容是:对外开放具有长期性、多样性。各国经济发展的经验无一例外地表明,对外开放,参与国际分工与国际竞争是任何国家实现经济现代化、高质量发展的必由之路。对外开放具有如下多样性。

第一,多领域、多渠道。包括经济、科技、政治、教育、文化、体育、卫生等方面在内的全方位对外开放。新中国成立以来,一直发展外贸,但并不等于一直发展对外开放。外贸,过去与现在相比,无论是内容还是规模都大为不同,更重要的是,单有外贸这一个渠道难以算是真正意义的对外开放。因为国际市场早已由单一的商品市场发展到包括国际的资金市场、技术市场和劳务市场等在内的国际市场体系。如此众多领域的国际市场,要求对外开放应是多领域、多渠道的,包括:外贸,开放商品市场;引进外资和对外投资,开放资本市场;技术交流、转让,开放技术市场;对外承包工程、劳务合作、国际旅游等,开放劳务市场。其中,外贸、利用外资和对外投资,是对外经济开放的两大主渠道。

第二,多元化、全方位。我国在"一五"时期有过对苏联、东欧等少数国家的开放,但这不是完整意义上的对外开放。党的十一届三中全会以来,对外开放包括三个方面:对西方发达国家开放,这是吸收外资、引进技术的主渠道;对俄罗斯和东欧国家开放;对发展中国家开放。这些国家各有自己的特点和长处,各有可取之处。

三、坚持独立自主和对外开放相统一

独立自主和对外开放相统一,发挥我国国家制度和国家治理体系的显著优势,也是我国社会长期发展积累的宝贵经验。进入新时代,推动我国经济社会持续健康发展,构建人类命运共同体,必须继续坚持独立自主和对外开放相统一。

独立自主与对外开放是相互贯通、互补互动、相互促进的。独立自主是对外开放的基础和前提。只有坚持独立自主,才谈得上真正的对外开放。任何一个国家的建设和发展要取得成功,都必须紧紧依靠自己的力量。开放是由自主能力决定的,并随着自主能力的发展而发展变化。同时,对外开放有助于独立自主能力的增强。在对外开放过程中,吸收和利用世界先进科技、管理经验等,能够加快本国经济发展,增强经济实力和综合国力,增强本国独立自主的能力。开放是吸收国外先进体制、先进科技的过程,是经受锻炼、提升能力的过程。

独立自主和对外开放相统一,是在实践中形成,并随着实践发展而不断发展变化的规律。不同历史时期,社会实践或国情不同,独立自主和对外开放面临的形势、针对的问题、着力的重点不同,二者的内容、相互作用的形式以及统一的方式也就不同。在实践发展中出现的新情况、新变化,引起独立自主和对外开放在内容和形式上的变革,促进二者关系不断调整,形成新的关系。独立自主和对外开放,是在这种互动中不断向前推进的。

坚持独立自主和对外开放相统一,是我国经济快速发展的原因之一。新中国成立以来,坚持走独立自主的发展道路,在一穷二白的基础上取得社会主义建设的伟大成就。改革开放以来,在坚持走中国特色社会主义道路的同时、实行改革开放,大力"引进来"又积极"走出去",不断为我国经济社会发展注入新的动力和活力。党的十八大以来,我国形成了全面开放新格局,共建"一带一路",推动中国经济和世界经济深度融合、共同发展,构建人类命运共同体。实践证明,独立自主和对外开放相统一是中国改革发展的成功之道，现代化建设的必由之路。

新时代强调坚持独立自主和对外开放相统一，是在新的历史起点上、构建人类命运共同体的需要，各国之间的相互联系与依赖的程度空前加深，人类社会日益成为一个你中有我、我中有你的命运共同体，任何一个国家都不可能关起门来孤立发展，必须同舟共济、开放合作。要高举和平、发展、合作、共赢的旗帜，在维护国家主权、安全、发展利益的前提下，坚定不移奉行互利共赢的开放战略，在开放合作中谋求自身发展，进而推动世界共同发展。

构建人类命运共同体，必须主动顺应经济全球化潮流，发展更高水平、更深层次、更广领域的开放合作，旨在实现各国互利共赢，增进中国人民的根本利益和世界人民的共同利益。加强发展的内外联动，为我国经济高质量发展注入新动力、增添新活力、拓展新空间。扩大对外开放与坚持独立自主是并行不悖的。实践表明，关键核心技术是要不来、买不来、讨不来的，为经济社会发展打造新引擎，必须加快关键核心技术的自主创新，把发展主动权、创新主动权牢牢掌握在自己手中。唯有如此，才能赢得发展和开放的主动。

构建人类命运共同体，推进全球治理体系变革。开放发展，面临的国际国内形势，与以往有很大不同，有利因素更多，但也面临更深层次的风险挑战。经济全球化深入发展，很多问题、挑战不再局限于一国内部，也不再是一国之力所能应对的，离不开全球治理。推进全球治理体系变革，推动国际秩序朝着更加公正合理的方向发展，使之符合各国的普遍要求。

第三节　对外开放与人类命运共同体建设

经济全球化符合经济规律、符合各国利益，是人类社会发展和经济、科技进步的必由之路与共同机遇。促进商品、资本流动，促进科技和文化进步，为世界经济发展提供强劲动力。发展多元化合作，在更高水平上建设开放型经济，是破解新的社会主要矛盾、破解我国经济体系中的结构性矛盾的必然选择。

一、国际经贸发展与国际经济规则体系改革

20世纪90年代以来，以信息技术为代表的科技革命大幅度降低资本、人才、

信息自由流动的成本,以绿色、智能、低碳等为主要特征的技术变革也引发国际产业分工与国际秩序的大规模调整,大幅度推动跨国公司主导下以垂直专门化分工为代表的全球化进程。我国对外开放面临"三期叠加",即金融危机后、新冠疫情后世界经济的深度调整修复期,全球经济治理变革与新一轮经贸规则构建期,我国对外经济关系中比较优势的转换期。

40多年的改革开放,我国的发展成就举世瞩目:拥有庞大的产能和巨大的资本输出能力,拥有更多资源和手段,拥有越来越广泛的国际经贸利益,对世界经济增长的贡献大幅提升,国际地位和影响力大大增强,在全球价值链中的地位与日俱升,日益走近世界舞台中央。国内外复杂形势与时代要求我国站在时代发展和历史潮流的高度,把握趋势、抓住机遇,由过去的被动接受转为主动适应,由被动防御逐步转向主动出击,在履行知识产权国际公约的前提下,在能源资源安全、粮食安全等全球性问题上,承担与我国发展水平相适应的国际责任和义务,实现由封闭半封闭向全方位开放的转变,由全球化的参与者向全球化的引领者转变,主动谋求在对外开放中发挥引领作用,支持和鼓励其他国家参与全球安全治理,得到各国的尊重与支持。以实力和能力,树立负责任大国的良好形象,维护我国和发展中国家权益,参与修订、制定公正公平、包容有序的国际经贸规则和市场秩序,为和平与发展不断贡献智慧、方案、力量,持续优化国际经贸格局。运用作为世界贸易组织成员的各项权利,维护以联合国宪章宗旨和世界贸易组织规则为核心的国际秩序和国际体系,由参与到引领国际知识产权规则和秩序的建构,以开放、合作、共享理念参与贸易投资规则和标准体系建设,认真研究、借鉴既有规则、国外知识产权的战略和经验,及时掌握相关知识产权规则的变动与程序,争取、加强我国在全球经济治理中的制度性话语权,进行"中国表达"、发出"中国声音",加大中国主动倡议、创立条约和国际投资规则的力度,正本清源、修正西方中心主义的国际立法倾向,在重要领域谈判逐渐拥有主动权,以建设性姿态以至引领者角色为全球经济治理提供更多公共产品。坚持"确保'次优'、争取'最优'"的外经贸谈判原则,在多边和双边知识产权谈判和合作中,总体防御和具体领域的进攻相结合,利用自身市场需求的特殊性,参与规则和标准的制定,利用有利的条件、领域和时机,善于提出反映中国利益的政策和诉求;继续深化多边双边合作,探索求同存异,倡导、完善多边机制,以发展伙伴关系为抓手,秉持共商共建共享的原则,致力于促进各国相互联系与依存,优势互补、互鉴包容,形成安危与共的利益共同体、责任共同体,构建多主体、全方位、跨领域包容共生的合作平台和新型国际合作模式,为世界经济走向复苏和繁荣做出应有的贡献。

抢抓"参与红利",参与多层面、多领域的国际贸易投资规则谈判,参与修订和制定公正公平、包容有序的国际经济新规则,为世界和平与发展不断贡献智慧、方案、力量,形成全球协同管理和竞争优势,增强中国知识产权的自主性、自卫力和竞争力。主动和善于维护海外知识产权权益,促进中国具有优势和利益相关的领域,如高铁技术、传统文化、汉字版权等方面形成的知识产权新诉求、新主张上升到国际知识产权新规则,纳入新的国际知识产权体系,推动现有国际投资规则的改革。

抢抓"创始红利",利用亚投行,力推多边投资协定。科学评估宏观经济的内外关联效应,在坚持独立性、自主性的同时,加强与主要经济体协调与合作,建立均衡、普惠、共赢的多边贸易体制。适应区域经济合作发展新趋势,充分发挥我国的自身优势,引导和推动区域合作进程,与周边地区及其他经济体形成更加紧密的经贸合作关系,携手各国防止国际经济剧烈波动,共同维护世界经济繁荣。

深化与新兴市场经济国家、发展中国家的务实合作,帮助其完善产业体系、增强自主发展能力。新兴市场经济国家和发展中国家与我国的战略利益相似,互补性强,经贸合作的潜力大。坚持优势互补、错位竞争,推动双边市场开放,扩大双向投资规模,探索更多更有效的合作共赢方式、共同发展,逐步缩小南北发展差距,建设持久和平、共同繁荣的和谐世界。

二、构建人类命运共同体

习近平在 2013 年提出"丝绸之路经济带"和"21 世纪海上丝绸之路"("一带一路")的倡议,[①]以高质量发展为宗旨,以绿色、环保、开放、包容、协调、合作为特色,以共同发展为核心,以沿线各国发展规划、战略、政策对接为基础,以政治互信、经济互赖、文化交融、社会互动和安全支撑为战略手段,以绿色、环保促进高质量发展,持续优化国际经贸格局,发展全球伙伴关系,逐步促成我国与世界卯榫相合、良性互动,在追求本国利益时兼顾他国利益、兼顾合作方利益和关切,寻求利益契合点和合作的最大公约数,以合作取代对抗、以共赢取代独占,使合作成果惠

---

① 习近平:《在哈萨克斯坦纳扎尔巴耶夫大学发表重要演讲》,《人民日报》,2013 年 9 月 7 日。

泽各国,推动各国同舟共济、携手共进,在开放中扩大共同利益,在谋求本国发展中促进各国共同发展,构建人类命运共同体。

以经贸自由化、平等化、运输通道便利化为纽带,以构建陆海经济合作走廊为形式,以经贸合作和互联互通建设为重点、为基础,通过构建多层次政府间政策沟通、基础设施联通、贸易畅通、资金融通、民心相通的“五通”,主要是联通民心,在深化合作中坚持改善民生优先,发展成果让各国人民共享。推动形式多样的互利务实合作,促进协调联动发展,建设互通有无、优势互补的国际产业链,以科技进步促进价值链由中低端转向高端,提高产品和服务的质量,为世界经济增长开辟新空间,实现共同发展与繁荣。

“一带一路”源于但不限于古丝绸之路,东牵亚太经济圈,西接欧洲经济圈,是穿越非洲、环连亚欧的广阔“朋友圈”,沿线各国资源禀赋各异、互补性强;建设跨越不同地域、不同发展阶段、不同文明包容的合作平台;秉持综合施策、标本兼治、可持续合作的发展观,共同打造全球公共产品。其没有走“制度先行、承诺先行”的老路,通过平等协商、项目合作的方式推进,避免参与方在开放承诺上的压力,给沿线国家多赢选择,为沿线国家经济发展注入新动能,促进沿线国家进步,促进我国更好融入世界经济体系,构建人类命运共同体。

坚持开放发展理念,立足国内,以主动的姿态、坚持高效率对外开放,构建总体稳定、普惠灵活务实的大国关系框架。统筹国家与全球的战略,统筹与沿线国家的共同利益,扩大同各国的利益交汇点,在全球范围内整合配置生产要素,配置发展资源,携手应对世界经济面临的挑战。统筹我国与各国的利益,扩大同各国的利益交汇点,统筹进口与出口、国内市场与国外市场、引进来与走出去、国内资源与国外资源,内需与外需、引进外资与对外投资,实现这些方面的动态综合平衡。形成先进体制与先进科技引领开放的新格局,助推出口结构由“大进大出”转向“优进优出”,构建总体稳定、普惠灵活务实的大国关系框架。

宏观政策协调和市场驱动为两轮的战略,形成陆海内外联动、东西双向互济的开放格局,将优质产能、优势产业、技术和价格优势的产品迈出国门,与各国的市场、劳动力、发展转型需求等相结合,实现市场经济下生产要素在各国的流动和分配,创造财富、惠及世界。同时,鼓励其他国家的优质产品进口,丰富国内市场。

通过渐进式开放,与国内产业的逐步成长和体制的渐进改革相互匹配、相互促进。

三、国际竞争日益成为制度的竞争

党的十九届四中全会指出,推动规制、管理、标准等制度型开放,构建高度自由化的经济发展机制。改革多年,我国的体制在一些方面已达到或接近发达国家的平均水平,在某些方面达到更高标准,能够引领全球经贸体制的改革创新。坚持问题导向,开放推动改革,围绕举国体制与市场体制协同,建设有效市场与有为政府,不断强化政府的宏观调控能力,采取多种手段排除商品与要素流动中的障碍,建设更高水平的开放型经济新体制,更好地参与全球价值链分工,实施更大范围、更宽领域、更深层次的开放,与更多的国家在更多的领域进行更多的合作,打造全面开放、立体式、系统化的开放新格局。

(一)开放推动改革

我国开放初期并没有设定长期目标,而是采取渐进开放模式,顺应形势发展变化逐步向前走。开放的内在要求持续推动改革。如设立特区引进外资,就产生不按计划而按市场引导的经济运行模式。在对外开放中,一个集中快速的系列改革出现在加入世界贸易组织的前后阶段,世界贸易组织要求的透明度、非歧视、公平竞争、依法行政等基本原则,推动国内改革加速,特别是法治建设突飞猛进。开放还通过引进较高强度的竞争,推动国内企业改革创新。一是国内企业要适应向发达国家出口商品的要求和应对进口商品的冲击;二是跨国公司进入后加大国内市场的竞争强度,三是一些国内企业到其他国家投资生产,参与国际市场竞争。这三方面的竞争压力大大加快国内企业提升技术水平和产品质量、建立现代企业制度的进程,内资企业和外资企业在相互竞争中共同提高,以增强国内产业的整体竞争力。

(二)开放推动治理能力提升

立足国情与借鉴学习相结合,使中国对开放经济的治理体系和治理能力得到显著提升。中国开放的显著特点是渐进式,开放进程与国内产业的逐步成长和体制的渐进改革相互匹配、相互适应与促进。对外开放,使中国引进资金、技术,感受和体验市场经济、开放经济的治理之道,并将之与中国国情有效结合,使中国开放发挥促进改革的积极作用,并避免了有些国家在开放中遇到严重冲击和冲突问题。

四、建设开放型经济新体制

(一)政策性开放转向制度性、法律性开放

党的十九届四中全会提出,"建设更高水平的开放型经济体制""推动规则、规制、管理、标准等制度型开放"。现在,国家间的竞争日益成为制度的竞争和治理的竞争,包括竞争环境、创新环境、生态环境、法治环境等。在开放经济中,让市场机制在利用两种资源和两个市场方面更多发挥作用。让外资企业和内资企业在进口与出口、资金流入与流出等各种经济活动中,在资源获得、竞争地位和受法律保护各方面处于平等地位。

经过 40 多年的改革,我国基本具备制度开放的条件和环境。第一,外经贸政策和法律法规统一透明,分行业分地区优惠的外贸政策已基本取消。第二,外资企业的国民待遇有了法律保障,实施了《外商投资法》。第三,多边体制要求的管理体制框架初步形成,制度性开放体制逐步完善、逐步成型。中国开放的制度建设总体上进入跟随、并跑和引领三者共存的阶段。"跟随"是指学习借鉴。开放型市场经济的运转实践多年,结合国情充分借鉴、少走弯路。"并行"是指达到同等开放标准。中国的开放体制在一些方面已达到或接近发达国家的平均水平,要随着全球开放体制的推进并行向前,如服务业开放、投资保护、知识产权保护、环境保护等方面的进展。"引领"是指中国在某些方面的开放达到更高标准,引领全球贸易体制的改革创新。

开放促进体制创新,开放是基于国情而学习市场体制的过程。拓宽对外开放的广度、深度,以开放促进改革,以改革促进科技进步,使国内产业发展和国际需求对接,构建利益共享的全球价值链,发挥促进和引导出口的母国效应、溢出效应。这完全可以和多双边经贸协定等传统模式形成互补,推进全球化发展。立足国情,健全外商投资准入前国民待遇加负面清单管理制度,[①]健全促进对外投资政策

---

① 外资准入负面清单,在我国,2017 年至 2020 年,限制性措施从 93 条缩减至 33 条。详见《外资准入负面清单将再"瘦身" 专家提醒要做好风险防范》,《证券日报》,2021 年 8 月 23 日。

和服务体系,建立国际宏观经济政策调控机制,统一完善涉外经贸法治,保持对外经贸政策稳定、透明、可预期。促进内外资企业公平竞争,实施更大范围、更宽领域、更深层次的全面开放,整合并推进国际经贸转型升级,提高利用好"两种资源、两个市场"的能力和水平。完善领事保护体制,为"走出去"的企业提供权益保障、金融支持、风险预警等更多服务,加快同有关国家和地区签订商业投资协定,扩大经贸合作空间。推进金融、教育、文化、医疗等服务业领域有序开放,开放育幼养老、建筑设计、会计审计、商贸物流、电子商务业服务业领域外资准入限制,放开一般制造业准入限制。加快海关监管区域整合优化,鼓励企业及个人从发挥自身优势、自担风险到境外投资、自由承揽工程和劳务合作项目,开展绿地投资、并购投资、证券投资、联合投资。

政策和市场双轮驱动,主动开放,大幅度降低各参与方开展经贸合作的成本,完善适应新兴市场国家经济发展和基础设施建设需求的新型融资机制,逐步改善各国间设施联通状况,促进各国特别是发展中国家基于自身比较优势参与全球分工合作,分享发展红利。

推进经贸强国建设,建设现代化开放型经济体系,放宽对经贸往来的限制和对金融资本的流动限制,提升市场和金融资本的全球化、自由化、便利化水平,使经济深度嵌入全球产业分工和全球价值链之中,借助国际资源、要素和对外投资,搭建起高水平、立体化的双向循环与开放格局,促进国民经济开放、共赢和更高质量发展,提升国际竞争力。拓宽新兴产业的融资渠道,提供广阔的资金来源,扩大对外开放的格局,鼓励支持有条件、有竞争优势的企业走出去,降低企业运行成本和制度性交易成本,提高出口产品的附加值和对外投资质量,提高资源利用率,提升我国在全球价值链中的位次。引进来,优化进口商品结构,在提高资源利用效率的基础上适度进口优质产品和稀缺资源,从技术、人才等方面提高引进外资的质量,以满足新时代高质量发展的要求。

促进信息化与对外开放的融合,综合利用行业主管部门的信息优势,密切关注国内外经济发展动态,收集、整理、研究信息,通过经济信息的检索与对比,建立出口前、投资前、开展业务前的调查机制,及时识别与鉴定可能造成经济纠纷的国际业务,及时传递经济信息并防控经济风险,提出完善经济安全的建议和意见,并制定相应的风险转移规避措施等,开展行业预警分析和态势发布,构建走出去预警系统,提升经济预警应急能力。

(二)加快自由贸易区建设

落实世界贸易组织规则,促进双边、多边开放合作,扩大同各国各地区利益的汇合点,发展国际经贸关系。推进现有试点,改革市场准入、海关监管、检验检疫等体制,加快环境保护、投资保护、政府采购、电子商务等新议题合作谈判进程,形成面向全球的高标准自由贸易区网络, 为全面深化改革和扩大开放探索新途径、积累新经验,发展若干具备条件的地方作为自由贸易园(港)区。

(三)扩大内陆沿边开放

抓住全球产业再布局机遇,推动其与经贸、投资与技术协调发展。秉承共商共建共享原则,围绕"五通",全面推进与"一带一路"沿线国家各领域务实合作,加快沿边开放步伐,允许沿边重点口岸、边境城市、经济合作区在人员往来、加工物流、旅游等方面实行特殊政策。建立开发性金融机构,加快同周边国家和区域基础设施互联互通建设,形成全方位开放新格局。扩大合作规模,拓展合作领域,扎实推进重大合作项目,打造推动创新集群发展的体制机制。创新贸易模式,由传统的商品和劳务输出为主发展到商品、服务、资本输出"多头并进",由单个企业走出去到集群式走出去发展,促进相关国家发展,带动就业和民生改善。推动内陆同沿海沿边通关协作,实现口岸管理相关部门的信息互换、监管互认、执法互助,发展多种形式的联运,形成横贯中西、联结南北的对外经济走廊。

五、维护国家安全

人类社会,由最初的野蛮掠夺到商品入侵、再到资本剥削,逐步发展为国际间协商谈判、签订协定、直接投资、合作生产,这意味着生产力发展推动经济全球化逐渐形成。富国与穷国、发达国家与不发达国家间在经济上日益密切分工与合作,代表着生产力发展到新高度。但是市场经济全球化对于民族和国家经济利益来说,具有摧毁性影响,即风险与挑战。当今,经济全球化是西方发达国家主导的资本主义生产关系的全球化,不可避免地打上深深的资本主义烙印,产生了一系列矛盾:第一,国际经济组织制定一系列涉及参与国家的共同规则和标准,使各国经济活动的民族性和标记日趋减少;跨国公司全球战略的发展,使其利益遍及世界,威胁民族国家的凝聚力和认同。第二,市场经济全球化带来经济风险全球化,包括金融稳定问题,是当前国际经贸中的核心问题。世界范围内的两极分化,使发展中国家对发达国家依附加深。

市场经济全球化的实质是,经济运行超越种族、民族和国家差异和界限。但是各个民族、各个国家又有着自己独立的经济利益,这是不容忽视的。在各民族历史日益融入、转变为广阔世界历史的过程中,任何民族和国家都无非是世界历史这张"网"上的"结"点,它的发展虽然受到"网"的制约,但其经济利益理应受到其他民族和国家尊重和承认。

顺应市场经济全球化,趋利避害,创造优越的国内环境,争取良好的国际环境,赢得经济发展契机,才能改变自身在世界经济体系中的"边缘"地位,摆脱落后的状况。同时,由于在市场经济全球化中承担的风险越来越大,且风险传导性极强、传导速度极快,必须正视对外开放中的经济安全问题。这要求对影响国计民生的国内重要经济部门的控制不是减弱而是增强。

(一)维护国家经济安全的意义

对外开放是一个国家在世界经济活动中,充分利用国际分工所提供的历史机遇,发挥自己的比较优势,不断增强综合国力和国际竞争力,使本国经济更为安全。但其中的风险不可低估。随着对外开放程度的提高,不断增强自身经济实力,进而获取政治和经济安全,使自己保持一个相对领先的地位,才能确保国家根本利益安全。维护经济安全,关系到中华民族兴衰荣辱和国际地位,关系到社会主义的前途和命运。发达资本主义国家利用其在世界经济中的有利地位为其利益服务,以达到其政治目的。因此,强调国家经济利益的独立性,必须在重视对外合作,在加强对外开放的过程中,重视民族和国家经济利益的独立性。

(二)维护国家经济安全的措施

处理好独立自主与自力更生之间的关系。在独立自主的基础上,开展和扩大对外开放。

充分发挥民族和国家的经济优势,提高应对市场经济全球化负面效应的能力,提高自身国际竞争力。各国自主发展,是指通过制度创新,加强对外开放活动的法治建设,建立国家经济安全监测系统,提高各项制度效率,在面对外部风险时具有较强的应变能力和抗冲击能力，在市场经济全球化潮流中，既与狼共舞，又能与狼斡旋。充分利用本国力量、本国资源发展民族经济，包括：完善全方位、多层次、宽领域对外开放格局；开辟多元化国际市场；加入各种世界性、区域性金融和贸易组织，并能有所作为。在坚持政治独立和经济自主的基础上，增强自主创新、自我发展的能力。加大研发投入，重视人才培养和引进，大力发展拥有"控制核心技术、控制品牌（世界名牌）、控制股份"的民族企业集团和跨国公司，增强自主创新能力和参与中高端国际竞争的能力，增强我国掌握技术竞争的主动权。深化国有企业改革，完善现代企业制度，健全责权统一、运转协调、有效制衡的公司法人治理结构，大力培养、大胆使用具有全球化经营战略和策略的企业家，提高国有企业的竞争力。

以我国国家安全和长远利益为出发点，兼顾各国共同发展利益和主张。充分利用资本主义生产方式的积极作用，发展生产力、提高综合国力、改善人民生活状况；在利用国际资本中学会保护自己。借鉴吸取他国的经验教训，对不合理的体制进行大胆、全面的改革。

实施渐进式开放，与国内产业的逐步成长和体制的渐进改革相互匹配、相互适应、相互促进。

第四节　对外开放的形式

一、建设开放型大国，提高开放经济的治理能力

40多年的对外开放，有关主要指标的增长均快于GDP的增长，2021年，我国进出口总额已达到6万亿美元，是世界第一贸易大国，1978—2018年，我国GDP年均增长9.6%，同期外贸年均增长18.4%，出口年均增长18.8%，远超世界平均水平。我国年度实际使用外资金额由1983年的9.2亿美元增长到2018年的1383.1亿美元，增长了近150倍，年均增幅15.4%，高于同期全球跨国直接投资（FDI）平均增幅5.7个百分点。我国已拥有庞大的产能和巨大的资本输出能力。2003—2018年对外投资年均增长29%，现在我国已是重要的投资母国，最近几年位居世界第二或第三位。

　　长期以来,我国的开放模式主要是依靠低廉的要素成本被动地融入发达国家主导的全球价值链,只是处于全球价值链的中低端,只能获取较低的附加值。因其片面追求外资和出口数量和规模的粗放型发展,使我国的经济活动主要集中在加工制造装配环节,导致对国外市场、国外技术依赖过高,经济波动风险过大等问题。定价理论认为,传统经济模式与高质量发展之间存在非常大的利润点,在高质量发展方面的优势极有可能成为一个国家的比较优势,从而弥补其在人口、资源等因素的不足,这种客观落差也促进了国际经贸发展。

　　高质量发展要求我国开放型经济实现新旧动能间的转换,并迈向全球价值链的中高端,实现产业优化升级。从实际出发,依据独立对等原则,科学确定各产业对外开放的目标、程度、速度和范围,通过"一带一路",转移富余的资本和产能,有效拓展海外市场,为高质量发展拓展国际空间。

　　扩大开放,以多元化合作机制为特征,在更高水平上建设开放型经济,是破解我国经济体系中的结构性矛盾、破解新的社会主要矛盾的必然选择。借助现代化开放型经济体系的建设,使经济深度嵌入全球产业分工和全球价值链中,借助国际资源、要素及对外国投资,搭建起高水平、立体化的双向循环与开放格局,推动国民经济朝着开放、共赢和更高质量的方向发展,提升国际竞争力。通过对外开放、互通有无、吸收外资和技术,借鉴有益发展的理念和先进管理经验,推动经济增长和就业,推动体制改革和治理能力的提升。

二、双循环的性质、特征和实现路径

　　"双循环",是在世界主要国家贸易保护主义猖獗的条件下,构建国内大循环为主体、国内国际双循环相互促进的全球大循环新发展格局。在全球化背景下,绝大多数国家都程度不同地参与国际经济循环,我国也要推动新型经济全球化发展。但是要立足扩大内需,维护国内的产业链安全与供应链安全,实现高质量发展。双循环的主要特征如下:

　　一是双循环相互影响、相互交融与促进、相得益彰,功能互补。使国内循环深度融入全球价值链、产业链和供求链的国际循环之中,并保持一定的独立性,又使国际循环为国内循环向更高水平发展提供动力和支撑,构建国内大循环带动国际大循环,国际大循环促进国内大循环的新发展格局。

二是"内循环"为主。全球经济不振、需求乏力,我国进一步扩大出口的难度越来越大,只能以满足内需作为发展的出发点和落脚点,构建比较完善的内需体系,发挥中国超大规模的市场优势,以内循环稳定我国经济增长、带动全球经济发展。

三是改革促进创新,以科技创新扩大需求,以效率促安全。坚持以开放促改革、优化营商环境,加快关键核心技术攻关,以创新扩大需求,以需求扩大实现规模经济,把创新链作为耦合产业链和供应链的关键环节,打造发展新优势、提供循环新动能,提升产业链和供应链的现代化水平。发挥我国工业体系优势和规模优势,分享全球化红利,强化经济的韧性、稳定性和安全性。

(一)以高质量供给扩大需求

目前和今后一个时期,国际需求乏力、风险加大,应以打通国内供需堵点为主,激活需求并匹配高质量供给,让经济循环起来。一是扩大内需,构建完整的内需体系。经济"内循环"的核心是通过发掘国内市场需求,释放国内消费市场的空间,加强并完善扩大内需的内循环,使其成为高质量发展的核心动力之一。保罗·克鲁格曼的新经济地理理论揭示"国内市场效应"的原理:在存在垄断竞争和规模报酬递增的世界中,拥有相对较大的国内市场需求的国家将成为净出口国,国内大市场循环有利于国内企业实现规模经济,进而参与国际经济大循环。中国拥有14亿人口和人均GDP 8.57万元以上,有足够的能力和潜力来支撑经济内循环。内需是由居民消费需求、企业投资需求和政府需求有机组成的体系。针对不同类型主体的需求,坚持问题导向,打通阻碍需求潜力激发的痛点和堵点。深化收入分配体制改革、降低个税、稳步增加居民收入,完善保障体系,减少消费的后顾之忧,改善消费预期,刺激消费需求。结合新型城镇化建设和改善型住房需求推动居民消费升级,让老百姓"能消费""敢消费";构建新型政商关系,给企业更多方便、更少负担,让投资者"能投资""敢投资",刺激投资需求;实施积极有为的财政政策和灵活高效的货币政策,围绕国家重大战略、新兴产业、新基建、重点产业、重点区域加大投资力度,改善政府需求。二是按新发展理念要求,最大限度减少无效供给,扩大有效供给,提高整个供给体系质量,提高供给结构对需求结构的适应性,以高质量供给满足和扩大需求。研究市场和需求变化,在变化中求机会、谋发展,满足人民美好生活的需要。三是构建要素协同的新型商业模式,确保供需无缝有效对接。

(二)创新链、产业链、供应链三链耦合,构建双循环新发展格局

第一,完善产业链。中国具有世界最完备的制造行业门类和配套体系,在 500 多种主要工业产品中,有 220 多种工业产品产量居全球第一,但制造业发展仍然处于价值链的中低端。根据中国各个制造产业在全球价值链中的地位,完善产业链条,尽快构建独立、完整的全产业链和工业体系。产业链是由需求链、供给链、知识链和价值链、资金链这五大链条有机组合而成的链条。防止类似新冠肺炎疫情之类事件引发的市场性断链和卡链,未雨绸缪做好个别西方国家政治干预引发的超市场性断链和卡链,在需求链上激活国内巨大需求、在供应链上创新供给,破解卡脖子风险,在企业链上做大做强,在空间链上发挥聚集效应,在价值链上发挥比较优势,在资金链上保障供给。第二,确保供应链稳定安全。针对美日等国推行供应链本土化、高端制造业撤离这一现象,高度警惕少数发达国家利用自身资源、关键设施、核心技术及其他优势,削弱中国对供应链的主导权和控制权,抓住产业转型升级的战略机遇,深度推动制造企业与物流企业融合发展,系统提升和优化供应链管理能力,构建多源供应计划,提升应急系统组织与管理能力。第三,"围绕产业链部署创新链、围绕创新链布局产业链",以创新链提升价值链。由要素驱动和投资驱动为主转向创新驱动为主,推动产业升级转型,加快制造业生产方式和企业形态根本性变革,尽快补位西方发达国家高端制造撤回的断链,优化供应链条,打通堵点、连接断点,"促进我国产业迈向全球价值链中高端",布局产业链高端,提高中国智能制造产业链在全球价值链中的分工地位,提高产业基础能力,产生新的市场、新的经济形态、新的产业和新的生产力。

(三)加快经济要素在生产、流通、分配、消费等环节的流通和循环

推动劳动力、土地、资本、技术等四大要素的健康有序循环。我国的经济要素在行业之间、企业之间合理有序循环流动还存在诸多困难,必须破除行业壁垒,毫不动摇地鼓励、支持、引导非公有制经济发展,使市场在资源配置中起决定性作用。一是推动劳动力要素循环。通过新基建、新型城镇化、共建"一带一路"等创造中国经济新的增长极,缩小贫富差距、区域差距、阶层差距,推动劳动力城乡循环、区域循环、东西循环,助推中国经济战略转型和实现高质量发展。二是推动土地要素循环。推进土地制度改革,破除城乡二元土地市场结构,加大土地要素投入,加

速农村土地流转,实现城乡土地要素市场化配置,完善农村宅基地制度,发展农民股份合作,增加农民财产性收入。三是推动资本要素循环。加快股市基础制度建设,规范债券市场统一标准,完善多层次资本市场制度,构建资本要素市场体系,提高资本要素循环效率。通过国企混改盘活存量资产、将地方政府的资产与债务资本化、利用资本市场引导资金脱虚向实,为推动实体经济健康有序发展注入活力源泉。四是推动技术要素循环。发挥新型举国体制优势、补科技短板,掌握关键核心技术;在传统的产业领域,实施技术改造升级;破除"数据鸿沟",推动数据要素循环,加快传统产业的智能化、数字化转型。

(四)按照新理念、新科技、新经济、新基建、新机制"五新"要求练好五大内功

一是以新理念引领"双循环"。牢固树立以人民为中心的思想,坚持新发展理念,培育经济发展新动能、推动经济发展新平衡、促进经济发展新和谐、推进经济发展新联动、发展成果新共享。二是以新科技驱动"双循环"。以云计算、大数据、物联网、移动互联网、区块链等新一代互联网技术,人工智能、虚拟现实、智能传感器等新一代信息技术,高性能机器人、3D打印等先进制造技术、基因工程、脑科学等生命科学技术,石墨烯等新材料技术为主的这些新科技为驱动力,"发挥新型举国体制优势,加强科技创新和技术攻关",推动中国产业革命和技术革命。三是以新经济延伸"双循环"。用新思维、新理念、新制度、新业态、新组织、新机制等大力发展知识经济、信息经济、虚拟经济、互联网经济、大数据经济、数字经济、智能经济、共享经济等新经济,使"双循环"更具活力。四是以新基建拉动"双循环"。推进5G基站建设、特高压、城际高速铁路和城市轨道交通、大数据中心、人工智能、工业互联网等新型基础设施建设,以新基建为驱动释放巨大需求,助推传统产业数字化、完善中国创新体系,推动并引领世界第四次工业革命新浪潮。五是以新机制激活"双循环"。深化"放管服"改革、推进要素市场化配置改革、破除部分行业政策性壁垒,打造市场化、法治化、国际化营商环境,保护和激发市场主体活力;大力弘扬企业家精神,强化企业家的家国情怀、勇于创新、责任担当、国际视野等,让他们"努力成为新时代构建新发展格局、建设现代化经济体系、推动高质量发展的生力军"。中国作为世界第二大经济体,随着"双循环"政策的不断完善和"双循环"发展格局的逐步建构,庞大的内需潜力将不断激活,国内和国际两个市场将彼此联通、两种资源相互补充,内循环带动外循环,外循环推动内循环,两个循环将不断推动

国内国际经济健康发展；"双循环"新发展格局的体制机制不断健全，"双循环"发展格局的地位作用不断凸显。

三、多层次对外开放

对外开放采取由东而西、由南而北六个层次有计划、有重点、有步骤、稳步发展的战略，经济特区—沿海开放城市—沿海经济开发区—沿江和内陆城市开放区—沿边对外开放—自由贸易园区。体现由点到带、由沿海到内地、由东部到西部、由带到面、由局部到全局、由招商引资到全面开放，表现出渐进式改革开放的发展历程。

第一，经济特区是一个主权国家（或地区）内划出在经济运行和对外经济活动中实行特殊政策和灵活措施的特别经济区，主要形式有自由港、自由贸易区、出口加工区、过境自由区等。这是对外开放的第一个层次。其主要特点是：经济发展主要依靠吸引和利用外资；经济活动主要面向国际市场，以外销为主；实行系列优惠政策，如减免某些税收、简化客商出入境手续；特区政府自主权较大，有利于引进外资、先进技术和管理经验，发挥全国技术、管理、知识和对外各个窗口的重要作用，促进经济发展。随着经济市场化发展，经济特区的政策优势逐渐消失，正在进行第二次创业，并向多功能、科技型、效益型区域转变。

第二，沿海开放城市。1984年，国务院决定开放大连、天津等14个沿海港口城市。

第三，沿海经济开发区。20世纪90年代以来，我国又在沿海开放地区逐步兴办各种保税区。其"与国际市场接轨，按国际惯例经营"，在保税区内，政策比特区更优惠，完全贯彻市场经济的原则，是我国经济市场化程度最高、链接我国经济与世界市场的桥梁。

第四，沿江和内陆城市开放区，凡经国家批准建立的高新技术开发区，其区内符合产业政策的重大项目和高新技术项目，均可享受类似经济技术开发区的优惠，实行产业倾斜的政策，允许拓宽利用外资的形式，采取更灵活的方式吸引外资。

第五，沿边对外开放，之后开放势头由点到线到面纵深推进，一个以沿边开放城市为窗口，边境市县为前沿，省会等中心城市为依托，面向东北亚、中亚和东南亚各个市场多层次沿边开放的格局正在逐步形成。

第六,自由贸易区,法律上处于"境内关外"的地位,位置上隔离封闭,形式上通常是港区联合,功能定位为综合发展,管理和法治保障比较健全,海关监管便捷,政策优惠最大。

四、对外贸易

(一)作用和原则

对外贸易是一个国家或地区之间进行的商品买卖,由进口贸易和出口贸易两部分组成,是国内商业向其他国家或地区的延伸和扩展,在国民经济中发挥重要作用。主要表现在:

调剂余缺。鼓励进口具有比较优势的高质量产品、国内短缺和急需的生产资料、生活资料,丰富国内市场,满足扩大生产的需要和人民日益增长的美好生活的需要。发展优势产业,出口国内过剩的高质量产品及资源品,促进经济发展,惠及世界。

创造外汇资金的主渠道。在国际商品交换中,存在国际价值与国内价值之差,通过出口国内价值低而国际价值高的商品,可节约本国社会劳动,创造增加值。外贸是我国财政收入和外汇收入的主渠道,商品出口创汇占外汇收入的80%。

推动经济市场化。产品进入国际市场,参与国际竞争,引入国际竞争机制,使国内企业按世界市场的规范和标准从事生产和经营,促进经济市场化,提高我国企业的国际竞争力。

外贸的原则:双方平等互利,价格公平合理;反对掠夺性贸易,也反对倾销;进出口商品不附加任何政治上的不平等条件,不损害双方主权和领土完整。

外贸的主要形式:易货贸易是把进口与出口相联系,要求交易双方有进有出,货物品种相当、对等交换,进出口平衡的外贸方式。在易货贸易中,双方协商以某一国货币单位计价和结算,以货换货,诸笔平衡,不用外汇支付。这有利于克服由于外汇不足而造成的贸易障碍。但仅限于不同使用价值的商品交换,商品种类难以适合同一交换对象的需要,进出口金额也难以完全对等,因而交换过程复杂,并影响出口商品的正常销路和价格等。

补偿贸易是在信贷基础上买进外国机器设备和技术,用投产后其产品清偿贷款的一种贸易形式。按清偿贷款的方法，其可分为直接产品补偿和间接产品补偿两种方式。前者是用进口设备直接制造出来的产品补偿；后者是用与进口设备没有直接联系的其他商品补偿。

转手贸易涉及两个以上的当事人，在记账贸易情况下以取得现汇为目的的贸易方式。简单的转手贸易是用记账办法买下货物运到国际市场转售，取得现汇。复杂做法是在记账贸易项下握有顺差的一方将该项顺差转让给第三方，以换取其所需要商品或设备，然后由该第三方利用这一顺差在相应逆差国购买货物，再运往其他市场销售，以收回现汇。

还有单进单出逐笔售定、来料加工、来件装配、来样加工出口等外贸方式。

（二）外贸结构不佳

2013年起，我国成为世界排名第一的贸易大国，但大而不强的问题突出，外贸长期以来过分依赖发达国家市场，倚重低成本优势，缺乏技术竞争力，知识产权贸易逆差巨大。

出口产品量大利微，因此连续多年成为全球遭受反倾销和反补贴调查最多的国家。据世界产业利润链评估，约80%的工业产品利润集中于以知识产权为核心的专利、商标许可上。美、德、日等国凭借其知识产权优势，在全球价值链分工中居于高端地位，收取专利、商标许可费与转移定价，把知识产权优势转化为贸易投资优势，获取高额垄断利润。苹果、三星等公司获得全球智能手机99%的利润，英特尔公司即使在经济不景气时销售利润率也高达30%，而中国工业的销售利润率仅为5%，差距巨大。

比较优势是由一国资源禀赋和交易条件所决定的静态优势，是获取竞争优势的条件；竞争优势是一种将潜在优势转化为现实优势的综合能力的作用结果；比较优势作为一种潜在优势，只有最终转化为竞争优势，才能形成竞争力。知识产权优势是持久高端竞争优势的必要性条件，比比较优势和竞争优势更能恰当地反映时代特点和经济发展的要求。知识产权的作用是具有决定性的，能够促进经济赶超或跨越。

知识产权优势的培育，是一个需要长期努力的过程。短期战略是，企业作为技术创新的主体，注意"干中学"，发展实用技术；中期战略是，认清世界科技发展趋势，促进生物、信息等技术的研发，以多体系科研机构为主体，国家促进协同创新和加强知识产权保护;长期战略是,加大投入,加强关系国家整体利益和长远利益的基础研究、关键核心技术研究。

(三)转变外贸发展方式,建设贸易强国

实施"市场多元化""以质取胜""科技兴贸"等出口结构转型升级战略,逐渐减少低端制造业产品出口,培育以技术、品牌、质量为核心竞争力的新优势,推动传统出口产品由低技术含量、低附加值产品为主向处于价值链高端的研发、核心元器件设计、制造等高附加值环节升级,实现由中国制造向中国创造跨越。发挥中国外贸的规模、质量和竞争优势。

根据国内发展的需要和供求状况,增加先进技术、关键设备、关键零部件和短缺资源进口,充分利用全球资源、缓解资源压力,推动技术进步和产业升级,促进国际收支平衡,改善国民福利。完善进口政策,提高贸易便利化水平,提高利用国内外两个市场、两种资源的能力,发挥大国优势,提高进口比较效益。

推进市场多元化。出口市场过于集中,使贸易摩擦增加、外部风险加大,此外,美国等传统市场受国际金融危机影响较大,而且都实行再工业化政策,拓展难度增加。而新兴经济体和发展中国家市场成长性好、需求空间大,正在成为驱动世界经济增长的重要力量。随着我国企业开拓市场的能力不断提高,出口市场集中于传统市场的格局有所改变。在巩固和发展传统市场的同时,适应全球需求结构的新特点、新变化,完善出口信贷和信用保险等政策,加强信息咨询服务,支持企业开拓新市场,稳定出口规模。

发展服务贸易。我国的服务贸易与货物贸易相比发展滞后,不及美国的50%。服务贸易已成为新一轮国际竞争的焦点和深度参与市场经济全球化的重要途径,要将服务贸易作为国际经济合作的新平台,以货物贸易带动服务贸易、以服务贸易带动货物贸易,实现货物贸易和服务贸易良性互动、共同发展。在稳定和拓展旅游、运输、劳务合作等传统出口的同时,扩大文化、中医药、软件和信息服务、商贸流通、金融等新兴服务出口。适当扩大服务进口,促进国内市场充分竞争,推动国内服务业发展,搞好国际服务外包。

五、对外资金交流

（一）利用外资形式

利用外资主要是利用外国政府资金、国际金融组织资金、国外私人银行和企业资金、本国侨民资金、本国银行吸收国外存款、证券市场吸收外资和货币交换等，具体形式如下：

国家信贷是一国政府对另一国政府提供的双边信贷。一些国际金融组织的贷款也属于这一类。这种贷款利息低或无息、期限长达 20—30 年，但数额不大，并限制使用方向。

私人信贷分为商业贷款、银行贷款和国外存款。商业贷款是出口商对进口商提供的商业信用，即延期支付。其利息包括在商品价格中，所以该商品价格高于国际市场的现行价格。银行贷款是由外国银行提供的，其包括买方信贷和卖方信贷。其额度可大于国家信贷，但贷款期限短，利率高。国外存款是本国银行的国外分支机构在国外吸收的存款，其中一部分呆滞存款可调回本国利用。利用这一部分存款较之借用外国银行的贷款更为优越。利用这种存款只需支付存款利息和手续费，且不受使用方向的限制。

国际债券是指某国政府、企事业单位和金融机构在国际债券市场上用外国货币发行债券。如日本以外国家在日本债券市场上发行日元债券，受发行国政府管理和法律约束，还需要日本政府批准，所以国际债券发行有一定难度。但其发行期长，与中长期银行贷款差不多，利率低于银行贷款利率，使用自由，又因购券对象分散、潜力大，容易获得大量现汇。所以，发行国际债券也是利用外资的一种较好的形式。

以上三种属于间接投资。直接投资是国外投资者参与经营活动，直接投入另一国资金的形式。吸收外资主要有中外合资、合作和外资独资的方式。直接投资与国际信贷比较，对利用外资的国家来说，其优点是：一般不会形成外债负担，更有利于引进先进技术和管理方法。经营好坏关系到投资者的切身利益，他们必然设法采用先进技术和科学管理方法。直接投资是利用外资的较好形式，还应探索通过收购、兼并、投资基金和证券投资等利用外资的形式。

货币互换。美国金融危机使美元的坚挺程度受到影响,影响以美元计价的世界贸易。为规避汇率风险,促进我国的外贸发展,与其他国家、地区间有必要建立双边货币互换机制。通过货币互换并与互换国签订固定汇率协议,增强其他国家对人民币的信心,免去兑换美元的中介费用,降低外贸成本,促进和加强双边贸易发展,不断促进人民币国际化。

(二)提高外资利用水平

吸收先进技术。跨国公司陆续进入我国,抓住这个机遇,在设立合资项目、吸收跨国公司投资时,坚持设立研发中心,把研发能力提高作为吸收跨国公司投资的主要成效标准。根据国际贸易技术外溢理论,在已有比较优势领域引进新技术会加强原有比较优势,因此引进外资时要考虑其技术是否先进,管理是否有效,对劳动力培训是否重视,投入产出率高否,达到集约经营的目的。根据不同行业的特点和发展水平,引进先进管理经验、技术手段和现代市场经济的运作方式。

优化产业结构。抓住新一轮产业结构调整和生产要素重组的机遇,依据我国产业政策有效引导外资投向国民经济亟须发展的部门和重点经济建设项目。加强外资政策与产业政策协调,促进现代产业体系发展。鼓励外资投向现代农业,引进先进种植养殖和深加工技术,推动农业生产规模化、集约化和现代化。鼓励外资投向高新技术、节能环保、新能源、新材料等领域,推进战略性新兴产业的国际合作,严禁引进高耗能、高污染的外资项目;搞好生态示范园区建设,带动国际节能环保方面的合作;引导外资向中西部地区转移和增加投资,促进区域协调发展。

优化总量和结构。外资利用规模应考虑主客观条件的限制,避免盲目性。根据近年来利用外资的经验教训,利用外资应以吸收直接投资为重点、数量规模也应与国内配套能力相适应。借用外资,要考虑我国的实际需要和偿还能力,做到适当、高效,建立责权利统一的借用和归还的管理体系,防范金融风险。

优化引资区域结构。中西部地区利用外资虽然逐步加大,但与沿海地区相比仍有较大差距。政策倾斜、鼓励中西部地区吸收外资,使劳动密集型项目向内陆地区实行梯度转移,有利于我国产业结构的梯次分布、梯度转移和升级。把利用外资同生产力布局优化相结合,使我国不同地区的各种区位优势通过利用外资更好发挥,提高区位效益。

创新经济体制和经济管理。我国经济体制改革任务复杂艰巨,对外开放依然是推动体制创新的重要动力。在宏观上,引进外资,借鉴国外先进管理理念、制度、经验,提高我国经济社会的管理水平,打破垄断、促进竞争。鼓励跨国公司在华设立地区总部、研发中心等机构,以促进国内技术、组织和管理创新;引资还可带动智力和人才引进。在微观上,探索外资参与金融资产管理公司对部分不良资产处置和重组的新途径及管理方法,推动国有经济战略性调整和国有企业战略性改组。

创新外资引进方式。21世纪以来,全球并购迅速发展,跨国公司80%对外投资采用并购的形式。适应跨国资本投资的新趋势、新特点,借鉴国际利用外资的通行做法。探索境外上市、投资基金、发行境外债券、转让基础设施经营权等利用外资方式。鼓励外商风险投资公司和风险投资基金来华投资,鼓励具备条件的境外机构参股国内证券公司和基金管理公司,扩大境外机构投资者规模,允许我国具备条件的金融机构和企业在境外融资。

优化投资环境。完善有关法律法规,形成规范、公开的外资准入制度,为外资提供法律环境和法律保障,使我国吸引外资主要由依靠要素低成本和政策优惠向主要依靠市场公平竞争和软环境的优势转变。给外资企业与国内企业同等待遇,如取消对外资企业的出口比例、外汇平衡、采购国产设备的限制条件,统一税率,消除各种歧视政策和差别待遇,为外资企业创造一个稳定、公平、透明的政策环境。深化外资管理体制改革,简化审批程序,缩小审批、核准范围,增强审批透明度;依法实施反垄断审查,建立外资并购的安全审查制度,维护公平竞争和我国的国家经济安全。

提高经济效益。合理利用外资,使外资在我国经济中产生更大的微观和宏观效益。将利用外资总量与国内经济增长、国内配套能力相结合,防止二者失调可能带来的投资规模失控、债务危机等问题危及我国的经济安全。引导外资投向国民经济亟须发展的部门、地区、高技术含量和高附加值部门,提高外资使用效益。

(三)引进外资的作用

引进外资带来大批先进技术和设备,促进机械、电子、汽车、建材、医药等行业的技术的进步,填补了部分产业的产品空白;带动众多的企业进行技术改造,促进了我国经济高质量发展。

完善社会主义市场经济体制。引进外资企业,促进我国所有制结构调整。外资企业普遍采用符合市场经济体制要求的企业组织结构和经营方式,为国有企业改制和转换经营机制提供范例。方便和加强企业产前产后联系,将更多的内资企业引导到市场经济轨道上,削弱旧体制的控制力。大量外资企业引进,极大地促进商品流通、人员流动和价格等方面的市场化进程。在外贸外汇体制和会计制度等方面,外资企业市场化运作都会对改革产生直接影响,促进我国社会主义市场经济体制的建立和完善。目前,引进外资的重点,已由一般制造业发展到基础产业、基础设施和高新技术产业。

(四)对外科技交流

对外科技交流包括科技引进与输出。各国在科技上都有其优势,但总体上来看,发达国家在科技上居领先地位。因此,目前我国在科技贸易中是以引进为主,是赶超先进国家的必由之路,是迎接世界新技术革命潮流的紧迫需要。科技引进方式有贸易性和非贸易性。前者有:许可证贸易(其中包括专利许可、技术许可、商标许可)、咨询服务、进口成套设备等;后者有:国际学术会议、科技人员互访、聘请外国专家讲学、派遣留学生、各国研究机构交流文献和情报以及举办外国设备展览会等。科技引进形式是多种多样的,应根据具体国情,选择最佳引进方式,以便取得最佳经济效益。

引进外资能够带来一批先进实用技术,以填补我国许多技术空白,使许多行业的大批产品能更新换代,一大批老企业技术设备得到改造。要求如下:一是尖端技术、最新技术和适用技术三者引进相结合。适用技术又称硬件技术,是从本国经济条件、科技水平和社会需要出发,引进后能够迅速提高劳动生产率,形成生产能力和增产的技术。在工业起步时期,只能以引进适用技术为主。40多年的改革促进了发展,工业化程度显著提高,对尖端技术、最新技术已具备相当程度的吸收、消化和创新能力,因而不能再以引进适用技术为主,而应以引进尖端技术和最新技术为主,适当引进适用技术。通过各种途径引进、消化、吸收先进技术,包括引进外资企业。其产品还将成为我国出口增长的重要源泉。二是技术引进、消化、吸收和创新相结合。单纯引进,仅仅有助于缩小差距、而无助于消灭差距,更难以超越,这是一条规律。要想赶超世界先进国家,跻身于世界先进国家之林,必须在引进技术的基础上,把消化、吸收和创新相结合。这是世界各国科技发展的普遍道路。

（五）对外人员交流

对外人员交流主要包括国际承包和对外劳务合作两种形式。

国际承包。普遍采取招投标方式,在激烈的国际竞争过程中,必须千方百计地提高工程质量、降低成本,以高质量、低成本的办法占领越来越多的国际承包市场,为我国的现代化建设服务。

对外劳务合作。主要是向国外工厂、企业提供管理人员和生产技术工人;向国外承包工程公司提供工程技术人员、生产技术工人和管理人员;向国外海运公司提供海员;向国外医院提供医务人员;向国外餐馆提供厨师等劳务人员。我国劳动力资源丰富,扩大劳务出口,增加居民收入和增加外汇收入。推进对外劳务合作管理体制改革,建立外派劳务培训基地,提高劳务人员素质。优化经营主体结构,重点支持大型工程承包企业发展海外业务,要规范市场竞争秩序,提高工程承包质量和效率。

六、对外开放多元化

实施市场多元化战略,推动我国全方位的对外开放,加强同各个国家的团结与合作;有利于缓解世界区域经济集团对我国的消极影响,提高我国经济的国际竞争力;保持我国经济持续、快速、健康发展。这是一项关系到我国经济长远发展的战略决策。

（一）对不同国家、不同地区开放

面对国际经济形势变化,21世纪初我国提出并开始实施市场多元化战略,力争逐步提高新市场的出口比重,避免对某一市场过度依赖所造成的市场风险。

巩固发展港澳地区、日本、美国和欧盟市场,其中,扩大同欧盟的经济往来是实施多元化战略手段的重要组成部分,潜力巨大。随着欧盟市场的形成和完善,与欧盟经济交往会遇到新挑战。引进欧盟国家跨国公司来华投资,加强与其国际分工和协作,提高我国主导产业的技术水平及质量,并利用跨国公司这一经济组织扩大欧盟市场。

开拓东欧、俄罗斯及独联体其他各国市场。随着东欧各国及俄罗斯市场经济体制改革推进,市场供给能力和需求能力不断增长,这部分市场有待挖掘。这些国家的消费结构与层次更接近我国的生产技术水平。加强对这些国家的市场调研,以强有力高质量的产品销售、广告宣传和售后服务网络,扩大我国的产品出口。

开发培育发展中国家市场。加强同非洲、拉丁美洲市场接触和联系,更要重视周边国家区域市场的开发和培育。从世界经济的区域集团化发展过程来看,一国经济要想成为世界经济的一部分,必须与周边国家的经济融为一体,以便享受集团内部的经济利益。周边国家大多属于发展中国家,与我国的经济发展水平相近,双方在自然资源、工业基础等方面有诸多不同,互补性强。如我国工业门类齐全,基础力量雄厚,掌握一些尖端技术,而对方与世界经济联系广泛,实用技术较先进,可实现优势互补。当前,我国实施沿边开放战略,应大力开发和培育东南亚、南亚、中亚和东北亚区域各个市场,这是大有可为的。长期以来,我国周边许多国家实行外向型经济发展战略,大力吸收外资,不断调整产业结构,发展外贸,经济增长快,市场潜力大。

(二)对不同经济组织开放

国际货币基金组织、世界银行和世界贸易组织是世界经济的三大组织支柱,也是我国经济走向世界的三个触点。后世界贸易组织时代,按国际经贸规则办事和逐步开放市场,能够改善我国投资环境,吸引外商特别是跨国公司投资;根据国际市场要求加快经济结构调整和科技进步;建立一套符合国际通行的对外经贸法治体系,促进社会主义市场经济发展。加入世界贸易组织标志我国对外开放进入一个新阶段,由有限开放转变为全方位开放;由以试点为特征的政策性开放转变为法律框架下的可预见开放;由单方向的自我开放为主转变为中国与世界贸易组织其他成员之间的相互开放。抓住机遇,把有利条件用足,把不利影响减少到最低限度,以开放促改革,以改革促高质量发展。

(三)对区域经济组织开放

区域经济组织是世界范围内地区经济组织,如亚洲开发银行、欧盟、北美自由贸易区、亚太经济合作组织等。

第十章

七、实施"走出去"战略

根据我国的经济总量、外贸规模、利用外资和外汇储备规模，以及国际竞争现状，我国企业已具备加快对外投资的条件，可以不失时机地加快实施"走出去"战略，开拓国际市场，增强企业国际化经营能力，培育一批世界水平的跨国公司，参与和引领对外开放。2020年，我国对外直接投资存量超2.3万亿美元，比2015年末翻一番，对外投资大国地位稳定。

"走出去"的意义。适应市场经济全球化和加入世界贸易组织的新形势，结合对外开放发展的实际作出的战略选择。实施这一战略，能够全面提高企业自身参与国际竞争的素质和能力，熟悉国际环境和国际规则，提高处理经贸的水平，充分利用全球资源来发展经济，改善国际经济环境，保障我国的经济安全。这是国内过剩生产能力向国外转移的表现形式，可以缓解国内市场上的过度竞争，提高我国企业在国际市场上的份额，扩大产品的实现空间，突破需求对经济发展的束缚，为开展产业结构调整创造比较宽松的环境。通过合资合作，拓展我国利用外资的方式，充分利用境外资源。借助直接、间接和政策性融资方式在境外融资、投资和生产经营，获得或直接利用当地各种资源。以境外投资办厂为龙头，全方位带动我国更深入地参与国际经济的合作与竞争，创造国际分工格局中的主动态势，促进"引进"，充分利用"两个市场"。

"走出去"，统筹完善跨部门协调机制，健全对外投资合作促进体系。按市场导向和企业自主决策原则，引导各类企业有序到境外投资合作。建立对外投资合作的法律法规体系，完善对外投资合作的财税、金融、外汇和产业等政策，扩大人民币在跨境贸易和投资中的作用，提高对外投资合作便利化程度。完善产业导向目录，发布投资环境信息，建立境外投资风险防范机制。发挥政府、行业协会等非营利组织的指导与协调作用，引导境外中资企业树立良性竞争、战略经营和社会责任各方面意识，维护企业和国家的良好形象。

完善支持体系，鼓励和支持有比较优势的中国企业对外投资，带动商品和劳务出口，形成一批有实力的跨国公司和著名品牌。国有企业与民营企业均可采取合资合作、控股等形式走出去投资办厂，利用国外各种资源优势来增产增效，逐步打造我国的跨国公司，以适应市场经济全球化要求，开展国际竞争。支持国内企业在科技资源密集的国家(地区)设立研发中心,在国外并购拥有先进科技要素的企业,或与境外研发机构和创新型企业加强研发合作。已有华为、海尔等企业"走出去",在境外收购企业,设立研发中心,成效显著。

发展拥有国际知名品牌、核心竞争力和市场影响力的大型跨国公司。跨国公司是市场经济全球化的主导力量,是一国综合竞争力的重要体现。通过提高投资比例和持股比例,促进内资企业做大做强,使其成为能与发达国家跨国公司相抗衡的跨国企业。对于商业化前景好的技术,组织科技推广部门,引导、促成知识产权资源向企业有序流动、集聚,促进企业、高校、科研院所协同创新,使创新成果快速向企业转移。创新以奖代补、项目委托等财政支持政策,引导企业加大研发投入,提高配置创新资源的层次,增强企业创新成果产权化能力、产业化能力和知识产权贸易化能力,缩短产业化周期,使创新与经济深度融合、密切协同。鼓励和推动实力强、资金雄厚的大企业开展跨国并购和绿地投资,在全球范围内进行资源配置和价值链组合,成为我国参与市场经济全球化的骨干力量和重要依托。鼓励金融机构通过设立境外分支机构、并购和上市等多种渠道,开展国际业务,逐步形成一批跨国金融机构,提高自身经营能力,加大对国内企业参与国际经济合作的支持力度。

创新国际品牌体系。以中国产品在国际市场的知名度和美誉度提升为目标,构建更具竞争力和影响力的商标体系和战略规划,加快产品产值由数量取胜向质量取胜的转变;建立一套全球公认、科学公正的品牌创造与评价制度,实施知名品牌培育、品牌价值提升工程,推动企业由产品竞争、价格竞争转向质量竞争、品牌竞争;促进资本向品牌集中、人才向品牌集合、技术向品牌集成、资源向品牌集聚,并进而发挥品牌的辐射带动作用,形成一个品牌带动一个企业,一个企业带动一个产业、一批国际水准的品牌带动国家由大国转向强国的发展格局。

国家应鼓励、推动新兴产业、重点领域的企业制定知识产权创造、保护和应用计划,鼓励企业申请发明专利和驰名商标,以此推动核心专利、技术标准、自主品牌的产业化、规模化,争取将其上升为国家标准和国际标准。国家应对战略性新兴产业的国内专利申请免收相关费用,对在国外的专利申请给予补助,对授权专利给予奖励,并将专利、专利投资作为国家创新资金申请、项目申报验收的重要绩效指标,以促进研发,打造高水平的自主专利品牌,提升国产自主专利的市场地位。提高易于产业化的知识产权层次,提升自主知识产权、自主品牌和自主标准对经济的贡献率,提升国内产业的国际竞争力。鼓励企业通过海外并购、设立海外研发中心等途径获取国外的专利、品牌等,鼓励国内技术成熟、有条件的高科技公司和品牌企业向国外输出具有自主知识产权的专利、品牌、版权,实施跨国经营。

开展区域经济交流和合作。国家应采用整合措施,优先支持鼓励出口和对外投资,鼓励满足国际市场需求、且已拥有自主知识产权和品牌效应的核电、高铁、电子、冶金、建材、航空航天、生物制药、集成电路等关键成套设备出口,鼓励这些重化工业或其他部分加工制造环节向境外转移,此外,今后政府及非盈利组织还应提供更多、更便捷、效率更高的服务,制定更为科学严格的专利标准,推出更具竞争力的发明奖励措施,以激发人们对知识产权的创造和掌控热情,使国家获得一批原创性、高价值性的知识产权,以引导专利发展由数量规模增长转向质量效益的提高。开展能源矿产、农业开发、海洋资源等方面的国际互利合作,建立稳定的多元能源资源供应渠道。

第五节　对外开放现代化

一、中国方案——人类命运共同体

准确把握世界经济发展的新趋势和国内改革与发展的新要求,应对逆全球化、单边主义抬头与国内经济发展方式转型的双重压力,坚定地站在历史正确的一边和人类进步的一边。

2013 年 3 月习近平总书记提出"建立人类命运共同体"[①],以后提及 100 多次,阐述视角最广、维度最高、程度最深的新时代中国特色的外交指导思想。从历史传承上看,中华文明历来具有独特的开放性、包容性与延续性。习近平总书记指出:"中国始终是世界和平的建设者、全球发展的贡献者、国际秩序的维护者、公共产品的提供者,将持续以中国的新发展为世界提供新机遇。"[②]积极有效参与全球治

---

① 《论坚持推动构建人类命运共同体》,中央文献出版社,2018 年。

② 习近平:《中华人民共和国恢复联合国合法席位 50 周年纪念会议讲话》,《人民日报》,2021 年 10 月 25 日。

理体系变革和建设、着力开创弘扬增进人类共同价值、共建美好世界和共赢主义的大国外交新时代。践行更加积极主动高效的开放战略,"共建'一带一路'成为深受欢迎的国际公共产品和国际合作平台,"[1]推动构建人类命运共同体。这为应对全球性风险挑战、建立公正合理的国际秩序,提供系统的中国方案,贡献独特的中国智慧,为复杂多变的世界注入了强大正能量,极大地增强人类社会追求更加光明未来的信心和力量,引导推动全球化健康发展,有力地正面回应"中国威胁论""中国崩溃论"等误解误判,宣告中国致力于"建设持久和平、普遍安全、共同繁荣、开放包容、清洁美丽的世界"[2]。这丰富和发展了新时代中国特色社会主义的对外关系理论,推动全球生产关系改善和生产力进步。

"中国坚持对外开放的基本国策,坚定奉行互利共赢的开放战略,不断以中国发展为世界提供新机遇,推动建设开放型世界经济,更好惠及各国人民。"[3]坚定不移地全面扩大开放,是我国经济发展的重要法宝。"坚持对外开放""坚定奉行互利共赢""高水平对外开放",是中国对外开放遵循的三项基本原则,旨在构建人类命运共同体。

二、以高水平开放促进高质量发展

党的二十大提出,"以国内大循环吸引全球资源要素,增强国内国际两个市场两种资源联动效应,提升贸易投资合作质量和水平"[4],即以"着力扩大内需"为理念引领,以"新发展格局下的多元延伸"为外延拓展,挖掘内需潜力和内生动力,提升国内大循环的效率和水平,以此形成对全球资源的引力场,不断增强我国的国际竞争力。

"高水平对外开放"是响应全球治理体系变革的内在要求,"稳步扩大规则、规制、管理、标准等制度型开放",深入融合并再造国际经济的体系,成为制度引领

① 习近平:《高举中国特色社会主义伟大旗帜 为全面建设社会主义现代化国家而团结奋斗——在中国共产党第二十次全国代表大会上的报告》,人民出版社,2022 年,第 9 页。

② 《习近平谈治国理政》(第二卷),外文出版社,2017 年,第 522 页。

③ 习近平:《高举中国特色社会主义伟大旗帜 为全面建设社会主义现代化国家而团结奋斗——在中国共产党第二十次全国代表大会上的报告》,人民出版社,2022 年,第 61 页。

④ 同上,第 32 页。

者,"维护多元稳定的国际经济格局和经贸关系"①。这包括加快制度现代化、制度开放现代化,持续深化首创性、差别化改革探索,加强改革试点经验复制推广,健全外商投资准入前国民待遇加负面清单管理制度,落实准入后国民待遇,打造公平竞争的内外资发展环境;不断优化通关、退税、外汇等管理方式,稳妥推进金融领域开放,"有序推进人民币国际化"②,深化境内外资本市场互联互通。作为充满机遇的新兴市场大国、发展动能澎湃的创新大国,深化改革,打造高水平的开放型经济新体制,创建国际一流营商环境,中国发展正在也必将为世界提供更多的机遇、注入更强劲的动力,将给世界带来更多惊喜。

全面对外开放,在生产过程中强调创新驱动开放与国际分工体系的优化重塑;在分配过程中强调全球经济再分配的合理化与人类命运共同体的构建;在交换过程中强调高质量外贸与推动区域一体化,完善开放、透明、非歧视性的多边贸易体制,促进"贸易和投资自由化便利化"③;在消费过程中强调全球消费市场的构筑与营商环境的改善,打造更大范围、更宽领域、更深层次的对外开放格局,促进中国繁荣和现代化。

包容对外开放,秉持求同存异、互利共赢共生的国际发展合作观,"中国积极参与全球治理体系改革和建设,践行共商共建共治共享的全球治理观……推动全球治理朝着更加公正合理的方向发展"④。拆除一切阻碍生产力发展的藩篱,让资金和技术自由流动,让创新和智慧充分涌现,汇聚世界经济增长合力。这一新思路,以一种更为自信、更为宽广、整合并超越中西的视野,形成一种具有超越中西对立、市场经济和私有化与计划经济和公有化对立的非此即彼的选择,开启了超越性、远瞻性的愿景,更可为新冠肺炎疫情大流行消退后,有效应对中国经济面临的全球化经济结构、国家与区域分工所形成的产业链和供应链的"脱钩"困境指明了方向。

主动开放、引领开放、合作攻关,但不受制于人。独立自主与高水平对外开放相统一,防范各种风险,确保国家经济安全,促进我国经济和世界经济协同发展。坚持真正的多边主义,国际上的事应该由大家共同商量着办,世界前途命运应该

---

①② 习近平:《高举中国特色社会主义伟大旗帜 为全面建设社会主义现代化国家而团结奋斗——在中国共产党第二十次全国代表大会上的报告》,人民出版社,2022年,第33页。

③ 同上,第61页。

④ 同上,第62页。

由各国共同掌握,不能把一个或几个国家制定的规则强加于人,也不能由个别国家的单边主义给整个世界"带节奏",要公道,不要霸道,推进国际关系民主化,因而迥异于霸权资本所追逐的单一营利最大化、股值最大化,以及占据或拥有供资本逐利的自然资源的目标。"一带一路"等倡议秉持共商共建共享原则,拒绝任何形式的殖民主义-帝国主义和征服与占领,以及剥削、支配和霸权,而将主要依赖自愿、平等、互利来协调协同推进共同繁荣。中国"尊重世界文明多样性,以文明交流超越文明隔阂、文明互鉴超越文明冲突、文明共存超越文明优越,共同应对各种全球性挑战"[①]。弘扬平等互信互鉴、和谐共生、"和睦相处、合作共赢"[②],增进各国人民的友谊。

双向开放,扬优势抑劣势,高水平"引进来"和高质量"走出去"协同推进,以内促外和引外补内协同推进,形成陆海、内外联动、东西互补互动的开放新格局。

开放赋能现代化建设,有效统筹国内国际两个大局,充分利用国内国际两种资源、两个市场,加快推动中国式现代化朝着更加开放、互惠、共赢的方向发展,为高质量建设社会主义现代化国家提供不竭动力。中国现代化与世界现代化存在互补互动的协同关系,主动顺应全球化潮流、顺应我国经济深度融入世界经济的趋势,加快中国式现代化进程。中国式现代化造福世界,中国梦与世界各国人民的美好梦想相通,推进基础设施互联互通,彰显同舟共济、权责共担的意识,通过自身发展维护世界和平,与一切进步力量携手构建人类命运共同体,最终实现整个人类社会的现代化。

开放赋能科技强国建设,积极获得利用全球资源,提高我国创新能力和水平,以加强中国科技的国际影响力和世界主导权。在强调自主创新成果源头供给的同时,对世界科技发展规律也有清晰的认识:发展科技必须具有全球视野、把握时代脉搏,加快建成高水平开放的国家创新体系。高质量发展是第一要务,科技是第一生产力。科技把人类社会联成一个整体,地球已变成一个"村落",成为支撑"人类命运共同体"发展的本质力量。由封闭创新走向面向全球的开放创新,更加注重"走出去"的发展战略,整合利用全球创新资源,深入推进全球协同创新和开放创新,融入全球创新网络,提高国际合作的速度、效能和可持续性。创造并抓住全球

① 习近平:《高举中国特色社会主义伟大旗帜 为全面建设社会主义现代化国家而团结奋斗——在中国共产党第二十次全国代表大会上的报告》,人民出版社,2022年,第63页。

② 同上,第62页。

资源加速流动的历史机遇,在网络信息时代,技术流、资金流、人才流是跨界、跨国流动的,世界科技强国的国家创新体系一定是开放的系统。扩大对外开放,加强国际科技交流与合作,积极引进国外先进技术;博采众长,为我所用,是加快我国技术升级和经济发展的有效途径。关键是要在学习、消化和吸收国外先进技术的同时,加强自主创新,掌握科技发展的主动权,在更高水平上实现技术发展的跨越。要将"一带一路"建成开放之路、创新之路、友谊之路。随着开放水平越来越高,积极融入全球科技体系,加强与世界顶尖高校、创新型企业的科技交流与合作,更加积极地开展国际人才、资源、技术的交流互鉴,充分吸纳、汇聚和利用全球人才、设备等资源,全面提高我国的国际科技合作水平,通过"吸收—消化—再创新"的方式,实现更高层次的自主创新,加快形成核心技术突破体系,进而向世界提供我国的科学技术。

始终致力于扩大同各国的利益交汇点,推动构建以合作共赢为核心的新型国际关系。在以二十国集团为代表的多边机制平台为重点参与国际宏观经济政策协调,推动诸如《区域全面合作伙伴关系协定》(RCEP)等国际宏观经济政策协调机制和平台建设,提出共建"一带一路"这一我国参与全球开放合作、改善全球经济治理体系,促进全球共同发展繁荣、推动构建人类命运共同体的中国方案,得到越来越多国家的热烈响应。共建"一带一路"旨在实现优势互补、互利共赢,在甲乙双方不同资源禀赋的比较优势下,平等交易会对双方都有利,并且能够推进双方经济的分工,可显著提高生产率,以实实在在惠及各国各地区的基础设施建设与平等互利贸易作为经济发展的基本推动力。

《决议》指出,"开放带来进步,封闭必然落后;我国发展要赢得优势、赢得主动、赢得未来,必须顺应经济全球化大趋势,依托我国超大规模市场优势,实行更加积极主动的开放战略"。一个高水平开放、主动开放、全面开放、全面创新的中国,将会在经济、科技等各个方面为人类文明做出更多重大、独特的"中国贡献",为 21 世纪全球发展和人类进步做出卓越的贡献。

本章小结

对外开放的必然性、必要性,高质量开放,走出去的意义与路径,国家经济安全的意义与路径。

第
十
章

关键词

经济全球化　地区经济一体化　自由贸易区　经济特区　补偿贸易

思考题

1.市场经济全球化有哪些基本特征、必然性,有何影响、发展趋势如何?

2.简析市场经济全球化与一体化的关系。

3.论述对外开放的必要性、长期性和多样性。

4.如何坚持独立自主和对外开放相统一?

5.如何建设更高水平开放型经济新体制?

6.如何确保我国国家经济安全?

第十一章　社会主义市场经济观念与经济文化

本章要点

社会主义市场经济的特征；社会主义市场经济观念；市场价值观的结构

第一节　社会主义市场经济及其特征

一、市场经济的性质及其基本特征

市场经济，是指以价格机制为主，对市场主体进行利益调节，因而配置资源、提供动力、推动经济发展的制度。价格机制是市场机制的核心，是市场运行的实现机制。完整的市场机制是一个有机的整体，除价格机制外，还包括供求机制、竞争机制和风险机制等。

在商品经济社会，各种各样的经济活动异常复杂，每种商品都有大量的生产者和消费者，供给和需求在不断地变动，都受"看不见的手"这一价格机制的指挥。在市场上，价格是供给和需求的"晴雨表"，引导着家庭的消费行为和厂商的生产行为，使市场的供给和需求不断趋于均衡，从而达到自我组织的效果。市场经济的性质和特征表现在如下方面：

市场经济是自主经济；市场经济是竞争经济。（详见第三章有关内容）

市场经济是法制经济。各国市场经济发展的历史表明，市场经济建立的关键在于有相适应的法治基础。自由不是放任自流，竞争也离不开法治。市场主体必须遵循市场规则和市场秩序，接受法律和道德的约束。若没有法治的保障，产权就不可能安全，市场主体提供产品和服务的环境就可能受到破坏，就难以实现经济健康发展。实行法治，是发挥市场配置资源决定性作用的基础。用法律来规范政府、企业、社会组织和个人等市场主体的行为，才能保障市场经济高效运行和健康发展。

市场经济是诚信经济。诚实守信，不仅对一个国家和民族具有普遍的意义，而且对现代市场经济显得尤其重要。市场经济，虽然也有一手交钱、一手交货的现货交易，但最重要的是信用交易。没有信用交易，就难以克服时间和空间的分离对交易的限制，从而不可能拓展市场交易的范围。信用交易的基础，是市场主体的诚实守信。违背信用，不仅会导致交易成本大大上升，还会影响交易的广度和深度。随着现代信息技术和互联网技术的发展，网络经济正以极快的速度影响着社会经济与人们的生活，这对信用提出了更高的要求。不诚实守信，任何一种游戏规则都难以起到应有的作用。企业和个人的诚实守信固然重要，政府的诚信也极为重要。政府严格履行职责，及时兑现对社会的承诺，不仅直接影响社会信用的实现，而且能有效地影响社会信用的发展。

市场经济是规则经济。法治能形成市场的基本规范，道德能保证社会的基本规范，但市场经济还有自己的规则。政府调控市场经济，职能要通过法律得到明确和恰当的界定，权力要受到法律的有效约束，要遵守市场经济规律，维护和保证市场的公平竞争秩序，消除地区、部门、行业、所有制等方面的差异性政策。企业生产经营，要遵循价值规律和等价交换原则，严守产品和服务的质量标准，不得出现倾销等不正当竞争或恶性竞争行为，自觉降低交易费用，按时、按质、按量履行合同，保护相关利益主体特别是消费者的利益。企业员工，要严格遵守安全生产等内部的管理制度，严格执行各种操作规范，主动地创造性地开展工作，提高劳动生产率，维护企业的正当利益。既遵守法律法规，又按道德行事，还按市场规则办事，市场经济才能健康有序发展。

市场经济是公平经济。公平是市场经济的要求，也是市场经济的特征。各经济主体的地位、约束、税赋、社会责任等都是平等的，国有经济和股份经济、私人经济之间是平等的。市场公平根本上决定于商品等价交换的原则。市场中买卖双方的地位平等、机会均等、交易公平，买方之间或卖方之间公平竞争，法律面前人人平等。为实现公平竞争，各国政府都要创造良好的外部环境，为市场主体提供平等竞争的机会。各国都有维护公平竞争的法律法规，最有代表性的是反垄断法。完整有效的法律法规体系，能够保证市场竞争的有序性、公平性和有效性。

市场经济是风险经济。市场经济的参与者，尤其是投资者，都无法避免市场经济固有的各类风险。市场风险的根源,在于信息不对称造成的不确定。在各市场主体完全遵纪守法和道德行事的前提下,经济主体的投资回报存在不确定,上游企业的生产情况存在不确定,下游企业的营销情况存在不确定,市场利率变化存在不确定,国际汇率变化存在不确定,市场价格存在不确定,技术创新结果存在不确定,生产过程设备的稳定性和产品质量存在不确定,市场开发的前景存在不确定,宏观经济调控及产业政策变化存在不确定,等等。风险与市场经济同在,是不可能消除的。

市场经济是开放经济。市场经济是由封闭走向开放的经济,把国内经济和国际市场联系起来,在广阔的国际时空内进行经济活动,尽可能参加国际分工,广泛利用各种可能的资源,充分发挥本国经济的比较优势,从而实现资源的最优配置和最高的经济效率。开放经济的互惠互利、扬长避短,不仅表现在国际进出口贸易、资金流动、技术转让和无形贸易的发展上,还表现在协调国际经济关系的规则与惯例的普遍认同和参与上。

二、社会主义市场经济及其特征

社会主义市场经济,是市场经济与社会主义基本制度结合在一起的产物。简单地说,就是社会主义公有制条件下的市场经济。在社会主义市场经济条件下,市场在国家宏观调控下对资源配置起决定性的作用。所以,社会主义市场经济,除市场经济的一般特征外,必然还有自己的基本特征。

社会主义市场经济是公有制主导的经济。社会主义市场经济,坚持公有制为主导,促进非公有制经济发展。公有经济主导国民经济发展,对于发挥社会主义制度的优越性,增强国家的经济实力和发展能力,具有十分重要的作用。在社会主义市场经济条件下,公有制与非公有制经济之间能够相互促进,是相互融合和相互渗透的协调发展的关系,而不是相互割裂和相互排斥的关系。各种所有制经济,在市场竞争中具有各自的优势,在社会主义经济发展中都有不可替代的作用。

社会主义市场经济是共同富裕的经济。实现共同富裕,是社会主义的本质要求,是社会主义市场经济发展的重要内容和根本目的。但是共同富裕,不是无倾向性的抽象公平,不是人人均富或共富,不是追逐物质占有的共同发财,也不是物质至上主义,更不是不劳而获。共同富裕是要求解决贫困和改善民生,消除两极分化,为每一个人的自由全面发展提供良好的社会物质条件。共同富裕的价值追求,是建立在社会利益最大化基础之上,体现的是人类共同幸福生活的境界,表现的是社会生产力的根本作用,反映的是社会主义发展的基本目标。坚持共同富裕目标和宗旨,有利于民生问题的解决,更能增加社会的凝聚力,充分调动一切积极性,确保经济和社会的健康发展。

社会主义市场经济是宏观调控有效的经济。市场能有效解决微观的资源配置优化的问题,但不能很好地解决宏观资源利用问题。政府调控国民经济,不仅有合理性也有必然性。这既是市场机制本身的缺陷所决定的,又是在我国特殊国情下市场经济发展的要求。政府这只"看得见的手",进行宏观调控的作用是无可替代的。市场不可能自动地实现宏观经济总量的稳定和平衡,难以对相当一部分公共产品和消费进行调节。在某些社会效益重于经济效益的环节,市场调节不可能达到预期的社会目标。在一些垄断性行业和规模经济显著的行业,市场调节也不可能达到理想的效果。市场还难以解决价格稳定、充分就业等问题,也无法在经济发展中保护自然与社会环境。

第二节　社会主义市场经济观念

认识社会主义市场经济的特征,是为了更好地认识社会主义市场经济的本质。认识社会主义市场经济的本质,就能形成对应的社会主义市场经济观念。根据社会主义市场经济观念进行经济活动,必然自觉尊重社会主义市场经济规律。所以,建构社会主义市场经济观念,对于发展和完善社会主义市场经济,具有重要的意义。社会主义市场经济观念的建构,根源于社会主义市场经济的特征,以及一般市场经济的特征。

一、国际观念与民族观念

经济开放,不仅是本国经济发展的要求,也是世界经济发展的必然趋势。因此,必须正确认识世界经济,并形成与之一致的思想意识。市场的全球化,打破了商品和货币等流通的国家边界,冲击着各国的国家制度和经济政策。每一个国家,不论是大还是小,不论是发达还是欠发达,不论是贫穷还是富有,不论是资源丰富还是资源贫乏,都需要彼此互相依赖,谁也难以离开谁。若一国经济受到损失,将波及整个全球市场。自然资源的开发利用,国际分工,环境污染,技术流通,贸易往来,资本流动,与每个国家的命运都息息相关。社会主义市场经济的发展,离不开成熟开放的、视野宏大的国际观念。

在建构国际观念的同时,也要保持独立与自主的民族观念。国际经济发展,并不排斥民族独特性与多样性。与之恰恰相反,越是民族的越是多样的,就越是世界的。与国际市场的融合与交叉,本质是互利互惠,在交流与互动中,谋求共同发展。因而,必须保持本民族的优良传统与价值,发展好自己的经济,提高自己的经济品质,这才有开展国际合作的可能性和必然性。中华民族复兴,说到底是为在国际上做出更大的贡献。

二、财富观念与公平观念

追求共同富裕,是社会主义市场经济的内在要求。但只有正确认识财富,建立正确的财富观念,才能有真正意义上的共同富裕。财富不只是简单的指金钱,一切具有价值的东西都是财富。财富既包括物质财富,如不动产、股票、期货、保险等,也包括自然财富和精神财富,如阳光、环境、品质、声誉等。不可否认,物质财富是生活的基本条件。然而在社会主义条件下,还有深刻的社会意义。其一,拥有较多的物质财富,与之相对应的社会责任也更多。不仅要热心公益事业和承担相应的社会道义,而且要正确使用财富和促进财富的合理流动。人的尊严,不在于拥有多少物质财富,而在于如何对待物质财富。其二,财富本身,并没有好与坏之分。对财富过于贪婪,有可能违背社会道德,甚至触犯国家法律。而对财富过于藐视,则有可能轻视劳动和创造,导致对社会贡献的忽视。

实际上,正确的财富观,离不开正确的公平观。随着社会生产力的发展和收入的增长,物质财富显得越来越不重要。从长远来看,拥有多少物质财富都是暂时的。随着社会主义市场经济的发展,机会公平和条件公平的环境越来越好,只要诚实劳动和勇于创造,就不可能缺乏物质财富。更何况,最重要的自然财富,对任何一个人都是公平的。同时,体现境界和修养的精神财富,完全取决于个人的努力与追求。其实,财富机制的本身就具有公平性,这不仅表现在物质财富占财富的比例较小,更表现在自然财富、物质财富和精神财富三者之间的关系是对立统一的。

三、利益观念与风险观念

追求利益是获得财富的前提,财富是追求利益的结果。"看不见的手"这一价格机制,其本质是以利益为中心的。当然,这里的利益主要是指物质利益。人的生理需要,决定对个体利益的追求是永恒的。个人利益不能孤立存在,总是与公共利益,包括国家利益、社会利益和集体利益相互依存和相互影响。公共利益高于个人利益是不言而喻的,但不能因此否认追求个人利益合理性。物质利益是人们进行生产生活的基本动力,也是实现自我价值的基本方式。承认和肯定个体利益,对发展经济和提高人们的生活水平具有重要意义。物质利益的获得,主要来源于劳动、资本、土地和企业家才能等要素的报酬。劳动在任何时候,都是获取物质利益的基本手段。各种要素追求利益都有一定的风险,尤其是资本要素更为突出。所以,不仅要有正确的利益观念,还要有正确的风险观念。

利益风险是在一定的时间和条件下,期望目标与实际结果的差异。利益风险有两种来源,一是要素投入的收益风险,二是要素投入的成本或代价风险。无论是何种风险,都与收益成正比。总体来说,收益越大风险越大,风险越大收益也越大。利益风险是客观的、普遍的和必然的,一般是可识别的,在某种意义上也是可控制的。影响利益风险的因素,包括客观因素和主观因素。像身体状况、气候变化、疾病传染、地理位置、政策调整等,属于客观风险因素,都是可以识别的,但不一定能够控制。风险主观因素,是指人的心理承受风险或行为道德风险。若遵守道德和量力而行,主观因素方面的风险一般是可以完全消除的。

四、整体观念与局部观念

社会主义市场经济的宏观调控,是从整体出发的。建立相应的整体观念和局部观念,是十分必要的。整体是指宏观经济,由国民经济内在相互联系的要素构成,是个不断发展的有机统一体。部分主要是指微观经济,也包括中观经济,是组成国民经济有机统一体的所有要素和各个方面,以及发展的整个过程。微观与宏观是相对的,对于省(区)来说,国家是宏观,省(区)是微观;对于市(县)来说,省(区)是宏观,市(县)是微观。宏观经济与微观经济的关系,主要不是大和小的关系,而是包容与被包容的关系。微观隐含宏观的信息,宏观包含微观的信息。微观经济的特性,从属于宏观经济性质。从人的认识角度来说,经济的整体和经济的局部不是同时并列存在的。当人们体察宏观经济的时候,微观就成为次要。反之,当人们思考微观经济的时候,宏观就变成次要的。

在社会主义市场经济条件下,市场失灵和对社会福利最大化的追求,使政府对经济的宏观调控成为一种常态。宏观经济政策,不仅要考虑产品市场、货币市场,还要考虑劳动市场和国际市场。宏观经济政策的指向,又包括稳定物价、保证增长、充分就业、平衡国际收支、环境改善保护等多个目标。再好的经济政策,都需要市场主体的理解和响应,都需要微观主体按规则办事。因而各市场主体要从国民经济的整体出发,局部利益服从整体利益,保证国民经济又好又快地发展,这实际上也为自己创造了一个好的发展环境。同时,要优化个人的资源配置,有利于国民经济的整体功能最大化。

五、公有观念与私有观念

国家或集体所有的财产为公有,个人所有的财产为私有。公有制和私有制是相对而言的,没有公有就无私有,没有私有也就无公有。公有与私有没有好与不好的问题,只要能适应社会生产力的发展,就有存在的合理性和必然性。在社会主义市场经济条件下,生产力还没有得到极大的发展,公有制和私有制同时存在,才能更好地促进国民经济的发展。实际上,现阶段的任何国家,无论是什么样的经济体制,没有一个国家是单一的公有或私有,都同时存在公有制和私有制。所不同的是,公有与私有在社会财产中占多大的比例,特别是哪种所有制在国民经济发展中处于主导地位。

面对社会主义市场经济,需要建立什么样的所有制观念呢?简而言之,就是坚持公有制为主体。公有经济是社会主义制度的基本特征,是社会主义社会的经济基础,控制着国民经济的命脉。只有依靠公有经济的主导力量,才有可能充分利用经济手段,引导各种形式的私有经济,沿着有利于社会福利最大化的方向发展。同时,现阶段社会主义生产的根本目的,是满足社会成员日益增长的美好生活需要,离开私有经济,根本目的就无法落到实处。当然,不管是什么社会制度,从外部形态上看都是集体,都需要公有观念来维护集体的利益和社会的稳定。

六、法治观念与自由观念

法治是相对于人治而言的,法治与人治在性质上是根本不同的。人治强调的是个人权力在法律之上,而法治所强调的恰恰相反。要法治就不能存在人治,要人治就不可能有真正意义上的法治。人是第一生产力,法治必须依靠人的力量和发挥人的作用,但发挥人的作用与人治,是根本不同的两个概念。法治的本质是法律至高无上,法律面前人人平等。任何机关、团体、单位和个人,包括国家最高领导人在内,都要严格遵守法律和依法办事,都不能凌驾于法律之上。对于违法者,不论社会的地位和背景如何,都必须依法受到制裁。真正意义上的法治,一是科学立法、严格执法、公正司法、全民守法,二是国家法治、政府法治、社会法治。

法治不是不要自由,恰恰是为更好地自由。实现法治,人的自由就从必然王国飞跃到自由王国。社会主义市场经济是自由经济,市场主体有充分的自由选择权。但自由是相对的自由,不是绝对的自由。任何市场经济行为,必须受到该社会法律的绝对约束。人类是群体社会,经济个体之间是相互影响和相互制约的。每个经济个体拥有绝对自由的边界,必然要形成道德、制度和自然环境的约束,特别是法律的约束。社会经济个体自由之间平等的相互约束,此社会即为自由经济的社会。

七、道德观念与自主观念

市场经济是经济个体自主追求个体利益的经济制度,但自主追求是在市场机制条件下实现的。要保证市场机制正常发挥作用,实现经济的平稳健康运行,市场的每一个主体、每一个领域、每一个过程,都需要依赖于经济道德的约束。经济道德行为,是指经济个体的自主行为产生利他的结果,或至少没有损人的结果。市场经济将所有经济个体紧密地联系在一起,每个经济个体的自主行为都会对他人产生影响。反过来,任何一个经济个体的自主行为,也会对自身产生影响。在这种情况下,若经济个体没有以诚实守信为根本的经济道德,不仅将损害他人的利益,最终还将损害自身的利益。

其实,在市场经济条件下,道德与自主是一个问题的两个方面。没有自主就不会产生道德,没有道德也就难以达到自主。人的自主经济行为都是利己的,但若做不到利他,利己就根本无法实现。这是因为,市场是能使一个人的自主行为产生利他结果的机制。市场经济所有个体的行为都是自主的,但自主行为面对的是市场。经济个体之间,通过市场实现自主的合作和互利的合作。自主合作意味着谁也没有权力强迫谁,谁也无法强迫谁。互利合作则表明,若一方的自主行为不能给对方带来利益,那就不会有人与之合作。所以,经济个体行为既是利己的,同时也是利他的。而且只有在交易中做到利他,才能在市场中真正做到自主。

八、竞争观念与规则观念

任何利益获得都会有竞争,任何竞争都是为了利益。竞争是社会法则,也是市场经济的法则。只有通过竞争,才能实现资源自由流动和最佳配置,提高劳动生产率和降低成本,加快产品和服务的升级换代,促使市场经济实现优胜劣汰。只有通过市场的优胜劣汰,产业结构、消费结构等国民经济结构,才能得到有效、可持续的调整优化,国民经济才能更加健康持续的发展。同时,竞争能够推动企业不断创新,促进企业技术、管理等水平不断提高。有创新才有竞争力,要有竞争力必须创新。创新是社会进步的根本动力,而竞争是不断创新的力量源泉。

社会是有序发展的,竞争也不例外。在建立竞争观念的同时,还必须建立规则观念。规则是得到每个社会公民承认和遵守的客观实在,具有绝对的或相对的约束力。除法律、道德等基本规则外,还有市场经济本身的规则,诸如优胜劣汰、公平竞争,多边对话、环境保护、多劳多得,等等。市场经济的种种规则维持着市场的秩序,使经济生活更加有条理,更加和谐和友好。以规则作为行动的准绳,是市场经济完善和成熟的客观要求。经济规则的本质,是经济主体行为的自然许可、社会许可和他人许可。规则虽然是对经济个体的制约,但这种制约性直接关系着经济个体自身的根本利益。

第三节 社会主义市场经济观念的培育

任何观念都需要培育才能养成,市场经济观念也不例外。社会主义市场经济是一个不断发展的过程,市场观念的培育随之也是一个过程。在这个培育过程中,要注意掌握原则,寻找方法,明确途径。

一、社会主义市场经济观念培育的原则

(一)导向原则

导向原则,就是国家坚持正面教育,使全体公民建立正确的社会主义市场经济观念。坚持导向原则培育市场经济观念,要求从两个方面来开展工作。一是国家的媒体,包括电视、广播、报纸、杂志、互联网等,要根据不同的情况,有针对性地进行宣传。二是聘请有关专家学者和经济工作者,利用各种可能的场合和各种方式,进行社会主义市场经济观念的专题教育。

(二)渐进原则

人的认识是个过程,市场经济观念的培育要以渐进方式开展。要按照教育规律的要求,在培育上层层递进、逐渐深入、不断提高。首先进行基础性的教育,让人们了解什么是社会主义市场经济观念,有哪些市场经济观念。然后进行理论性的教育,让人们理解为何要树立社会主义市场经济观念,有什么重大意义。最后进行实践性的教育,让人们懂得如何与日常经济生活联系,如何利用市场经济观念进行生产经营。

(三)全民原则

社会主义市场经济观念培育的对象是全体公民。社会主义市场经济不只是与政府和企业相关,与全体公民也有直接紧密联系。市场经济观念的宣传培育,要惠及全体公民。在保证全体公民都进行培育的前提下,还要突出三个教育重点。一是政府工作人员对全体公民提供优质服务,制定有关经济政策,对市场经济观念的树立有引导示范作用。二是企业界人士直接为社会提供优质的产品和服务,对市场经济观念的建立有示范作用。三是青少年事关国家的长远发展和民族的振兴,对市场经济观念的建立有长远决定性作用。

(四)整体原则

社会主义市场经济观念是一个有机体系, 在培育的过程中应当全方位地开展。不仅要进行一般市场经济观念的培育,更要进行社会主义特有市场经济观念的培育。不仅要进行经济的国际观念、财富观念、利益观念、整体观念、法治观念、公有观念、道德观念、竞争观念的培育,还要进行经济的民族观念、公平观念、风险观念、局部观念、私有观念、自由观念、自主观念、规则观念的培育。需要说明的是,这些表面上看存在矛盾的观念,在本质上是统一的,在培育时必须特别加以注意。

二、社会主义市场经济观念培育的方法

(一)理论教育法

社会主义市场经济是一个理论体系,与之相对应的社会主义市场经济观念也是一个理论体系。国家通过一定的组织安排,对各政府机关、企事业单位、社会团体等提供专家教育援助。需要学习的单位或群体,通过一定的程序提出申请,国家或单位出资安排专家进行现场指导。专家根据教育要求,对社会主义市场经济观念进行系统的讲授,组织学员进行讨论和交流,并通过一定的方式进行学习效果的检查。

(二)自主学习法

国家或社会组织出资,编辑出版社会主义市场经济观念辅导读物,为全体公民提供自主学习的基本材料,或通过市场运作提供图书资料。社会主义市场经济活动,离不开市场经济观念的建立,事关个体的切身利益,这是公民自主学习的基本动力。当然,国家也可以出台一些政策,鼓励公民自主学习。

(三)讨论辩论法

真理越辩越明,讨论辩论能很好地帮助公民学习和掌握社会主义市场经济观念。讨论辩论的组织者,可以是政府机关、企业事业单位,也可以是社会团体、个人。讨论辩论的方式多种多样,或市场经济观念知识竞赛,或市场经济观念辩论会、研讨会,或市场经济观念学习体会交流会等。选择什么样的形式,要根据成员的特点和举办的目的来决定。

(四)典型示范法

树立市场经济观念落实到位的各种典型,包括政府机关、企业事业单位、社会团体、消费者等案例,向社会进行广泛介绍和宣传。典型示范法有两方面的指导作用:一是有助于人们更好地学习和理解社会主义市场经济观念,把握市场经济观念在实践中如何运用。二是有助于人们分析和思考建立社会主义市场经济观念的重要性,更加重视市场经济观念的建立和实践。

(五)参观考察法

市场经济观念虽然存在于人们的思想意识之中,但必定要通过现实经济生活的日常行为表现出来。一般来说,市场经济发展越成熟,人们市场经济观念的建立和运用也就越好。组织人们到市场经济发达的国家或地区进行考察学习,亲身感受市场经济观念在现实经济生活中的表现,深刻体会市场经济观念对市场经济发展的重要作用,不仅能有效激发对市场经济观念学习的热情,还能有效增强对市场经济观念实践的动力。

(六)行为评估法

定期或不定期对经济主体,尤其是对政府机关和企业事业单位,进行社会主义市场经济观念建设和落实效果评估。必要时,也可以对一个地区或一个系统进行评估。评估有两种方式可供选择,一是自我评估,二是中介评估。无论采取何种方式,都要发扬民主,力求做到客观公正、实事求是。评估的主要目的是找出一个地区、或一个单位、或一个系统市场经济观念方面的长处与不足,找到进一步推广或改进的方式方法,提高行为的效果和水平。

三、社会主义市场经济观念培育的途径

(一)用习近平新时代中国特色社会主义思想统一思想

党的十九届四中全会指出,"提高社会文明程度。推动形成适应新时代要求的思想观念、精神面貌、文明风尚、行为规范。深入开展习近平新时代中国特色社会

主义思想学习教育,推进马克思主义理论研究和建设工程。"社会主义市场经济观念的建设工作,重要的就是用习近平新时代中国特色社会主义思想统一思想和行动。深化对于社会主义市场经济的认识,深刻把握社会主义市场经济观念的辩证关系和精神实质,深入理解社会主义市场经济观念建立的客观要求,增强社会主义市场经济观念建立的自觉性,把市场经济观念建立贯穿于社会主义市场经济建设的全过程。

(二)围绕"四个全面"推进建设

改革开放40多年以来经济建设的快速发展,我国综合国力不断大幅上升,客观上要求社会主义市场经济更加规范、更加成熟。因此,要把握"四个全面"的精神实质,着力推进社会主义市场经济观念的建设,进一步巩固已有的建设成果,寻找差距,促进社会主义市场经济观念建设的全面发展。

(三)领导垂范、上下联动

在社会主义市场经济观念的建设上,各级领导要率先垂范。自古以来就是"民以吏为师",上行下效。虽然公众是市场经济观念落实的载体,但在客观上受各级政府的政策影响。各级干部认识和落实社会主义市场经济观念的质量和程度,直接制约公众的思想认识和相关行为。各级领导干部在经济工作中,按照社会主义市场经济的内在要求,运用市场经济观念来制定政策、进行决策和监督检查,不仅能有效地促进国民经济的发展,还能使社会主义市场经济更加完善和成熟,引导人们按照社会主义市场经济观念办事。

(四)加强长效机制建设

建立社会主义市场经济观念,不可能一蹴而就。市场经济观念的建设,是一个长期的过程。社会主义市场经济观念建设的长期性,是指公众在参与国民经济过程中,既考虑市场经济观念的建立,又重视随着市场经济的发展不断完善,长期持续的按市场经济观念的要求办事。建立市场经济观念的长效机制,才能保证建设的长期效果。机制是相对独立系统各个因素的相互作用,而产生的调节功能。影响市场经济观念长效机制的因素,主要有市场经济观念建立目标,激励约束制度,公众和组织者。这些因素是一个有机整体,相互作用必然使公众在激励约束条件下,长期为社会主义市场经济观念的建立和完善而努力,并按市场经济观念的要求办事。

(五)提升教育者的素质

社会主义市场经济观念教育者素质的高低,直接影响着教育的效果。其一,要采取各种可能的措施,培养一批具有社会主义市场经济观念的理论工作者。要用科学的理论武装教育者的头脑,使其始终坚定正确的政治方向,以自己优良的市场经济理论素养和崇高的人格风范,成为影响和感染公众学习市场经济观念的强大动力。其二,要提升各级干部学历层次、知识水平和按市场经济观念办事的能力。领导干部是社会主义市场经济观念的实际教育者,必须严于律己,密切联系群众,尊重、理解和关心公众。在市场经济观念建立过程中,领导干部不仅要能回答公众的各种问题,还要能提出指导公众进行建设和完善的正确意见。

(六)准确和理性宣传

当前,互联网已成为人们生活的一部分。无论从事什么职业,也不论是男女老少,网络媒体的信息传播,都能对人们产生很大的影响。一些与社会主义市场经济观念相悖的东西,通过网络渲染炒作,可能会在很短的时间内,形成一种社会的"风尚"。所以相关宣传者,必须准确把握社会主义市场经济观念,并且能够明辨是非。同时,还必须进行理性的传播,有担当和有规则意识,对关系到市场经济观念的话题,要有一个正确的定位。也就是说,宣传尤其是网络宣传,要有强烈的社会责任感和使命感,严格把握好宣传的分寸和方向,引导人们朝着正确的方向去建立和完善社会主义市场经济观念。

第四节　社会主义市场经济文化

文化作为一种能够传承的意识形态,是一个社会最根本的东西。认识社会主义市场经济的特征,有利于建立相应的市场经济观念。而建立社会主义市场经济观念,是为了建设社会主义市场经济文化。经济文化是一个国家或地区经济发展的象征,也是一个国家或地区的经济软实力。可以肯定,没有良好的经济文化,可能造就经济大国,但绝对不能成为经济强国。

一、社会主义市场经济软实力与市场经济价值观

党的十九大报告指出，"主旋律更加响亮，正能量更加强劲，文化自信得到彰显，国家文化软实力和中华文化影响力大幅提升"。软实力，是相对于经济总量、物质设施等硬实力而言的，是指一个国家或地区的价值观念或社会制度等，所形成的凝聚力量和发展力量。软实力是一个国家或地区的综合实力的重要组成部分，是一种长久持续的内在力量。任何一个国家或地区，在提升政治、经济、军事等硬实力的同时，都重视相应软实力的建设。在软实力中，经济软实力是最基本的，也是最重要的。

社会主义市场经济软实力是社会主义市场经济文化。尤其是在社会主义市场经济的实践中，逐步形成的并为全体公民所认同的经济价值观，以及由经济价值观派生的经济观念、道德情操、思维方式、风俗习惯、生活方式、行为方式等的总和。显然，在社会主义市场经济文化中，最重要的是经济价值观，其从本质上决定市场经济文化的性质。

社会主义市场经济价值观，是人们对市场经济的认知、理解、判断及抉择，即人们认定经济事物、辨别经济是非取向的世界观。市场经济价值观，直接影响和决定着人们从事经济活动的理想、信念、目标和追求。人们经济行为的动机，受经济价值观的支配和制约。在同样的环境条件下，人们的经济价值观不同，经济动机的模式不同，产生的经济行为也不相同。可以说，经济价值观作为人们对经济事物的评价和看法，反映着人们在经济上对世界的认识，指导人们的经济行为。

社会主义市场经济价值观，就是社会主义市场经济观念，由精神观念、思维观念、制度观念、组织观念、物质观念和行为观念构成。精神观念层包括竞争观念、自由观念和自主观念，思维观念层包括公平观念和风险观念，制度观念层包括公有观念和私有观念，组织观念层包括国际观念、民族观念、整体观念和局部观念，物质观念层包括财富观念和利益观念，行为观念层包括法治观念、道德观念和规则观念。

二、市场价值观的结构

(一)强调竞争观念的市场经济价值观

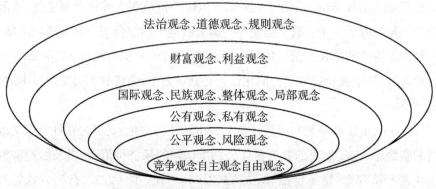

图 11-1　强调竞争观念的市场经济价值观

(二)强调自由观念的市场经济价值观

强调自由观念的市场经济价值观,精神观念以自由观念为核心,如图 11-2 所示。

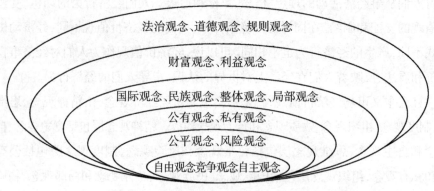

图 11-2　强调自由观念的市场经济价值观

(三)强调自主观念的市场经济价值观

强调自主观念的市场经济价值观,精神观念以自主观念为核心,如图 11-3 所示。

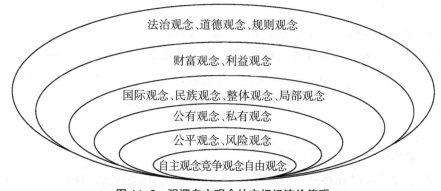

图 11-3　强调自主观念的市场经济价值观

三、社会主义市场经济文化的构建

构建社会主义市场经济文化,本质上就是建立社会主义市场经济价值观。公众的市场经济价值观一旦确立,社会主义市场经济文化就自然形成。问题的关键是,社会主义市场经济文化,选择以哪种精神观念为主的市场经济价值观。选择的不同,社会主义市场经济价值观的培育侧重点不同,人们精神世界的支撑不同,经济行为也就不相同。

市场经济国家,若进行总结,经济价值观念的种类应当大致相同。但不同的市场经济国家,有两点不可能相同。一是各种市场经济观念的内容不同,二是精神观念以哪种观念为主不同。各种市场经济观念内容的不同,与这个国家的经济发展的历史有关,也与这个国家的现实经济制度有关。而精神观念以哪种观念为主,则完全是由这个国家的经济制度决定的。从各个市场经济国家的经济实践来看,以自由观念为主要精神观念的居多,实际上以竞争观念为主的也不少。

我国实行的是社会主义市场经济,自由观念、自主观念和竞争观念都应当比资本主义国家市场经济更先进,更有利于促进市场经济的发展。重要的是,要以自主观念为主要的精神观念。主要根据是,社会主义经济制度是人民当家作主的制度,自主观念更符合劳动人民当家作主的定位。同时,自新中国成立以来,无论是实行计划经济还是市场经济,人民当家作主已形成共识,有着深厚的基础。建设以自主观念为主要精神观念的社会主义市场经济文化,是我国社会主义走向民主和富强的必由之路,也是实现中华民族伟大复兴的重要前提。

本章小结

社会主义市场经济观念包括国际观念与民族观念、财富观念与公平观念、利益观念与风险观念、整体观念与局部观念、公有观念与私有观念、法治观念与自由观念、道德观念与自主观念、竞争观念与规则观念。他们均是以自主观念为主要精神观念来构建的。

关键词

国际观念与民族观念　财富观念与公平观念　利益观念与风险观念　整体观念与局部观念　公有观念与私有观念　竞争观念与规则观念　社会主义市场经济价值观　社会主义市场经济文化

思考题

什么是社会主义市场经济观念？包括哪些内容？

第十二章　社会主义生态文明经济

本章要点

生态文明经济的性质、特征与实现途径；碳中和的意义与实现途径

　　长期以来，工业文明社会特别是工业文明经济造成的生态资源危机、环境污染严重和人类"工业文明病"蔓延，成为当今世界共同面临的三大难题。改革开放以来，中国经济快速发展，综合国力大幅度提高。但我国经济可持续发展却面临严重的资源生态环境压力和瓶颈制约。为解决经济社会发展与自然资源环境之间的矛盾，实现经济发展与人口、资源、环境之间的和谐可持续发展，党的十七大提出建设生态文明的目标；党的十八大明确将生态文明建设纳入中国特色社会主义事业"五位一体"的总体布局，把生态文明建设融入经济、政治、文化、社会建设各个方面和全过程。党的十九届五中全会首次明确提出"完善生态文明领域统筹协调机制，构建生态文明体系，促进经济社会发展全面绿色转型"。绿色转型是经济发展摆脱对高消耗、高排放和环境损害的依赖，转向经济增长与资源节约、排放减少和环境改善相互促进的绿色发展方式。

　　工业文明经济向生态文明经济的转变是世界各国经济发展的基本趋势。发展社会主义的生态文明经济对建设资源友好型和环境友好型社会，实现全面建设小康社会的目标，提高中国生态文明水平和推进世界生态文明进程具有重要意义和深远影响。

　　2020 年 9 月 22 日，习近平在第七十五届联合国大会一般性辩论上宣布，中国将提高国家自主贡献力度，采取更加有力的政策和措施，二氧化碳排放力争于 2030 年前达到峰值，努力争取 2060 年前实现碳中和。习近平指出："实现碳达峰、碳中和是一场广泛而深刻的经济社会系统性变革，要把碳达峰、碳中和纳入生态

文明建设整体布局。"①这是中国基于推动构建人类命运共同体的责任担当和实现可持续发展的内在要求作出的重大战略决策。碳中和是指在一定时间内,人类活动直接或间接产生的二氧化碳或温室气体排放总量,与植树造林等释放氧气、正负抵消,达到"零排放"。

第一节　社会主义生态文明经济的性质与特征

一、社会主义生态文明

文明是指人类社会的进步状态,是指人类社会达到一定阶段后在改造自然和社会的过程中所创造的一切物质和精神成果的总和。文明作为人类的发展方式和生活样式,往往因其核心产业的不同而区分为不同的类型或阶段。从人与自然的关系来看,人类社会发展经历了崇拜自然的原始文明、改造自然的农业文明和征服自然的工业文明三个阶段,现已进入第四个阶段,即人与自然和谐的生态文明阶段。

生态文明是指遵循人与自然和谐发展的规律,是人类为建设美好生态环境而取得的物质成果、精神成果和制度成果的总和。"生态文明就是人类在改造自然以造福自身的过程中为实现人与自然之间的和谐所做的全部努力和所取得的全部成果,它表征着人与自然相互关系的进步状态。"②

生态文明作为社会文明的重要内容,与物质文明、精神文明、政治文明共同构成了当代人类社会文明发展的新框架。四种文明相互区别、相互包容且相互作用。一方面,物质文明、政治文明、精神文明离不开生态文明。生态文明是可持续发展的物质文明的前提条件,是重新构建精神文明的重要内容,是政治文明发展的强有力杠杆。从这个意义上来说,生态文明是物质文明、精神文明、政治文明的基础和前提;没有生态文明,就不可能有高度发达的物质文明、精神文明、政治文明;没有生态安全,人类自身就会陷入最严重的生存危机。因此,人类作为建设生态文明

①　《推动平台经济规范健康持续发展　把碳达峰碳中和纳入生态文明建设整体布局》,《人民日报》,2021年3月16日。

②　俞可平:《科学发展观与生态文明》,《马克思主义与现实》,2005年第4期。

的主体,必须将生态文明内涵和要求内在地体现在人类的法律制度、思想意识、生产方式、生活方式和行为方式中,并将生态文明作为衡量人类文明程度的一个基本标志。另一方面,生态文明离不开物质文明、政治文明和精神文明。没有社会经济的发展,生态文明就没有强大的推动力量。物质文明是生态文明的经济基础,精神文明是生态文明的思想保障,政治文明是生态文明的制度支撑。只有四大文明协调发展,才能保证经济持续健康发展,才能保证科技进步、文化繁荣、民主健全、社会和谐,才能保证人民生活幸福美满。

二、社会主义生态文明经济的性质

任何一种文明形态的形成和发展都必然以一定的经济形态为基础。同时,每种文明形态也都对应着特定的经济形态。经济形态是指人类社会特定历史发展阶段的经济活动方式。生态文明对应的经济形态是什么? 学术界存在不同观点。概括地说有以下几种主要观点:①生态经济;②循环经济;③可持续发展经济;④低碳经济;⑤绿色经济;⑥生态市场经济;⑦新型经济发展系统。

生态文明的基本经济形态。生态文明对应的经济形态就是生态文明经济,它的基本经济形态是循环经济,具体表现形态包括低碳经济、可持续发展经济、绿色经济、生态市场经济、体验经济、创新经济,等等,它们协同发展,产生新的经济系统,即生态文明经济系统。这些经济形态提出的背景、原因、目标及思路基本相同,它们只是针对需要解决的具体问题的不同而各有所侧重,因此从根本意义上说没有本质的区别。比如,生态经济主要关注经济系统与生态系统两者之间的关系;低碳经济是应对高碳工业化时代所造成的气候变暖的经济方式;绿色经济重视将自然资源环境价值纳入国民经济核算体系;可持续发展经济主张维护人类生存和发展可持续性。这些经济形态都是基于对工业文明的反思,基于人与自然之间的和谐,都强调资源环境价值,强调生态关怀和人文关怀,强调代内公平和代际公平。因而都是一种对后工业社会的经济形态的探索,都是有助于推进生态文明的经济形态。它们是有机联系和协同发展的,共同构成了完整的生态文明经济系统。但生态文明经济的基本经济形态是循环经济。

循环经济是指按照自然生态系统物质循环和能量转换的规律重构经济系统,通过资源的循环利用,使资源利用效率最大化和废弃物排放最小化,将经济系统和谐地纳入自然生态系统的物质循环过程中,从而实现经济与环境协调发展的经济。循环经济将传统的"资源—产品—废弃物"线性生产模式转变为"资源—产品—废弃物—再生资源"的闭环循环模式,将创造出新型的生产方式和生活方式,不仅推动一系列革命,包括新能源革命、生态农业革命、新产业革命和新技术革命,还将催生出新型市场经济和生态市场经济。因此,循环经济将成为覆盖和影响全社会生产和生活的基本经济活动方式。

社会主义生态文明经济的性质。生态文明经济具有生产力的属性,又具有生产关系的属性。就生态文明经济的生产关系属性而言,却属于具体生产关系,不属于基本生产关系,从而不属于社会基本经济制度范畴。当然,社会基本经济制度对生态文明经济也有一定的制约或影响作用。资本主义制度在"资本逻辑"主导下曾加剧资源环境恶化和生态危机。在资本主义社会,资本把用更少的消耗从自然界取得更多的物质资源,制造更多的物质产品称为"效率"。正像马克思所描述的那样,资本主义创造了前所未有的生产力,物质财富像被魔鬼呼唤一样从地下涌出。但不幸的是,作为资本主义繁荣支柱的私人资本只追求自己的无限增值和利润,而对于被资本奴役的广大民众的福利提高兴趣有限,特别是对于人类自身赖以生存的生态被破坏和环境被污染毫不关心。早期的资本主义生产方式是建立在对自然环境的自由免费利用基础上的。私人资本的获利与社会付出的生态环境成本是不对称的。正是在这种不对称的经济制度下,人类经济活动一直沿袭资源开采、加工制造、废弃物排放、产品流通消费、废旧产品抛弃的线性过程。资本主义私人资本在满足社会消费需求创造利润而实现自身不断增值的同时,也使其对资源的无序开发和抛回自然界的废弃物按指数形式上升。其直接后果是,我们赖以生存和发展的自然环境不断恶化。[①]社会主义制度能促进资源环境优化。社会主义市场经济体制是同社会主义经济制度结合在一起的新型经济体制。在社会主义中国,通过对基本自然财富的私人占有制的废止或国有化,构建完善的社会主义市场经济体制,有效地发挥市场机制和政府调控的功能,大力发展先进文化,提倡和塑造节约自然的理性生活消费方式, 人们就可以逐步做到把节约自然和创新自然相结合,把低自然耗费和高经济增长相结合,把社会财富创造的极大化与持续化相结

---

① 张玉明、邢超、张瑜:《媒体关注对重污染企业绿色技术创新的影响研究》,《管理学报》,2021 年第 4 期。

合。因此,社会主义生态文明经济是建设中国特色社会主义的要求,发展中国社会主义生态文明经济具有明显的制度优势。"社会主义生态文明"概念的提出,丰富了科学社会主义的内涵,表明社会主义不仅是一个共同富裕的社会,也是物质文明、政治文明与精神文明高度发展的社会,人与自然和谐共存的生态文明社会。

三、社会主义生态文明经济的特征

生态文明社会的经济基础是生态文明经济。这是一种新兴的经济系统,与传统的工业文明经济比较,呈现不同的特征。生态文明经济具有系统性、循环性、创新性、协调性和艰巨性等特征。

(1)系统性。生态文明经济系统不仅覆盖经济系统和生态系统,而且覆盖经济系统和生态系统之间共生循环的复合型系统,还覆盖"自然—经济—社会"复合型巨系统。生态文明经济系统中各个子系统之间、子系统内部各个组成部分之间都具有内在、本质的关联。经济只是生态文明经济系统中的一部分,自然因素和社会因素也是生态文明经济生产活动的重要因素,而且生态文明经济系统内任何一个环节受到破坏均会导致生态文明经济发展受到阻碍。

(2)创新性。与传统的工业文明经济相比,生态文明经济的发展有赖于技术、制度和市场创新,即生态化技术创新、生态化制度创新和生态化市场创新。生态文明经济要突破工业文明经济"高投入、高消耗、高排放、少循环、低效率、不协调"的发展模式,必须进行生态化技术创新,也称绿色技术创新。生态化技术创新不同于传统的技术创新。传统技术创新作为经济增长的内生变量,对经济增长具有不可替代的作用,但长期以来,人们只注重技术创新的经济功能,而忽视其对环境和社会发展可能造成的不良影响。传统技术创新在推进人类物质文明和精神文明建设,推动人类社会变革的同时,不可避免地带来一系列的日益严重的生态问题和负面效应。生态化技术创新能协调经济、生态与社会之间的关系,推动生态文明经济发展。但生态化技术创新追求经济效益、生态效益和社会效益的统一,存在创新动力不足问题,需要有相应的生态化制度创新及生态化市场体制创新,利用经济政策及法律等手段增加生态化技术创新的制度供给,提高生态化技术创新的预期效益,降低生态化技术创新的市场风险,从而为生态文明经济发展提供体制与机制保障。

（3）循环性。工业文明经济是线性经济，构成一个资源开采、加工制造、废弃物排放、产品流通消费、废旧产品抛弃的非循环的开放系统。生态文明经济将非循环的开放系统转化为可循环的封闭系统，将传统的"资源—产品—废弃物"线性生产模式转变为"资源—产品—废弃物—再生资源"的闭环循环模式。尽管生态文明经济与工业文明经济一样都需要资源和其他生产资料的投入，但它要求在经济流程中"把生产排泄物减少到最低限度和把一切进入生产中去的原料和辅助材料的直接利用提到最高限度"①，以寻求经济循环圈和生态循环圈的协调发展。生态文明经济是一个涉及社会再生产各个环节的整体性经济运作方式，在生产环节表现为生态工业或清洁生产，在消费环节表现为生产者严格的产品责任和回收义务，在分配和交换环节表现为废弃物资源的回收利用。生态文明经济是一个国民经济宏观层面的概念。因此，不能仅仅从企业间的物质闭路循环角度去理解生态文明经济，而忽视经济发展需要在小循环、中循环、大循环三个层面展开；不能仅仅从生产环节的物质闭路循环角度去理解生态文明经济，而忽视消费过程以及物质流通的其他环节的不同表现形式；更不能仅仅将生态文明经济理解为资源化，而忽视生态文明经济在物质消耗和污染排放上的源头预防和全过程控制意义。发展生态文明经济目的在于寻求经济循环圈和生态循环圈的协调发展。

（4）协调性。传统工业文明经济呈现"三高一低"，即"高投入、高能耗、高污染，低效益"的发展特点，而生态文明经济则表现为"三低一高"即"低投入、低能耗、低污染，高效益"的发展特点。这表明传统工业文明经济与生态环境不协调，经济与社会、人与自然不协调。生态文明经济通过生态化技术创新、生态化制度创新和生态化市场创新维持自然—人—社会复合生态系统的持续、协调、全面发展。生态文明经济是发展着的经济系统，其各种表现形态之间也应协调发展，形成生态文明经济体系；各个地区、各个国家也要协同发展，才能推进全社会生态文明经济发展，才能实现人与人、人与社会以及人与自然的真正和谐。

（5）艰巨性。面对传统工业文明经济造成的资源能源短缺、生态环境危机和人类健康等问题，发展生态文明经济成为各国的必然选择。中国是世界上最大的发展中国家和经济发展最快的国家，又正处于工业化与城市化发展的关键时期，发展生态文明经济面临许多难题，传统工业文明的弊端日益显现，发达国家200多

---

① 《资本论》（第一卷），人民出版社，1975年，第118页。

年出现的污染问题,在我国快速发展的过程中集中表现为压缩性、结构性、复合性。生态文明建设面临双重任务和巨大压力,既要"补上工业文明的课",又要"走好生态文明的路",①解决这些难题需要长期探索。生态文明经济作为新的经济系统,发展和成熟不可能一蹴而就,这就决定了建设生态文明需要长期坚持不懈的努力。

第二节　国外生态文明经济建设的理论与实践

一、国外生态文明经济建设的理论

(一)人与自然物质变换理论

马克思在《资本论》中论述人和自然之间的物质变换问题。人和自然之间的物质变换是指人通过自己有目的地改造自然的劳动过程来占有自然,使自然为人类生活提供必需的物质条件。劳动首先是人和自然之间的过程,是人以自身的活动来引起、调整和控制人和自然之间的物质变换过程。人和自然之间的物质变换经常要借助自然力的帮助,自然是物质财富即使用价值的源泉之一。马克思说:"人在改变物质形态的劳动过程中,要经常依靠自然力的帮助。因此,劳动并不是它所生产的使用价值即物质财富的唯一源泉。正象威廉·配第所说,'劳动是财富之父,土地是财富之母。'"②这就是说,劳动和自然界一起才是财富的源泉,自然界为劳动提供材料,劳动把材料变为财富。在人和自然的物质变换过程中,人在改变自然的同时也改变人自身的自然。产品被生产出来之后,人和自然之间的物质变换并未结束,在生产产品过程中和消费产品以后,对自然和人产生的影响,仍然处于人和自然之间物质变换的过程。马克思还揭露了资本主义条件下人和自然之间物质变换的社会制度障碍。资本主义条件下的劳动过程,或说资本主义性质的物质变换过程,使生产者只顾赚钱,不惜牺牲甚至破坏自然。马克思提出通过变革资本主

① 周生贤:《生态文明建设与可持续发展》,人民出版社、党建读物出版社,2011年,第8页。
② 《资本论》(第一卷),人民出版社,1975年,第56~57页。

义生产方式,合理调节人和自然之间的物质变换。马克思说:"社会化的人,联合起来的生产者,将合理地调节他们和自然之间的物质变换,把它置于他们的共同控制之下,而不让它作为盲目的力量来统治自己;靠消耗最小的力量,在最无愧于和最适合于他们的人类本性的条件下来进行这种物质变换。"①

(二)稳态经济理论

H.E.戴利作为环境经济的高级专家在世界银行工作多年,提出原创性很强的稳态经济理论。他认为,稳态意味着恒定的物质财富(资本)系统和恒定的人(人口)的系统。②这些系统必须在进(生育、生产)、出(死亡、消耗)平衡时,才能保持恒定。获得这种平衡和系统恒定的流通率(进、出率相等)可以高可以低,但有很多理由要求这个流通率尽可能低。既然物质和能量不能创造,生产的原材料必须取自环境,这样将导致资源和能源的衰竭;既然物质和能量不能消灭,等量的物质和能量必然返回到环境中去,导致污染。所以,低流通率造成的资源能源的衰竭和污染较小,高流通率则比较严重。超过这个极限将导致生态系统的崩溃。他认为,稳态所隐含的经济意义和社会意义很丰富,并且是革命性的。生产和消费的物质流必须最小化,而不是最大化,必须服从于理想的人口数量和生活标准。在物质形态的财富恒定时,经济增长必须是非物质的商品:服务和休闲。技术进步带给人们更多的是休闲,而历史上,技术进步更主要的是增加人们的物质商品,具有广泛的社会意义。

(三)可持续发展理论

可持续发展是 20 世纪 60 年代以来,在全球经济社会发展与环境保护的矛盾日益凸显,环境问题危及人类的生存和发展的情况下,人类基于对自身行为的反思及对现实与未来的忧患,提出的一种全新的发展观。1980 年,世界自然保护联盟发表了《世界自然保护战略》,首先提出了可持续发展的概念。该文件指出:可持续发展强调人类利用生物圈的管理,使生物圈既能满足当代人的最大持续利益,又能保护其后代人需求与欲望的潜力。1987 年,世界环境与发展委员会主席、挪

---

① 《马克思恩格斯选集》(第三卷),人民出版社,1972 年,第 323 页。

② [美]赫尔曼·E.戴利、肯尼思·N.汤森编:《珍惜地球——经济学、生态学、伦理学》,马杰等译,商务印书馆,2001 年,第 37~38 页。

威首相布伦特兰夫人领导下的一个写作班子向联合国提交了一份题为"我们共同的未来"的报告强调:今天的发展使得环境问题变得越来越恶化,并对人类的持续发展产生严重的消极影响,因此,我们需要有一条新的发展道路,不是一条仅能在若干年内、在若干地方支持人类进步的道路,而是一条一直到遥远的未来都能支持全人类进步的道路,是一条资源环境保护与经济社会发展兼顾的道路,也就是可持续发展道路。

（四）生态现代化思想

生态现代化思想诞生于 20 世纪 80 年代。首先提出这一概念的是德国社会学家约瑟夫·胡伯和马丁·简尼克。约瑟夫·胡伯提出通过超工业化解决环境问题,即通过技术创新来实现工业生产的转型, 把生态现代化作为环境问题的解决方案。胡伯认为生态现代化的精华是"经济生态化"和"生态经济化"的双重过程。①马丁·简尼克直接称生态现代化是使"环境问题的解决措施从补救性策略向预防性策略转化的过程"。生态现代化问题一经提出便在全球范围内得到迅速传播,并成为当今国际理论界研究的热点。传统的现代化是脱离自然的现代化,"现代化"在帮助人们改造自然、改善生活的同时,也急剧地恶化了人与自然之间的关系。而生态现代化要求经济、生态、社会等各个领域的协调发展,经济增长与环境退化脱钩,经济发展、社会进步与环境良性耦合。因此,生态现代化是现代化的一个重要领域和方面,是世界现代化进程中的一次生态革命。

二、国外生态文明经济建设的实践

（一）美国生态文明经济建设

从世界范围来看,以美国为代表的发达国家已经完成了工业化,而且在某些方面已经开始了由工业文明向生态文明的转变。工业化为其带来了极为丰富的物质文明以及强大的硬实力,工业化进程中确实出现了很多生态环境问题,这些问题出现的根本原因是美国在发展过程中选择先污染后治理的发展道路。随着 20

---

① ［德］约瑟夫·胡伯:《失望的生态纯洁性:新技术和超级工业发展》,菲舍尔出版社,1982 年,第 107 页。

世纪中叶工业化的完成,美国依托工业化带来的强大工业实力和积累来发展信息技术和绿色技术。这既修补和保护了生态环境,又发展了将来主导世界的信息技术,延续了美国在世界范围的影响力和领导力。美国公众对于该国生态环境治理作用巨大,但美国生态环境治理的主体是政府。现代环境运动引起美国政府高度重视,并做出了改善生态环境政策方面的努力。美国政府和公众合力倡导生态文明,弘扬生态文化。采取了如下措施:

第一,环境影响评价。环境影响评价制度首创于美国。1969年美国《国家环境政策法》首次规定了环境影响评价制度。在美国,任何一个项目实施以前,都必须做出一份环境评估分析报告,说明该项目对环境的负面影响是暂时的,还是长久的,其影响的深度、范围和领域。环境影响评价对象包括项目环境影响评价、区域环境影响评价和战略环境影响评价。项目本身及政府部门的态度要对社会公众透明,要求社会公众参与环境项目的评估。

第二,生态工业园区。生态工业园区是通过管理环境和资源,包括能源、水与材料等方面的协作, 寻求改善环境和经济行为的一个制造业与服务业的社区。生态工业园区的创意在于,在一个集中的系统中综合应用工业生态,防治污染,建设物兼容性设计的原理,从而可能带来超越传统工业开发所实现的经济及环境效益。

第三,环境产业。环境产业是少数几个将对美国社会和经济的可持续发展带来重大影响的产业。作为超级强国,不仅在工业、农业、航天、金融、通信、医药等领域拥有世界领先地位,更令人瞩目的是美国环境产业目前所具有的规模,在环境基础设施和环境技术、管理、资金、服务等方面的卓越成就,以及环境产业对其他工业及社会经济各方面的渗透力。环境产业是美国国民经济的重要支柱。过去美国环境市场着重于工业过程末端排放的达标,并将环保需求视为工业过程的成本。未来美国环境市场需要一种新的环保意识,重在对工业过程污染物的预防和资源的循环使用。美国环境产业的重点将转到对资源的有效保护和利用,包括水、能源、原材料和土地等物质资源和人才、信息、专利技术等无形资源。

第四,生态补偿机制。美国的生态补偿由最初的政府出台政策,对受到自然灾害影响的农户进行补偿到按市场规律对产品和服务进行生态补偿,并以法律形式予以保障。采用成本效益法则确定科学合理的补偿标准,对生态补偿进行预算,实行生态补偿资金使用考核评估制度,建立信息公开制度,接受全社会的监督。

（二）德国生态文明经济建设

德国是世界上最早开始重视环境问题的发达国家之一，德国发展生态文明经济的目的在于平衡经济发展与环境保护、市场效率与社会公平，实现经济、社会与环境的和谐持续发展。德国政府选择社会生态市场经济的发展模式，通过经济手段和技术创新促进环境保护、经济增长与社会公正的良性持续发展。主要措施包括四个内容。

第一，生态工业。发展生态工业是德国发展低碳经济的重点方向。德国在生态工业建设过程中，推动新能源汽车发展成为一大特色。为提高能源使用效率，对大部分的工业设备进行节能改造。德国政府与工业界签订协议，将企业所享受的税收优惠与企业现代化能源管理相结合，并设立专项基金，对德国中小企业的节能改造措施提供资金支持。德国政府通过《可再生能源法》对应用可再生能源发电的企业进行补贴。联邦环境部公布了德国2020年将温室气体排放量减少40%，2050年温室气体排放量减少80%的目标。德国政府运用二氧化碳分离、运输和埋藏技术，碳排放权交易等手段来实现二氧化碳减排的目标。

第二，生态农业。德国于2003年4月实施《生态农业法》，对生态农业建设和推进发挥了积极的作用。德国只允许进口生态食品和生态农产品，且对生态农产品、生态食品的标准做出了限定，对废料使用、松土、休耕、轮作等均做出了明确具体的规定。

第三，环境技术。德国的环保技术已成为其经济发达的一个标志，世界市场上近五分之一的环保产品来自德国。德国的大气污染防治、水污染防治及固体废弃物污染防治三方面所获的专利比美、日、加、澳四个国家之和远高出10个百分点，其燃煤电厂清洁燃烧技术以及脱硫、除氮技术在世界上首屈一指。

第四，环境税收。德国的环境税总体分为三大类，即机动车辆税、石油税和包装税。但范围非常广，包括环境污染、生态、资源、环境保护的很多方面，税种包括了碳税、硫税、汽车燃料税、电力税、发动机交通税、废弃物最终处理税、包装税、水资源税等。环境税收专款专用，很大一部分投入环境保护和环保产业发展之中，而且环境税的征收增加了就业机会，社会及环境效益显著。

(三)日本生态文明经济建设

日本在经济发展和生态文明建设方面成效显著。日本重视环境问题始于20世纪60年代。当时日本经济高速发展,但也带来严重的环境公害。日本政府通过制定环境标准、公布环保条例和防止公害协议等强有力的措施,直接控制环境公害的蔓延和扩大,使日趋恶化的环境很快得到改善。主要措施包括三个内容。

第一,环境投资。日本的环境保护得益于大量的环境投资。日本环境投资的主体分为中央政府及其附属的金融机构、地方政府和企业。政府负责环境基础设施建设的投资。企业除了负担企业内部的污染防治投资外,还要部分承担相关的公共污染控制设施的建设费用;中央政府附属的金融机构负责对企业和部分环境基础设施建设提供资金支持。日本在基本解决产业污染之后,环境管理的重点领域转向城市生活环境和全球环境,政府的环境投资方向主要集中在环境基础设施建设上。促使日本企业进行污染防治投资的最根本动力是环境制度给企业所带来的成本选择,主要包括罚金、对受害者的赔偿费和对污染环境的治理费用,以及面临的可能被暂时停产、刑事处罚和因企业形象受损所带来的利润损失。日本建立了一套成功有效的环境投资援助机制,包括中央政府下属公共金融机构的贷款优惠、税收优惠和政府直接补贴。

第二,循环经济。1998年,在日本提出的新千年计划中,把推进循环经济作为构建21世纪社会结构的目标,并以2000年为循环经济社会元年,从此拉开日本建设循环经济和循环型社会体系的序幕。日本提出发展循环经济战略的目标,就是要建立一种新兴产业模式和工业生产模式,它是依据自然生态的有机循环原理建立的发展模式。日本实施循环经济重要途径是建立循环经济的法律体系,完善循环经济发展的政策机制,构建循环经济的技术体系,提高社会公众的参与意识。

第三,环境保护法律。日本政府于1993年制定《环境基本法》,这是在《公害对策基本法》和《自然环境保全法》基础上,全面体现政府环境政策的新法。该法详细规定政府环境政策的基本理念、基本政策和经济措施,使日本成为资源循环利用率最高的国家,也使日本的环境保护和生态文明经济建设法治化。

第三节 社会主义生态文明经济的实现途径

一、加快转变经济发展方式

经济发展方式转变是发展生态文明经济的内在要求,是建设资源节约型、环境友好型社会的迫切需要。发展生态文明经济,不同于过去传统意义上的污染控制和生态恢复,而是克服工业文明弊端,探索资源节约型、环境友好型以及科学发展道路的过程。我国现行的经济发展方式实际上还是一种工业文明的传统发展方式。传统经济发展方式资源消耗与开发过度,使环境遭到严重破坏。在新时代下,我国经济将从高速增长转为中高速增长,经济发展方式必须实现从规模速度型的粗放型增长向质量效率型的集约型增长的转变,由于资源环境约束强化,能耗较高、污染较大的一、二产业比重将下降,而较少依赖资本和土地等要素、消耗较低的产业将驶入发展快车道。在新时代下,我国经济发展要从要素驱动、投资驱动转向创新驱动。加快推进生态文明经济建设,就要着力推进绿色发展、循环发展、低碳发展的"三个发展"。"从资源环境约束看,过去能源资源和生态环境空间相对较大,现在环境承载能力已经达到或接近上限,必须顺应人民群众对良好生态环境的期待,推动形成绿色低碳循环发展新方式。"[1]"三个发展"是一种新的经济发展模式,即在节约资源和保护环境中实现发展,本质是实现人与自然的和谐相处。要建立与生态文明经济相适应的绿色消费方式,这是一种低消耗和以资源循环利用为基础的新型消费方式,既要满足人们日益提高的合理的物质消费,更要注重满足人的自身发展需要的教育文化等精神消费和自然生态环境的改善,以利于人的身心健康和全面发展。绿色消费观和绿色消费行为将导致消费结构发生重大变革,消费结构的改变必将导致产业结构、技术结构和产品结构的调整和升级,形成绿色消费需求与经济增长之间的良性循环,从而推动生态文明经济的发展。转变经济发展方式,是实现高质量发展的过程,实际上是生态文明建设的过程,也是在建设生态文明的过程中重构社会经济发展体系的过程。

---

① 《中央经济工作会议在北京举行》,《人民日报》,2014 年 12 月 12 日。

二、构建生态化技术创新体系

传统技术创新作为经济增长的内生变量，对经济增长具有不可替代的作用，长期以来人们只注重技术创新的经济功能，而忽视其对环境和社会发展可能造成的不良影响。随着科学技术的迅猛发展，科技成果不断转化为生产力，科学技术在推进人类物质文明和精神文明建设，推动人类社会变革的同时，不可避免地带来一系列的日益严重的生态问题和负面效应。生态化技术创新则兼顾生态效益与经济效益，将企业内部经济效益与外部生态效益统一起来，追求人与自然的和谐共生，促进生态文明经济发展。

生态化技术是一个技术体系，或说是技术、管理等的集成。生态化技术支撑体系主要包括替代技术、减量技术、再利用技术、资源化技术、无害化技术、系统化技术及环境监测技术等。生态化技术创新能够提高资源能源利用效率，缓解我国资源约束状况；在治理环境方面具有重要作用，为环境问题的解决提供有效途径；是促进经济发展方式转变的有效手段；是提高人的健康素质以及生活水平和生活质量的物质手段。开展生态化技术创新，为企业生产更多更好的符合绿色标准要求的产品提供技术保障，实现环境与贸易的协调发展。

确立企业生态化技术创新的主体地位。增强企业的研究开发能力，大力开发具有自主知识产权的关键技术，形成自己的核心技术和专有技术，努力增强核心竞争力。企业应围绕节约资源和控制污染，推进相关领域的原始创新、集成创新和引进消化吸收再创新，逐步实现生态化技术创新、市场开拓和生产经营一体化。

加大政府对生态化技术创新的政策支持。在人才培养、财政、税收、融资、信贷等方面对企业生态化技术创新实行优惠政策。一是高度重视生态化技术创新人才的培养。要进一步在全社会形成尊重知识、尊重人才、尊重创造和促进人的全面发展的科学理念、政策环境和社会氛围；培养掌握核心环境技术的更多人才，要多层次、多渠道培养各个领域所需的人才，重视培养青年科技人才；要建立人才流动机制，实现人才资源的最佳配置；进一步推进科技人才分配机制改革，激发他们的积极性和创造性，充分发挥人才在生态化技术创新中的关键作用。二是增加生态化技术的经费投入。加快构建生态化技术创新的投资机制，拓宽投资来源，合理提高折旧率；对企业从研究发展生态化技术到商业应用的各个环节提供低息、无息的优惠贷款;大力推行资本经营,开拓证券投融资渠道和规模;设立生态化技术创新风险基金。三是组织重大生态化技术项目的集体攻关。主要是实施关键技术和共性技术的系统集成,污染严重工艺的改造,国外先进适用环保技术的消化吸收和创新等。①四是以制度创新保障绿色技术创新。环境保护领域的制度创新能够产生技术进步效应、环境效应,提高经济效益。应进一步完善环境影响评价制度、排污收费制度、清洁生产制度,同时确立一些新的环境保护制度,主要是延伸生产者责任制度、环境资源税收制度、排污权交易制度、绿色专利保护制度、环境技术淘汰制度等,以制度创新保障绿色技术创新。

三、经济结构转型升级

(一)提升产业结构

一是全面提升三大产业。发展现代服务业,改造和提升传统第三产业。发展知识密集型的服务业,用现代科技改造和提升传统商业和银行,发展电子商务、网络银行与电子货币及其绿色银行,推行绿色营销,尤其是发展以信息化、标准化、连锁化为目标的金融服务与保险业和以信息技术为基础的各种服务业。改造和提升传统第二产业,发展高端装备制造业和生产性服务业,加速我国工业化的现代化进程。必须走新型工业化道路,降低制造业发展的物质消耗成本。大力扶植高新科技产业的发展,加快信息产业发展的步伐。集中力量重点发展信息产业,特别是其中的软件业和信息服务业,全面改造和带动其他各类产业的集约化与生态化及其整个产业结构朝着协调化与高级化的方向发展。

二是大力发展环保产业。使环保产业成为我国战略产业、支柱产业和新的经济增长点。政府要重视环保产业的发展,逐步加大政府预算投资占全国环保投资总量的比例。应用现代金融工具,建立全新的投融资机制。运用财税、金融等手段加大对环保产业技术创新的支持力度,特别是支持研发具有自主知识产权的环保技术和产品,提高环保产品生产的现代化程度和产品的科技含量。培育具有国际竞争力的环保企业。

① 周志太:《提高科学技术对生态文明的支撑能力——从新的视角解析十八大提出的"生态文明建设"》,《南京理工大学学报》(社会科学版),2013年第1期。

第十二章

（二）优化地区结构

一是建立西部生态补偿机制。根据西部生态建设需要,对生态建设的重点区域进行财政转移支付。对东部地区征收生态税,用于为全国提供生态公共产品的地区。对西部生态环境建设给予特殊政策,允许发行西部生态彩票,筹集生态建设资金。

二是重视西部生态环境建设。西部生态环境建设的重点是天然林禁伐、退耕还林还草、防沙治沙、天然草原恢复和水利工程等。将生态保护和农民致富相结合,从根本上改善和提高西部生态环境,造福于西部和全国人民。

三是提高西部人力资本质量。树立人力资源开发的新观念,把人力资源的开发放到西部大开发的重要位置。树立人力资源市场化配置的新观念,引入竞争机制和激励机制,公平、公正、合理配置人力资源。加大教育和培训力度,提高人力资源的整体素质。深化人力资源管理体制改革,完善吸引人才的激励机制。健全西部劳动力市场,为西部劳动力的自由流动、优化组合创造市场条件。

（三）优化城乡结构

一是逐步推进城乡一体化。深化户籍管理制度改革,为推进城乡一体化创造条件。

二是走新型农村工业化道路,支持发展农村工业。依靠科技进步和提高劳动者素质,提高经济增长质量和效益,增加农民收入,为"三农"可持续发展创造良好的生态环境和经济基础。加快发展农产品加工业,延长农业产业链,增加农产品的附加值,增强农产品的国际竞争力。

三是发展生态农业。发展立体农业生态模式、食物链型生态模式、保护性耕作与秸秆还田生态模式、生态恢复与治理工程模式、农村能源生态模式、城乡互作生态模式等。利用粮食等农产品供给充裕的条件,加强生态恢复和建设。

四、发展生态文明经济的制度安排

在技术给定条件下,制度安排对生态文明经济发展具有决定性意义。制度安排不合理对资源节约、综合利用及环境污染的预防和治理效果十分有限,并导致资源环境问题进一步恶化。有效的制度安排则使资源环境得到合理开发和保护，即使资源遭到破坏，也可得到修复。生态文明经济作为人类社会对传统工业文明经济反思批判后的创新，它必将触动并重新调整社会利益分配关系。与其相适应的，必须对人与自然的关系和人类社会的生产关系进行调整，重新构建一种新的制度框架。

资源环境问题的制度根源主要来自"市场失灵"和"政府失灵"。资源环境具有公共产品性质，公共产品的非竞争性和非排他性特性、环境污染的外部性、资源环境信息的稀缺性和不对称性，使其在使用过程中容易产生"搭便车"和"公地悲剧"两个问题。政府干预可以弥补市场不足，但政府干预本身也有一个效率问题，当政府的干预行为导致另一种环境负效用，就会发生有关环境的"政府失灵"，即政府的行为不能纠正市场失灵，反而使资源配置更加缺乏效率和不公平。因此，要探索生态文明经济的制度安排。

一是保证生态制度供给。科学规划，各地方政府必须考虑到自身特殊的生态情况，在局域环境影响评价的基础上，结合未来发展的潜力，制定出各具特色的生态环境保护规划。完善控制环境污染和保护自然资源的法律和政策。明确划分各级政府的职责、权限和利益，推进中央政府和地方政府关系的规范化和法制化。

二是增加政府资金投入。把环境保护投入作为公共财政支出的重点，各级财政都要调整支出结构，加大对环境保护的支持，保证环保投入增长幅度高于经济增长速度。基本建设投资，要继续向环境保护倾斜。要建立社会融资、发放环保彩票、国际投资等各种投资渠道，形成多元化的环保投入格局。要利用市场机制，刺激生态科技的研究开发，缩短研究周期，提高科技含量，增强竞争能力。

三是建立生态补偿机制。依照构建和谐社会的要求，建立公平合理的生态补偿机制，以平衡生态建设供给者和生态建设受益者之间的成本和收益，直接提供资金、技术、粮食和其他物质援助等直接补偿方式，也包括鼓励本地企业到生态建设区进行投资，接纳和安置生态建设区的"生态移民"等间接补偿方式。

四是改革干部考核评价制度。建立一套绿色经济核算制度，采用绿色 GDP 概念，对地方政府进行双重核算，既进行投入产出的核算，又进行环境资源的核算，把对社会生产力的核算和对自然生产力的核算有机结合起来，正确衡量经济增长的资源环境代价，正确衡量发展成果和政府业绩，使地方政府在制定决策时对生态环境产生足够的重视，促进生态文明经济发展。

五、促进生态文明的措施

第一,开展生态文明教育。一些公民参与环境保护的意识薄弱,在消费过程中追求消费效用最大化,注重消费数量和消费成本,把消费水平看作社会地位的象征,存在大量浪费的现象,不合理消费和非理性消费相当突出,不仅对绿色产品和生态化技术的需求有明显的不足,而且来自消费领域的资源与环境压力日益增强。"可持续发展,就是要促进人与自然的和谐,实现经济发展和人口、资源、环境相协调,坚持走生产发展、生活富裕、生态良好的文明发展道路,保证一代接一代地永续发展。"[1]政府应该建立绿色教育机制,在中小学开展普及环保知识的教育,将其渗透到各科教学中,增强学生保护环境的意识和责任感;在高等学校非环境类专业开设环境学课;对政府管理者进行生态文明的强化教育;有针对性地加强农村绿色生态教育,宣传相关的环保法律、法规,包括由于过度使用农药、化肥和地膜,乡镇企业排放各种污染物所造成的环境污染和对人体健康的危害。应大力宣传绿色消费观念,提高公众的绿色消费意识,改变传统消费方式,践行生态文明。

第二,健全监督网络。政府要实行信息公开制度,加强信息共享性,使公民享有平等的知情权;要突破单一的行政监督的局限,建立社会、舆论等多方面的监督体系,运用信访、举报、听证等不同的监督手段,实现主体更丰富、形式更多样、效率更高的新型监督体制;要建立更通畅更快捷的监督渠道,通过"市长热线""网上举报"等方式,实现越级多层监督,使监督更具实效性和公开性。只有全社会达成共识,全民共同行动,才能推进生态文明经济建设,实现经济持续健康发展。

第四节 碳中和的重大意义与实现路径

生态文明的一个重要方面,就是碳减排,最终达到碳中和。

---

[1] 胡锦涛:《在中央人口资源环境工作座谈会上的讲话》,《经济日报》,2004 年 4 月 5 日。

一、碳中和的重大意义

碳中和目标的提出与落实是践行以人民为中心的发展理念的务实之举,是以推进民生福祉普惠均衡为初衷的正义之举,碳中和愿景下的路径选择和政策设计亟须将人民福祉置于减排决策的中心。碳中和是绿色发展的必由之路、高质量发展之魂,民生福祉是人民幸福之基、社会和谐之本。从增进民生福祉的角度减缓气候变化,为气候行动提供激励,为减排雄心争取更广泛的支持,更对气候政策设计与路径选择提出更高的要求。

碳中和进步将从根本上改变生产和生活方式,加快我国创新体系的构建和技术原创能力的提升,助力抢占新一轮技术革命的先机。学界就福祉研究的一个重要共识是:福祉包含经济效益,更涉及人类其他需求的多个维度。构建基于福祉的气候变化减缓框架,而非简单的经济效益度量,有利于协同应对气候变化与民生领域的多重挑战,推动社会经济的高质量发展。为此,要在推进共同富裕、改善社会公平、倡导低碳生活、引领国际规则、加快创新等领域科学谋划、系统部署、精准施策。

第一,推进共同富裕,提升获得感。推进共同富裕是碳中和进步中不容忽视的关键任务,合理设计的碳中和路径也蕴含着协同促进共同富裕的重大契机。碳中和开启广泛的社会经济变革,有利于突破体制障碍,重构行业价值链,倒逼产业升级,创造更多绿色投资与就业机会,孕育经济增长新动能。此外,碳中和创造了扭转地域不平衡发展和改善居民收入差距的重要机遇。依托分布式可再生能源发电、生态碳汇等项目,科学设计碳配额机制和碳定价政策,可加速生态产品价值实现,加强碳中和实现路径与乡村振兴、西部大开发等共同富裕战略的有效衔接,使得欠发达地区和低收入人群成为碳中和进步的净受益者。

第二,改善社会公平,提升归属感。碳中和实现路径带来的产业结构和劳动力结构变迁不可避免,维持社会稳定、促进公平正义是转型的重中之重。要解决减排责任公平分配、减排成本公平分担、减排效益公平分享等关键科学问题,设计公平合理的分配机制;制定公正透明的制度体系和决策程序,保证公众的意见能够被倾听和尊重;充分认识转型在不同地理空间、城乡形态、人口群体之间造成的异质性影响,提前部署因地制宜的公正转型方案。当然,公正转型的概念不能完全照搬套用国外经验,要立足中国国情设计本土化的政策方案,避免因概念舶来"水土不服"造成政策扭曲。

第三,倡导低碳生活,提升满足感。亿万民众的行为改变蕴含着巨大的减排潜力,在保障居民福祉的前提下推动消费侧减排,是推进碳中和进步的必经之路。加强三个方面的引导和干预:一是厘清个人行为改变的驱动因素与触发机制,识别在不影响福祉前提下的需求侧减排潜力,开发福祉视角下评估需求侧减排措施优先序的工具方法;二是发挥社会治理和企业创新在人们行动改变方面的作用,打好政府、企业、社区、居民的"组合拳",构建碳普惠体系,建立激励机制调动社会各界资源参与减排行动,推动形成绿色低碳生活方式;三是加强以建筑环境和科技为核心的"硬基础设施"建设与以行为习惯和社会规范为核心的"软基础设施"建设,营造绿色低碳生活新风尚。

第四,引领国际规则,提升安全感。积极推动共建公平合理、合作共赢的全球气候治理体系,实现从参与者到贡献者再到引领者的角色转变,是协同推进碳中和进步与提升我国国际影响力的有效路径。需要努力开展三方面的探索:一是就全球气候治理的政策、法律、技术、标准、方法的架构设计与制定研究提出中国方案,从对标对接到探索引领,为应对气候变化的国际规则制定贡献中国智慧;二是持续跟踪国际气候行动动态,研判碳关税、绿色产业标准制定、国际金融机构绿色融资等相关国际气候行动对中国可能带来的影响,提出应对方案;三是以构建人类命运共同体为目标,在关切本国人民民生福祉的同时,考虑其他发展中国家的诉求,着重在技术、资金等议题上为发展中国家争取更大权益,大力推动建设全球发展伙伴关系,促进各国共同繁荣。

二、碳中和的制度路径

处理好减缓气候变化与补齐民生短板之间的关系,统一好共筑人类命运共同体的长远使命和解决人民群众急难愁盼问题的紧迫任务之间的关系,持续强化协同意识,不断深化政策协同,以碳中和为杠杆,撬动普惠民生福祉的更大力量。最优的政策组合,包括碳税和研发补贴,具有重要的福利效应。[①]首次明确提出绿色

---

① Acemoglu D., Aghion P.et al. "The Environment and Directed Technical Change", Philippe, Bursztyn Leonardo, Hemous David. *The American Economic Review*, Vol.102, No.1, 2012, pp.131–166.

转型的核心在于低碳转型,而低碳转型的关键又在于,通过技术创新和制度创新来实现碳中和目标和经济社会全面绿色转型。

实现碳中和目标,有效的制度创新是基础,可靠的体制保障是关键。同时,现有环境政策存在碎片化、临时性和分散性特征,这就要构建整体性、系统性和联动性的一揽子环境政策机制,破解绿色转型过程中所面临的激励、补偿和协调困境。从更长期来看,要以降碳为重点战略方向,通过技术创新和制度创新双轮驱动,持续推动减污降碳协同增效,促进经济社会全面绿色转型。

第一,建立健全与"双碳"目标相适应的"目标—监督—激励"合约机制。中央与地方政府之间逐渐形成一个激励与约束兼容的合约机制。中央政府在"硬化"约束的基础上,加大"激励"的力度,并将激励看作是可执行且可预期的,包括增加生态补偿、生态奖补、优化考核。此外,政府也越来越重视且肩负起"监督"的职能,使环保督查成为"常态",将为中央决策提供更为准确的信息,为"硬约束"提供可执行技术支持。这种合约机制是在中央与地方之间不断磨合、相互适应的基础上,进一步激励地方政府来引导企业和社会主体参与到环境治理中,构筑起"政府主导,市场主体,社会参与"的中国特色环境治理体系。这就为中国实现"双碳"目标提供强有力的"先行经验"。目标清晰、监督可靠、激励充分是未来中国实现"双碳"目标的制度基础,"强约束—强激励"的模式可以增强央地之间和政企之间"双碳"目标实现过程中契约的可信承诺和可执行性。

第二,调整现行财政体制,促进碳中和目标实现。财政是国家治理的基础和重要支柱,在"双碳"目标实现和生态治理过程中,财政体制的调整具有牵一发而动全身的功效,不仅直接决定着财政资金配置、税收优惠政策设计,而且还进一步通过调整中央与地方、政府与企业之间的利益关系,来影响"双碳"目标实现过程中相关利益的"成本—收益"和行为策略。[1]对此,适应碳中和的财政体制改革应重点关注应对气候变化的事权与支出责任如何在纵向政府间以及横向政府间进行划分,考虑利益相关方的补偿和激励设计,实现中央与地方、政府与企业的良性互动和激励与约束兼容。设立应对气候变化转移支付机制,建立与能源、碳排放目标及分解相适应的绿色发展奖补机制或转移支付体系。例如,可将应对气候变化因素纳入均衡性转移支付测算公式,考虑碳减排等因素,继续增加重点生态功能区转

---

① 张莉:《财政规则与国家治理能力建设——以环境治理为例》,《中国社会科学》,2020 年第 8 期。

移支付投入,探索建立基于大气、森林、土壤、草原等要素的综合性生态补偿机制。进一步说,可在一般性转移支付的"环境共同财政事权转移支付"中,增加或考虑"应对气候变化"和"碳中和"因素;还可以考虑设立应对气候变化的专项转移支付机制,整合以往分散于各个部门的专项转移支付项目,以综合性专项转移支付为目标,设立项目库,基于项目实施效果和前瞻性分配专项资金。

第三,建立政府与企业、社会和公众协同合作的"收益共享、风险共担"机制。在"双碳"目标中,必然涉及风险、成本和收益分配问题,这在很大程度上影响着"双碳"目标是否可以顺利实现。建立必要的"收益共享、风险共担"机制显得尤为重要。公共部门可以主动加强与社会组织和企业协商制度,制定和执行财政发展战略和中长期规划,动员私人资本和公共资金参与能源低碳转型,通过沟通、协商和引导达成共识,来降低低碳公共政策在实施过程中的社会成本和交易成本。同时,私人部门尤其是企业也可以借助有效的财政政策减缓在执行传统环境政策时产生的扭曲或不适应,借助有效的补贴、税收优惠和政府采购,提升企业绿色转型的能力,提升创新能力,提高企业自身减缓和适应气候变化的能力。金融机构有必要开发方法和工具来测度投资风险的规模和等级,比如气候风险压力测试、气候情景风险分析等。应特别关注碳中和过程中产生的财政压力和地区不平衡,不同地区受到应对气候变化政策影响的程度存在差异,如果考虑征收碳税或实施其他应对气候变化的公共政策,基于高质量发展的要求,就必须要考虑这些政策对不同产业部门、不同收入群体带来的成本具有异质性,尤其是考虑冲击更大的相对脆弱、低收入的产业和群体,对此可以通过税式支出、财政救助或加大转移支付来稳定宏观税负、加大对弱势群体的补助力度,减少应对气候变化公共政策的社会成本和阻力,提高应对气候变化公共政策的包容性。

第四,加强公共政策、公共部门之间的协同。目前,我国开始构建碳中和"1+N"政策体系,加强这些政策协同和政策制定部门之间合作,是在碳中和目标实现过程中降低政策交易成本和提高公共政策有效性的关键所在。在部门合作上,可以考虑建立应对气候变化的部际联席委员会,协同部际之间在制定气候政策以及投融资机制上的政策步伐,分享经验和专业知识,以相互鼓励和促进对气候行动的政策和实践的集体理解。财政补贴、税收优惠、信贷倾斜、规划编制、项目管理、预算编制、公共投资、政府采购等方面,将碳中和贯穿于公共治理全程,调动社会力量实施。在政策分工、政策力度、作用范围、政策互补等方面协同推进。此外,在政策协同上,则需要广泛加强能源、环境、财政、金融各项政策的协同,比如,在碳税和碳交易政策的协同上,需要在调控对象与范围、调控力度、调控方式和价格(税率)设定上进行有效协调,要避免对同一碳排放源造成重复调控,又要避免出现"抵消"效应。碳排放交易和碳税分属于数量型调控和价格型调控政策,前者减排调节相对直接,后者需要通过中间变量进行传导,碳交易政策适用于大且相对集中的主体,涉及总量设定和配额分配、配额交易等,需要多部门协调;碳税适用于分散的排放源,调控范围相对较大。在金融政策与环境政策协同上,绿色金融政策为企业更好适应和满足环境政策规制要求提供资金保障;规范且持续的环境经济政策为绿色金融政策实施提供标准和驱动力。环保部门还可以发挥绿色环境信息收集和披露的独特优势,为金融部门开展绿色金融业务提供决策的基础信息。在绿色金融政策与财政政策协同上,通过划拨财政专项资金、设立绿色基金和提供财政贴息等财政措施,引导并支持绿色金融的发展,特别是在价格失灵尚未被扭转前,配套财政政策被视为"启动资金",是引导市场绿色投资的必要手段;绿色金融产品创新包括绿色的债券、信贷和保险等,其核心在于优化金融资源配置,向具备一定盈利能力的绿色产业倾斜,进而降低财政直接支出或融资的压力。

三、碳中和的科技路径

在技术开发、推广、应用的全链条上助推社会技术供应系统低碳转型。实现碳中和目标时间紧,任务重,面临多重挑战,要全方位多举措推进,在制度、政策、技术等方面发力。坚持把创新作为第一动力,致力推进科研机构协同发力,同频共振,以创新驱动低碳转型,以技术引领低碳发展,坚定不移向净零排放目标迈进,以期为我国实现减排承诺和为全球应对气候变化做出更大贡献。创新驱动自身低碳转型,强化全产业链低碳发展引领。实现减排,从两个方面着手。一方面努力降低生产、生活过程中的碳排放,另一方面以创新促进产品升级,并投入低碳、无碳能源生产与供应,引领各行业降低碳排放。这也给低碳创新指明战略方向,进一步加大科技研发投入力度,推进产业链技术装备升级,推广应用生产过程节能减排技术,持续提升能源利用效率,减少能源投入;优化能源投入结构,使用低碳和无碳能源替代化石能源;大力推广应用化石能源低碳使用技术;加强放空天然气回收利用工作,变废为宝,降低生产过程非二氧化碳温室气体排放,采取市场化、规模化、标准化运行模式,推动低碳产业发展。同时积极投身氢能、地热、太阳能等新能源产业链开发,开展配套技术研发和应用探索,持续扩大新能源供应占比,加快能源业务低碳化转型,为经济社会发展和人民美好生活提供洁净能源保障。

注重低碳创新优化布局,统筹推进低碳技术系统发展。围绕节能减排和新能源领域,加大基础研究投入力度,瞄准一批具有突破性的重大基础研究方向,打好基础、储备长远,实现前瞻性基础研究、引领性原创成果重大突破,夯实技术先导型企业的发展根基。打赢关键核心技术攻坚战,加快低碳关键核心技术攻关,布局天然气水合物、干热岩、储氢及储碳等能源新业态,实现关键技术自主可控,打造创新型低碳企业的竞争利器。发挥举国科技与市场配置、市场驱动的协同创新优势,集中优势力量,开展共性低碳减排技术联合攻关,培育技术先导型企业创新驱动转型,助力低碳目标实现,促进跨界协同创新,充分利用 5G、物联网、大数据、云技术、人工智能等新一代技术相互赋能,寻求突破点,促进技术协同,加速低碳技术进步。

在技术开发方面,继续提升碳中和基础科学研究能力,积极研发可实现系统变革的颠覆性技术,出台绿色低碳创新的扶持政策,构建企业为主体、市场为导向、产学研深度协同的创新体系,打造重大创新策源地。在技术推广方面,建设绿色低碳技术示范工程,完善技术标准体系,开展国际技术合作,推动碳中和技术转移转化与落地实践。在技术应用方面,加快能源绿色转型和传统产业生产技术更新换代,全面变革建筑交通等终端领域的节能低碳技术,投资孵化碳捕集、利用与封存等负碳技术。

实现碳中和是一项系统工程,要多部门多产业共同推进。强化多学科跨产业交叉协同,推进产学研用协同创新。学科交叉和技术协同已成为推进科技进步的主要创新方式,低碳创新离不开多学科交叉融合。在推进低碳技术进步时要探索新的商业模式,加大高校、研究机构、金融企业、终端用户之间的合作力度,成立跨产业联盟,系统推进全技术链整合升级、示范推广和规模化应用,大幅降低技术成本。

持续推进体制机制改革,打造更加完善的低碳创新体系。坚持把破解制约创新驱动发展的体制机制障碍作为着力点,在重要领域和关键环节重点突破。围绕低碳技术链布局,完善现有科技体系,加强新型研发机构建设,打造全技术链高水平创新平台。培养和引进具有较强自主创新能力的低碳科技领军人才和创新团队,打造各个领域低碳创新的主力军。完善科研组织方式和运行管理机制,赋予科技创新机构和人员更大自主权。针对低碳领域"卡脖子"等关键核心技术,组建更大范围、更深层次、更有成效、更高质量的"大兵团"作战团队,联合产学研力量,推行揭榜挂帅和"赛马"机制,加快核心技术攻关。打造开放式创新平台,加强国内外低碳领域知名高校和研究机构合作,实现国内外资源的优化整合,提升创新活力。

完善科研人员激励机制,加强分类管理和绩效考核。创新科研人员薪酬体系,建立完善与创新成果奖励相结合的薪酬体系,鼓励科研人员持续研究和长期积累。创新低碳技术科研模式,构建以自主研发为核心,联合研发、专利购买、技术兼并等并存的开放性科研模式。充分利用低碳创新支持政策,加大低碳科技成果转化力度。以"技改示范行动"为契机,健全科技成果转化机制,丰富成果转化模式,加大技术许可、技术转让、合作推广力度,强调从基础研究到商业推广的全链条协调发展。加强低碳科技成果转化管理,加强从低碳技术研发到商业化应用的一体化管理,加强科技成果转化的配套支持。落实成果转化奖励的相关政策,完善对职务发明完成人、科技成果转化重要贡献人员和团队进行奖励的相关制度。充分利用资本市场支持科技创新的体制机制,拓展低碳项目多元化融资渠道,建立完善低碳创业投资基金制度,为低碳技术成果转化提供资金保障。建立低碳科技孵化器,创新孵化模式;制定多层次扶持政策,围绕低碳技术链布局,加强对内外部潜力低碳科技项目进行孵化,打造低碳技术成果转化"助推器"。

本章小结

生态文明与物质文明、精神文明、政治文明共同构成人类社会文明发展的新框架。其基本经济形态是循环经济,具有系统性、循环性、创新性、协调性和艰巨性。其基本实现途径是加快经济发展方式转变,构建生态创新体系,推进经济结构的深度调整,探索生态文明经济的制度安排,树立和弘扬生态文明理念。碳中和具有重大意义,要以制度创新和科技创新协同推进碳中和。

关键词

生态文明　生态文明经济　碳中和生态化技术创新　生态化制度安排　碳中和

思考题

1.社会主义生态文明经济的性质与特征？其实现途径是什么？

2.碳中和的意义与实现路径是什么？

第
十
二
章

参考文献

1.《马克思恩格斯选集》(第一卷),人民出版社,1972 年。

2.《马克思恩格斯选集》(第三卷),人民出版社,1995 年。

3.《马克思恩格斯全集》(第 1 卷),人民出版社,1956 年。

4.《马克思恩格斯全集》(第 46 卷上册),人民出版社,1979 年。

5.《马克思恩格斯全集》(第 46 卷下册),人民出版社,1980 年。

6.《资本论》(第一 — 三卷),人民出版社,1995 年。

7.《毛泽东文集》(第七卷),人民出版社,1999 年。

8.《邓小平文选》(第二一三卷),人民出版社,1994 年、1993 年。

9.《邓小平年谱》,中央文献出版社,2004 年。

10.江泽民:《全面建设小康社会 开创中国特色社会主义事业新局面》,人民出版社,2002 年。

11.习近平:《高举中国特色社会主义伟大旗帜 为全面建设社会主义现代化国家而团结奋斗——在中国共产党第二十次全国代表大会上的报告》,人民出版社,2022 年。

12.《中共中央关于党的百年奋斗重大成就和历史经验的决议》,人民出版社,2021 年。

13.《十八大以来重要文献选编》,中央文献出版社,2014 年。

14.[美]阿瑟·奥肯:《平等与效率》,陈涛译,华夏出版社,1987 年。

15.[美]保罗·萨缪尔森、威廉·诺德豪斯:《经济学》(第 19 版),于健译,人民邮电出版社,2001 年。

16.程恩富:《中国特色社会主义政治经济学重大原则》,济南出版社,2017 年。

17.[英]大卫·李嘉图:《政治经济学及赋税原理》,郭大力、王亚南译,商务印书馆,1996年。

18.费方域:《企业的产权分析》,生活·读书·新知三联书店,2006年。

19.[美]弗里德曼:《价格理论》,蔡继明、苏俊霞译,商务印书馆,1994年。

20.[美]哈耶克:《通往奴役之路》,王明毅等译,中国社会科学出版社,1997年。

21.[美]霍利斯·钱纳里、莫伊思·赛尔昆:《发展的型式(1950—1970)》,李新华、徐公理、迟建平译,经济科学出版社,1988年。

22.林毅夫、蔡昉、李周:《中国的奇迹:发展战略与经济改革》,格致出版社、生活·读书·新知三联出版社,1999年。

23.[英]刘易斯:《二元经济论》,施炜等译,北京经济学院出版社,1989年。

24.马洪:《什么是社会主义市场经济》,中国发展出版社,1993年。

25.[美]斯蒂格利茨:《经济学》(第四版),黄险峰、张帆译,中国人民大学出版社,2010年。

26.[美]索洛:《经济增长因素分析》,史清琪等选译,商务印书馆,1991年。

27.谭崇台:《发展经济学的新发展》,武汉大学出版社,1999年。

28.吴敬琏:《当代中国经济改革》,中国远东出版社,2003年。

29.吴敬琏、刘吉瑞:《论竞争性市场体制》,中国财政经济出版社,1991年。

30.[英]亚当·斯密:《国富论》,郭大力、王亚南译,商务印书馆,2014年。

31.[英]约翰·梅纳德·凯恩斯:《就业、利息和货币通论》,徐毓枏译,商务印书馆,1963年。

32.周其仁:《改革的逻辑》,中信出版社,2013年。